Joseph Roth

Heinz Lunzer
Victoria Lunzer-Talos

Joseph Roth

Leben und Werk in Bildern

Kiepenheuer & Witsch

Wir danken dem Leo Baeck Institute, New York,
für seine freundliche Unterstützung.

1. Auflage der überarbeiteten Neuausgabe 2009

© 2009 by Verlag Kiepenheuer & Witsch, Köln
Umschlaggestaltung: Rudolf Linn, Köln
Umschlagmotiv: © dla-marbach
Abbildung auf S. 3: Joseph Roth. Fotografie Josef Breitenbach, Paris, September / Oktober 1935.
Aufgenommen im Hôtel Foyot. Courtesy Josef Breitenbach Archive, Center For Creative Photography,
University of Arizona, Tuscon. © The Josef Breitenbach Trust, New York.
Kartografin: Birgit Schroeter
Druck und Bindearbeiten: Mohn media Mohndruck GmbH, Gütersloh
ISBN 978-3-462-04102-6

»Ich sehne mich nach Paris, ich habe es nicht
aufgegeben, niemals, ich bin ein Franzose aus
dem Osten, ein Humanist, ein Rationalist mit
Religion, ein Katholik mit jüdischem Gehirn,
ein wirklicher Revolutionär.«

(Joseph Roth an Benno Reifenberg, Brief vom 1. Oktober 1926)

Inhalt

Galizien

1   »Mondlichtaufnahme vom Styr«. Fotografie, um 1916. Der Styr fließt in der Nähe von Brody.

Joseph Roth »Erdbeeren«

»Die Stadt, in der ich geboren wurde, lag im Osten Europas, in einer großen Ebene, die spärlich bewohnt war. Nach Osten hin war sie endlos. Im Westen wurde sie von einer blauen, nur an klaren Sommertagen sichtbaren Hügelkette begrenzt.

In meiner Heimatstadt lebten etwa zehntausend Menschen. Dreitausend unter ihnen waren verrückt, wenn auch nicht gemeingefährlich. Ein linder Wahnsinn umgab sie wie eine goldene Wolke. Sie gingen ihren Geschäften nach und verdienten Geld. Sie heirateten und zeugten Kinder. Sie lasen Bücher und Zeitungen. Sie kümmerten sich um die Dinge der Welt. Sie unterhielten sich in allen Sprachen, in denen sich die sehr gemischte Bevölkerung unseres Landstriches verständigte.

Meine Landsleute waren begabt. Viele leben in großen Städten der alten und der neuen Welt. Alle sind bedeutend, manche berühmt. Aus meiner Heimat stammt der Pariser Chirurg, der die alten und reichen Menschen verjüngt und Greisinnen in Jungfrauen verwandelt; der Amsterdamer Astronom, der den Kometen Gallias entdeckt hat; der Kardinal P., der seit zwanzig Jahren die Politik des Vatikans bestimmt; der Erzbischof Lord L. in Schottland; der Mailänder Rabbiner K., dessen Muttersprache Koptisch ist; der große Spediteur S., dessen Firma auf allen Bahnhöfen der Welt zu lesen ist und in allen Häfen aller Kontinente. Ich will ihre Namen nicht nennen. Leser, die eine Zeitung abonnieren, wissen ohnehin, wie sie heißen. An meinem eigenen Namen ist nichts gelegen. Niemand kennt ihn, denn ich lebe unter einem falschen. Ich heiße – nebenbei gesagt – Naphtali Kroj. Ich bin eine Art Hochstapler. So nennt man in Europa die Menschen, die sich für etwas anderes ausgeben, als sie sind. Alle Westeuropäer tun dasselbe. Aber sie sind keine Hochstapler, weil sie Papiere haben, Pässe, Ausweise und Taufscheine. Manche haben sogar Stammbäume. [...]

Ich glaube, daß bei uns zu Hause niemand Papiere hatte. Es gab ein Gericht, ein Gefängnis, Advokaten, Finanzämter – aber nirgends brauchte man sich zu legitimieren. Ob man als der oder jener verhaftet wurde – was machte es aus? Ob man Steuern bezahlte oder nicht – wer ging daran zugrunde, wem

half man damit? Hauptsache war, daß die Beamten zu leben hatten. Sie lebten von Bestechungen. Deshalb kam niemand ins Gefängnis. Deshalb zahlte niemand Steuern. Deshalb hatte niemand Papiere.

Schwere Verbrechen kamen vor, leichte wurden nicht entdeckt.

Brandstiftungen überging man, sie waren nur persönliche Racheakte. Landstreichen, Betteln, Hausieren war eine alte Landessitte. Waldbrände wurden von Förstern gelöscht. Raufereien und Totschläge entschuldigte der Brauch, Alkohol zu trinken. Räuber und Wegelagerer verfolgte man nicht. Man ging von der Ansicht aus, daß sie sich selbst hart genug bestraften, indem sie auf jeden gesellschaftlichen Anschluß, auf Handel und Gespräche verzichteten. Falschmünzer tauchten zuweilen auf. Man ließ sie in Ruhe, weil sie mehr die Regierung als ihre Mitbürger schädigten. Gerichte und Advokaten hatten zu tun, weil sie langsam arbeiteten. Sie befaßten sich damit, Streitigkeiten zu schlichten und Vergleiche herbeizuführen. Zahlungstermine hielt man unpünktlich ein.

Bei uns zu Hause herrschte Frieden. Nur die engsten Nachbarn hielten Feindschaft. Die Besoffenen versöhnten sich wieder. Konkurrenten taten einander nichts Böses an. Sie rächten sich an den Kunden und Käufern. Jeder lieh jedem Geld. Alle waren einander Geld schuldig. Einer hatte dem anderen nichts vorzuwerfen.

Politische Parteien wurden nicht geduldet. Die Menschen verschiedener Nationalität unterschied man nicht, weil jeder in allen Sprachen redete. Man erkannte nur die Juden an ihrer Tracht und ihrer Überlegenheit. Manchmal machte man kleine Pogrome. Im Wirbel der Ereignisse waren sie bald vergessen. Die toten Juden waren begraben, die Beraubten leugneten, Schaden erlitten zu haben.

Alle meine Landsleute liebten die Natur, nicht um ihrer selbst willen, sondern mancher Früchte wegen, die sie spendete.

Im Herbst gingen sie in die Felder, um Kartoffeln zu braten. Im Frühling wanderten sie in die Wälder, um Erdbeeren zu pflücken. Der Herbst bestand bei uns aus flüssigem Gold und flüssigem Silber, aus Wind, Rabenschwär-

2   »Special Telegraphen-Abteilung bei der Flußkabel-
legung, Brody«. Fotografie, Krieg 1914/1918.
Die weitgehend flache Landschaft um Brody war für
ihre Sümpfe bekannt.

men und leichten Frösten. Der Herbst war beinahe ebenso lang wie der Winter. Im August
wurden die Blätter gelb, in den ersten Septem-
bertagen lagen sie schon auf dem Boden.
Niemand kehrte sie zusammen. Ich habe erst
im Westen Europas gesehn, daß man den
Herbst zusammenfegt zu ordentlichen Mist-
haufen. An unsern klaren Herbsttagen wehte
kein Wind. Die Sonne war noch sehr warm,
schon sehr schräg und sehr gelb. Sie ging in
einem roten Westen unter und erwachte jeden
Morgen in einem Bett aus Nebel und Silber. Es
dauerte lange, ehe der Himmel tiefblau wurde. Dann blieb er so den ganzen kurzen Tag.
Die Felder waren gelb, stachlig, hart und taten den Sohlen weh. Sie rochen stärker als im
Frühling, schärfer und etwas unbarmherzig.
Die Wälder am Rand blieben tiefgrün – es
waren Nadelwälder. Im Herbst hatten sie sil-
berne Kämme auf den Häuptern. Wir brieten
Kartoffeln. Es roch nach Feuer, Kohle, ver-

brannten Schalen, angesengter Erde. Die
Sümpfe, an denen die Gegend reich war,
trugen eine glänzende leichte Decke aus gläsernem Frost. Sie dufteten feucht wie Fischer-
netze. An vielen Stellen stieg der Rauch steil
und tänzelnd in den Himmel. Aus den fernen
und nahen Gehöften kam das Krähen der
Hühner, die den Dunst gerochen hatten.
Im November kam der erste Schnee. Er war
dünn, glasig und haltbar. Er zerging nicht
mehr. Da hörten wir mit dem Kartoffelbraten
auf. Wir blieben in unsern Häusern. Wir hatten schlechte Öfen, Fugen in den Türen und
Ritzen in den Dielen. Unsere Fensterrahmen
waren aus leichtem, feuchtem Fichtenholz
gemacht, sie hatten im Sommer ihre Gestalt
verändert und schlossen schlecht. Wir ver-
stopften die Fenster mit Watte. Wir legten Zeitungspapier zwischen Türen und Schwellen.
Wir hackten Holz für den Winter.
Im März, wenn die Eiszapfen von den Dächern tropften, hörten wir schon den Frühling
galoppieren. Schneeglöckchen ließen wir in
den Wäldern. Wir warteten bis zum Mai. Erdbeeren gingen wir pflücken.
Die Spechte klopften schon in den Bäumen.

Es regnete oft. Die Regen waren weich, aus einer Art samtenen Wassers. Sie dauerten gleichmäßig einen ganzen Tag, zwei Tage, eine Woche. Es wehte ein Wind, die Wolken rührten sich nicht vom Fleck, sie standen, wie Gestirne stehen, unverrückbar am Himmel. Es regnete gründlich und mit Bedacht. Die Wege wurden weich. Der Sumpf drang in die Wälder vor, die Frösche schwammen im Gehölz. Die Räder der Bauernwagen knirschten nicht mehr. Alle Wagen fuhren wie auf Gummi. Die Hufe der Pferde wurden lautlos. Alle Menschen zogen die Stiefel aus, hängten sie über den Rücken und wateten barfuß.

Über Nacht wurde es klar. Eines Morgens hörte der Regen auf. Die Sonne kam, wie heimgekehrt aus einem Urlaub.

Diesen Tag hatten wir erwartet. An diesem Tag mußten die Erdbeeren reif sein.

Wir gingen also die Straße entlang, die aus der Stadt gerade in den Wald führte. Unsere Stadt war sehr regelmäßig angelegt. In der Mitte kreuzten sich ihre beiden Hauptstraßen. In diesem Mittelpunkt entstand ein kleiner Kreis, auf dem man zweimal in der Woche den Markt abhielt. Die eine Straße führte vom Bahnhof zum Friedhof. Die andere vom Gefängnis in den Wald.

Der Wald lag im Westen. Man ging mit der Sonne. Der Wald hatte am längsten Tag. Stand man an seinem äußersten westlichen Ende, so sah man die Sonne am tiefsten Rand des Horizonts verschwinden und kostete noch den letzten Sonnenstrahl.

Hier wuchsen die schönsten Erdbeeren. Sie verbargen sich nicht bescheiden, wie es sonst ihr Charakter ist. Sie stellten sich den Suchenden in den Weg. Sie zitterten auf dünnen, aber starken Stengeln. Sie waren voll und wuchsen nicht aus Demut so tief am Boden, sondern aus Stolz. Man mußte sich bücken, um sie zu erreichen. Nach Äpfeln, Kirschen und Birnen muß man sich strecken und klettern.

An den Erdbeeren klebten kleine Erdklümpchen, die man mit freiem Aug' nicht sah und die man also in den Mund steckte. Es knirschte zwischen den Zähnen, aber der Saft, der aus der Frucht drang, schwemmte die Erde weg, und das weiche Fleisch streichelte den Gaumen.

Alle Menschen sammelten Erdbeeren, obwohl es verboten war. Wenn der Förster kam, nahm er den Frauen die Töpfe weg, streute die schönen roten Erdbeeren aus und zertrat sie. Was aber konnte er uns machen, die wir Erdbeeren sofort aßen? Er sah uns böse an und pfiff seinem Hund. Er trug ein Schild aus Messing an der Brust. Er glänzte grün, stählern und war eigentlich ein metallener Gegenstand in einer Welt aus Blatt, Holz und Erde.

Niemand fürchtete den Förster. Je mehr Erdbeeren er zertrat, desto mehr wuchsen im Walde. [...]

Unsere Stadt war in den Winternächten grausam. Der Schnee war eine Maske über ihrer Niedrigkeit. Er erstickte die zankenden Stimmen, die aus den Häusern kamen. Jedes Haus trug braune geschlossene Fensterläden mit schmalen gelben Lichtstreifen. An manchen Straßenecken brannten tanzende rote Flämmchen in gelben Petroleum-Laternen. Der Schnee leuchtete sanft und schmerzend zugleich. Der Wind bürstete die Dächer, der weiße Staub flog auf. Der Wind lag wie eine kalte Hand vor dem Mund. Tief unter dem Schnee lagen die Holzplatten, aus denen bei uns der Bürgersteig bestand. Man trat bis zum Knie in den Schnee. [...]

Die Menschen in unserer Stadt hatten ein Bedürfnis nach Schönheit und nach Werken der Kunst. Seit undenklichen Zeiten gab es bei uns einen kleinen Park, in dem Kastanienbäume blühten, sehr alte ehrwürdige, dicke Bäume, deren Kronen der Magistrat manchmal schneiden ließ und in deren Schatten an heißen Sommertagen die Menschen schlafen. Der Park war rund, ein Kreis ohne Feld, mit dem Zirkel ausgemessen, von einem hölzernen, graugestrichenen Zaun umgeben, auf den man überhaupt hätte verzichten können – so wenig war es ein Zaun. Er war eher ein hölzerner Ring, an manchen Stellen weich, zersplittert, verfault, an andern zerbrochen, aber im Ganzen immer noch vorhanden, ein lockerer Gürtel an den Hüften des Parks. Er konnte weder Hunden den Eintritt wehren noch den Gassenjungen, die niemals einen der offiziellen Eingänge benutzten. Es war lediglich die Ordnungsliebe unserer Leute, die ihnen geboten hatte, durch eine Linie von mehr symbolischer Bedeutung den Park von der Straße abzugrenzen.

In der Mitte des Parks stand eine kleine hölzerne Bude mit schrägem Giebel, an dessen Ende ein Wetterfähnchen angebracht war.

Auch diese Wetterfahne war zwecklos. Der Wind drang niemals durch das dichte Blätterdach der Kastanien. Die Windfahne hatte nichts zu tun. Dennoch richteten sich manche nach ihr. Denn es kam vor, daß sie aus rätselhafter Ursache heute nach Westen gerichtet war und morgen nach Norden. Ich glaube, daß irgend jemand sich die Mühe nahm, die Wetterfahne unserer Stadt nach der jeweiligen Windrichtung zu regulieren. Es wird einer der vielen Verrückten gewesen sein, die bei uns öffentliche Funktionen ausübten.

Der wirkliche Zweck der hölzernen Bude war ein anderer: Sie war eigentlich ein Erfrischungspavillon, sie spendete Eis und Sodawasser mit und ohne Sirup und wurde von einer schönen, stattlichen blonden Frau verwaltet, bei der ich und andere die Liebe gelernt haben. Das Sodawasser, das sie ausschenkte, muß von einer besonderen Art gewesen sein, oder die jungen Männer meiner Heimat waren es.

Unser Pavillon war manchmal geschlossen, an Stunden, in denen man es gar nicht erwartet hatte. Mitten am Tage, zu einer Zeit, in der in anderen Städten der Welt Sodawasser getrunken wird, war unser Pavillon geschlossen, taub, grau, schweigsam. Die Vögel zwitscherten über ihm in den Kronen. Er war ein verwunschener Pavillon. Kein Geräusch drang aus seinem Innern. Man sah kein Schloß an seiner Tür, er war von innen zugemacht worden.

Wann er geöffnet wurde, wußte niemand. Aber nach einer Stunde, oder nach zwei, oder nach drei mußte er wieder offen sein. Er war es wirklich. Ein Zauber öffnete und schloß ihn. Niemals sah man, wann es geschah. Auch die jungen Männer, derentwegen er sich schloß, wußten nicht, wieso sie auf einmal eingesperrt waren. Sie hatten auch keine Zeit, auf die Tür zu achten. [...]

Wir hatten nun ein Denkmal. Wir standen und saßen davor und betrachteten die Züge unseres großen Landsmannes. Er hatte immer dieselbe Seite seines Buches aufgeschlagen.

Im Herbst befürchtete man die schädliche Wirkung der Nässe und der Fröste für den teuren Stein. Man baute ein hohes hölzernes Haus und stülpte es über das Denkmal.

Den ganzen Winter lang bis zum April stand unser großer Gelehrter hinter Brettern. Er schlief einen Winterschlaf wie manche Tiere. Wenn der Frühling kam, begann ein Häm-

mern im Park, man entfernte das Futteral vom Denkmal. Es war auch eines unserer Frühlingssymptome.

Das Denkmal ist schon frei! Es wird Frühling! – sagten die Leute im April.

[...]

Der Sommer lag da und wartete auf sein Ende. Im Herbst mußten die Fremden kommen, die Hopfenhändler aus Österreich, Deutschland, aus England, die reichen Männer, von denen viele Menschen in unserer Stadt lebten.

Der Sommer lag da und gebar verschiedene Krankheiten. Vom faulen Obst bekamen die Menschen Bauchweh und starben, in den Brunnen trocknete das Wasser, ein paar Nadelwälder begannen zu brennen, die trockenen Gräser der Steppe entzündeten sich. In den Nächten war der Horizont gerötet, ein beißender Dunst lag in der Luft.

[...]

Unsere Stadt war arm. Ihre Einwohner hatten kein geregeltes Einkommen, sie lebten von Wundern. Es gab viele, die sich mit nichts beschäftigten. Sie machten Schulden. Bei wem aber liehen sie? Auch die Geldverleiher hatten kein Geld. Man lebte von guten Gelegenheiten. Immer wieder ereignete sich etwas, das die Leute mit Hoffnungen erfüllte. Der große Hotelbau hatte nur Enttäuschungen gebracht. Es kam ein Winter mit frühen und starken Frösten, er überfiel uns wie ein Mörder, Ende November gab es schon 25 Grad. Die Vögel fielen starr von den Bäumen, jeden Morgen konnte man sie auflesen. Der Schnee seufzte unter den Tritten, der Frost schnitt uns in die Haut mit tausend dünnen Bindfäden, die Öfen platzten vom vielen Holz, der Wind trieb den Rauch in die Schornsteine zurück, so daß wir in den Stuben fast erstickten. Wir konnten die Fenster nicht aufreißen, wir hatten sie schon mit Watte und Zeitungspapier verstopft. Die Fensterscheiben bekleideten sich mit dicken, undurchsichtigen Krusten aus Kristall, Winter, merkwürdigem gläsernem Gesträuch.

Die Armen wurden von unserm Herrn Grafen gespeist. Aber die nicht betteln durften, verhungerten, starben, man rannte oft mit Leichen durch die Gassen, die schwarzen Kutscher hieben auf die schwarzen Pferde ein, daß sie galoppierten, und die Hinterbliebenen liefen dem Toten nach, es war, als beeilten sich alle, die Toten und die Lebenden, noch schnell in die überfüllten Gräber zu gelangen. Kein Platz! kein Platz! – schrien die Raben.

3   »Rauhreif am Styr«. Fotografie, um 1916.

Diese gefräßigen Vögel hingen schwarz und schwer in den kahlen Ästen, beflügelte Früchte, sie schlugen mit den Flügeln und zankten sich laut, sie flogen vor die Häuser und pickten wie Spatzen an die gefrorenen Fenster, sie waren nah wie schlimme Nachrichten, sie waren fern wie böse Ahnungen, schwarz drohten sie auf schwarzen Ästen und auf dem weißen Schnee.

Wie schnell fielen die Abende über uns herein, Abende, die mit einem scharfen Wind kamen, mit glänzenden fernen Sternen auf einem Himmel aus blauem Frost, mit kurzen heftigen Dämmerungen in den Stuben, mit heulenden Teufeln in den Öfen, mit Gespenstern aus Nichts. Eine halbe Stunde im Tag war die Sonne zu sehn. Sie war matt und weiß, von einer gefrorenen Fensterscheibe verhüllt. Die langen schweren Eiszapfen hingen von den tiefen Dächern, eine Art toter Troddeln. Schmale Stege zeichneten sich im tiefen Schnee ab, Fußgänger gingen zwischen weißen hohen Schneedämmen. Es gab nichts Heiteres außer dem Klingeln der Schlittenglocken, sie läuteten fast wie Frühling. Der

Frost gab ihnen ein kurzes, aber scharfes, gläsernes Echo, in der Ferne waren sie summende helle junge Fliegen.

Aus schwarzen Strichen auf weißer Ebene bestanden die Nadelwälder. Nebel verdeckte die Ferne und die Hügel, die Gewässer lagen gurgelnd unter dicken Fenstern, rings um die Brunnen erhoben sich Kreise aus geschliffenem, starkem, gefährlichem Glas.

In diesem Winter, der die Armen noch ärmer machte, erwarteten wir mit mehr Ungeduld als gewöhnlich den reichen Herrn Britz aus dem fernen Peking, den reichen Teehändler, dessen Schutzmarke (eine Waage, von einem Engel gehalten) in der ganzen Welt berühmt ist und den echt chinesischen Tee garantiert.«

(Joseph Roth: »Erdbeeren« [Auszüge]. In: Werke, Band 4, S. 1008–1032)

4   Österreich-Ungarn. Landkarte mit den Grenzen von
1914 und 1921.

Das Land

Galizien war schon, als Joseph Roth geboren wurde, ein sagenhaftes Land, das die meisten nur vom Hörensagen, vom Hören düsterer Geschichten, kannten. Es galt allen Nicht-Galizianern, aber auch vielen von jenen, die den Aufstieg zu »etwas Besserem« geschafft hatten, als gottverlassene Gegend. Ausdruck der Rückständigkeit des weit vom Zentrum entfernten Landes waren nicht nur die Distanz, sondern auch Elemente der Landschaft: Staub, Schlamm, Sumpf.

Als Kronland der österreichisch-ungarischen Monarchie gehörte das »Königreich Galizien«, obwohl im Osten des Staates gelegen, der »cisleithanischen«, vorwiegend deutschsprachigen und auf Wien orientierten, nicht der ungarischen Reichshälfte an. Es umfaßte einen großen Teil des heutigen Südpolen und Teile der heutigen Ukraine.

Seit dem 14. Jahrhundert war das frühere ostslawische Reich »Halicz« unter polnischer Herrschaft gestanden, polnische Feudalherren siedelten sich an, und ihnen folgten, unter ihrem Schutz, eingesetzt als Steuereintreiber und »Finanzfaktoren«, zahlreiche zuvor aus Westeuropa vor den Verfolgungen nach Polen geflohene Juden. Mit der ersten Teilung Polens 1772 wurde das Land als »Königreich Galizien und Lodomerien« an das Habsburgerreich angegliedert. Die Habsburger fanden eine noch durchgehend feudale Agrarwirtschaft vor: Nach einer Phase der Modernisierungsversuche und der Germanisierung wurde Galizien seit der Verwaltungsreform von 1868 nicht direkt von Wien, sondern von den lokalen polnischen Behörden im Sinne der adeligen polnischen Grundbesitzer verwaltet. Deren Ziel war im wesentlichen die Beibehaltung ihrer eigenen Vormachtstellung.

Die Bevölkerung Ostgaliziens bestand aus einer kleinen polnischen Oberschicht (vorwiegend Adel und Grundherren), einer großen Zahl Ukrainer, damals »Ruthenen« genannt (zumeist Bauern), einer beachtlich starken Minorität von Juden (um 1890 ca. 11,7 %, in sehr unterschiedlichen Berufsbereichen tätig) sowie kleinen Inseln von im 18. Jahrhundert angesiedelten deutschen Bauernkolonien.

Galizien, besonders Ostgalizien, war ein sehr fruchtbares Land. Es erstreckte sich auf der Nordseite der Karpaten terrassenförmig bis zur (damaligen) russischen Grenze, und der fette Boden erlaubte den ertragreichen Anbau von Getreide, in manchen Gegenden auch von Melonen, Mais und Tabak. Die vielen Flüsse und Seen waren fischreich und sorgten für gute Bewässerung. Daß der Reichtum des Bodens nicht zum allgemeinen Reichtum der Einwohner führte, lag an der Sozialstruktur.

Mit Ausnahme von Teilen der polnischen Oberschicht und vereinzelter bürgerlicher Unternehmer waren die Menschen in Galizien arm. Um so größere Tragweite bekamen die Auseinandersetzungen um die Beteiligung der Volksgruppen am Wirtschaftsleben, Auseinandersetzungen, die im Lauf des 19. Jahrhunderts durch den aufkommenden Nationalismus und den permanenten Antisemitismus verschärft wurden.

Unter der polnischen Herrschaft, von der Mitte des 16. Jahrhunderts bis 1764, hatten die Juden im Rahmen ihrer religiösen Institutionen eine nie wieder erreichte Selbständigkeit genossen, die sowohl Religionsfragen und die Wahl des Oberrabbiners als auch die Regelung ihres zivilen Alltags betraf. Diese Toleranz und einen gewissen Schutz erhielten die Juden, weil sie für die Grundherren wirtschaftlich unentbehrlich waren. Juden waren mit der Steuereintreibung betraut, wickelten alle Geldgeschäfte ab, waren Pächter von (im Besitz der Grundherren befindlichen) Wirtshäusern, Mühlen, Brauereien, Schnapsbrennereien usw. Die überwiegende Mehrheit der Juden lebte dabei selbst genauso ärmlich wie ihre christlichen Nachbarn.

Mit den einem aufgeklärten Absolutismus verpflichteten Habsburger-Kaisern änderte sich die Situation der Bewohner Galiziens. Im Interesse des Staatswohls strafften sie die Verwaltung, setzten die Selbstverwaltungseinrichtungen der Juden außer Kraft und erhoben von den Juden neue Steuern. Das für Galizien 1789 erlassene »Toleranzpatent« folgt der allgemeinen Absicht, die Juden in den Gesamtstaat als nützliche Wirtschaftsfaktoren zu integrieren, wenn auch noch nicht als gleichwertige, bloß andersgläubige Bürger. In der konkreten Situation wirkte sich die kaiserliche Politik besonders für die ärmeren Juden

5   »Am Brunnen von Wladimir Wolynsk« / Vladimir-
Volynskij. Rußland, heute Ukraine. Fotografie, um 1916.

6   Rzeszów. Galizien, heute Polen. Straßenszene am
Rynek (Marktplatz). Fotografie, um 1900.

negativ aus. Zudem stieß das Zurückdrängen des Einflusses religiöser Autoritäten auf Widerstand. Andererseits blieb das traditionelle jüdische Leben besonders in vielen kleinen Orten in Galizien bis weit in unser Jahrhundert bestehen – bis zur Vernichtung durch die Nationalsozialisten.

Ein Anfang zur Emanzipation und Assimilation der Juden war jedenfalls bereits unter Kaiser Joseph II. gemacht. Im Lauf des 19. Jahrhunderts erhielten auch die Juden als österreichische Staatsbürger die vollen bürgerlichen Freiheiten. Zugleich verschärften sich auf der wirtschaftlichen und nationalen Ebene die Konflikte innerhalb des Landes. Noch in der Mitte des 19. Jahrhunderts orientierten sich die assimilierten Juden an Wien; später stieg der Grad der Polonisierung. In deren Folge sollte sich nunmehr auch für die Juden – als Einzelpersonen wie als Gruppe – die Frage nach der Verbindlichkeit der traditionellen Regeln, damit die Frage nach ihrer Stellung im Staat stellen: Sahen sie sich als Religionsgemeinschaft oder als Nationalität?

Das Dilemma der jüdischen Identität ist eine unvermeidliche Folge der Säkularisierung.

Joseph Roth, als galizischer Jude ein gutes Jahrhundert nach dem Toleranzpatent geboren, hat diesen Konflikt zwischen traditionellem jüdischem Selbstverständnis und Anschluß an die internationale Moderne selbst empfunden. Als junger, erfolgreicher, weitgehend assimiliert lebender Journalist schrieb er in seinen Reportagen aus Polen und Rußland und im Essay »Juden auf Wanderschaft« beschwörende Worte zur Verteidigung der kulturellen Werte dieser in sich geschlossenen, nicht entfremdeten, »heilen« Gegenwelt. Später, den brutalen deutschen Nationalismus vor Augen, erweiterte Roth seine Loyalität, sein Heimatgefühl auf das österreichisch-ungarische Staatsganze:

»Auf das Leben der Völker angewandt, heißt das: Sie suchen vergeblich nach sogenannten nationalen Tugenden, die noch fraglicher sind als die individuellen. Deshalb hasse ich Nationen und Nationalstaaten. Meine alte Heimat, die Monarchie, allein war ein großes Haus mit vielen Türen und vielen Zimmern, für viele Arten von Menschen. Man hat das Haus verteilt, gespalten, zertrümmert. Ich habe dort nichts mehr zu suchen. Ich bin gewohnt, in einem Haus zu leben, nicht in Kabinen.«

(Joseph Roth: »Die Büste des Kaisers«. In: Werke, Band 5, S. 675)

7 Zborów / Zboriv. Galizien, heute Ukraine.
Im Judenviertel. Fotografie, 1917.

Die Heimat Galizien hat Joseph Roths Denken und Empfinden sowie seine literarischen Ausdrucksmittel nachdrücklich geprägt, auch wenn Wien, Berlin und Paris später wichtige Einflüsse ausübten.

Das ursprüngliche, sinnliche Erleben der Landschaft, der Jahreszeiten und ihrer Stimmungen fand in Roths Schriften ein Echo in poetischen und suggestiven Bildern. Nicht selten setzte er landschaftliche Befindlichkeiten gleichnishaft für Situationen oder seelische Zustände. So kann eine unberührte Schneelandschaft für Verletzlichkeit, für akute Gefährdung stehen. Die häufige Verwendung der Eigenschaftswörter »golden« und »silbern« in Beschreibungen der galizischen Landschaft vermitteln uns ein Gefühl für die Kostbarkeit der Erinnerung sowie für den hohen Wert, den der Autor seiner Heimat beimaß.

»In der Ferne leuchtet der Schlamm wie schmutziges Silber. Man könnte die Straßen in der Nacht für trübe Flüsse halten, in denen sich Himmel, Mond und Sterne tausendfältig und verzerrt spiegeln wie in einem sehr schmutzigen Kristall. Zwanzigmal im Jahr schüttet man Steine in den Schlamm, ungefüge, grobe Steinblöcke, Mörtel und rostbraune Ziegel, und nennt es Schotterung. Aber der Schlamm bleibt doch am Ende siegreich, er verschlingt die Steinblöcke, den Mörtel, die Ziegel, und seine trügerische Oberfläche heuchelt glatte Ebenen, wo ganze Höhenzüge schlummern unter glucksenden Wassern, ein von Engpässen qualvoll durchfurchtes Kettengehügel.«

Landschaft wie kulturelle Verknüpfungen weisen konträre Aspekte auf:

»Auf den Märkten verkauft man primitive, hölzerne Hampelmänner, wie in Europa vor 200 Jahren. Hat hier Europa aufgehört?
Nein, es hat nicht aufgehört. Die Beziehung zwischen Europa und diesem gleichsam verbannten Land ist beständig und lebhaft. In Buchhandlungen sah ich die letzten literarischen Neuerscheinungen Englands und Frankreichs. Ein Kulturwind trägt Samen in die polnische Erde. Der Kontakt mit Frankreich ist der stärkste. Über Deutschland, das im toten Raum zu liegen scheint, sprühen Funken herüber und zurück. Galizien liegt in weltverlorener Einsamkeit und ist dennoch nicht isoliert; es ist verbannt, aber nicht abgeschnitten; es hat mehr Kultur, als seine mangelhafte Kanalisation vermuten läßt; viel Unordnung und noch mehr Seltsamkeit. Viele kennen es aus der Zeit des Krieges, aber da verbarg es sein Angesicht. Es war kein Land. Es war Etappe oder Front. Aber es hat eine eigene Lust, eigene Lieder, eigene Menschen und einen eigenen Glanz; den traurigen Glanz der Geschmähten.«

(Joseph Roth: »Reise durch Galizien. [1]. Leute und Gegend« [Auszüge]. Frankfurter Zeitung, 20. November 1924. In: Werke, Band 2, S. 284-285)

8   Die Grenze zwischen Österreich-Ungarn und Rußland bei Brody. Fotografie, um 1916.

9   Zborów / Zboriv. Galizien, heute Ukraine. Bauernhaus. Fotografie, um 1916.

Die Geburtsstadt Brody

Die Geburtsstadt Joseph Roths war eine mittelgroße, aber bedeutende Stadt nahe der Grenze zwischen Österreich-Ungarn und Rußland, Sitz einer Bezirkshauptmannschaft, eines Merkantil- und Wechselgerichts, eines Militär-Platzkommandos und einer Zoll- und Finanzbehörde. Zur Zeit von Roths Geburt hatte Brody etwa 17.000 Einwohner, wovon 75 Prozent, also etwa 12.750 Juden waren. Die Stadt war 1684 unter dem Namen »Lubicz« gegründet worden und hatte später den heutigen Namen nach einem schon bestehenden an den Sümpfen gelegenen Dorf Brody (»Furt«) angenommen. Handel wurde schon im 17. Jahrhundert getrieben und von den polnischen Magnaten gefördert. Brody zählte – wie Lublin, Krakau und Jaroslau – zu den »kehillot raschiot«, den ältesten bedeutenden Städten der galizischen Judenheit, in denen Sitzungen der Vierländersynode, dem obersten Organ der jüdischen Selbstverwaltung, stattfanden.

Nach dem Anschluß Galiziens an die österreichische Monarchie wurde ein Brodyer Kaufmann zum Oberlandesrabbiner ernannt, dem höchsten für Juden erreichbaren Amt.

Brody war früh schon ein intellektuelles Zentrum, seine Rabbiner waren hoch angesehen. Beim Aufkommen der »Volksreligion« des Chassidismus stellten sich die Brodyer Rabbiner auf die Seite der traditionellen orthodoxen religiösen Ausbildung.

Der Konservativismus in religiösen Dingen verhinderte nicht eine Aufgeschlossenheit in anderer Richtung: So gaben etwa die Handelsbeziehungen nach Berlin der jüdischen Aufklärung Auftrieb. Die gute wirtschaftliche Entwicklung Brodys im späten 18. und in der ersten Hälfte des 19. Jahrhunderts förderte allgemein seine positive Einstellung zum Westen sowie zum österreichischen Staat und bestärkte seine assimilatorischen Tendenzen. Bereits 1815 gründete die Stadt eine deutschsprachige Realschule, was ihren Bürgern früh schon den Zugang auch zur Wiener Universität ermöglichte. Von 1779 bis 1879 genoß Brody den Status einer »freien Stadt«, was ihr zu einer langen Epoche großen Wohlstands verhalf. Die günstige Lage an der Grenze und die Einrichtung der Brodyer Handelsmessen führten (bis zur Fertigstellung der wichtigen

10–11   Brody. Galizien, heute Ukraine. Jüngere Syna-
goge, genannt »Neue Schul'«, erbaut im 18. Jahrhundert.
Portal und Thoraschrein. Fotografien, um 1900.
Dieses Gebäude ist zerstört.

12–13   Brody. Große Synagoge, genannt »Alte Schul'«,
erbaut im 17. Jahrhundert.
Ansicht der Rückseite, Fotografie, um 1900, und
Innenraum: Kapitelle der Säulen. Fotografie: Zeev Mach,
1914.
Der etwa 18 Meter hohe Hauptraum dieser Synagoge
steht heute als gepölzte Ruine.

14   Brody. Rynek (Marktplatz) im Winter.
Fotografie, um 1916.

15   Brody. Haus mit Durchfahrt in der Goldgasse /
Vulica Zolota. Fotografie, um 1915.

Eisenbahnlinien Warschau–Moskau und Lemberg–Odessa, die Brody nicht mehr berührten) zu einem intensiven Handel mit Rußland. Getreide, Wolle, Hopfen und Eisenwaren wurden hier gestapelt und vertrieben. In diesen Jahren bestand auch ein kaiserlich-russisches Konsulat in der Stadt. Spätestens ab 1879 verlor Brody seine wirtschaftliche Bedeutung. In den folgenden Jahrzehnten sank auch die Bevölkerungszahl. Die traditionellen Bildungseinrichtungen – die jüdisch-religiösen wie die laizistischen – blieben jedoch bestehen. Die Brodyer Juden nahmen regen Anteil an den politischen Entwicklungen: Bei den Wahlen zum österreichischen Reichstag entsandten sie stets jüdische Abgeordnete. Während der Zugehörigkeit zur Doppelmonarchie florierte das jüdische Leben in Brody, auch wenn Zionismus und Polonisierung an Einfluß gewannen.

16 Brody. Rynek (Marktplatz). Ostseite. Fotografie, um 1916.
Die Marktgebäude mit ihren Verkaufsarkaden wurden im Krieg 1939/1945 zerstört.

17 Brody. Rynek (Marktplatz). In und vor den Arkaden der Marktgebäude sind Verkaufsstände errichtet. Fotografie 1914/1918.

18   Brody. Nordseite des Rynek, Blick in die Goldgasse /
Vulica Zolota. Fotografie: Zeev Mach, 1906.
Die Goldgasse war (und ist) Brodys Hauptstraße.

19   Brody. Die »Landesbank des Königreichs Böhmen«
am »Stadtpark«/am Neuen Markt. Fotografie, um 1916.
Das Gebäude, einer der wenigen offiziellen Bauten der
Stadt, die um die Wende zum 20. Jahrhundert errichtet
worden waren, beherbergte im Krieg 1914/1918 ein
Divisionskommando der k. u. k. Armee.

20   Brody. »Wachablöse« am Rynek (Marktplatz). Fotografie, um 1916.
Rechts im Bild sind die Markthallen des Rynek mit ihren
offenen Arkaden zu sehen.

21   Brody. Kavallerie-Kaserne. Fotografie, um 1916.
Ausschnitt.
Teile der alten Kaserne wurden im Krieg 1914/1918 als
k. u. k. Feldspital 6/12 verwendet.

Joseph Roths Kindheit

Moses Joseph Roth wurde am 2. September 1894 in Brody, Galizien, als Sohn jüdischer Eltern geboren. Dort und in Lemberg verlebte er seine Kindheit und Jugend, ehe er an der Wiener Universität zu studieren begann.

Bis 1905 (dem Jahr, in dem Roth die Volksschule beendete) wohnte er mit der Mutter und dem Großvater vermutlich bei Uniformschneider Kalman Ballon in der Goldgasse. Dieser war ein wohlhabender Mann und Mitglied der Handelskammer von Brody. Joseph Roths Kindheitseindrücke mögen vom Gegensatz gezeichnet gewesen sein, den er dort erlebte: Auf der einen Seite die modische Kundschaft des Schneiders: Offiziere und wohlhabende Bürger der Stadt; auf der anderen Seite die Familie, dominiert von Großvater Jechiel Grübel, der gerne mit Rabbi Abraham Benjamin Kluger, dem Sohn des berühmten Maggid von Brody, Solomon Kluger, diskutierte.

Roths Großvater Jechiel Grübel, Händler in Brody, lebte von 1847 bis 1907. Er war religiös, verwurzelt in der jüdisch-orthodoxen Tradition der Stadt Brody. In seinem Haushalt, in dem Joseph Roth aufwuchs, wurde deutsch gesprochen; im Haus seines Sohnes Sigmund in Lemberg bereits polnisch. Das postume Gemälde entspricht genau einer Fotografie des alten Mannes. Die Familie hatte allerdings versäumt, den Künstler darüber zu informieren, daß Jechiel Grübel strahlend blaue Augen besaß.

Auch Joseph Roth hatte blaue Augen.

Brody hatte angeblich drei jüdische Friedhöfe – der erste liege unter dem »Stadtgarten«, der zweite wurde während der nationalsozialistischen Besetzung eingeebnet und liegt unter dem Stadion, südöstlich vom Gymnasium, außerhalb der alten Stadtmauern; der dritte und jüngste liegt nördlich der Stadt. Er ist zum Teil erhalten. Seine Besonderheit sind die vielen über zwei Meter hohen Grabsteine.

22 B. Mordchin: Porträt Jechiel Grübel. Öl auf Leinwand, 1910.

23 Brody. »Der neue Friedhof«; gemeint ist der im 19. Jahrhundert belegte (historisch gesehen: dritte) jüdische Friedhof. Fotografie, um 1900.

24 Brody. Blick in die Bahngasse / Vulica Voksalna, vom Rynek (Marktplatz) aus zum Bahnhof. Fotografie: Heinz Lunzer, 1993.

25 Maria (Mania) Roth, geb. Grübel. Fotografie: Atelier Buxdorf, Brody, um 1912. Die Fotografie trägt auf der Rückseite die Aufschrift:
»Meinen lieben teuren Geschwistern Lucy, Sally, zum Andenken von Schwester Mania«.

Die Mutter Joseph Roths lebte von 1872 (?) bis 1922. Entsprechend der Familientradition heiratete sie im Jahr 1892 den Getreidehändler Nachum Roth, der nach eineinhalbjähriger Ehe von einer Geschäftsreise nicht mehr zurückkehrte. (Er starb angeblich 1910 in geistiger Umnachtung, ohne daß sein Sohn ihn kennengelernt hätte.)

Maria Roth führte den Haushalt ihres Vaters bis zu dessen Tod.

In der Bahngasse, die das Stadtzentrum mit dem Bahnhof von Brody verband, stand das Haus, in dem die Mutter und Joseph Roth vermutlich nach dem Tod des Großvaters wohnten. Es existiert nicht mehr.

Während des Kriegs 1914 / 1918 lebte sie in Wien, dann im Haus ihres Bruders Sigmund Grübel in Lemberg.

Moses Joseph Roth wurde nach dem Großvater seiner Mutter, Moische Jossif Gräber, benannt, der von Beruf Grabsteinmetz in Brody war. Roths spätere Behauptung, aus »Schwabendorf« oder »Szwaby« zu stammen, entspricht seiner gelegentlichen Neigung, die Herkunft aus Brody (nicht unbedingt die jüdische) zu verschleiern. Möglicherweise wollte er sich dem Anschein des Provinziellen entziehen und der Geringschätzung vieler, die Brody als tiefstes Grenzland verstanden. (Einen Ort mit dem Namen »Schwabendorf« konnte man in westlicheren und damit »zivilisierteren« Gebieten der Monarchie vermuten.)

26 Joseph Roth, etwa drei Jahre alt, auf einem Sessel stehend. Fotografie, um 1897.

27 Joseph Roth, etwa vier Jahre alt, auf einer Balustrade sitzend. Fotografie: Atelier Buxdorf, Brody, um 1898.

Porträtfotos dieser Zeit dienten der Repräsentation und wurden vom Fotografen mit Statussymbolen – etwa der Barockbalustrade – angereichert. Die frühen Fotografien täuschen über die bescheidenen Verhältnisse von Roths Mutter hinweg. Sie war ökonomisch abhängig von ihren Brüdern, was Joseph Roth in der späteren Jugend bedrückte. Freilich ließ man sich nur im besten Gewand fotografieren. Die Alltagskleidung war gewiß einfacher, so daß Roths Behauptung, er sei arm aufgewachsen, subjektiv verständlich erscheinen mag.
Mutter und Sohn lebten sehr zurückgezogen, wofür die beengten Verhältnisse möglicherweise eine Erklärung sind. Insgesamt scheint die Mutter streng und vereinnahmend über der Erziehung des Sohnes gewacht zu haben.

28 Joseph Roth, vier Jahre alt, auf einem Holzpferd sitzend. Fotografie: Atelier Buxdorf, Brody, 1898. Die Fotografie trägt auf der Rückseite die Aufschrift:
»Zum Andenken der l[ieben]. Tante Rózia samt dem lieben Onkel Sigmund 2 / Nov. 1898.«.

Buxdorf   BRODY

Volksschule in Brody

Von 1901 bis 1905 besuchte Roth die jüdische Volksschule, die aus dem »Hirschschen Schulfonds in Galizien« zur Förderung der beruflichen Ausbildung der ostjüdischen Jugend finanziert wurde. In dieser Schule wurde Roth in Deutsch, Polnisch und auch – obwohl sie keine traditionelle religiöse Schule (Cheder) war – in Hebräisch unterrichtet.

Die Schule lag zentral, zwei Häuserblocks östlich vom Rynek (Marktplatz) und nur wenige Gehminuten von der Wohnung der Familie Roth entfernt.

29 Joseph Roth, neun Jahre alt, mit seiner Mutter. Fotografie, 1903.

30 Brody. Das Gebäude in der Pfarrgasse / Stusa Vulica 14, in dem die Baron-Hirsch-Schule untergebracht war. Fotografie: Heinz Lunzer, 1993.

31 Joseph Roth als Schüler mit Geige. Fotografie: Atelier Buxdorf, Brody, 1905. Die Fotografie trägt auf der Rückseite die Aufschrift:
»1905. Dem l[ieben]. Onkel Sigmund und l[ieben]. Tante Rózia! Zum Andenken vom Neffen Muniu«.

Musikinstrumente gehörten zu den Versatzstücken des Bildungsbürgertums der Zeit. Es gibt keinen Hinweis darauf, daß Roth in seinem späteren Leben Geige oder ein anderes Instrument gespielt hätte.

32 Brody. Der »Stadtgarten« mit dem Denkmal des polnischen Schriftstellers Józef Korzeniowski (1797 bis 1863). Fotografie: Zeev Mach, 1928. Dieser Park, wenige Straßen vom Rynek (Marktplatz) entfernt, fungierte zeitweise als zweiter Marktplatz und zweites Stadtzentrum.

Gymnasium in Brody

Von 1905 bis 1913 besuchte Roth das k. k. Kronprinz Rudolf-Gymnasium in Brody. In den meisten Jahren war er ein Vorzugsschüler.

Die Gymnasien von Lemberg und Brody waren lange Zeit die einzigen deutschsprachigen höheren Schulen in Galizien. Das Gymnasium Brodys wurde 1815 als »Realschule« gegründet, 1851 verstaatlicht und ab 1847 als Realgymnasium mit einer eigenen Vorbereitungsklasse (»um Schülern, welchen die Kenntnis der Unterrichtssprache abgeht, das Studium an unserer Anstalt zu erleichtern«) geführt. 1891 organisierte man es als humanistisches Gymnasium. Um 1900 wurde die Unterrichtspflicht auf die anerkannten Sprachen des Kronlandes – Polnisch und Ruthenisch (Ukrainisch) – ausgedehnt.

Das von den meisten Schülern mosaischen Glaubens gesprochene Jiddisch war keine anerkannte Sprache. Die Zahl der jüdischen Schüler entsprach zumeist der Anzahl aller römisch- und griechisch-katholischen und der protestantischen zusammen. Ab 1896 erhöhte sich der Anteil ukrainischer Schüler deutlich.

Bis 1905 war die vorrangige Unterrichtssprache Deutsch; ab 1906 Polnisch.

Roth fand wenig Kontakt zu seinen Mitschülern; er schloß sich nicht den Zionisten an, sondern verstand sich als »Assimilant«. Er war in den meisten Fächern ein erfolgreicher Schüler und fühlte sich seinen Kollegen überlegen. Sein Deutschlehrer Max Landau, der auch die deutschsprachige Schulbibliothek betreute, förderte die Lektüre und die schriftstellerischen Versuche Roths.

33 Joseph Roth in der Uniform des Gymnasiums in Brody, 2. Klasse, Schuljahr 1906/1907. Fotografie: Atelier Buxdorf, Brody, 1906/1907.
Die Fotografie trägt auf der Rückseite die Aufschrift:
*»Zum Andenken meiner l[ieben]. Cousine Resia.
Muniu«.*

34 Brody. Der Erfrischungspavillon im Stadtgarten. Blick von der Goldgasse. Ansichtskarte, vor 1914.
Ein Ort, der für die heranwachsende männliche Jugend der Stadt besondere Attraktionen bot, wie Roth erzählte (siehe oben S. 12, Zitat aus »Erdbeeren«).

35 Brody. K. k. Kronprinz Rudolf-Gymnasium.
Fotografie, um 1916.
Im Krieg 1914/1918 beherbergte dieses Gebäude das
k. u. k. 2. operierende Armeekommando. Heute ist im
Schulgebäude ein kleines Museum eingerichtet, in dem
auch des Schülers Joseph Roth gedacht wird.

36 Joseph Roth in der Uniform des Gymnasiums in
Brody, 3. Klasse, Schuljahr 1907/1908, anläßlich seiner
Bar-Mitzwa.
Fotografie, 1907/1908. Fotografie.
Das Bild trägt auf der Rückseite die Aufschrift:
*»Lieber Onkel Willy. Ich lade Dich höflichst zu meiner
Confirmation, welche Samstag, 11. d. M. stattfinden
wird. Muniu«.*
An welchem Tag die Bar-Mitzwa stattfand, ist noch
ungeklärt – es kommen mehrere Samstage im Schuljahr
1907/1908 in Frage.

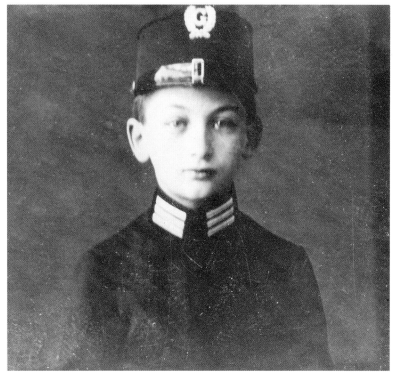

— 35 —

Świadectwo dojrzałości otrzymali
(Tłusty druk oznacza z odznaczeniem.)

L.	Nazwisko i imię	Data i miejsce urodzenia	Religia	Przyszły zawód
	Odział A.			
1	Balaban Józef	5. paźdz. 1894. Brody	mojż.	prawo
2	Billes Bernard	15. listopada 1893. Brody	mojż.	filozofia
3	Böhmerwald Hersch	18. kwietnia 1893. Brody	mojż.	prawo
4	Brojakowski Wsewołod	8. lipca 1894 Bołożynów	gr.-kat.	ak. eksport
5	**Gargasz Michał**	10. listopada 1892. Czechy	rzym-kat.	filozofia
6	**Goldinstein Salomon**	10. listopada 1892. Żabno	mojż.	prawo
7	Kołohon Nicetas	18 września 1894. Ciszki	gr.-kat.	teologia
8	Mondschein Jakób	16. stycznia 1495. Ławoczne	mojż.	prawo
9	Olesker Lipe	4. grudnia 1892. Stare-Brody	mojż.	medycyna
10	Oliwa Adam	15. listopada 1894. Brody	rzym.-kat.	agronomia
11	Ossetzki Kazimierz	4. marca 1890. Krosno	rzym.-kat.	teologia
12	Pawłów Józef	7. stycznia 1892. Czechy	gr.-kat.	filozofia
13	Petruszewicz Józef	5. września 1894. Bolechów	gr -kat.	prawo
14	Romanyszyn Antoni	5. grudnia 1895 Zabłotce	gr.-kat	agronomia
15	**Roth Mojżesz**	2. września 1894. Brody	mojż.	filozofia
16	Szach Mikołaj	2. maja 1892. Ciszki	gr.-kat.	ak. szt. p.
17	**Szpak Daniel**	29. grudnia 1892. Popowce	gr.-kat.	teologia
18	Szybalski Roman	29. lipca 1894. Brody	rzym.-kat.	medycyna
19	Tarnawski Jan	25. listopada 1894. Kulików	gr.-kat.	teologia
20	**Hołubówna Zofia**	12. marca 1893. Pruchnik	rzym.-kat.	filozofia
	Oddział B.			
1	Badian Józef	17. marca 1893. Wiedeń	mojż.	medycyna
2	Bernhaut Izydor	21. sierpnia 1891. Kołomyja	mojż.	medycyna
3	Billig Abraham Joachim	5. stycznia 1894. Brody	mojz.	weterynar.
4	**Blauer Nuchim**	27. lipca 1893. Brody	mojż.	filozofia
5	**Byra Jan**	3. grudnia 1892. Mukanie	rzym -kat.	filozofia
6	Golinowski Władysław	28. kwietnia 1893. Bordulaki	rzym.-kat.	teologia
7	Humeniuk Eliasz	21. marca 1892. Smarzów	gr.-kat.	medycyna
8	Kędzierski Ignacy Bolesław	19. czerwca 1895. Nowy-Sącz	rzym.-kat.	filozofia
9	Kuszpeta Jan	17. kwietnia 1839. Gaje-Star.	gr.-kat.	teologia
10	Lakritz Mojżesz	1. maja 1891. Łopatyn	mojż.	prawo
11	Micher Kazimierz	5. marca 1891. Palikrowy	rzym.-kat.	--
12	Parnes Mojżesz	16. lutego 1892. Rażniów	mojż.	technika
13	Podolańczuk Bazyli	23. stycznia 1892. Smarzów	gr.-kat.	technika
14	**Schapira Dawid**	10. grudnia 1895. Brody	mojż.	prawo
15	Schapire Mojżesz	10. lipca 1894. Brody	mojż.	medycyna
16	Schmieder Izrael	20. listopada 1894. Brody	mojż.	medycyna
17	Szczerbiński Stanisław	3. maja 1893. Łopatyn	rzym.-kat.	prawo
18	Strzetelski Stanisław	5. marca 1895. Grzymałówka	rzym.-kat.	filozofia
19	**Szydłowski Piotr**	29. czerwca 1895. Biały-Kamień	rzym.-kat.	akad. ziem.
20	Tretiak Jerzy	2. listopada 1894. Zabłotce	gr.-kat.	teologia
21	Wekler Władysław	11. stycznia 1895. Brody	rz.-kat.	akad.ziem.
22	Zandler Michał	25. września 1891. Smarzów	gr.-kat.	technika
23	**Lustig Tylle Ettel (pryw.)**	18 kwietnia 1894. Stare-Brody	mojż.	—
24	Kuszpeta Teodor (ekst.)	14. maja 1884. Gaje-Starobr.	gr.-kat.	teologia

37   Die Religionsklasse im Gymnasium. Fotografie, 1911.
Roth links in der hintersten Reihe. Vorderste Reihe: Mitte: Religionslehrer Dr. Oser Frost; zweiter von links: Leo Brisker; zweiter von rechts: Moses Lakritz, später Moses Wasser.

38   Schüler und eine Schülerin der letzten Klasse Roths, mit ihren Lehrern. Fotografie, 1913, anläßlich der Matura.
Roth steht in der zweiten Reihe von hinten, vierter von rechts.
Als Vorzugsschüler übernahm Roth freiwillig zusätzliche Aufgaben, so in der letzten Klasse zwei Referate über die Lyrik des 19. Jahrhunderts und über das Nibelungenlied.

39   XXXV Sprawozdanie Dyrekcyi C. K. Gimnazyum im. Rudolfa w Brodach za Rok Szkolny 1912/13. W Brodach, 1913 [XXXV. Jahresbericht des k. k. Rudolf-Gymnasiums in Brody], S. 35. Bericht über die Maturanten des Schuljahres 1912/1913.
Die mit Fettdruck hervorgehobenen Schüler haben die Abschlußprüfungen mit Auszeichnung bestanden. Die Spalte rechts außen gibt ihre Studienabsicht an: Bei Roth Mojzesz ist »Philosophie« angegeben.

Lemberg

Joseph Roth besuchte während seiner Gym-nasialjahre regelmäßig die Familie seines Onkels in Lemberg. Dies war der wohl-habende Kaufmann Sigmund Grübel, der auch sein Vormund war. In Lemberg lebten damals auch noch andere Verwandte. Einige, unter ihnen Onkel Heinrich, ließen sich später in Österreich nieder; andere lebten in Deutschland, wo Roth sie während seiner journalistischen Reisen wiedersah.

Während Roth die etwa gleichaltrigen Cou-sinen und Cousins gern mochte, war sein Ver-hältnis zu Onkel Sigmund gespannt, vielleicht auch deshalb, weil dieser ihn und seine Mutter finanziell unterstützte und dafür eine gewisse Mitsprache bei der Lebensgestaltung seines Mündels beanspruchte. Die steife, gezwungene Haltung des jungen Roth dem Vormund gegenüber wird auch in einem Brief

40 Michael (Michas, später Miguel) und Gusti (Gucia), Kinder von Roths Onkel Heinrich Grübel. Fotografie, um 1913.
Nur wenige Porträts aus der vielköpfigen Grübel-Familie haben sich erhalten (viele Verwandte Roths wurden von den Nationalsozialisten ermordet).
Dieses Bild stammt etwa aus der Zeit von Roths Universitätsbesuch in Lemberg.

41 Lemberg/L'viv. Hofmana/Tschechova 7. Fotografie: Ronald Bos, 1994.
In diesem Haus wohnte die Familie von Sigmund Grübel; er war auch der Besitzer des Gebäudes.

aus seinem Maturajahr deutlich, wo er in etwas gewundenem Stil Tante Rózia, Sigmunds Frau, für ihre Geburtstagswünsche dankt. In Gegensatz dazu steht der leichte, wenn auch etwas gönnerhafte Plauderton, mit dem Roth in demselben Brief den jüngeren Verwandten begegnet.

Die Cousine Paula Grübel (1897 bis um 1941) wurde Roths liebste Verwandte. Sie übernahm bald eine Art Vermittlerrolle in dem nie ganz spannungsfreien Verhältnis zum Onkel Sigmund, und ihr stellte er auch als erstem Familienmitglied seine Verlobte Friedl Reichler vor.

42 Joseph Roth: Sammelbrief an Rózia Grübel und ihre Kinder Resia, Paula und Heinrich, September 1912, S. 1 und 2 (Ausschnitt).
Der Text des für Rózia Grübel bestimmten Briefteils lautet (andere Teile des Sammelbriefs sind nachzulesen in: Briefe, S. 24):

»Meine liebe Tante!
Hoch erfreut hat mich Dein liebes Schreiben und Deine herzlich gemeinten Glückwünsche. – Es ist sehr schön an seinem Wiegenfeste von lieben Angehörigen beglückwünscht zu werden und nicht jeder auf Erden ist so glücklich. Ich kann mich Gott sei Dank zu diesen Glücklichen zählen, die so liebe Verwandte haben, die Anteil nehmen an jeder kleinsten meiner Freuden – Liebe Tante! Ich kann Dir nur wünschen Deine lieben Kinder so glücklich und groß zu sehen, wie Du es selbst Dir und Ihnen wünschst. Mehr kann mein dankerfülltes Herz nicht aussprechen, denn auch der größte Dichter, und wäre er ein Goethe, ein Heine, kann alle seine Gefühle nicht aussprechen, die tiefsten und schönsten sterben mit dem Dichter und werden unausgesprochen mit ihm begraben … Also, liebe Tante, nochmals meinen herzlichen Dank (und gegenseitige Wünsche sind immer schön!–) und viele Grüße und Küsse von
Deinem treuen und dankbaren
Neffen Muniu.«

Joseph Roth wurde als Kind »Muniu« gerufen, auch »Muniu Faktisch«, weil er häufig in rechthaberischer Art seine Worte mit dem Satz »Das ist faktisch« unterstrich. Der Spitzname »Mu« blieb in der Familie für ihn in Gebrauch, und er unterschrieb auch selbst so Briefe an ihm Nahestehende.

Eine wichtige Stelle in Roths Leben nahm eine um dreißig Jahre ältere, gebildete Dame ein, Helene von Szajnocha-Schenk (1864–1946). Die geschiedene Frau eines Krakauer Universitätsprofessors unterhielt einen literarisch-musikalischen Salon und gab französischen Sprachunterricht. Sie wohnte im Haus der Familie Grübel, zu der sie gutnachbarliche Beziehungen hatte. Besonders Resia, Paula und Heini besuchten sie oft. Dem jungen Joseph Roth wurde sie eine mütterliche Freundin, zu der er den Kontakt nie ganz verlor. Mit Roths Frau Friedl führte sie in den 1920er Jahren eine liebevolle Korrespondenz. Bei seinen Aufenthalten in Galizien nach 1914 gab Roth ihre Wohnung als seine Adresse an, nicht die der Familie Grübel. Roth besuchte Frau Szajnocha noch 1937 anläßlich einer Vortragsreise in Polen und legte großen Wert darauf, sie mit seiner Begleiterin Irmgard Keun in Kontakt zu bringen.

43 Helene von Szajnocha-Schenk.
Fotografie, vor 1924.
Die Fotografie trägt auf der Rückseite eine Widmung an Friedl und Joseph Roth:
»Den lieben Rothkindern in treuer Freundschaft.
H Szajnocha Schenk.
Lemberg, 3. 8. [19]24.«

44 Frau Szajnocha-Schenks Katzen.
Undatierte Fotografie aus Joseph Roths Besitz.
Die Katzen waren wichtige Mitbewohner; noch lange nach ihrem Tod wurden sie in der Korrespondenz zwischen Roth und Frau Szajnocha-Schenk erwähnt.

45 Lemberg/L'viv. Galizien, heute Ukraine. (Alte) Universität, 'sw. Mykolaja/Hruschevs'koho 4.
Fotografie, um 1913.
Die geisteswissenschaftliche Fakultät der Universität war von 1848 bis 1921 in einem Gebäude neben der St. Nikolaus-Kirche untergebracht.

Im Herbst 1913 inskribierte Roth an der Universität Lemberg. Die dadurch gegebene Nähe zum Vormund war wohl mit ein Grund für ihn, bereits im Laufe des ersten Semesters nach Wien zu fahren und ab dem Sommersemester 1914 dort zu immatrikulieren.
Roth scheint die Universität, an der überwiegend in polnischer Sprache unterrichtet wurde, in den wenigen Wochen, ehe er nach Wien fuhr, nicht häufig besucht zu haben; er widmete sich literarischen Arbeiten.
Immerhin belegte er eine Vorlesung über Wissenschaftsethik, was als Reflex seiner Absicht, Philosophie zu studieren, gesehen werden kann.

48   Lemberg / L'viv. Der neue Rynek (Marktplatz) / Pl. Rynok. Fotografie, um 1900.

49   Lemberg / L'viv. Carl-Ludwig-Straße / Prospekt Svobody, im Hintergrund das Stadttheater, heute die Oper. Fotografie, 1916.

Lemberg, die Hauptstadt und einzige Großstadt Galiziens, wurde wegen ihrer Modernität und Aufgeschlossenheit als geistiges Zentrum gelegentlich »Klein-Wien« genannt, auch wenn die Atmosphäre der Stadt stark polnisch geprägt war. Hier wohnten um 1900 etwa 125.000 polnisch-, 20.000 deutsch-, 15.000 ukrainischsprachige Menschen. Der Anteil der jüdischen Bevölkerung betrug etwa 28 Prozent.

Nach einer Phase der (vorwiegend polnischen) Assimilation wurde Lemberg ein Zentrum neuerlicher jüdischer Selbstbesinnung: des Zionismus (erste zionistische Zeitschriften erschienen hier), der jüdischen Arbeiterbewegung »Bund« und einer experimentellen jiddischen Lyrik – angeregt durch die deutsche symbolistische Poesie.

46   Lemberg / L'viv. Landtagsgebäude, heute Universität. Ul. Marszalkowska / Vul. Stefanika. Fotografie, um 1916.

47   Lemberg / L'viv. Eine Straße im Zentrum der Stadt. Fotografie, um 1920.

50   »›Rendezvous‹ im Prater«.
Fotografie: Emil Mayer, um 1908.

Joseph Roth »Der Hauslehrer«

»Ich war arm und hätte eigentlich dritter Klasse fahren müssen. Aber ich stieg in die zweite. Es war meine erste längere Reise, und ich hatte mir vorgenommen, niemals dritter oder gar vierter zu reisen. Ich hasse die Enge der dritten Klasse, das nackte, glattgescheuerte Holz, den schmalen Gang in der Mitte, die Reisenden, die niemals zum Vergnügen fahren, sondern weil sie müssen, und das Essen, das sie auspacken. Ich hasse die abgegriffenen Fenstergürtel aus schmutziger Leinwand, das trübe Licht an der niedrigen Decke, die fettigen Ranzen, die gelben Strohkörbe der Dienstmädchen, die braunen Fahrkarten aus Pappe, die mich an das Holz der Bänke erinnern, und die Pfeifen der rauchenden Männer.

Am schlimmsten sind die Socken der Reisenden, die ihre Stiefel ausziehn und bequeme, bunte Pantoffel anstecken. Ihre Socken sind geflickt, und die Unförmigkeit ihrer kurzen, groben, rohgezimmerten Füße wird sichtbar, die stark dünsten. Manchmal sieht man auch Teile ihrer Unterkleidung. Wenn sie ihre Reisetaschen öffnen, kann ich den Blick nicht abwenden, obwohl ich nichts sehen möchte. Sie aber drängen mir alle Intimitäten ihres Hauses auf, ich sehe ihre Taschentücher, die Wärmeflasche, die einsam leuchtenden Äpfel und Mandarinen, ein Eßbesteck aus einer Art versilberten Zinns, das sich in Gelenken zusammenfaltet und rostet, obwohl es nach Schmirgelpapier riecht. Alle diese äußerst praktischen Dinge sind mir verhaßt, das Luftkissen, das ein Hinterteil aus Gummi ist, die Zahnbürste in einer Glasvitrine, wie ein vertrockneter Stengel mit Borsten, die klappernde Seife in einer viel zu großen Dose mit irgendeiner Firmenaufschrift, die Geschäftsbücher mit den blauroten, gleichsam gefrorenen Quadraten, die gutverkorkten flachen Cognacflaschen und ganz kleine Polster, die an Säuglinge gemahnen, die der Reisende eben zu Hause gelassen hat.

Dagegen liebe ich das kühle Leder oder den warmen Plüsch der teuren Fahrklassen, die grünen Karten, die wie die Fremde leuchten, ferienhaft und sommerlich, die sehr eleganten Damen, ihre Art, gefallen und gleichzeitig verbieten zu wollen, ihre Erlebnisse, die der Puder bestäubt, ihre Lippen, die mit Wollust den Schminkstift schmecken, ihre Toilettengegenstände aus Leder, Glas und Stahl, ihre Kämme, die nach Haar duften, ihre kleinen Taschentücher, die wie weiße Grüße sind. Die vornehmen Fahrtgenossen verbergen mir alles, die einfachen offenbaren mir alles. Eine reizende Dame kann mich glücklich machen. Wir haben viel Gemeinsames in einem Abteil, wir haben dieselbe Richtung, dieselben Erwartungen, wir schweigen fremd, aber wir sind doch Verbündete gegen alles Zudringliche, Plumpe, Gemeine.

Niemand begleitete mich, ich hatte nicht Abschied zu nehmen, nicht zu winken, nicht zu grüßen. Ich kehrte meiner Heimat den Rücken. Ich sah höhnisch auf ihre Türme, ihre Gesamtansicht lag vor mir wie eine gleichgültige Ansichtskarte. Ich betrachtete die Frau, die mit mir fuhr.

Ihr Aussehn verriet nicht ihr Alter, aber viel Wichtigeres: daß sie jeden Tag badete, ihre Haut salbte, schminkte, daß sie von Geld und nicht von Arbeit, nicht einmal von fremder, lebte und gute Schneider hatte. Sie war dreißig, fünfunddreißig oder vierzig. Sie gehört, so dachte ich, zu den ersten Kreisen der Hauptstadt, in die ich jetzt fuhr, und es wäre gut, mit ihr zu sprechen. Sie las eine Zeitschrift, gähnte, legte eine Hand vor den Mund und fuhr mit der Zungenspitze zweimal über die Lippen.

Dann ging sie hinaus. Ich klemmte ein Stück Pappkarton von einer Zigarettenschachtel unter die Tür und wartete, bis sie wiederkam. Sie konnte die Tür nicht öffnen. Ich stand auf und öffnete. Die Dame sah, daß ich angestrengt war, neigte den Kopf und sagte: ›Ich danke Ihnen.‹

Darauf hatte ich gewartet: ›Ich danke Ihnen‹, sagte ich, ›es wäre mir furchtbar gewesen, wenn Sie sich etwa entschlossen hätten, wegen der dummen Türe ein anderes Coupé aufzusuchen. Ich bin glücklich, daß Sie hier sitzen.‹ Ich sah sehr bedeutend aus und bemerkte, daß die Dame erstaunt war über meine Antwort und daß sie mich ansah, um mein Alter abzuschätzen. ›Sie sind noch sehr jung!‹ sagte sie.

›Jünger, als Sie glauben!‹ antwortete ich, obwohl ich keineswegs älter aussah, nur, um anderes zu sagen, als meine Altersgenossen geantwortet hätten.

Wie stolz Sie auf Ihre Jugend sind‹, sagte die Dame.

›Wie eine Frau‹, erwiderte ich und sah sie so an, daß es war, als hielte ich gerade sie für jung und stolz.

Ich erzählte ihr später, daß ich in die Hauptstadt fuhr, um zu studieren, daß ich arm war, daß ich aber in der zweiten Klasse saß, weil ich die dritte nicht leiden mochte.

›Sie halten mich zwar für sehr jung‹, sagte sie, ›aber ich habe schon beinahe einen erwachsenen Sohn.‹

Ich legte einen kleinen Schrecken in meinen Blick und sah sie an.

›Er ist dreizehn Jahre alt‹, fuhr sie fort, ›und kein Lehrer kommt mit ihm zurecht. Sie könnten ihn vielleicht unterrichten. Sie sind gewiß ein guter Philologe.‹

›Ein sehr guter!‹ sagte ich, um nicht bescheiden zu sein.

›Sie sind eingebildet!‹

›Gewiß nicht!‹

›Würden Sie meinen Sohn unterrichten?‹

›Sehr gerne.‹

Es entstand eine Pause. Dann sagte ich ganz leise:

›Ihretwegen.‹

Als ich dieses Wort leise gesagt hatte, begann auf einmal ein hilfreicher Abend zu dämmern. Er ermöglichte es mir, näher an die Dame zu rücken, denn in der Dunkelheit bedarf es keiner Ausreden, und die Handlungen sind ohnehin nicht mehr nackt. – So wurde ich Hauslehrer.«

(Joseph Roth: »Der Hauslehrer«. Undatiertes Typoskript. In: Werke, Band 3, S. 1014-1017)

51 Wien 1. Ecke Kärntnerring / Kärntnerstraße.
Fotografie, 1911.
Treffpunkt des eleganten Wien an der »Sirk-Ecke« am »Corso« zwischen der k. u. k. Hofoper und dem Hotel Imperial.

Studium

52   Wien 1. Universität. Dr. Karl Lueger-Ring 1.
Fotografie, Anfang des 20. Jahrhunderts.

Obwohl Roth im Wintersemester 1913/1914 sein Studium an der Universität Lemberg begonnen hatte, übersiedelte er vermutlich bereits im Herbst 1913 nach Wien; er studierte jedenfalls ab dem Sommersemester 1914 an der Wiener Universität; daneben arbeitete er wohl als Hauslehrer und veröffentlichte seine ersten Lyrik- und Prosatexte in Zeitungen und Zeitschriften.

Erlebnisse an der Universität flossen in die Erzählung »Der Vorzugsschüler«, welche als erster Prosatext Roths 1916 veröffentlicht wurde. Erinnerungen an die Studienzeit scheinen später in atmosphärischen Schilderungen durch, so im Romanfragment »Der stumme Prophet«.

»Die schön geschwungene Rampe der Universität erschien ihm immer noch nicht – wie mir – als die Festungsmauer der nationalen Burschenschafter, von der alle paar Wochen einmal Juden oder Tschechen hinuntergeworfen wurden, sondern als eine Art Aufgang zu ›Wissen und Macht‹. Er hatte die Achtung des Autodidakten vor Büchern, die noch größer ist als die Verachtung der Bücher, die den Weisen auszeichnet. [...] Nur in den Augen einiger jüdischer Studenten glänzte eine kluge, eine schlaue oder auch eine törichte Trauer. Aber es war die Traurigkeit des Bluts, des Volkes, dem Individuum vererbt und von ihm ohne Risiko erworben. Ebenso hatten die andern ihre Heiterkeit ererbt. Nur Gruppen unterschieden sich voneinander durch Bänder, Farben, Gesinnungen. Sie bereiteten sich auf ein Leben in Kasernen vor, und jeder trug schon sein Gewehr, man nannte es ›Ideal‹.«

(Joseph Roth: »Der stumme Prophet« [Auszüge].
In: Werke, Band 4, S. 793 und 794)

Roth wohnte zunächst wie viele seiner Landsleute jüdischer Herkunft in der Leopoldstadt,
jenseits des Donaukanals, in Untermiete.
Schon nach wenigen Monaten, im Spätsommer 1914, übersiedelte er. Seine Mutter
und die Tante Rebekka, die zu Beginn des
Krieges von Brody nach Wien geflohen
waren, mieteten eine Wohnung im 3. Stock
des Hauses Wien 20, Wallensteinstraße 14.
Laut Eintragung in seinem Ausweis wohnte
Roth während des Studienjahrs 1916/1917 in
der Jägerstraße 26, vermutlich in Untermiete.
Vom Tor dieses Hauses eröffnete sich der
gezeigte Blick auf den Wallensteinplatz, an
dem teils Häuser aus der Gründerzeit, teils
ältere Vorstadthäuser standen.

53   Wien 20. Wallensteinstraße, Blick gegen die Bri-
gittabrücke, Richtung Innenstadt. Fotografie, 1917.

54   Wien 20. Wallensteinplatz. Fotografie, um 1910.

55   Wien 2. Nordbahnhof. Fotografie: Ledermann,
1927.

Im 2. und im 20. Gemeindebezirk, zwischen Donaukanal und Donau, einem Wohngebiet der kleinen Leute, lebte eine beträchtliche Anzahl Juden. Der Zuzug mehrte sich während des Kriegs 1914/1918, als viele Flüchtlinge aus den galizischen Kampfgebieten in die Reichshauptstadt strömten. Ihre Lebensverhältnisse waren zumeist ärmlich. Auf Eindrücken dieser Zeit beruhten Roths spätere Schilderungen vom Leben in der Leopoldstadt: In »Juden auf Wanderschaft« wird die allgemeine Situation beschrieben, darunter die Bahnhöfe als Orte der Geschäftigkeit und gleichzeitig der Sehnsucht nach der fernen Heimat.

Ob Roth im Herbst und Winter 1913/1914 einer Arbeit nachging, und wenn ja, welcher, ist nicht nachweisbar. 1930 berichtete er, er habe noch vor dem Beginn des Kriegs Nachhilfeunterricht gegeben; angeblich war er als Hauslehrer bei einer Gräfin Trautmannsdorff beschäftigt, wo er die Atmosphäre des adeligen Lebensstils kennengelernt haben könnte.

56 Wien 2. Im Werd. Juden am Markt.
Fotografie, April 1915.
Der Markt der Armen, wo oft ohne Stand oder Schirm die Ware angeboten wurde.

[Nationale-Formular]

Nationale
für ordentliche Hörer der philosophischen Fakultät.

Gegenwärtig im _____ Semester.

Vor- und Zuname des Studierenden:	*Moses Joseph Roth*	
Staatsbürgerschaft:	*österreichisch*	
Geburtsort und Kronland:	*Brody in Galizien*	
Muttersprache, Alter:	*Deutsch, 1894 geb.*	
Religion, welchen Ritus oder Konfession:	*mos.*	
Wohnung des Studierenden:	*Rembrandtstraße 35*	
Vorname, Stand und Wohnort seines Vaters:		
Name, Stand und Wohnort seines Vormundes:	*S. Grübel, Lemberg, Kaufmann*	
Bezeichnung der Lehranstalt, an welcher der Studierende das letzte Semester zugebracht:	*k. k. Universität in Lemberg*	
Genießt ein _____	Stipendium (Stiftung) im Betrage von ____ K ___ h	
verliehen von _____	unter dem ____ 19 __ J.	
Anführung der Grundlage, auf welcher der Studierende die Immatrikulation oder Inskription anspricht:	*Abgangszeugnis der k. u. k. Univ. in Lemberg*	

Verzeichnis der Vorlesungen, welche der Studierende zu hören beabsichtigt.

Gegenstand der Vorlesung	Wöchentliche Stundenzahl derselben	Name des Dozenten	Eigenhändige Unterschrift des Studierenden, zugleich Bestätigung des Empfanges der Legitimations-Karte
Geschichte der deut. Litteratur v. Goethes Tod bis in die Gegenwart	5	Prof. Dr. Brecht	
Goethe, Seelendramen	2	Privdoz. Dr. Castle	
Proseminar für deutsche Philologie Alt- und neuhochdeutsche Übungen	2	Prof. Dr. Arnold	
Deutsches Proseminar: Moderne Abteilung	2	Prof. Dr. Arnold	
Ethik	5	Prof. Dr. Stöhr	
Übungen aus d. Geschichte der Philosophie	1	Prof. Dr. Reininger	

Liquidierung der Quästur.

Von der Zahlung des Kollegiengeldes halb ganz	Bibliotheksbeitrag	. . . .	K	h
befreit laut Bescheid vom	Matrikel- und Stempelgebühr	. . . . .		
19 . 8.	Kollegiengeld	. . . .		
	Zusammen .		k	h

Moser & Heller.

Roth belegte ab Sommer 1914 während fünf Semestern Übungen in Philosophie, Sprach- und Literaturwissenschaft. Die Hauptvorlesung von Professor Walther Brecht über »Geschichte der deutschen Literatur von Goethes Tod bis in die Gegenwart« beeindruckte Roth besonders. Roth schloß sein Studium nicht ab.

57 Eigenhändig ausgefülltes Inskriptionsformular Roths (»Nationale«) für das 2. Semester (Sommersemester 1914) an der Universität Wien. Abbildung verkleinert.
Die Eintragungen auf dem Formular lauten:

»Gegenwärtig im [II.] Semester.
Vor- und Zuname des Studierenden:
    Moses Joseph Roth
Staatsbürgerschaft: österreichisch
Geburtsort und Kronland: Brody in Galizien
Muttersprache, Alter: Deutsch, 1894 geb.
Religion, welchen Ritus oder Konfession:
    mos[aisch].
Wohnung des Studierenden:
    Rembrandtstraße 35.
Vorname, Stand und Wohnort seines Vaters: –
Name, Stand und Wohnort seines Vormundes: S. Grübel,
Lemberg, Kaufmann
Bezeichnung der Lehranstalt, an welcher der Studierende das letzte Semester zugebracht:
k. k. Universität in Lemberg
Anführung der Grundlage, auf welcher der Studierende das letzte Semester zugebracht:
    Abgangszeugnis der k. u. k. [sic] Univ. in Lemberg
Gegenstand der Vorlesung /
Wöchentliche Stundenzahl derselben /
Name des Dozenten:
›Geschichte der deut[schen]. Litteratur von Goethes
Tod bis in die Gegenwart‹ / 5. /
Prof. Dr. Walther Brecht
›Goethes Seelendramen‹ / 2. / Priv[at]. d[o]z[ent] Dr.
Eduard Castle
    • Proseminar für deutsche Philologie ›Alt- und
neuhochdeutsche Übungen‹* / 2. /
Prof. Dr. Robert Franz Arnold
    • Deutsches Proseminar: Moderne Abteilung* / 2. /
Prof. Dr. Robert Franz Arnold
    • Ethik / 5. / Prof. Dr. Adolf Stöhr
*Übungen aus der Geschichte der Philosophie / 1. / Prof.
Dr. Robert Reininger*
Eigenhändige Unterschrift […] Joseph Roth«

[Abkürzungen in den Angaben zu den Vorlesungen sind aufgelöst, Vornamen der Vortragenden ergänzt.]

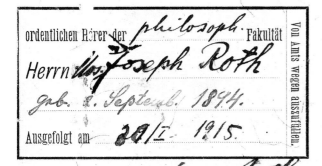

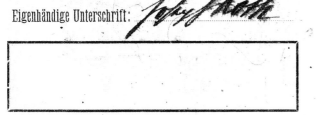

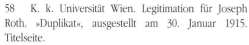

58   K. k. Universität Wien. Legitimation für Joseph
Roth. »Duplikat«, ausgestellt am 30. Januar 1915.
Titelseite.
Die Fotografie (Abb. 59) stammt nicht aus diesem, aber
einem ähnlichen Hochschulausweis.

59   Joseph Roth als Student in Wien. Fotografie aus
einem Ausweis, um 1914.

60   Walther Brecht (1876–1950), Literaturwissenschaftler. Fotografie, um 1910, aus dem Besitz von
Joseph Roth.
Brecht schenkte Roth diese Fotografie in einem Brief
am 7. Oktober 1926, in dem er dem jungen Autor seine
Bewunderung ausdrückte – worauf Roth ungemein stolz
war.

61   Joseph Roth. Mitschrift aus der Vorlesung »Geschichte des deutschen Romans im 18. Jahrhundert« von Walther Brecht, Blatt 19. Handschrift, verkleinert abgebildet.

Der Text von Roths Vorlesungsmitschrift lautet:

»[…] das ganz neue am Roman, das nicht sofort verstanden wurde.
Für das philos[ophische] J[ahr]h[un]d[er]t die praktische Lebensführung finden.
Die Technik sehr altmodisch. Räuber Überfälle, Verkleidungen, Zufälle statt psycholog[ischer]. Verknüpfung aber Erfordernis erfüllt: in Gegenwart.
Alles Gegenständliche bloß leicht angedeutet. Wenig Dialog das tägliche Leben, sondern lange instruktive Gespräche, tiefsinnige Reflexion. Die Komposition nicht einheitlich gedacht u. auch durch häufige Unterbrechungen
An › W[ilhelm]. M[eister].‹ Romane, eigentlich Romanversuche an.

Entwicklung des Romans im XIX. J[ahr]h[un]d[er]t

Richardson

Empfinds[amer]. R[oman]. in D[eu]tschl[an]d
(Laroche, Hermes, Knigge)

Empfinds. R. nach Werther
Millers ›Siegwart‹ 1766 etc.

Engel ›Lorenz Stark‹ 1795 ⎫ *Familien-*
(Kotzebue) Lafontaine ⎪ *roman*
Hippel ⎬ *nach*
zugleich empfindsamer ⎪ *Werther*
-komische humorist. ⎭
Rom[an].
　　　　　　　　Gesellschafts R.
Jean Paul 　　*(Wahlverwandtschaften)*
(seit 1793) 　　　　*1809*

Rousseau
1769

Werther 1774
LeidenschaftsR

R. d. St. u. Dr.
(Jacobi 1775)
AP
1763 Lenz pp,
Klinger 1791
pp

Heinse 1787

Tiecks Sternbald
II. Band bloß

Ritter R.
(Spiess, P[C]ramer)
Räuberroman
(Italien)

Vulpius 1798
(Rinaldo Rinandini)
Ritter u. Räuber R.
Abenteuer R
Fouqués Romane
Tromlitz, v. de Velde

(Conte[s] de fées. Don Quich[ote]. Fielding
　　　　　　　　　　　　　Sterne)
　　　　　　Griech. Philos.
Wielands Don Sylvio 1767
　　　　　　　　　Engländer
　　　　　　　Swift, Fielding
　　　　　　　　　　Sterne
Wieland Agathon 1766/7
biograph. B[i]ld[un]gsr[oman]

Kom. R.
Thümmel, Langbein

Hist. R.
Meissner 　　　　　　*Goethes W[ilhelm].*
Fessler 　　　　　　　*M[eisters]. Lehrjahre*
　　　　　　　　　　　1795-96
　　　　　　　　　　Biograph. BildungsR.

　　(Götz)
　　　　　D. Gegenwart
　　　　　W. M. Wanderjahre
　　　　　1871 soziale
　　　　　Probleme

　　　　　Romane
　　　　　der
　　　　　Romantik«

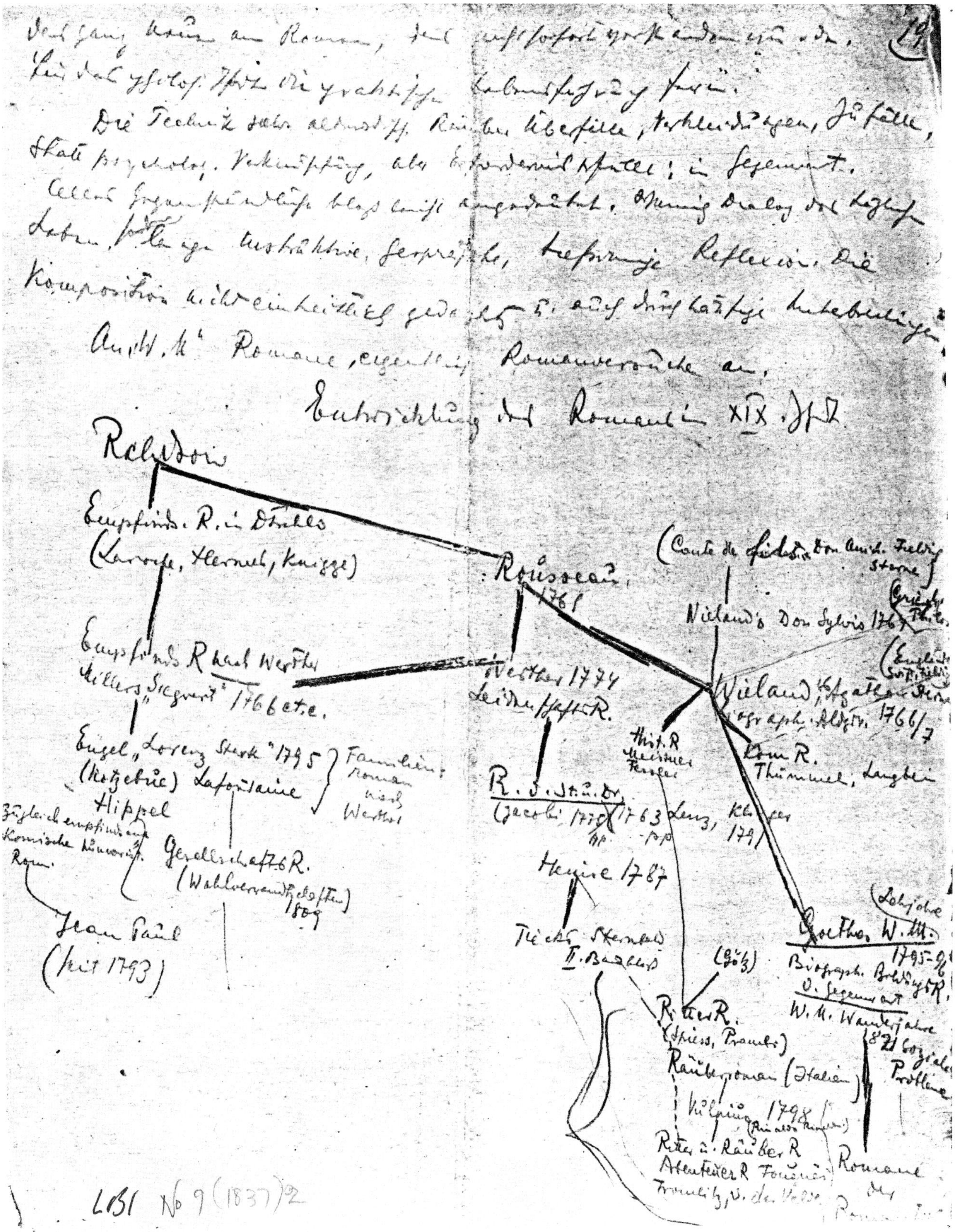

Die Hauptstadt

Das Leben in der Reichs-, Haupt- und Residenzstadt beeindruckte den jungen Joseph Roth stark: die Armut großer Teile der Bevölkerung ebenso wie die Eleganz des Adels, des Militärs und der Prunk der Kirche.

Symbolträchtige äußere Formen (optisch wirksames Gepränge und ritualisierte Umgangsformen) wurden einprägsame Erlebnisse für den jungen Mann aus der Provinz. Neugierig und bewundernd beobachtete er die ästhetischen Qualitäten der Großstadt. Seinen eigenen Platz in diesem vielschichtigen Gefüge suchte er, trotz seiner Armut, bei den Arrivierten. Der Student Roth erschien übermäßig modisch gekleidet: ein richtiges »Gigerl« sei er gewesen, geradezu geckenhaft, erinnerte sich später der Freund Józef Wittlin.

62   Wien 1. Fronleichnamsprozession Ecke Tegetthoff- und Augustinerstraße. Kaiser Franz Joseph I. geht zu Fuß. Fotografie, 1909.

63   Wien 1. Stefansplatz. Blick zur Jasomirgottstraße. Fotografie, um 1910.

64   Wien. Garten des Café Schwarzenberg. Kärntnerring 17 / Ecke Schwarzenbergstraße.
Fotografie, 1915.

65   Nach dem Einzug des k. u. k. 21. Feldjäger-Bataill-
lons in Wien-Neuwaldegg. Offiziere im Kreis von
Schaulustigen und Kindern mit Blumensträußen.
Fotografie: R. Lechner (Wilhelm Müller), Wien, 1904.

66   Offiziersgesellschaft im Sachergarten im Prater, Wien 2. Fotografie, um 1910.

67   Wien 2. Volksprater. »Schieß-Halle«. Fotografie, um 1914.

Krieg 1914 / 1918

Die militärischen Aufgaben der Truppen wurden in Friedenszeiten durch farbiges Schauspiel und Machtdemonstration symbolisiert. Diese Schauseite blieb, soweit irgend möglich, auch nach Beginn des Krieges 1914/1918 erhalten. Prachtvolle Manifestationen der Stärke sollten – zumindest dort, wo kein Kriegsgebiet war – über die Grausamkeit des Krieges hinwegtäuschen. Die Kriegspropaganda wurde mit der die Einheit des Staates symbolisierenden Person des Kaisers, des »obersten Kriegsherrn«, verwoben. So huldigten Adel, Politiker und Volk dem Kaiser festlich, als die Nachricht von der Wiedereinnahme Lembergs zum Beginn der Sommeroffensive 1915 gegen Rußland eintraf.

68   Wien. Kaiserhuldigung im Ehrenhof von Schloß Schönbrunn anläßlich der Wiedereroberung von Lemberg, 24. Juni 1915. Fotografie: R. Lechner (Wilhelm Müller), Wien, 1915.
Blick über den Hof und die Freitreppe auf den Balkon, auf dem der Kaiser, die Thronfolgerfamilie, die beiden Bürgermeister von Wien und andere Würdenträger versammelt sind.

Roths Militärdienst 1916–1918

Im Mai 1916 meldete sich Roth gemeinsam mit seinem Studienkollegen Józef Wittlin zur militärischen Musterung (nachdem er bei den früheren Musterungen im Oktober 1914, am 26. Mai 1915 und am 4. April 1916 zurückgestellt worden war), bereit, zum Einjährigen-Freiwilligendienst in der k. u. k. Armee anzutreten. Wittlin, der später sich und Roth als Kriegsgegner im Sinn von Karl Kraus beschrieb, nannte als Motiv für die freiwillige Meldung Ehrgeiz und Aktivismus. Realistischer erscheint die Begründung, daß sie durch eine Überstellung zur Musterung von der für sie zuständigen galizischen bzw. ungarischen Militärbehörde nach Wien und durch die Meldung zu einer exklusiven Heeresgruppe vorläufig (zumindest während der Ausbildung) weiter in Wien wohnen konnten, statt gleich in ein frontnahes Gebiet gesandt zu werden. Zudem schien der Dienst im renommierten 21. Feldjäger-Bataillon attraktiver als anderswo zu sein.
Die Ausbildung dauerte vom 28. August 1916 bis Anfang 1917. Danach war Roth erst in Mähren, später zumeist in Galizien stationiert.

69   Joseph Roth in Uniform. Fotografie, 1916.
Ausschnitt aus Abbildung Nr. 72.

70   Eintragung Roths in den Listen der Musterungskommission in Wien, 1916. Verkleinert abgebildet.
Die Eintragung (11. Zeile von unten) lautet:
»Zu- und Vorname: [Roth] Moses Josef
Heimatsort / -bezirk: Brody
Geburtsjahr: 94. Musterungstag: 31/5
Fortlaufende Zahlen: [VIII.] 1264 L.«

Diese Eintragung und die beiden anderen, bereits genannten, gleich nüchternen Notizen in den Musterungslisten von 1915 und April 1916, die Roth als dienstuntauglich ausweisen, sind die einzigen im Kriegsarchiv erhaltenen Dokumente von seinem Militärdienst.

Musterung "O"

Zu- und Vorname	Heimats-		Geburts-jahr	Musterungs-tag	Fortlaufende Zahlen
	ort	bezirk			
Rössler Fr.	St. Gotthard		1869	26/7. 16.	K. VII. 370 ℋ
Rozmanski Joh.	Orzeszow		87	18/6	„ 3667 ℋ
Rollenz Paul	Jägerndorf		67	28/7	X. 3840 L
Roleder Fr.	Hennschein		92	5/6	IX. 1854 L
Rohn Albert	Grosnitz		91	8/6	VII. 2607 L
Romofsky Paul	Caplau		90	„	IX. 2270 L
Rona Siegmund	Zohnok		69	25/7.	X. 652 ℋ
Romaschkay Ludw.	Lemberg		97	22/5	VIII. 58 ℋ
Roszdvacs Fr.	Moldantein		„	18/7	XXVI. 428 ℋ
Rossa Lor.	Boncegus	Borjos	74	„	X. 3698 ℋ
Roshan Johann	Gross		93	3/6.	VII. 1885 L
Rosoneck Fr.	Bukovnik	Schüttenhofen	„	„	VIII. 1487 L
Rottenberg Wilh.	Kolomea		77	5/8	I. 87 ℋ
„ Anton	Oyhomken	Teplitz	93	2/6	X. 1231 L
„ Alban Ign.	Turka		95	30/5	„ 1015 ℋ
„ „ Job.	Kozow	Brzezany	93	5/6	VII. 2182 ℋ
Rothmann Walk.	Przemysl		82	4/7	„ 5489 L
„ Siegmund	Howdelika		90	10/6	IX. 2386 ℋ
„ Albrecht	Drohobycz		78	11/7.	„ 4461 L
Rottmann Fr.	Bacz	benta	„	„	VIII. 507 ℋ
Rottik Horwitz	Suczawa		85	23/6	X. 2570 ℋ
Rontik Karol	Budweis		90	10/6	IX. 2415 L
„			„	28/7	XXVI. 1728 ℋ
Rouzek Joachim	Neupaka		76	15/7	IX. 4786 L
Roub Sigmund	Prakowitsch	Mühlhausen	77	18/7	VIII. 3808 ℋ
Rouce Fr.	Prakovitz		80	8/6	IX. 4276 L
Romankiewicz Joh.	Radymno	Jaroslau	83	24/7	XXVI. 1128 ℋ
Romanovski Georg	Indikontz		92	6/6	X. 1496 L
Roman Georg	Neutra		70	24/7	IX. 738 ℋ
Romanski Ludw.	Zalasova	Tomow	87	18/6	VII. 3686 ℋ
Roznik Johann	Pressburg		96	27/6	X. 140 ℋ
Rostveil Ign.	Slatina	Chrudim	89	15/6	VII. 2284 L
Roszivac Fr.	Moldantein		97	25/5.	IX. 758 ℋ
Roszporky Antonin	Skrzovice	Neuhaus	92	7/6	VII. 2470 L
Rontal Josef	Launi	Haskov	83	29/6	VIII. 3095 L
„ Johann	Klabova	Pilsen	85	23/6	X. 2585 ℋ
Roth Mich.	Dorontal		97	18/7	XXVI. 66 ℋ
„ Jakob	Slatina		88	16/6	IX. 415 ℋ
„ Franz Ign.	Neusandez		90	25/7	VIII. 35 L
„ Josef	Brody		94	31/5	„ 1264 L
„ Ign.	Drohobycz		„	2/6	IX. 1590 L
„ Armin	Nagyszeben		95	30/5	VIII. 200 ℋ
„ Karl	Baja	Bacz	66	11/8	XXVI. 2 ℋ
„ Josef	Kremenz		74	18/7	VIII. 4271 L
„ Albert	Przemysl		75	16/7	„ 4155 L
„ Karl	Wodhaice		76	14/6	IX. 2575 L
„ Daniel Dr.	Czernoviz		„	15/7	VII. 6381 ℋ
„ Karl	Zwettl		78	11/7	IX. 4432 ℋ
„ Armin	Lemberg		91	8/6	VII. 2593 L
„ Wolf Went	Cieszanow		86	10/6	IX. 3031 L

72   Roth und Kollegen bei der Ausbildung in der Einjährigen-Freiwilligen-Schule des 21. Feldjäger-Bataillons. Fotografie, 1916.

Die während der militärischen Ausbildung aufgenommene Fotografie zeigt Joseph Roth als ersten von rechts in der zweiten Reihe und Józef Wittlin in der dritten Reihe, dritter von rechts.

71   Wien 3. Der Hof der Rennwegkaserne, Rennweg / Schlachthausgasse / Landstraßer Hauptstraße (weitgehend demoliert). Fotografie: August Stauda, um 1903.

In dieser Kaserne erhielt Roth die militärische Ausbildung. Rasch erkannte er, wie weit hartes Training und mitleidlose Schikanen von seinen Vorstellungen entfernt waren.

Roth erlebte drastisch die Gegensätze zwischen den brutalen Auswirkungen des Krieges im Kampfgebiet und dem vergleichsweise üppigen Leben in der Großstadt. Besonders lebhaft erinnerte er sich später an das pompöse Begräbnis Kaiser Franz Josephs.
Es ist allerdings zweifelhaft, ob Roth, wie er behauptete, als Soldat bei der Trauerfeier für den verstorbenen Kaiser eingesetzt war. Sie war später von großer emotioneller Bedeutung für sein Bild vom Ende der Monarchie.

73–74 Wien 1. Begräbnis Kaiser Franz Josephs am 30. November 1916. Der Kondukt am Heldenplatz und vor der Kapuzinerkirche. Fotografien.

In Galizien

Aus dem wenigen, das über Roths militärischen Einsatz bekannt ist, kann geschlossen werden, daß er die brutalen Geschehnisse an der Ostfront erlebt hat. Galizien, die Landschaft seiner Jugend, war hart umkämpfter Kriegsschauplatz. Die Fronten wechselten, so daß Städte wie Brody abwechselnd von russischen und österreichisch-ungarischen Truppen erobert wurden. Die Zerstörungen dabei und das Leid der Bevölkerung waren besonders groß. Insbesondere die jüdische Bevölkerung, stets zusätzlichen Anfeindungen ausgesetzt, litt unsäglich unter dem Krieg. Viele Menschen flüchteten bereits zu Kriegsbeginn in die sicheren Teile des Landes, so z. B. Roths Mutter nach Wien. Die Härte der Auseinandersetzungen, bei denen in weiten Teilen Galiziens Dörfer und Städte zerstört und ihre Bewohner vertrieben, verwundet oder getötet wurden, hat das Land tiefgreifend verändert.

Man weiß nur ungefähr durch private Korrespondenzstücke, bei welchen Truppenteilen Roth Dienst tat. »Feldpost 632« war eine solche Adresse Roths; für das Jahr 1917 ist dieser Standort bei Zborów, zwischen Lemberg und Tarnopol, also an der Ostfront nahe seinem Geburtsort, anzunehmen.

75   Munitionskolonne. Krieg 1914/1918.
Fotografie.

76–77   Zborów / Zboriv. Galizien, heute Ukraine. Gebäude, in dem das 9. Korpskommando untergebracht war, vor und nach der Zerstörung. Fotografien, um 1916.

78   »Kosaken begleiten die österreichisch-ungarischen Truppen beim Einzug in Brody«.
Fotografie, Krieg 1914/1918.
Das Verhältnis zwischen den österreichisch-ungarischen Truppen und den Kosaken schwankte. Jedenfalls war die Situation für die Bevölkerung gefährlich: Wiederholt veranstalteten Kosakenverbände vor, während und nach dem Krieg Überfälle oder Pogrome.

79   Brody. Der zerstörte Bahnhof. Fotografie, Krieg 1914/1918.

80   Wladimir Wolynsk/Vladimir-Volynskij. Rußland, heute Ukraine. Flüchtlinge kehren in die zerstörte Stadt zurück. Fotografie, um 1916.

81   Zerstörte Fabrik in Brody. Fotografie. Krieg 1914/1918.

82   Militärfahrkarte von Lemberg nach Wien, gestempelt am 18. April 1918. Aus dem Besitz von Joseph Roth.
Die Karte ist für eine Bahnfahrt dritter Klasse ausgestellt.

Aus der wenigen erhaltenen Korrespondenz Roths während seines Militärdienstes läßt sich vorsichtig schließen, daß er häufig mit der Bahn unterwegs war – zwischen Galizien und Wien und zwischen seinen Einsatzorten und Lemberg.

Von Roths Geschick am Ende des Krieges (angebliche russische Kriegsgefangenschaft) ist nichts nachweisbar, da keine entsprechenden Akten oder persönliche Briefe erhalten sind.
Sowohl die Beförderungen und Auszeichnungen als auch die Kriegsgefangenschaft, wovon Roth später zum Teil breit ausmalend berichtete, können nicht belegt werden und sind höchstwahrscheinlich erfunden. Die Attitüde des Offiziers verdichtete sich jedenfalls in Roths Bewußtsein im Laufe der Jahre parallel zu seiner zunehmenden Idealisierung der Monarchie so weit, daß er glaubhaft Aussehen, Gesten und Sprache, also den Charme eines echten »k.u.k. Offiziers«, vermittelte.

Im Dezember 1918 zurück in Wien, traf Roth seine Mutter dort nicht mehr an; er reiste nach Brody, blieb jedoch nicht lange. Er fuhr, um der Einziehung durch die Truppen, die in die ukrainisch-weißrussisch-polnischen Auseinandersetzungen verwickelt waren, auszuweichen, umständlich über Ungarn nach Wien, wo er Ende März 1919 anlangte.

83   Brody. Auf dem Markt. Fotografie, Krieg 1914 bis
1918.
Die gestellte Fotografie gibt einen Eindruck vom Elend
der Menschen, die im Kriegsgebiet lebten. Im Zentrum
steht die »Siegermilch«.

84   Zborów / Zboriv. Galizien, heute Ukraine. Die zerstörte Ortschaft. Fotografie, Krieg 1914 / 1918.

Erste Veröffentlichungen

Die frühesten literarischen Arbeiten Roths sind Gedichte und kurze Prosastücke.

Jene Gedichte, die Roths Cousine Paula Grübel schätzte und sammelte, stammen aus den Jahren vor und während des ersten Weltkriegs. Sie sind den Lyrikern des »Jung Wien«, aber auch Heinrich Heine, nachempfundene, von Inhalt, Kunstform und Intention gesehen triviale Gelegenheitsgedichte, die die große Ambition, aber keineswegs lyrisches Können des jungen Autors zeigen.

Etwa die Hälfte von Paula Grübels Sammlung von ursprünglich rund 150 Jugendgedichten, die sie nach seinem Tod publizieren wollte, ging in den Jahren 1939 bis 1941 während Paulas Fluchtversuchen aus Frankreich verloren, andere in Wittlins Warschauer Wohnung. An den erhaltenen Blättern – teils in Handschrift, teils in Abschrift mit der Maschine – sind mehrere Reihungsversuche, also intensive Stadien der Beschäftigung, ablesbar.

85   Joseph Roth: »Herbst«. Handschrift, 1915. Abbildung verkleinert. Der Text lautet:

»Herbst

Spürst du des Laubes nassen Moderduft?
Sieh her: die Welt ist grau und gram und alt ...
Und durch die dämmerdumpfe Nebelluft
Erklingt ein Schrei – Erklingt, erstirbt, verhallt ...

Das ist der Tod. Er zieht durch Land und Ried
Er welkt im Blatt und spielt im Sonnenschein
Er jauchzt im Wind und weint durch jedes Lied ...
Heut lebt der Tod – Er webt in jedem Sein ...«

Roth publizierte eine veränderte Fassung dieses Gedichts am 24. Oktober 1915 in »Österreichs Illustrierte Zeitung« (Werke, Band 1, S. 1101).

Einige Gedichte erschienen in der dem Krieg zunehmend distanziert gegenüberstehenden »Arbeiter-Zeitung«; andere in Zeitschriften, die primär jenen vordergründigen Patriotismus verkündeten, den die Staatsmacht im Krieg 1914/1918 propagierte.

86–87 [Joseph] Roth: »Der sterbende Gaul«. In: Illustrierte Kriegszeitung der k. u. k. 32. Infanterie-Truppendivision, Nr. 1 vom 10. Jänner 1917, S. 10 (S. 1 und S. 10, Ausschnitte).

Roth arbeitete im Frühjahr und Sommer 1917 in der Redaktion dieser Soldatenzeitung. Mit seinem Namen ist nur eine Veröffentlichung gezeichnet, nämlich das Gedicht »Der sterbende Gaul«.

Die Zeitung erschien zweisprachig auf deutsch und ungarisch und war reich illustriert; sie diente vor allem der Verherrlichung ihrer Kommandanten, der Heldentaten der Division und der Unterhaltung ihrer Soldaten mit Rätseln, Lyrik, kurzen Erzählungen und Soldatenwitzen.

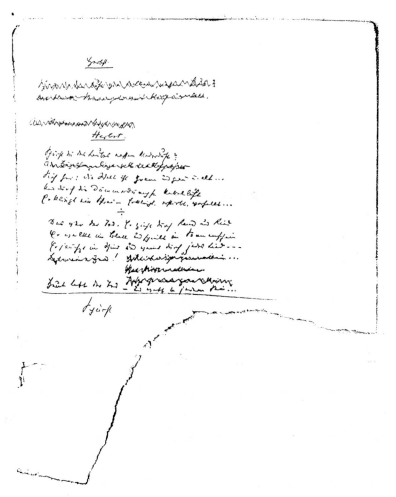

10. Jänner
1917
Január 10

Illustrierte Kriegszeitung

der k. u. k. 32. Infanterie-Truppendivision.

Preis 70 Heller.   **Nr. 1. sz.**   Ára 70 fillér.

Der Reingewinn ist dem Witwen-
und Waisenfonds der 32. Division
gewidmet.

A tiszta jövedelem a cs. és kir.
32. gyaloghadosztály özvegy- és
árvaalapját gyarapítja.

KÉPES HADIUJSÁG

A 32. gyaloghadosztály tábori lapja.

VIERTELJÄHRIGER BEZUGSPREIS:	Schriftleiter — Szerkesztő:	NEGYEDÉVI ELŐFIZETÉSI ÁR:
Für Offiziere und Fähnriche ... ... K 6.—	JOSEF E. KUN Lt. i. d. Res.	Tisztek és zászlósok részére ... ... 6.— K
Für Unteroffiziere und Mannschaft ... K 4.50		Altisztek és legénység részére ... ... 4.50 K
Für Zivilpersonen ... ... K 7.—	Redaktion und Administration:	Polgári személyek részére ... ... 7.— K
Kunstdruckausgabe ... ... K 10.—	Szerkesztőség és kiadóhivatal:	Műnyomásban ... ... 10.— K
Erscheint am 10., 20. und 30. jeden Monats.	Feldpost Nr. 105. sz. tábori posta.	Megjelenik minden hó 10-én, 20-án és 30-án.

10   *Illustrierte Kriegszeitung. — Képes Hadiujság.*

 ## Belletristisches. — Tárcák.

Kriegsepisoden.

Der sterbende Gaul.

Vor Tag im feuchten Graben
Liegt ein verendendes Pferd.
Die Kanoniere haben
Es von der Strasse gezerrt ...

Die Batterie trabt vorüber,
Die Kanonen, Stück für Stück —
Den sterbenden Kameraden
Lassen die Gäule zurück.

Der wiehert noch einmal so traurig
Und hebt den Kopf so bang.
Der Lärm·der Räder und Hufe
Den Abschiedsgruss verschlang ...

Sehnsüchtig bläht er die Nüstern,
Dann sinkt er zurück und ist tot.
In den verglasten Augen
Bricht sich das Morgenrot.

Kriegsfr. Gefr. Roth.

Das letzte Lächeln.

Meine Mutter hat meinen Arm genommen.

Háborus epizódok.

Az Apostol.

A kilencedik század élő prófétája volt Danninger Gáspár, a nazarénus, ki, — vallási meggyőződéséhez hiven — fegyver nélkül szolgálta a hazát. De bizony még a kocsisságból is el kellett csapni a jámbort, mert a szomorú viszonyok közt az éhező lovaknak nem akart szénát szerezni. A szerzést a nazarénusoknál lopásnak hivják, az pedig majd olyan nagy bűn, mint a dohányzás, melynek tilalmát azzal indokolta Gáspár mester, hogy se Jézust, se a szenteket nem látta senki pipázni, mert akkor legalább volna clyan szentkép, amelyiken cigaretta vagy csibuk volna a szájukba pingálva.

Az öreget nem nagyon tartotta senki tökéletesnek. Apostolnak hivták és sokszor nagyon gorombán tromfolták le kenetteljes bibliai idézeteit. Ez azonban legfeljebb egy jámbor imára ösztönözte az apostolt, ki egyik alkalommal a valami rendetlenség miatt káromkodó hadnagy úrral szemben is Istennél keresett segítséget, mondván:

— Uram, bocsásd meg nekie, mert nem tudja mit cselekszik.

Hogy a hadnagy úr erre mit felelt, arra már nem volt kellő idézet a bibliában.

A bakák szerettek vele vitatkozni, de

ł Heller ≡
die Proving.

Administration und
aten-Aufnahme:
e Wienzeile 97.
xedition und Kleiner
Anzeiger:
ulerstraße 13.

Telephone:
. . . .   880
on.   900
u. Kleiner Anzeiger   900
. . . . 40238
. . . . 58244
. . . . 88196
. . . . 84146
. . . . 17176
Tramm-Adresse:
iterzeitung Wien.
n-Scheckonto Nr. 19210.
ate übernehmen:
lb, G. Braun, M. Dukes,
& Vogler, R. Mosse,
). Schalek in Wien sowie
en-Büros des In- und
Auslandes.

Morgenblatt.

Arbeiter=Zeitung

Zentralorgan der Deutschen Sozialdemokratie in Oesterreich.

Erscheint täglich um 6 Uhr morgens, Montag um 2 Uhr nachmittags.

≡12 Heller≡
für Wien
Mittagblatt 8 Heller.

Abonnementsbedingungen:
Wien: Mit Zustellung ins Haus:
Wöchentlich 70 h,
vierteljährlich K 9.—,
monatl. K 3.—, vierteljähr. K 9.—.
Zum Abholen in den Filialen, in allen
Tabak-Trafiken und Verschleißstellen:
Monatlich K 3.—.
Bosnien und Ungarn:
Monatl. K 3.40, vierteljähr. K 10.20
bei freier Zustellung durch die Post.
Deutschland: Vierteljähr. K 14.40.
Für alle anderen dem Weltpostverein
angehör. Länder: Vierteljähr. K 18.—.
Abonnements werden angenommen
in der Administration, V. Rechte
Wienzeile 97, und in den Filialen:
Schulerstraße 18, Telephon 9181
II. Praterstraße 80, Tel. 40238
X. Wielandplatz 5, Telephon 58844
XIV. Sechshauserstr. 6, Tel. 88196
XVI. Thaliagasse 54, Telephon 84146
XVII. Sechsgasse 22, Telephon 17175
XXI. Ungererstraße 14.
Für die am fremde Austräger oder
Verschleißer bezahlten Beträge leisten
wir keine Garantie.
Offene Reklamationen sind portofrei.

143.   Wien, Samstag, 26. Mai 1917.   **XXIX. Jahrgang.**

Tagesneuigkeiten.

Mütter.

Starr lag die Nacht und keine Glocke schlug —
da wandelte vorbei der Mütter Zug...

— — — —

... Und manche waren, deren blasse Lippen
Gebete murmelten und leise klagten
und zag und scheu an ihrem Schmerze nagten,
an Gott noch glaubten und nicht grollten
und auf den Feldern suchten nach Gerippen
der toten Söhne, die sie küssen wollten...

Doch manche kamen mit flatternden Haaren
und gramversengtem Angesicht
Wir sind die furchtbar rächenden Scharen
vom Jüngsten Gericht!...

Ich hab' ihn aus meinem Schoße geboren,
ich hab' ihn an meinen Brüsten genährt,
ich hab' ihn sein erstes Lallen gelehrt...
Ich weiß, wie er rüttelnd stand an den Toren
des jungen Lebens und wie der Wind
zehntausend Blüten Treue geschworen
und alle küßte, die er sich erkoren — —
Ich hab' ihn verloren... verloren... verloren...
      Mein Sohn!...
         Mein Kind!...

... Und andere wieder warten still...
In ihren Augen schwieg ein starres Warten
und ihre sehnsuchtsmüden Arme harrten
wie auf ein Glück, das niemals kommen will...
Wie in der Lotosblüten weißen Garten,
So schritten sie in ihren süßen Traum — —
Dort stehn sie still — sie glauben's selber kaum —
und dennoch warten sie — und warten... warten...

Starr lag die Nacht und keine Glocke schlug —
Da wandelte vorbei der Mütter Zug...

———————
                                 Josef Roth.

Notizen.

88–89   Joseph Roth: »Mütter«. In: Arbeiter-Zeitung, Wien, Nr. 143, Morgenblatt vom 26. Mai 1917, S. 5 (Kopfleiste von S. 1 und S. 5, Ausschnitt).

90–91   Joseph Roth: »Nervenchok«. In: Prager Tagblatt, Prag, Nr. 232, Morgenausgabe vom 6. Oktober 1918, S. 13 (S. 1, Ausschnitt, S. 13, Ausschnitt).

Das Erlebnis des Krieges beeinflußte einige von Roths frühen Veröffentlichungen: Idylle wechselt mit drastischem Realismus, Mitgefühl mit Ironie. Zwischen 1916 und 1918 druckten das »Prager Tagblatt« und »Der Friede« solche leicht expressionistischen Texte von Roth.

Die kurzen Prosastücke, die Roth seit 1915 in »Österreichs Illustrierter Zeitung« veröffentlichte (u. a. »Herbstwindes Kriegsgeschichten«, »Der Vorzugsschüler«) wechseln zwischen märchenhafter und knapper, nüchterner, ironischer Darstellung.

Schriftleitung: Herrengasse 12, 1. Stock.

Fernsprecher für Stadtgespräche 2463, für Ueberlandgespräche 1935. Abonn 3857, Buchdruckerei 1934. — Es wird ersucht, die Ueberlandgespräche des „Prager Tagblatt" nicht an dem Stadtamt anzurufen, da sonst verspätete Unterbrechungen durch Fernruf erfolgen. Die Schriftleitung in Bezugs- und Anzeigenangelegenheiten ist ausschließlich die Nummer ix 96 der Verwaltung bestimmt. Inserenten sind niemals als einzelner Mitglieder zu richten, sondern an die Schriftleitung des „Prager Tagblatt", Prag II., Herrengasse 12. Feuilleton-Ratschläge sind, bei der so künftiger der Ratgeber-Abteilung aufschluß der Schriftleitung zu arbeiten, anzuhalten. Das „Prager Tagblatt" erscheint zweimal täglich 6 Uhr früh und um 6 Uhr nachmittags. Eigentum, Druck und Verlag: Heinz Mercy Sohn. Herausgeber: Rudolf Keller. Für die Schriftleitung verantw. Rud. Gustav Horn. Papier aus den Fabriken Ignaz Spiro & Söhne, Krumau.

Verwaltung: Herrengasse 12, ebenerdig.

Fernsprecher 2036. Bezugspreis für die Stadt und Vororte mit z eimaliger Zustellung monatlich K u., bei Abholung in der Verwaltung und Geschäftsstellen K 4.00. Dasselbst mit einmaliger Zustellung monatlich K 2.—, mit zwei eliger Postversendung inmonatlich K 5.50. Einzelne Nummer u. in Prag und ausgwärts: Morgenausgabe Wochentags 10 Heller, Abendausgabe 6 Heller. Anzeigen werden pro Wochetage bis 5 Uhr nachmittags übernommen, spätere einlaufen Inserate nur zu erhöhten Sätzen und ohne Gewähr übliches für Sonnt. eingeschoben werden möglichst bis Freitag abends z befor. Sonntag nach 12 Uhr mittags können Anzeigen nur beliang annahme und zu erhöhten Sätzen angenommen werden. Briefe mit Kennwort (Chiffreanzeigen) sind teils Zeugnisse oder Urkunden, sondern nur Abschriften beizulegen. Anzeigen werden nur gegen Vorauszahlen ausgefertigt. Das „Prager Tagblatt" erscheint täglich mit der Morgenausgabe um 6 Uhr früh, mit der Abendausgabe vor 5 Uhr nachmittags.

Prager Tagblatt.
Morgen-Ausgabe.

Nr. 232.   **43. Jahrgang.**   **Sonntag, 6. Oktober 1918**

Nervenhof.
Von Joseph Roth (Prag).

Seht her: in einen Zauberknäu'l gebannt schlottert und taumelt er an schwanker Krücke, bald hart an Pflasterrand und bald zurück, prallt klappernd sein Gebein an rauhe Wand.

Und aller Augen sind ihm zugewandt: der frechen Neugier und des Mitleids Blick — ein Kind, das spielt, hält mitten still im Glücke, als blick' es plötzlich in ein dunkles Land ...

O, seht ihn an! In graues Tuch gewandet, der Menschheit Heldentum in torkelndem Zick-Zack zwei Kreuzchen scheppern und zwei Bänder fliegen — —

Im roten Meer von Blut und Siegen ist des Jahrhunderts stolzes Schiff gestrandet — Und das ist Euer Wrack! ...

Eine bescheidene Frau.
Von Gaston Chérau.

Graf Lormier war endlich auf seine Güter zurückgekehrt. Er hatte Paris so lange unsicher gemacht und das Leben eines eleganten Lebemanns geführt, bis ihm sein Notar endlich riet, solide zu werden. Sonst ginge das einstmal stattliche Vermögen ganz in die Brüche.

Dies brachte Lormier zur Vernunft; eine Woche darauf reiste er nach dem Berry ab, richtete in aller Eile das Schloß her, kaufte zwei Wagen und zwei Reitpferde und ließ die Mauern revidieren. Allmählich gab er der Einrichtung einen provisorischen Charakter, der Gedanke, Zeit seines Lebens auf dem Lande bleiben zu müssen, hätte ihn toll gemacht.

Allmählich fand er Gefallen an dem ruhigen Gleichmaß der Tage; der Sonnenaufgang ließ ihn die Kulissen der großen Oper, das Bab das Ballcarat im Klub vergessen. Er akklimatisierte sich völlig und schickte nur ab und an der Pariser Weiblichkeit verstohlene Seufzer nach.

• • •

Die Jagd war ergiebig gewesen und Lormier, trotz seiner Fünfzig, nicht sonderlich ermüdet. Er schlug einen Feldweg ein, der ihm kürzer zu sein schien, pfiff leise vor sich hin und schloß behaglich die Augen. Plötzlich prallte er gegen einen menschlichen Körper an, gegen einen weichen, weiblichen Körper. Es war Lise, die sechzehnjährige Tochter seines Pächters, ein Mädel wie Milch und Blut.

Die plötzliche Berührung weckte alle Lebemanninstinkte des Grafen; er wurde zärtlich und unternehmend.

„Gib mir einen Kuß, Lisel", bat er. „Ich mache Dich zur Gräfin, auf Wort!"

Lise sträubte sich nicht lange; der „Herr" bat, wo er befehlen konnte — dies war ja ohnehin schon genug vor ihm.

Dem ersten Kusse folgten mehrere, folgten Wochen und Monate der Liebe. Lise lachte mit all ihren gesunden zweiunddreißig Zähnen; das Heiratsversprechen des Grafen nahm sie nicht weiter ernst. Aber, was sie selbst niemals zu hoffen gewagt — Lormier fing Feuer, verliebte sich in die Kleine und nahm sie, kurz entschlossen, zur Frau.

„Gräfin" Lise glaubte zu träumen; sie verbrachte den größten Teil ihrer Zeit damit, die neue Aristokratin im Spiegel zu besehen, war gehorsam und kam dem leisesten Wunsch ihres Gatten entgegen. Dennoch ließ sie sich schwer erziehen. Ein unbändiger Respekt, eine scheue Furcht vor dem, den sie bei sich noch immer den „Herren" nannte, hinderte sie, sich frei zu bewegen. Sie nannte Lormier ständig „Herr Graf"; bei den Mahlzeiten, vor der Dienerschaft ... und leider auch des Nachts.

Aber als sie bemerkte, daß jeder ihrer Fortschritte zur höheren Kultur mit Geschenken belohnt wurde, ließ sie sich leichter belehren und nahm Ring, Kette, Brosche und Armband mit der Miene eines artigen Kindes entgegen. Das äußerste sie selbst niemals einen Wunsch. Der „Herr" gab, was er mochte; zu fordern wäre unbescheiden gewesen.

„Morgen fahren wir zusammen nach Paris!" sagte Lormier eines schönen Tages. Lise traute ihren Ohren nicht; sie war sich nie richtig verheiratet vorgekommen, hatte stets mit der Möglichkeit gerechnet, verstoßen zu werden. Und jetzt schämte sich der „Herr" nicht, sich mit ihr vor seiner Verwandtschaft sehen zu lassen? Sie jubelte laut und küßte den Gatten aus freien Stücken.

Der „Herr" zeigte Lise die Madelaine, das Bois, den zoologischen Garten, die fashionablen Restaurants. Lise nahm alles freudig mit; einen Wunsch zu äußern, konnte sie sich noch immer nicht entschließen. Endlich war es Zeit, an die Abreise zu denken.

„Ich möchte Dir noch gerne etwas schenken!" sagte Lormier. „Hast Du nicht irgend einen Wunsch?"

Aber den hatte Lise eben nicht; es wäre ihr zu unbescheiden vorgekommen. Zum erstenmal sah Lormier seinen jungen Ehe wurde der Graf wütend und auffallend. Er sprach sogar von Dummheit und machte die arme Kleine weinen. Am nächsten Tage führte er sie zum Juwelier und ließ Diamanten, Perlen, Saphire und Topase vor ihr ausbreiten: „Willst Du dies? Sagt Dir jenes zu?"

Lise schüttelte nur immer wieder den Kopf; sie hatte wirklich keinen Wunsch.

Am Abend, im ehelichen Schlafgemach, wurde Lormier sentimental. „Nun sehe ich", sagte er, „daß Du mich nicht liebst, wie ich Dich. Ja, Du hast nicht einmal Zutrauen zu Deinem Gatten! Du fürchtest ihn vielleicht!"

Diesmal nickte die Kleine verschämt mit dem Kopfe. Oh ja; sie fürchtete den Gatten, vielmehr, unbescheiden zu sein, wenn sie den einzigen, den brennendsten Wunsch ihres Lebens äußerte, seine Erfüllung forderte. Nun aber nahm sie das Herz in beide Hände. Zwischen Angst und Verlangen hin- und hergeworfen, stieß sie, mit halberstickter Stimme, hervor:

„Wenn Sie es doch durchaus wollen, Herr Graf — einen Wunsch — ohja, den hätte ich — wenn es nicht unbescheiden wäre — —"

Lormier war entzückt; er legte Lisens Kopf zart auf seine Schultern. „Sag' mir ihn doch, Deinen Wunsch!" lachte er. „Unbescheiden — was denn noch! Sag' ihn mir nur ungescheut. Kleine!"

„Ich möchte — " begann Lise, „ich möchte so, sehr gerne — "

„Nun, Kleine? Einen Ring? Ein Armband? Eine Loge in der Oper? Ein neues Kleid?"

„Ach nein, Herr Graf, das ist es alles nicht! Ich möchte — da Sie nun schon so gütig sind, möchte

Mittagsblatt.

Arbeiter-Zeitung

Zentralorgan der Deutschen Sozialdemokratie in Oesterreich.

Erscheint täglich um 6 Uhr morgens, Montag um 2 Uhr nachmittags.

10 Heller

Nr. 308.   Wien, Montag, 11. November 1918.   XXX. Jahrgang.

Genosse Adler gestorben.

Die Republik Deutschösterreich

Das Gesetz über die Staats- und Regierungsform in Deutschösterreich,

Morgen allgemeine Arbeitsruhe.

Näheres in den heutigen Versammlungen.

Abdankung des Kaisers Karl.

Besetzung der Hofburg.

Volkskundgebung am Dienstag nachmittag.

Heute Versammlungen.

Achtung! Bezirksarbeiterräte!

Wiener Arbeiterrat.

Alkoholverbot für zwei Tage.

Die Bedingungen des Waffenstillstandes.

92   Titelseite der »Arbeiter-Zeitung«, Wien, vom 11. November 1918; Ende des Krieges, Ausrufung der Republik.

Joseph Roth »Die weißen Städte«

»Ich wurde eines Tages Journalist aus Verzweiflung über die vollkommene Unfähigkeit aller Berufe, mich auszufüllen. Ich gehörte nicht der Generation der Leute an, die ihre Pubertät mit Versen eröffnen und abschließen. Ich gehörte noch nicht der allerneuesten Generation an, die durch Fußball, Skilauf und Boxen geschlechtsreif wird. Ich konnte nur auf einem bescheidenen Rad ohne Freilauf fahren, und mein dichterisches Talent beschränkte sich auf präzise Formulierungen in einem Tagebuch.

Seit jeher mangelte es mir an Herz. Seitdem ich denken kann, denke ich mitleidslos. Als Knabe fütterte ich Spinnen mit Fliegen. Spinnen sind meine Lieblingstiere geblieben. Von allen Insekten haben sie, neben den Wanzen, am meisten Verstand. Sie ruhen als Mittelpunkt selbstgeschaffener Kreise und verlassen sich auf den Zufall, der sie nährt. Alle Tiere jagen der Beute nach. Von der Spinne aber könnte man sagen, sie sei vernünftig, sie sei in dem Maß weise, daß sie das verzweifelte Jagen aller Lebewesen als nutzlos und nur das Warten als fruchtbar erkannt hat.

Geschichten von Spinnen, von Sträflingen, die sich in der finsteren Einsamkeit ihrer Zelle mit Spinnen unterhalten, las ich mit Eifer. Sie regten meine Phantasie an, an der es mir übrigens keineswegs fehlt. Ich habe immer leidenschaftlich, aber mit wachen Sinnen geträumt. Mein Traum konnte mir niemals eine Wirklichkeit erscheinen. Dennoch vermag ich mich so tief in den Traum zu begeben, daß ich eine zweite, eine andere Wirklichkeit lebe.

Als ich dreißig Jahre alt war, durfte ich endlich die weißen Städte sehen, die ich als Knabe geträumt hatte. Meine Kindheit verlief grau in grauen Städten. Meine Jugend war ein grauer und roter Militärdienst, eine Kaserne, ein Schützengraben, ein Lazarett. Ich machte Reisen in fremde Länder – aber es waren feindliche Länder. Nie hätte ich früher gedacht, daß ich so rapid, so unbarmherzig, so gewaltsam einen Teil der Welt durchreisen würde, mit dem Ziel zu schießen, nicht mit dem Wunsch zu sehen. Ehe ich zu leben angefangen hatte, stand mir die ganze Welt offen. Aber als ich zu leben anfing, war die offene Welt verwüstet. Ich selbst vernichtete sie.

mit Altersgenossen. Die Kinder der andern, der früheren und der späteren Generationen, dürfen einen ständigen Zusammenhang zwischen Kindheit, Mannestum und Greisenalter finden. Auch sie erleben Überraschungen. Aber keine, die nicht in irgendeine Beziehung zu ihren Erwartungen zu bringen wäre. Keine, die man ihnen nicht hätte prophezeien können. Nur wir, nur unsere Generation, erlebte das Erdbeben, nachdem sie mit der vollständigen Sicherheit der Erde seit der Geburt gerechnet hatte. Uns allen war es wie einem, der sich in den Zug setzt, den Fahrplan in der Hand, um in die Welt zu reisen. Aber ein Sturm blies unser Gefährt in die Weite, und wir waren in einem Augenblick dort, wohin wir in gemächlichen und bunten, erschütternden und zauberhaften zehn Jahren hatten kommen wollen. Ehe wir noch erleben konnten, erfuhren wir's. Wir waren fürs Leben gerüstet, und schon begrüßte uns der Tod. Noch standen wir verwundert vor einem Leichenzug, und schon lagen wir in einem Massengrab. Wir wußten mehr als die Greise, wir waren die unglücklichen Enkel, die ihre Großväter auf den Schoß nahmen, um ihnen Geschichten zu erzählen.

Seitdem glaube ich nicht, daß wir, Fahrpläne in der Hand, in einen Zug steigen können. Ich glaube nicht, daß wir mit der Sicherheit eines für alle Fälle ausgerüsteten Touristen wandern dürfen. Die Fahrpläne stimmen nicht, die Führer berichten falsche Tatsachen. Alle Reisebücher sind von einem stupiden Geist diktiert, der nicht an die Veränderlichkeit der Welt glaubt. Innerhalb einer Sekunde aber ist jedes Ding durch tausend Gesichter verwandelt, entstellt, unkenntlich geworden. Man berichtet über Gegenwart mit historischer Sicherheit. Man spricht über ein fremdes Volk, das lebt, wie über eines, das in der Steinzeit gestorben ist. Ich habe Reisebücher über einige Länder gelesen, in denen ich gelebt habe (und die ich so gut kenne wie meine Heimat und die alle vielleicht meine Heimat sind). Wie viele falsche Berichte sogenannter ›guter Beobachter‹! Der ›gute Beobachter‹ ist der traurigste Berichterstatter. Alles Wandelbare begreift er mit offenem, aber starrem Aug'. Er lauscht nicht in sich selbst. Das aber müßte er. Er könnte dann wenigstens von seinen Stimmen berichten. Er verzeichnet die Stimme einer Sekunde in seiner Umgebung. Aber er weiß nicht, daß andere Stimmen ertönen, sobald er seine Horcherstellung verlassen hat. Und ehe er's niederschreibt, ist die Welt, die er kennt, nicht mehr dieselbe.

Und ehe wir ein Wort niederschreiben, hat es nicht mehr dieselbe Bedeutung. Die Begriffe, die wir kennen, decken nicht mehr die Dinge. Die Dinge sind aus den engen Kleidern herausgewachsen, die wir ihnen angepaßt haben. Seitdem ich in feindlichen Ländern gewesen bin, fühle ich mich in keinem einzigen mehr fremd. Ich fahre niemals mehr in die ›Fremde‹. Welcher Begriff aus einer Zeit der Postkutsche! Ich fahre höchstens ins ›Neue‹. Und sehe, daß ich es bereits geahnt habe. Und kann nicht darüber ›berichten‹. Ich kann nur erzählen, was in mir vorging und wie ich es erlebte.«

(Joseph Roth: »Die weißen Städte« [Auszug]. In: Werke, Band 2, S. 451-453, korrigiert)

93   Wien 1. Schulerstraße 14. Im Annoncenviertel. Fotografie, 1916.
In diesem Haus befand sich in den Jahren 1919/1920 die Redaktion des »Neuen Tag«.

94   Joseph Roth auf einem Bahnsteig während einer
Reise in Frankreich. Fotografie, 1926.

Wien 1919–1920

Jahrgang I.   **Wien, am 30. Mai 1919**   **Heft 10**

DIE FILMWELT

ILLUSTRIERTE KINO-REVUE

Einzelheft K 1.60
Vierteljährl. K 10.50, Halb-
jähr. K 20.–, Ganzjähr. K 40.–
Alleinige Anzeigen-
Annahme :
Öst. Anzeigen-Ges. m. b. H.
Wien, I. Riemergasse 9
Telephon 9375 u. 4577

Erscheint vierzehntägig
Herausgeber :
FRIEDL LAM
Redaktion und Admini-
stration :
Wien, VII. Neubaugasse 25
Telephon 30.302 u. 31.369

Noch während des Krieges veröffentlichte Roth mehrere Beiträge in der programmatischen in Wien erscheinenden Wochenschrift »Der Friede«. Im Frühjahr 1919 fand Roth, offenbar durch seine Kontakte dorthin und zum »Prager Tagblatt«, Arbeit bei der jüngst gegründeten Wiener Tageszeitung »Der Neue Tag« und bei verschiedenen anderen Zeitschriften.

Erstaunlicherweise gelang Roth der Sprung vom Verfasser kurzer Lyrik und kleiner Erzählungen zum Journalisten rasch und ohne Probleme. Wenn die Arbeiten in »Die Filmwelt« noch als simpel und – dem Medium durchaus entsprechend – als einfache Reportage gelten können, so sind seine zahlreichen Beiträge für den »Neuen Tag« von Anfang an professionell und qualitätvoll.

95–96 Joseph Roth: »Die Diva«. In: Die Filmwelt, Wien, Jg. 1 (1919), Nr. 10 vom 30. Mai 1919, S. 6-7 (abgebildet: Titel und S. 6).

Die Zeitschrift »Die Filmwelt« diente im ersten Jahr ihres Erscheinens hauptsächlich der Reklame internationaler Filmfirmen; einen redaktionell eigenständigen Teil hatte sie nur kurze Zeit. Von Roth erschienen von März bis Mai 1919 Berichte, Dialoge und humoristische Beiträge.

97 Joseph Roth. Fotografie aus seinem Journalistenausweis, 1920.

DIE DIVA / VON JOSEF ROTH

Marie Widal

Pola Negri

Sie ist sozusagen die Achse, um die sich eine ganze kleine große Welt von Filmkunst- und Kitsch, von Kinodramaturgie und Regie, von Klatsch und Intrige, Kabale und Liebe dreht. Sie ist Ruhepunkt in der kreisenden Bewegung der Nervosität und Überspanntheit, Ursache und Endzweck von spannenden Romanen und Schlagern der Saison, Film- und Fixstern in Einem. Sie ist groß oder mittelgroß, blond, braun oder schwarz, sehr schön, oder nur hübsch, aber immer reizend, mit dem Schleier der Anmut um Elfenbeinhüften, die sie leider niemals im Film zeigt, sondern stets nur in Zimmern der Verschwiegenheit, deren Wände nicht einmal Ohren haben dürfen.

Nicht mehr von ihrem Privatleben. In der Kunst geht sie natürlich nicht nach Brot, sondern nach Riesengagen, das heißt: besagte Gagen gehen eigentlich nach ihr, oder ihr nach. Sie läßt sich „nichts gefallen", im Gegenteil: ihr gefällt nichts, am wenigsten der Regisseur.

Mia May

der bedauernswerte Autor auch nur einen Schimmer von demselben erblickt hätte. Sie tyrannisiert Kollegen, Kolleginnen, Autoren, Operateure und keiner wagt, ihr zu widerstehen, weil sie aus mehr, als einem Grunde, eben — unwiderstehlich ist. Sie hat Glück im Großen, wie im Kleinen. Neben ihr verblaßt die Konkurrenz. Sie braucht bloß einen Schritt nach vorn zu tun und ihre mitagierende Kol-

Sie wählt sich ihre Rollen selbst, die ihr extra auf den Leib geschrieben werden, ohne daß legin steht im Schatten Denn das Licht eines weiblichen Filmsterns hat die sonderbare

DER NEUE TAG

Nr. 271. 1. Jahrgang. Morgen-Ausgabe. Einzelpreis an Wochentagen 30 Heller
Einzelpreis an Sonn- u. Feiertagen 40 Heller

Redaktion: Wien, I., Grünangergasse 2. — Telegrammadresse: „Derneuetag", Wien. — Fernsprecher: 359 und 6432. Hauptverwaltung: Wien, I., Schulerstrasse 16. — Feransprecher: 3653 und 1626. — Der Inseratentarif liegt in der Hauptverwaltung auf. — „Der Neue Tag" erscheint täglich zweimal, an Montagen sowie an Sonn- und Feiertagen einmal. — Einzelne Nummern: Morgen-Ausgabe an Wochentagen 30 Heller, an Sonn- und Feiertagen 40 Heller. Abend-Ausgabe 10 Heller, Montag-Abendblatt 30 Heller. — Bezugspreise für Wien: ins Haus zugestellt monatlich K 9·—, vierteljährlich K 27·—. Bezugspreise bei Postversendung in Deutschösterreich einmal täglich: monatlich K 9·—, vierteljährlich K 27·—, jährlich K 108·—. Bezugspreise bei Postversendung nach dem Gebiete des Deutschen Reiches: unter Kreuzband M 34·—, bei den Postämtern M 23·— vierteljährlich.

WIEN, DONNERSTAG, 25. DEZEMBER 1919.

Selbstverwaltung für Irland.

K. B. London, 24. Dezember.

Lloyd George erklärte gestern im Unterhause, daß die britische Regierung bereit sei, Irland die Selbstverwaltung in weitestem Ausmaß zu gewähren. Dem Reichsparlament bleibe jedoch vorbehalten das Recht, Krieg zu erklären und Frieden zu schließen, die auswärtigen Angelegenheiten, Heer und Marine, der Handelsverkehr außerhalb von Irland, die Seekabel, das Münzrecht und die oberste Gerichtsbarkeit.

Die Erklärung des Ministerpräsidenten hat in der ganzen britischen Presse überaus großes Aufsehen erregt. Der Großteil der Blätter verhält sich zustimmend.

Kein Ultimatum an Deutschland.
Neue mündliche Verhandlungen.

K. B. Berlin, 24. Dezember.

Das Wolffsche Bureau meldet: Die Note des Obersten Rates, die gestern überreicht wurde, ist heute hier vorgelegt worden, infolge der seit gestern bestehenden Leitungsstörungen nicht in einheitlicher Form, sondern in einzelnen Bruchstücken, sodaß eine Veröffentlichung des genauen Wortlautes heute nicht mehr erfolgen kann. Wie uns von zuständiger Seite betont wird, trägt die Note jedoch durchaus keinen ultimativen Charakter. Sie besteht zwar auf der Unterzeichnung des Protokolls, in dem von Herrn Dutasta mündlich hinzugefügten Kommentar erklärt sich aber der Oberste Rat bereit, in eine Nachprüfung des in Deutschland befindlichen Hafenmaterials einzutreten. Da die bisher unterzeichnen alliierten Sachverständigen sich bereits in Deutschland befinden, reisen im Einverständnis des Obersten Rates die deutschen Schiffahrts-Sachverständigen zurück, um an Ort und Stelle mit der interalliierten Kommission die erforderlichen Erhebungen zu pflegen. Hieraus geht hervor, daß der Kommentar, mit denen versucht worden ist, und Anlaß dieser Note von außen auf die öffentliche Meinung Deutschlands einzuwirken, tendenziös gefärbt waren. Weder Herr v. Lorsner noch Herr v. Simson werden vorerst nach Berlin zurückkehren.

Demissionsankündigung Clemenceaus.
Clemenceau über die auswärtige Politik. — Kein Friede mit Sowjet-Rußland.

K. B. Paris, 23. Dezember.

Clemenceau hat in der Kammer auf eine Anfrage des sozialistischen Abgeordneten Cachin Erklärungen über die auswärtige Politik abgegeben.

Er berichtete zunächst über die mit England und den Vereinigten Staaten abzuschließenden militärischen Garantieverträge und kam sodann auf die anläßlich der Londoner Konferenz geleisteten Arbeiten zu sprechen, die von Berthelot, der sich noch in London befinde, fortgesetzt werden. Er hob die Notwendigkeit eines engen Bündnisses mit England hervor und streifte die Frage von Fiume, die man jetzt in einer allseits befriedigenden Weise zu lösen hoffe.

Bei der Erwähnung der Probleme, die den Balkan, Anatolien, Syrien und Polen betreffen, erklärte Clemenceau, die Frage von Konstantinopel sei noch immer in Schwebe; man berate über sie gegenwärtig in London.

Die russische Frage.

Zur russischen Frage übergehend, brandmarkte Clemenceau die Sowjetregierung in heftigen Ausdrücken. Er bezeichnete sie als die barbarischeste und bestgehaßte Regierung, die es je gegeben habe. Clemenceau erklärte hiebei: Wir machen nicht nur keinen Frieden mit Sowjetrußland, wir werden uns auch mit ihm nicht abfinden. Er erinnerte sodann an die schweren Opfer, die Frankreich und England gebracht hätten, um

die russischen Patrioten zu unterstützen, von denen man hätte annehmen können, daß sie ihr Land wieder aufrichten werden. Er betonte, daß diese Aufwendungen nicht ewig weiter dauern würden. Deutschland schicke sich an, heimlich einen Teil Rußlands zu kolonisieren, deshalb müsse man um Rußland einen Stacheldraht ziehen.

Von warmem Beifall begleitet, schloß Clemenceau mit dem Hinweis darauf, daß man von Reden zur Tat übergehen müsse. Er kündigte die Absicht der Regierung an, nach Beendigung der Wahlen zurückzutreten und hob hervor, daß es kein Scheinrücktritt sein werde. Die Kammer brachte Clemenceau eine Huldigung dar.

Hierauf fragte Cachin, ob es wahr sei, daß einige Nationen sich in den Dardanellen und in Konstantinopel festgesetzt hätten, wie Gerüchte besagen. Clemenceau verneinte dies.

Abgeordneter Cachin warf der Regierung vor, daß sie den Kriegszustand mit Rußland aufrechterhalte und sich in die inneren Verhältnisse Rußlands einmische. Schließlich nahm die Kammer mit 448 gegen 71 Stimmen folgende Tagesordnung an: Die Kammer billigt die Erklärung der Regierung und spricht Ihr das Vertrauen aus. Sie verwirft jeden Zusatz und geht zur Tagesordnung über.

Das Brotopfer Deutschlands.

K. B. Berlin, 24. Dezember.

Das „8 Uhr-Blatt" meldet: Das Direktorium der Reichsgetreidestelle hat einen Beschluß darüber gefaßt, in welcher Weise die Verkürzung der deutschen Brotration zugunsten der notleidenden Bevölkerung Oesterreichs erfolgen soll. Vom 16. Jänner bis 15. Februar 1920 werden jedem Mitglied der versorgungsberechtigten Bevölkerung Deutschlands 200 Gramm Mehl von der ihm zustehenden Menge abgezogen. Die Beteiligung der Selbstversorger denkt die Reichsgetreidestelle so zu regeln, daß sie aufgefordert werden, mindestens ⅓ Pfund per Kopf der ihnen zustehenden Ration abzuliefern.

Im Innern des Blattes:

Die Oesterr.-ung. Bank in der Tschecho-Slowakei.

Ungarn für einen Wirtschaftsblock.

Tschechischer Zucker nur gegen fremde Valuta.

Die Kohlenverhandlungen in Prag.

Weihnachtsgespräch.

In einem bürgerlichen Zimmer sitzen nach einem largen Weihnachtsmahl Vater und Sohn einander gegenüber.

Der Vater raucht eine seit langem aufgesparte Zigarre; der Sohn blickt aufs Tischtuch; nicht das Ohr, nur das Auge nimmt wahr, daß er eine Melodie vor sich hinsummt.

Der Vater kann ihr dennoch folgen. Er sagt auf einmal:

— Du wiederholst immer die gleichen Takte!

„Contre nous de la tyrannie L'étendard sanglant est levé!"

— So siehst du sie also wieder gegen uns erheben, die blutige Standarte der Tyrannei?

Der Sohn schlägt plötzlich mit der Faust auf den Tisch:

— Das habe ich mir vorige Weihnachten nicht vorgestellt! Erinnerst du dich des Gespräches?

— Du hast hundert schöne, heiße, junge Narreteien gesagt, antwortet der Alte.
— Und wenn du summtest, war es eher die Stelle: Der Tag des Ruhmes ist da! Dir war der hitzige Most des Novembers sehr zu Kopf gestiegen. Und heute, ein Jahr nachher —

— Glaube ich immer noch an die Revolution! — sagt der Sohn heftig.

— Ich weiß, führt der Vater fort. — Du bist auch nicht von dem enttäuscht, was unterdessen geschehen ist; höchstens etwas müde. Und hast ein bißchen Angst vor dem blutigen Banner der Tyrannei, vor der Reaktion, die du über den Zaun gucken siehst. Das sieht nun euch jungen Revolutionären gleich; so wie ihr die Welt durch plötzliche Rucke vorwärts drehen möchtet, glaubt ihr, jemand könne sie mit einem Fußtritt rückwärts stoßen. Aber sie dreht sich hübsch ordentlich weiter und ihr kommt mir vor wie Kinder, die im Eisenbahncoupé auf die Wand drücken, damit der Eilzug schneller fahre.

— Daß sind, sagte der Sohn, Ansichten eines alten Mannes, entschuldige! Ist es denn nicht so, daß manchmal starkes Zugreifen die Geschichte ändern kann? War es nicht so vor einem Jahr? Wie hing uns der Christbaum voller Sterne! Eine Welt, die wir haßten, furchtbar zusammengebrochen; kein Widerstand kraftvollem Schaffen, alles außer Rand und Band, daher aber alles möglich, alles zu tun, ganze Arbeit zu schaffen — ein Chaos, schwanger mit einem Universum! Und nun —

— Kommt es dir vor, als hätte das Chaos ein jüngeres Chaos geboren, sagte der Vater. Du warst vor einem Jahr so sehr überzeugt, zu Weihnachten 1919 würdest du in einer funkelnagelneuen Welt sitzen; jetzt möchtest du verzweifeln, weil dein Augenmaß falsch war und verfällst in das entgegengesetzte Extrem. Es sind wieder Ansichten eines alten Mannes, die ich dir vortragen muß, eines Revolutionärs, der sich Revolution mit: Geschichte übersetzt. Diesmal finde ich, bin ich ein besserer Revolutionär als du. Ich vertraue mehr auf die Revolution als du. Dich schreckt das Zurückschwingen eines Pendels, ich aber sehe einen

(Zeichnung von Carl Josef.)

Der Weihnachtsmann 1919.

Wien 1919–1920 75

Nr. 271 Wien, Donnerstag DER NEUE TAG 25. Dezember 1919 Seite 17

geblieben. Ich vergaß es. Und du warst in dem Zimmer. Niemand von den Dienern, niemand von den Zofen. Nur du! Wohin hast du das Perlenhalsband getan?" Ganz klein und zusammengekrampft war da die Stimme.

Die ältere röchelte ein Lachen: „Du bist verrückt. Du bist hysterisch. Du treibst es immer so. Ich habe mein Perlenhalsband, was brauche ich deines!"

„Das ist es. Du sollst eines haben, du sollst eines tragen, aber mein Nacken, mein Hals soll schmucklos, nackt und leer sein. Und alles auf dem Ball soll mit Fingern auf dich weisen: Seht, wie schön Klementine ist, wie das Weiß der Perlen von dem Weiß ihrer Haut strahlt, als hätte sie Augen bekommen. Aber bei mir sollen sie tuscheln: Wie ärmlich, wie spitz, wie ungelenk, wie ungewachsen, hat nicht einmal etwas sich über den dürren Hals zu stecken! Nicht wahr, Klementine? So war's gemeint."

Die wollte zur Tür hinaus: „Ich habe lange genug dein irres Geschwätz gehört. Ich mach' mich fertig zum Ball."

Aber die jüngere hielt sie mit zitternder Hand zurück: „Du wirst mir vorerst den Schmuck geben, wirst ihn aus deinem Versteck kramen, wirst ihn."

„Ich hab' ihn nicht. Zum letzten Male."

„Du hast ihn, und du wirst ihn — —"

„Laß los!"

„Gib mir das Band oder —"

„Da!" Sie stieß der Schwester ins Gesicht und wollte zur Tür.

Aber die jüngere hatte die andere schon beim Hemd gefaßt, mit so fester Hand, daß das Gewebe klaffend riß, und sagte: „Wirst du mir's geben!" Klementine stieß wieder.

Da stürzte sich die jüngere Schwester auf die ältere, und die beiden halbnackten Mädchen begannen zu ringen, zerrten sich hin und her, daß das kunstvoll getürmte Haar in wirren Strähnen niederflog, Hemden, Spitzen, Hosen und Unterröcke rissig und löcherig wurden, das Fischbein in den Miedern sich bog und sprang. So in schweigender, vernichtender Wut schlugen und umklammerten sich die Mädchen, hielten sich bei den Nacken gefaßt, die rot anliefen, zogen und schleiften einander an den Haaren, bis die ältere über das Bein der jüngeren hinschlug. Diese setzte ihr die Knie auf die Brust und schrie nadelspitz und gell: „Gib mir das Band! Gib mir das Band! Doktor Krüger muß mit mir tanzen! Muß! Neidest du mir ihn, weil er früher mit dir tanzte? Möchtest ihn von mir wegzerren, möchtest ihn mit deinem Hals und deinen Perlen ködern? Ah, Eifersüchtige! Aber er muß mit mir tanzen. Und wird mich heiraten! Hörst du es! Mich, die Jüngere! Möchtest es machen, wie als Kind, wo du meine Reifen, meine Bälle verstecktest, nur, damit ich dir nachstehe. Aber heute laß ich dich nicht! Gib mir das Band!"

Die ältere Schwester schwieg mit geschlossenen Augen.

Da wurde plötzlich der schwarze Spalt der offenen Tür ins Nebenzimmer noch schwärzer. Wie aus dem Dunkel geblasen, wie leer von Blut und Klang, stand da ein schwarzer Schatten, einen Augenblick lang. Während die Mädchen zitterten, sich ließen und schreien und fliehen wollten und es nicht konnten, stand der Schatten unbeweglich wie ein schwarzes Friedhofstandbild. Und nach dieser Weile eines stummen, herzbebenden Schauens riß er die Hand hoch und durch die dunkle Luft fiel Weißes und schlug hart auf und klirrte. Da war der Spalt der offenen Tür ins Nebenzimmer auch leer, ungewiß und zitternd zeichnete sich eine schwarze Kontur am Fensterkreuz von dem weißblauen Nachthimmel ab, der das Fenster des Nebenzimmers begrenzte. Und wieder eine Weile, da war auch das Fenster leer. Aber im Garten krachten und splitterten tappende Schritte eines Flüchtlings.

Noch kauerten die Mädchen auf dem Boden, starr. Mit einem Male schrien sie auf und schüttelten sich und schrien und liefen im Zimmer an den Wänden entlang wie gepeitschte Sklaven und schrien und weinten in Krämpfen.

Dienerinnen kamen mit Lichtern. Da lag auf dem Boden, mitten entzweigerissen, das Perlenhalsband.

Volkscafé.

Die Häuser sind wie schmutzige Kinder in der Fremde, die sich ihrer schlechten Kleidung schämen und scheu zusammenrücken. Sie wagen sich nicht auf die Hauptstraße, sondern drücken sich in Seitengäßchen.

An einem solchen Haus — es steht just an der Ecke klebt — ein bißchen zu sichtbar vorgeschoben, wie ein Schwalbennest an einem Dachfirst, ein kleines Kaffeehaus.

Wenn man hineinkommt, sieht man an den Wänden Kleiderregale mit Nickelhaken. Die Nickelglasur ist abgesprungen und die Haken haben matte Flecke. Sie sehen aus, wie erblindete Augen. An den Haken ringsum hängen Zeitungen und illustrierte Blätter. Zerschlissen und schief, machen sie den Eindruck von totgehängten Lebewesen.

Das Kaffeehaus ist schmal und engbrüstig und die Tischchen mit den Eisenplatten stehen dicht gedrängt nebeneinander und wirken atembeklemmend. Es ist, wie eine Volksversammlung von Kaffeehausmöbeln. Alle drängen sich um den eisernen Ofen in der Ecke, der auf einem steinernen Postament steht, wie um eine Rede zu halten. Sein Mund glüht vor Begeisterung.

Der Kaffeesieder hat gute Verbindungen mit Bahnkohledieben — hat einmal jemand am Nebentisch gesagt. Wie löblich ist das vom Kaffeesieder! ...

In diesem Kaffeehaus bekommt man um billiges Geld, um sehr billiges Geld, einen weißen Kaffee. Er ist nicht genau so weiß, wie im Frieden. Er ist überhaupt nicht weiß, sondern braun. Aber er heißt „weißer Kaffee" und also ist er es auch. Es geht den Dingen genau so, wie den Menschen. Sie sind, was sie heißen.

Den Kaffee trinkt man aus dickbäuchigen Porzellantassen, die mit ihren vielen vernarbten Rissen und Sprüngen geradezu aussehen, wie Korpsstudentengesichter. Es gibt bestimmte Tassen, über deren Rand hängt eine braune Milchhaut, wie ein goldenes Vlies. Aber das sind nur bestimmte Tassen und die gelangen an bestimmte Gäste.

Denn im Volkscafé verkehren bestimmte und unbestimmte Gäste. Es ist wie mit den Artikeln in der deutschen Grammatik. Die bestimmten haben vor den unbestimmten außer den gewissen Tassen noch andere Vorzüge. Vor allem haben sie Namen, die bestimmten. Der eine ist der Herr Franz, der andere der „Sepp", der dritte der Herr Wawlicka. Jeder hat einen Namen und der Kaffeesieder sagt: Guten Morgen, Herr Franz! Oder: Servas, Pepi! Oder: Ergebendster, habe die Ehre, guten Morgen zu wünschen, Herr Wawlicka! Denn der Herr Wawlicka ist, wie schon sein Name sagt, Schuldiener.

Interessanter aber sind die unbestimmten Gäste. Denen sagt der Kaffeesieder nichts. Höchstens, daß er ihnen herablassend zunickt. Worauf die unbestimmten, die zum Unterschied von den bestimmten, etwas weiter entfernt vom Ofen sitzen, im Chorus: Guten Morgen, Herr Hassenberger! dröhnen. Denn unbestimmte Menschen sind gewöhnlich demütig und für ein Kopfnicken dankbar.

Ich muß schon sagen, mich interessieren die Unbestimmten mehr. Sie sind interessant, wie alles, was noch nicht entdeckt ist. Sie haben keine Bezeichnungen und ich kann mir vorstellen, wie sie heißen: Herr Taglöhner, Herr Pechvogel, Herr Arbeitslos, Herr Schwindsüchtig. So lange ich sie nicht kenne, heißen die Menschen so wie sie sind.

Ich weiß, daß jener Mann dort, dessen langer, dünner Hals in einem weiten schmutzigen Hemdkragen herumstochert, wie ein Federhalter in einem weiten Tintenfaß und vergeblich nach einem Halt sucht, im „Logierhaus" genächtigt hat und nun auf dem Weg ist in die Schulerstraße, wo der „Kleine Anzeiger" offene Stellen zu vergeben hat. Ich weiß genau, daß er ein schmutziges Kuvert aus der Tasche zieht und auf der Rückseite mit einem lächerlich schlecht gespitzten, will sagen: gestumpften Bleistift die Adressen vermerkt. Er schreibt eckige, unbeholfene, gelähmte Buchstaben und drückt dabei das unterste Glied des rechten Zeigefingers so fest auf den Bleistift, daß sein Nagel ganz weiß wird. Dann geht er von Stelle zu Stelle, von einem Bezirk in den anderen, und überall ist schon jemand dagewesen. Der Mann heißt sicher „Pechvogel".

Und so hat jeder von den „Unbestimmten" ein interessante Geschichte. Und alle Geschichten sind mehr oder weniger traurig.

Außer mir weiß noch jemand im Kaffeehaus alle Geschichten: das ist nämlich der Pudel Lux, der als Kassier im Volkscafé mit Kost und Quartier engagiert ist, und den ganzen Tag zwischen Schnapsflaschen und Saccharin und Backwerken auf dem Kassatisch sitzt.

Der Pudel ist ein Philosoph und ein großer Menschenkenner. Wenn jemand von den „Unbestimmten" sich dem Kassatisch nähert, hebt Lux das rechte Augenlid ein wenig. Dann läßt er es wieder zuklappen, oder er stellt sich plötzlich auf alle vier Beine und beginnt zu schnuppern. Lux ist ein sehr gescheiter Mensch.

Die junge Kellnerin, die Resi, die eine große schwarzlederne Tasche an der Hüfte hat, kann sich auf ihn verlassen. Auch die Resi teilt die Gäste in bestimmte und unbestimmte. Die Unbestimmten müssen sofort den „Weißen" bezahlen. Die Bestimmten rufen selbst: zahlen! und geben ein Trinkgeld.

Das größte Trinkgeld gibt Herr Wawlicka, der Schuldiener.

Da kam eines Tages einer, der gab ein noch größeres Trinkgeld. Er trug eine lederne Aktentasche und einen Regenschirm. Sein Kragen war nicht sehr blendend, aber immerhin nicht älter als zwei Tage. Und sein Hut konnte ganz gut als Schlapphut gelten.

Im übrigen war er noch jung und hatte ein blondes Schnurrbärtchen. Und seine Hose war gebügelt. Nur die Schnürschuhe waren geflickt.

Der kam täglich und gehörte vorderhand zu den „Unbestimmten". Der Kaffeesieder aber behandelte ihn zuvorkommend und, da er den Namen nicht wußte, verbeugte er sich extra und tief.

Der junge Mann sagte freundlich: guten Morgen!

Eines Tages, es war der erste, ging der neue Unbestimmte zum Kassatisch, um sich eine Bäckerei zu holen. Lux zog ein Augenlid auf, erkannte in dem Unbestimmten einen Gymnasialprofessor und ließ es sofort wieder zuklappen.

Seitdem sagte der Kaffeesieder: Aller ergebenster Diener, ich habe die Oehre, guten Morgen gewünscht zu haben! Lux muß es ihm mitgeteilt haben, daß der Neue ein Gymnasiallehrer ist.

Der Herr Professor bekommt von Resi, der Kellnerin, Backwerk auf den Tisch, er sitzt in der nächsten Nähe des Ofens und zahlt später als alle andern.

Herr Wawlicka, der Schuldiener, hat ein Gefühl, wie einem etwas besser gestellten Kollegen gegenüber.

Die Resi bemüht sich sehr, nett zu erscheinen. Vorgestern und gestern hatte sie statt der großen, schwarzen, eine kleine, sehr zierliche Spitzenschürze um.

Auch der Herr Professor trägt eine neue Krawatte.

Ich weiß genau, wie die Geschichte sein wird. Im April, wenn der Holler am Gürtel blühen wird, wird der Herr Professor mit Resi sitzen. Er wird ihr aus Rainer Marie Rilke vorlesen. „Die Geschichten vom lieben Gott."

Und vielleicht eigene Gedichte. Der Mann sieht so ganz danach aus, als würde er Verse schreiben.

Und die Resi wird eines Tages einen blonden Buben kriegen.

Und dann wird es vielleicht aus sein?

Ich fragte Lux, ob ich recht hätte mit meiner Geschichte.

„Ja, c'est la vie!" blinzelte der kluge Pudel. —

Joseph Roth.

Das Ende eines Revolutionärs.

Moritz Löbl war in einer kleinen jüdungarischen Stadt geboren. Er wuchs in dem Kramladen seiner Eltern auf und bekam mehr Schläge als Nahrung. Trotzdem blühte er wie eine tropische Pflanze, hatte große ungeschlachte Glieder, einen Wald von Haaren und mit dreizehn Jahren das Gesicht voll Bart. Der Vater, der klein, sorgenvoll, gedrückt und streng war, schlug ihn auch noch, als der Junge schon anfing, den Mädchen nachzulaufen. Er starb, als Moritz fünfzehnjährig war und es endgiltig feststand, daß er in der Schule der Ordnung Widerstand leisten, aber nichts lernen wollte. Von da an trieb sich der schlimme Junge herum, bis er, achtzehnjährig, zur großen Erleichterung der Mutter erklärte, zu den Husaren gehen zu wollen.

Seine Kraft und Gewandtheit machten ihm ein angenehmes Rekrutendasein. Jedoch war er renitent und kam darum in den Arrest. Als er dem Korporal, der ihm die Strafe verschafft hatte, nachts auflauerte und ihn verprügelte, ward er erkannt. Er wanderte ins Gefängnis, aus dem ihn der Krieg befreite.

Der Krieg war die große Zeit für ihn. Durch derbes und gewalttätiges Zufassen tat er sich von Anbeginn an hervor. In Gefahren war er eben so unerschrocken, wie er ihnen listig zu entkommen wußte. Bei Streifzügen, kleinen Ueberfällen war er unübertrefflich brauchbar. Einer der Offiziere, der kühn und unternehmungslustig war, wollte ohne ihn keine Patrouille reiten. Das halb und halb kameradschaftliche Verhältnis, das sich daraus entwickelte, ließ Löbl frech und aufsässig gegen die Unteroffiziere werden. Daß er im Quartier stahl und auf Requisition die Bauern mißhandelte, ließ der Leutnant hingehen. Als ihm aber gemeldet wurde, sein Schützling habe den Vollblüter, des Offiziers Lieblingspferd, geprügelt, ließ er den Uebermütigen an den Baum binden. Das fraß in Löbls Seele. Daß er seitdem Luft für seinen Protektor war, machte ihn vollends dieses Lebens überdrüssig. Als das Regiment in den Schützengraben kam, nahm er die erste Gelegenheit wahr und lief über. Jener sollte sehen, daß er sich nicht mißachten ließ.

In den ersten Tagen seiner Gefangenschaft war er der große Mann, da er höchst bereitwillig, mit Intelligenz und nicht ohne Phantasie Aussagen über Stellung, Truppenstärke und Absichten der eigenen Armee machte. Als er, ausgepreßt, von dem feindlichen Generalstabsoffizier nicht weiter beachtet und einem gewöhnlichen Transport Gefangener zugeteilt wurde, erfaßte ihn Wut. Er glaubte die Solidarität des russischen mit dem ungarischen Offizier zu erkennen und haßte beide in gleichem Maße. Diesen Haß zu pflegen, hatte er Jahre hindurch Zeit und Anlaß genug.

Die bolschewistische Revolution machte Moritz Löbl wiederum frei. Nachdem er in einem kleinen Städtchen des Ostens schon eine Rolle unter den Exekutivorganen des Soldatenrates gespielt hatte, trieb ihn der Ehrgeiz nach Moskau. Ganz in Leder gehüllt, ein paar Revolver am Gürtel und die Wurfgranaten nahe der Hand, sauste er auf dem Lastautomobil durch die Stadt. Ein Schrecken des gestürzten Bürgertums, war er den Machthabern ein unbedingt zuverlässiges Werkzeug, dem kein Auftrag Empfindsamkeit weckte.

So ward er mit anderen erwählt, das neue Evangelium in die Welt hinauszutragen. Der Befehl, nach Ungarn zu reisen, war ihm willkommen. Eine alte Rechnung, schien ihm, hatte er dort zu begleichen.

In Budapest ward er Mitglied der Terroristentruppe. Jedoch war er von dem neuen Wirkungskreis nicht ebenso befriedigt. Der breitknochig gigantische Schädel mit den listig zugekniffenen Augen, der die Gerechtigkeit der Massen, den großen Plan, die geniale Taktik und das Fehlen jedes kleinherzigen Mitleids dort verkörperte, fehlte ihm hier. Es schienen ihm zu viel Gebildete mit labilen Nerven, sentimentalen Erinnerungen, gedrechselten Worten in der Führung zu sein. Große umfassende und radikal durchgreifende Aufgaben waren nicht zu sehen. Löbl war weder Freund noch Kenner theoretischer Feinheiten. Umso bestimmtere Vorstellungen hatte er von dem Begriff: Ausrottung der Bourgeoisie. Hatte er dort nur Rücksichtslosigkeit gekannt, die ihre Berechtigung in sich selbst trug, so fand er an ihrer Stelle hier täglich Weichherzigkeit mit Brutalität gemischt, Durchstecherei und Korruption, die das höhere Recht des Ganzen, Großen in Frage stellten. Zweifel beschlichen seine Seele und die Zufriedenheit wich von ihm.

Der Auftrag einer Verhaftung führte ihn in ein Schloß der nahen Umgebung. An Stelle des Gesuchten, der rechtzeitig geflüchtet war, fand er ein junges Mädchen, deren Züge ihm seltsam bekannt erschienen. Der Stolz, mit dem sie ihm als Herrin des Hauses entgegentrat, schien ihm vertraut und abstoßend zugleich. Auf seine Frage an die „Genossin" nannte sie ihm Namen und Titel, die jene des einstigen Vorgesetzten waren. Demütigung war hier Pflicht. Der Zerstörungskampf gegen die herrschende Klasse ward ihm zur eigensten privaten Sache, zum Krieg zweier Menschen, der sich zwischen vier Wänden abspielte.

Seine Aufforderung, ihn nach der Stadt zu begleiten, beantwortete sie nach dem Blick einer Sekunde, der vergebens ringsum einen Ausweg suchte, durch ein bejahendes Kopfnicken. Sie ging auf ihr Zimmer, um sich anzukleiden. Ein Schritt zu dem hochgelegenen Fenster ward gehindert. In Pelz und Schleier erschien sie fahrtbereit wie zu einer Tourenfahrt im Automobil.

Aus ihrer Ueberwältigung erhoffte er höchsten Triumph. Ihre gleichgiltige, fast beiläufige Unterwerfung unter das als unvermeidlich Erkannte brachte ihm die erste schwere Enttäuschung. Sein Staunen ließ ihn den Grund in ihrer Ueberraschung suchen, aber ihr Verhalten blieb sich gleich. Nicht einmal darauf schien sie bedacht, ihre natürlichen Empfindungen zu unterdrücken, die aus dem, was äußerste Qual sein sollte, ihr deutlich sichtbare Lustgefühle

98–99 Joseph Roth: »Volkscafé«. In: Der Neue Tag, Wien, Nr. 271 vom 25. Dezember 1919, S. 17 (abgebildet S. 1 und S. 17 auf S. 74 und 75).

Die linksliberale Wiener Zeitung »Der Neue Tag« erschien vom März 1919 bis zum April 1920; ihr Niveau war sehr hoch, die literarischen Beiträge zahlreich. Innerhalb eines Jahres veröffentlichte Roth hier rund 140 Artikel, zumeist mit »Josephus« gezeichnet.

Am 20. April 1919 wurde Roths erster Beitrag veröffentlicht. Viele seiner Feuilletons und Glossen erschienen in der Rubrik »Wiener Symptome«. Für sie arbeiteten auch Richard A. Bermann (»Arnold Höllriegel«) und Rudolf Olden (»Renatus Oltschi«).

Roths Beiträge behandelten die sozialen Folgen des Krieges, die die Stadt Wien prägten: Armut, Arbeitslosigkeit, Mangel an Konsumgütern, die Not der Kriegskrüppel. Neben die Berichte aus dem Alltag treten in zunehmendem Maß solche aus dem Bereich der Politik, der Verwaltung, der Wirtschaft. Oft beschrieb Roth die Schwierigkeiten der Umgestaltung des öffentlichen Lebens beim Übergang von der Monarchie zur Republik; die gesellschaftlichen Ungerechtigkeiten im wirtschaftlichen Leben, die Gegensätze zwischen Ausbeutern und ihren Opfern. Besondere Aufmerksamkeit widmete er der armen jüdischen Bevölkerung, in Wien wie in kleinen Orten der Provinz (so etwa im Burgenland: »Die Juden von Deutsch-Kreuz und die Schweh-Khilles«).

Ausgangspunkt der Betrachtung ist stets das Detail – das Verhalten eines Menschen oder wie jemandem mitgespielt wird –, und daran anschließend behandelt Roth Fragen der sozialen Gerechtigkeit. Häufig kritisiert er aufgrund einzelner Einsichten in gesellschaftliche Mechanismen eine allgemeine Brutalisierung und Rückschrittlichkeit der Menschen.

100 Benno Karpeles (1868–1938), Journalist, Wirt-
schaftstreibender. Fotografie, Ende der 1920er Jahre.

Karpeles, zuvor Herausgeber der Wochenschrift »Der Friede« (1918/1919), die sich wie
die »Arbeiter-Zeitung« von der blinden
Kriegspropaganda distanziert hatte, gründete
»Den Neuen Tag« in der Erwartung, Demo-
kratieverständnis ohne Abhängigkeit von der
Sozialdemokratie aufbauen zu können; doch
die Zeitung wurde nicht alt.

101 Alfred Polgar (1873–1955), Schriftsteller, Journalist. Fotografie, um 1930.

Polgar, Leiter des Literaturteils, war der wichtigste Mentor des jungen Autors Joseph Roth –
zuerst bei »Der Friede«, dann beim »Neuen
Tag«. Roth bezeichnete sich stolz als seinen
»Schüler«, von dem er viel, vor allem die
»sprachliche Behutsamkeit« gelernt habe.

102 Richard A. Bermann [Pseudonym: Arnold Höllriegel]
(1883–1939), Journalist, Reiseschriftsteller, während einer Afrikaexpedition. Fotografie: Hans Casparius, 1933.

103 Egon Erwin Kisch (1885–1948), Schriftsteller, Journalist. Fotografie, um 1930.

Roth blieb mit vielen Mitarbeitern des »Neuen
Tag« befreundet: mit Alfred Polgar, Arnold
Höllriegel, Fred Heller, Karl Tschuppik, Egon
Erwin Kisch, Anton Kuh, Karl Otten, Rudolf
Olden und auch mit Karpeles selbst.
In den ersten Jahren seiner journalistischen
Laufbahn führte Roth ein sehr bescheidenes
Leben. Sein Talent fiel bald auf – weniger das
des Reporters mit dem Blick für das Infor-
mative als das des Feuilletonisten mit feinem
Sensorium für Stimmungen und Milieuschilde-
rungen. Sein Erfassen der Atmosphäre war
immer zugleich intuitiv und analytisch und
führte ihn oft frühzeitig zu treffenden politischen Urteilen.

Im Kaffeehaus arbeiten, oft nahezu leben, war für viele Künstler und Literaten damals eine geläufige Existenzform. Roth brauchte Betriebsamkeit um sich; er konnte sich inmitten der anderen Gäste beim Schreiben völlig konzentrieren und dennoch deren Gespräche aufmerksam verfolgen.

104   Wien 1. Goldschmiedgasse. Blick Richtung Petersplatz. Fotografie, um 1900.
Auf der rechten Straßenseite, neben dem Lokal »Bodega«, befand sich der Eingang zum »Café Rebhuhn«.

105   Wien 1. Goldschmiedgasse 6-8. Innenraum des »Café Rebhuhn«.
In diesem Lokal schrieb Roth seine journalistischen Arbeiten, während er abends das »Café Herrenhof« besuchte.

106   Wien 1. Café Herrenhof, Herrengasse 10. Fotografie, 1937.

Das 1918 gegründete »moderne« Café Herrenhof war Treffpunkt für die jüngeren Schriftsteller, darunter Anton Kuh, Franz Werfel, Robert Musil, Hermann Broch, Alfred Polgar. Das nahe »Café Central« hingegen war früher unter anderem Sammelpunkt für Wiener Schriftsteller, die Karl Kraus nahestanden – wie Peter Altenberg, Egon Friedell, Otto Soyka, Otto Stoessl und auch Adolf Loos.

107   Identitätskarte der »Wiener Sonn- und Montagszeitung«, ausgestellt für Joseph Roth seitens der Staatsbahndirektion, Wien, am 8. Oktober 1920.

Die erste Veröffentlichung in dieser Zeitung ist aus dem Februar 1920, die nächste erst aus dem Jahr 1923 nachgewiesen. Kontakte zum dort in leitender Funktion tätigen Journalisten Ludwig Ullmann bestanden jedoch schon 1920, wie das Notizbuch (siehe S. 80) zeigt. Im Herbst 1920 war Roth bereits in Berlin beschäftigt. Die kostengünstige Fahrt mit der Bahn war für Roth – zu dieser Zeit noch kein gut verdienender Schriftsteller – eine wichtige Voraussetzung für seine Arbeit.

Berlin 1920–1925

Da nach der Einstellung der Zeitung »Der Neue Tag« keine andere ausreichende Arbeitsmöglichkeit in Wien gegeben war, ging Roth im Juni 1920 nach Berlin, in der Hoffnung, dort Beschäftigung zu finden – gemeinsam mit dem ebenfalls arbeitslosen Journalisten Stefan Fingal, der ihm noch in der Emigration, bis zu seinem Tod, ein guter Freund blieb.

Roth schrieb von nun an hauptsächlich für deutsche Zeitungen und Zeitschriften, ohne jedoch seine Kontakte zu den Wiener und Prager Blättern gänzlich aufzugeben.

108   Joseph Roth: Fragment eines Notizbuchs aus den frühen 1920er Jahren. 2 Seiten. Abbildung im Originalformat. Der Text lautet:

»Seal auf neuen Mantel (für Tante Mine) Paula nach Wien schicken an ein Pelzgeschäft.
Verlag psychopathischer Sexualbücherei Dr. Lettner noch nicht?
Paul Hatvani, VI. Wallgasse 39
Neues Wiener Journal Artikel 11. August
Mitt[a]g[s]b[l]att] 2 Spalten langer Artikel
Mittagszeitung [Ludwig] Ullmann
Marc Aurelstr. 8 Bleufrau Dr.
Dr. Cornell Stock im Eisenplatz 3. Equitablepalais Dr. Emil Merwin
1.) Einreise nach Wien 500-1000
2.) sämtliche Visa 1000
3.) Verträge, Gesellschaftsgem. Dinge, [...]
4.) Staatsbürgerschaft – nicht unter 2000 K.
95 402. Klebinder
Fingal expreß sagen Telefon Glückstern
Kohlm[arkt]. 9. 8.
Berliner Illustrierte Zeitung Carl Josef Werdegang eines Schiebers. Änderung des Themas, Wahlüberlassung

[Ludwig] Hirschfeld: Theaterberichte, Wr Mittagsztg [Ludwig] Ullmann.

Fingal Paul geheiratet, Eltern in Gnade aufgenommen, Großmann, Grete Adler (alle vollkommene Schwiegertöchter) beide Söhne. junge Großmama Ernst

französische Geschäfte, Zeit der Assignatenausgabe (Revolutionsgeschichte)

Diener aus Furcht bildet sich ein er hätte Verfehlung begangen, obwohl es ein anderer war. Stirbt daran (Groteske)

Wilhelmstraße 52. Verb[andl]. deut[scher]. Filmautoren, Hans Winter, Herrn Porges endlich Antwort

Lisa Kresse, Robertz, von [Emil?] Geyer (Sketch [...]) Frau Feling. (sie sollte kommen). Victor Halm herzlichst grüßen. [Rudolf] Forster, Rosa Valetti,

Interviews f. die ›Allg[emeine].‹

[Max] Pallenberg, [Fritzi] Mas[s]ary, [Leopoldine] Konstantin, (Nauen ?) [Alfred] Kerr, [Gisela] Werbezirk, [Rosa] Valetti, Robertz, Werner Krauß (er u. [Emil] Jannings an's Burgtheater) [Alexander] Moissi (Salzburg römische Sache gastieren, in der Volksopersache nichts dafür, Geyer ko[n]nte)

Jup Wiertz Nassauersche Straße Aktion [...]

Alton u. Co. Friedrichstr. Dir. Merzbach, Helmstedterstr. 20 Wohnung Uhland 5445

Breitner Grüße von Klausner (?) und Angeb.«

[Diese Transkription ergänzt die Entzifferung durch David Bronsen, enthält aber immer noch Unsicherheiten.]

Meistens schrieb Roth seine Texte und Briefe in winzig kleiner Schrift – abwechselnd mit Füllfeder und Bleistift –, häufig auf kleine Zettel von Notizblöcken oder Notizheften, oft auch auf Briefpapier von Hotels.

Diese beiden Seiten sind in die Zeit zu datieren, als Roth von Wien nach Berlin übersiedelte. Er notierte nicht nur Namen, Adressen und Stichworte, sondern auch private und familiäre Aufträge und Erledigungen sowie Ideen für Zeitungsartikel.

Bemerkenswert ist, daß sich in diesen Notizen großes Interesse an Film und Theater manifestiert: eine Seltenheit in Roths frühen journalistischen Jahren. Später berichtete er häufig über die Filmbranche, weniger über das Theater. Die Kontakte, die Roth zu dieser Zeit knüpfte, waren in späteren Jahren von großem Wert, denn viele der damaligen »Szene-Künstler« gelangten in den folgenden Jahren zu Ruhm und Erfolg, wie etwa Elisabeth Bergner oder Marlene Dietrich.

109 Berlin. Friedrichstraße, Ecke Taubenstraße.
Fotografie, 1930.

Roths Berliner Karriere entwickelte sich in den ersten Monaten eher zäh. Zunächst, im Sommer und Herbst 1920, schrieb er als freier Mitarbeiter Beiträge für die »Neue Berliner Zeitung« (ab 1921 bekam das Boulevardblatt den Zusatztitel »Das 12-Uhr-Blatt«) sowie Filmkritiken für die »Freie Deutsche Bühne«.

Ab Januar 1921 war Roth fester Mitarbeiter des auflagenschwachen, aber renommierten »Berliner Börsen-Courier«, der ihn zuerst in der Lokalredaktion, dann im Feuilleton einsetzte.

Dessen Chefredakteur und Feuilletonchef war Emil Faktor, der Roth wie manchem anderen Nicht-Berliner Zugang zur journalistischen Laufbahn verschaffte. Roth empfand ihn allerdings als unzugänglich und knausrig.

Von Juli bis September 1922 schrieb Roth unter anderem sowohl für diese kleine Zeitung wie für den auflagenstarken sozialdemokratischen »Vorwärts«; dann entschied er sich im Herbst 1922, den »Berliner Börsen-Courier« zu verlassen. In einem Brief an seinen Kollegen, den berühmten Theaterkritiker Herbert Ihering, begründete er pointiert seine Entscheidung mit pathetischen Worten:

»Ich kann wahrhaftig nicht mehr die Rücksichten auf ein bürgerliches Publikum teilen und dessen Sonntagsplauderer bleiben, wenn ich nicht täglich meinen Sozialismus verleugnen will. Vielleicht wäre ich trotzdem schwach genug gewesen, für ein reicheres Gehalt meine Überzeugung zurückzudrängen, oder für eine häufigere Anerkennung meiner Arbeit.«

(Joseph Roth an Herbert Ihering, Brief vom 17. September 1922. In: Briefe, S. 40)

Im »Vorwärts« zeichnete er seine Beiträge gelegentlich mit »Der rote Joseph«, ein ostentatives Zeichen für politisches Engagement.

Nr. 179 ♦ 41. Jahrgang

Ausgabe A Nr. 89

Bezugspreis:
Wöchentlich 70 Goldpfennig voraus zahlbar. Unter Kreuzband für Deutschland, Danzig, Saar- u. Memelgebiet, Oesterreich, Litauen, Luxemburg 4,50 Goldmark, für das übrige Ausland 5,50 Goldmark pro Monat.

Der „Vorwärts" mit der Sonntagsbeilage „Volk und Zeit" mit „Siedlung und Kleingarten" sowie der Unterhaltungsbeilage „Heimwelt" und der Frauenbeilage „Frauenwelt" erscheint wöchentlich zweimal, Sonntags- und Montags einmal.

Telegramm-Adresse: „Sozialdemokrat Berlin"

Morgenausgabe

Vorwärts

Berliner Volksblatt

Zentralorgan der Vereinigten Sozialdemokratischen Partei Deutschlands

10 Goldpfennig
100 Milliarden

Anzeigenpreise:
Die einspaltige Nonpareillezeile 0,70 Goldmark, Reklamezeile 4.— Goldmark. „Kleine Anzeigen" das fettgedruckte Wort 0,20 Goldmark (aussch. zwei fettgedruckte Worte) jedes weitere Wort 0,10 Goldmark. Stellengesuche das erste Wort 0,10 Goldmark, jedes weitere Wort 0,05 Goldmark. Worte über 15 Buchstaben zählen für zwei Worte. Familienanzeigen für Abonnenten Zeile 0,30 Goldmark. Eine Goldmark = ein Dollar geteilt durch 4,20.

| Redaktion und Verlag: SW 68, Lindenstraße 3 | Dienstag, den 15. April 1924 | Vorwärts-Verlag G.m.b.H., SW 68, Lindenstr. 3 |
| Fernsprecher: Redaktion: Dönhoff 292–295 Verlag: Dönhoff 2506–2507 | | Postscheckkonto: Berlin 375 36 — Bankkonto: Direktion der Diskonto-Gesellschaft, Depositenkasse Lindenstraße 3 |

110 Emil Faktor (1867 bis um 1941), Journalist. Fotografie, um 1932.

111 Ernst Toller (1893–1939), Schriftsteller, im Gefängnis Niederschönenfeld. Fotografie, 1922.

Toller war im Jahr 1918 einer der Anführer der Münchener Räterevolution gewesen, wofür er vom bayrischen Staat mit 5 Jahren Haft bestraft wurde. Roth hatte – voll Sympathie für den Autor und Revolutionär – über die Härte der bayrischen Justiz berichtet, die ein Gesuch zur vorzeitigen Entlassung Tollers abgewiesen hatte. Bei aller Reverenz vor dem »Märtyrer für das Proletariat« benannte Roth auch die Schwächen von Tollers Dramatik.

112–113 Joseph Roth: »Hinkemann«. In: Vorwärts, Berlin, Nr. 179, Morgenausgabe vom 15. April 1924, S. 2 (S. 1, Titelleiste und S. 2, Ausschnitt).

Ein kritisch würdigender und gleichzeitig politischer Bericht über Ernst Tollers Stück »Der deutsche Hinkemann« anläßlich der Berliner Erstaufführung am 11. April 1924. Erneut verhöhnte Roth die Engstirnigkeit des Gerichts, das Tollers Antrag auf vorzeitige Entlassung aus der Festungshaft abgelehnt hatte.

Hinkemann.

Motto: „Dem Gesuche, dem Schriftsteller Ernst Toller — — — Strafunterbrechung zu bewilligen, kann keine Folge gegeben werden, weil die Bewilligung einer Strafunterbrechung zu diesem Zwecke mit dem Ernste des Strafvollzugs unvereinbar ist.
gez. Gürtner, Justizminister."

Unter Menschen, die diese bajuwarische Abart der deutschen Sprache — in ihrer Form gleich schauderhaft, wie in ihrem Inhalt — reden, sitzt Ernst Toller gefangen. Daß es ihm möglich ist, „mit dem Ernste" eines solchen „Strafvollzugs" die Tätigkeit des Dichtens überhaupt „vereinbar sein" zu lassen, ist allein schon ein technisches Verdienst und ein Beweis für moralische Ausdauer. Einem Schriftsteller, der sie nicht besäße, müßte die Hand verdorren, ehe sie nach der Feder greift — in dieser Umgebung, deren Befehlen und Vorschriften „seitens der Opfer leider „Folge gegeben werden" muß. Unter solchen Umständen ringen nur eine reine Glut und ein heiliger Wille mit der Gestaltung eines Stoffes. Den reinen Willen besitzt Ernst Toller. Aber er ist nicht stark genug, den dichterisch konzipierten, dramatisch bewegten und stellenweise sogar visionär bearbeiteten Stoff zu „bewältigen"; das heißt: bis zur einzigen Gültigkeit durchzuformen. Das dramatische Gerüst ist schief. Die Rollen schlottern um die Personen. Der treulich erlauschte Klang, die richtig beobachtete Erscheinung sind nicht in die Region des Ueberwirklich-Dichterischen gehoben. Die „starke" Wirkung ist oft eine gewaltsame. Die tragische Ironie hat eine begrenzte, nicht überdimensionale Grausamkeit. Die Symbolik ist naiv, nicht metaphysisch. Das Schicksal des „Helden" (Hinkemann) — und mag er auch kein Individuum, sondern ein Collectivum sein — blüht nicht vorbedingt und unabänderlich aus seinem Wesen. Denn er wuchs nicht in der Phantasie und im Herzen seines Autors, sondern er wurde nachträglich, um einen „Einfall" lebendig werden zu lassen, um die Idee gebaut, wie eine Glocke um die bereits vorhandene Form. Sein Schicksal — und somit die ganze Handlung — ist möglich, aber nicht unbedingt, nicht naturnotwendig. Eingebungen einer spielerischen Phantasie stören die Andacht der Stimmung und lockern das Gefüge der Handlung Ornaments auf der anderen Seite entschädigt nicht für jene Ueberflüssigkeit.

Und dennoch beginnt dieses Drama (neben anderen) einen historischen Abschnitt in der dramatischen Literatur. Denn es führt, wie einmal das „bürgerliche Trauerspiel" den Bürger, statt der Könige, den Proletarier, statt des Bürgers auf die Bühne ein. Es bricht Bahn für die dramatische Behandlung der neuen Klasse, des kommenden Menschen. Das ist der Anfang einer neuen Literatur. Er muß mehr literarhistorisch als kritisch gewertet werden. Noch sind die meisten Schicksale, die wir auf unseren Bühnen sich erfüllen sehen, Schicksale bürgerlicher Menschen. Der Bürger mag den „Hinkemann" nur kritisch werten. Ihm ist er eine literarische Erscheinung. Uns aber ist jedes Drama, dessen Gestalten Blut von

Der Abgeordnete der sozialdemokratischen Partei zum Preußischen Landtag Erich Kuttner (1887–1942) war Chefredakteur dieser aggressiven satirischen Wochenzeitschrift. Zu ihren Mitarbeitern zählten Josef Maria Frank, Oskar Maria Graf, Arno Holz, Walter Mehring, Joachim Ringelnatz, Heinrich Zille, Erich Weinert. Von Joseph Roth brachte die Zeitschrift zwischen Jänner 1924 und Februar 1925 33 Feuilletons und satirische Gedichte, die sozialkritische Themen wie Militarismus und einseitige Rechtsprechung zum Inhalt haben.

Weitere Themen von Roths journalistischer Arbeit waren: Psychiatrie, gesellschaftliche Außenseiter, Bibliotheken, Rezensionen von Filmen, Büchern und Theateraufführungen, Sprachkritik.

114–115 Joseph Roth: »Wer hat uns in Montur gepreßt«. In: Lachen links. Das republikanische Witzblatt, Berlin, Jg. 1 (1924), Nr. 15 vom 18. April 1924 (abgebildet: Titelleiste und S. 178).

116   Berlin, Lindenstraße 3. Fotografie, 1927. In diesem Haus wurde die Zeitung »Vorwärts« hergestellt; auch J. H. W. Dietz' Nachfolger, einer der großen sozialdemokratischen Verlage, hatte hier seinen Sitz, aber auch die Redaktion der Zeitschrift »Lachen links«.

117 F. W. Murnau, Carl Mayer: »Der letzte Mann«.
Film, 1924, Standbild.

118 Berlin. Ufa-Palast am Zoo. Werbung an der
Fassade des Kinos zu einem der letzten Stummfilme
(»Frau im Mond« von Fritz Lang, 1929) und zu einem
der ersten Tonfilme »The Singing Fool« von Lloyd Ba-
con mit dem Sänger Al Jolson (1928).

Roth äußerte sich zum Film nicht aus der
Position des Fachmanns der jungen Technik;
es sind vielmehr ästhetische, soziologische,
politische, jedenfalls unkonventionelle Gedanken zum Medium. Er beschrieb witzig die
Filmpropaganda, er decouvrierte historische
Filme der Stummfilmzeit als überhebliche
Ideologie-Träger (z. B. »Die Nibelungen«,
1924, Fritz Lang / Thea von Harbou; »Faust«,
1926, F. W. Murnau / Hans Kyser); er analy-
sierte kurz und prägnant divergierende
Intentionen (z. B. im künstlerisch hervor-
ragenden, aber dramaturgisch mißglückten
Film »Perücke«, 1925, Berthold Viertel). Roth
erfaßte genau die Unterschiede zwischen
Schreiben für Printmedien und Schreiben für
den Film (etwa in der Darstellung der Arbeit
von Carl Mayer, Drehbuchautor des Films
»Der letzte Mann«, 1924, F. W. Murnau). Er
beobachtete kritisch und oft ironisch das
Kinopublikum und die Wirkungen des
Mediums, des Starkults, des künstlerischen
Flairs, das sich Hersteller und Konsumenten
gaben, aber er erkannte auch die päda-
gogischen Aufgaben des Films. Wichtigster
Moment war ihm jedoch die Scheinrealität
des Films: Je perfekter die Illusion gelang,
desto mächtiger und dämonischer wurde das
Medium in seinem Einfluß auf die Zuschauer:
Hollywood schon hier als Beispiel für den
»Antichrist«, eine Kulturphilosophie, die Roth
in den 1930er Jahren ausarbeitete.
Die zweifelhaften Aspekte des Films hin-
derten Roth allerdings nicht, sein finanzielles
Glück mit ihm zu versuchen: In den 1930er
Jahren war er bitter auf den Verkauf der
Filmrechte seines Romans »Hiob« angewiesen; er versuchte auch, »Radetzkymarsch« an
Filmagenten zu verkaufen; er verfaßte
gemeinsam mit Leo Mittler (1893–1958) Ent-
würfe für Drehbücher. Nichts davon war
erfolgreich, die Verfilmung des »Hiob«-Stoffes
(s. S. 188) ein inhaltliches und künstlerisches
Fiasko.

Die Machtprotzerei der Militärs, die die Schuld am Elend, das der Krieg gebracht hatte, mit neuem Gepränge übertünchten, stellte Roth häufig in seinen Texten den Bedürfnissen der unter den Folgen des Krieges leidenden Bevölkerung gegenüber. Armut mitten in der Stadt war eines der Hauptthemen in seinen journalistischen Arbeiten der 1920er Jahre. Kriegsinvalide, Bettler, Obdach- und Arbeitslose standen im Zentrum seiner Aufmerksamkeit.

119   Berlin. Ein Hof in der Stralauerstraße. Fotografie, 1927.

120   Berlin. Ein Kriegsinvalider. Fotografie, 1922.

121   Berlin. Bettler. Fotografie, um 1922.

122　Berlin. Städtisches Asyl für Obdachlose in der Fröbelstraße, Bezirk Prenzlauer Berg. Fotografie, um 1920.

Roth pendelte in den frühen 1920er Jahren zwischen Berlin und Wien hin und her. Die Wirtschaftskrisen in Österreich und in Deutschland verliefen in unterschiedlichen Wellen. Roth und andere Journalisten suchten sich den Gegebenheiten anzupassen und ihre Mitarbeit nicht nur nach den Angeboten der Zeitungen und deren politischen Überzeugungen, sondern auch nach der Stabilität der Währungen einzurichten.

Deshalb veröffentlichte Roth 1923 Artikel nicht nur in Berliner Blättern, sondern auch – im Juni 1923 nach Wien zurückgekehrt, doch häufig unterwegs in Deutschland und in der Tschechoslowakei – in der »Wiener Sonn- und Montagszeitung« und im »Prager Tagblatt«. Daneben finden sich 1923 bereits erste Arbeiten in der »Frankfurter Zeitung«.

Roth hatte seit dem Kriegsende Probleme mit seinen Papieren. Ob er tatsächlich alle Dokumente verloren oder sie vernichtet hatte, muß offen bleiben. Er strebte jedenfalls die österreichische Staatsbürgerschaft an.

Die Staatsbürger der Habsburger-Monarchie konnten sich nach deren Zerfall für die Zugehörigkeit entweder zum neuen, kleineren »Deutschösterreich« oder zum jeweiligen Nachfolgestaat entscheiden; Juden wurde diese Wahl generell erschwert. Roth wurde mit diesem Dokument die österreichische Staatsbürgerschaft zugesprochen; allerdings hat er keine Geburtsdokumente vorgelegt (das erklärt die Formulierung »angeblich« sowie den falschen Geburtsort »Szwaby«). Das Fehlen dieser Urkunden machte Roth später große Schwierigkeiten bei der Erneuerung des Reisepasses.

Auch wenn Roth österreichischer Staatsbürger war, mußte er in Deutschland Einkommensteuer zahlen, was ihm, wie aus ähnlichen Dokumenten hervorgeht, wiederholt Schwierigkeiten bereitete.

123　»Optionsbestätigung« für die österreichische Staatsbürgerschaft Roths durch das Bundesministerium für Inneres und Unterricht, ausgestellt am 8. Juni 1921, adressiert an »Josef Roth, Berlin, Zimmerstraße 7«.

124　Pfändungsverfügung des Finanzamts Charlottenburg-Ost vom 17. November 1925, für Joseph Roth, Berlin, Mommsenstraße 66, gerichtet an den Verlag »Die Schmiede«. (Abgebildet S. 88 undd 89).

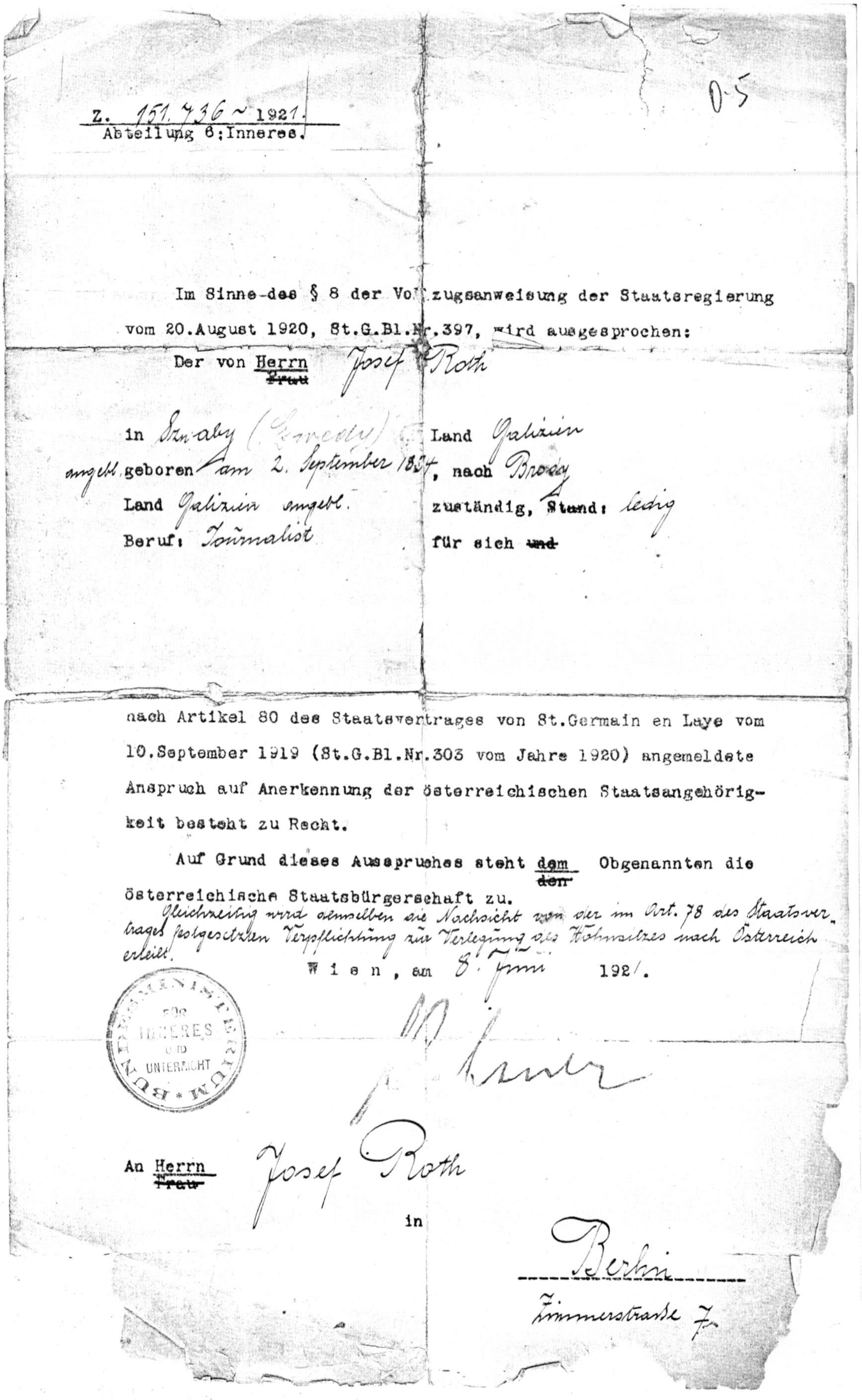

Z. *151.736 ~ 1921.*
Abteilung 6:Inneres.

0-5

Im Sinne des § 8 der Vollzugsanweisung der Staatsregierung

vom 20.August 1920, St.G.Bl.Nr.397, wird ausgesprochen:

Der von Herrn ~~Frau~~ *Josef Roth*

in *Szwaby (Swieby)* Land *Galizien*

angebl. geboren *am 2.September 1894,* nach *Brody*

Land *Galizien angebl.* zuständig, ~~Stand:~~ *ledig*

Beruf: *Journalist* für sich ~~und~~

nach Artikel 80 des Staatsvertrages von St.Germain en Laye vom

10.September 1919 (St.G.Bl.Nr.303 vom Jahre 1920) angemeldete

Anspruch auf Anerkennung der österreichischen Staatsangehörig-

keit besteht zu Recht.

Auf Grund dieses Ausspruches steht *dem* ~~den~~ Obgenannten die

österreichische Staatsbürgerschaft zu.

Gleichzeitig wird demselben die Nachsicht von der im Art.78 des Staatsvertrages festgesetzten Verpflichtung zur Verlegung des Wohnsitzes nach Österreich erteilt.

W i e n , am *8.Juni* 192*1.*

An Herrn ~~Frau~~ *Josef Roth*

in

Berlin

Zimmerstraße 7.

Finanzamt Charlottenburg *Ost*   *1925*

(Vollstreckungsabteilung)

Rückständeverzeichnis Nr. *7215* 192*5*

Reichsbankgirokonto.
Postscheckkonto Nr. *4732* Berlin.
Bankverbindung: Darmstädter- u. Nationalbank.

Muster 5
(§ 69 der Beitr.-O.)

Die Finanzkasse ist geöffnet
werktäglich von 9—1 Uhr
außer am letzten Werktage des Monats.

Pfändungsverfügung.

Der *Schriftsteller Josef Roth*

Charlottenburg *Meineke* — Straße/Platz Nr. *66*

schuldet dem Reich

	Schuldgrund (z. B. Steuerart)	Schuldbetrag Mark	Pf.	Bezeichnung des Sollbuchs und der Nummer unter der der beizutreibende Rückstand zum Soll steht
1	*Einkommensteuer Rest III/24*	*50*	—	*99/171*
2	*"* *V/24*	*100*	—	
3			—	
4			—	
5	Verzugszuschläge — Zinsen bis zum *10. 11. 25*	*22*	*70*	
6	Kosten der Mahnung	*3*	*20*	
7	Kosten der Zwangsvollstreckung, die vor dem Erlaß der Pfändungsverfügung entstanden sind	*4*	*80*	
8	Kosten der Zwangsvollstreckung, die durch den Erlaß der Pfändungsverfügung entstehen	—	*65*	
	insgesamt:	*211*	*35*	

ferner: 2 vom Hundert Verzugszuschläge für je einen angefangenen halben Monat vom .... 192...... ab bis

zum Zahlungstage — .... Zinsen .... vom Hundert vom .... 192......

ab bis zum Zahlungstage. *sowie Zahlung sämtlicher Nachzahlungen*

Wegen dieser Schuldbeträge wird die Forderung von .... Mark, die dem oben bezeichneten Vollstreckungsschuldner

aus .... (genaue Bezeichnung des Schuldgrundes) gegen Sie zusteht, gepfändet.

Sie dürfen nicht mehr an den oben bezeichneten Vollstreckungsschuldner zahlen.

Der Vollstreckungsschuldner hat sich jeder Verfügung über die Forderung, insbesondere ihrer Einziehung, zu enthalten.

Bis zur Höhe der oben genannten Beträge, die der Vollstreckungsschuldner dem Reich schuldet, kann das unterzeichnete Finanzamt die gepfändete Forderung einziehen.

Sie werden hiermit aufgefordert, binnen zwei Wochen, von der Zustellung dieser Pfändungsverfügung ab gerechnet, dem unterzeichneten Finanzamt zu erklären:

1. ob und inwieweit Sie die Forderung als begründet anerkennen und bereit sind, zu zahlen;

2. ob und welche Ansprüche andere Personen an die Forderung erheben;

3. ob und wegen welcher Ansprüche die Forderung bereits für andere Gläubiger gepfändet worden ist.

Sie werden ferner aufgefordert, die von Ihnen geschuldete Geldsumme soweit sie die oben bezeichneten Beträge, die der Vollstreckungsschuldner dem Reich schuldet, nicht übersteigt, bei Eintritt der Fälligkeit an die **Finanzkasse** des unterzeichneten Finanzamts zu zahlen, dabei ist die oben bezeichnete Nummer des Rückständeverzeichnisses anzugeben.

Charlottenburg, den *17*ten *November* 192*5.*

An Herrn Firma *Verlag Kiepen-* "
... *heuer*
in *Berlin W 35*
Magdeburger Straße/Platz Nr. *7*

Charlottenburg *Ost*

Finanzamt (Vollstreckungsabteilung) Charlottenburg

Im Auftrage

Mann

K. Vz. Nr. 18.
Verlagsdruckerei Reinhold Kühn A. G., Berlin SW 63.

125 Alfred Beierle (1885–1950), Schauspieler und Rezitator. Fotografie: Keystone, 1931.

126 Berlin. Mommsenstraße 66. Fotografie: Ronald Bos, 1994.

Roth lernte Beierle bei einer Silvesterfeier im Jahr 1920 kennen und wohnte bis 1925 gelegentlich in dessen Wohnung in der Mommsenstraße, im vornehmen Westen von Berlin. Nach der Heirat mieteten Joseph und Friedl Roth für wenige Monate eine eigene Wohnung in Berlin-Schönefeld (1922 / 1923), ehe sie wieder nach Wien zurückkehrten. Ab Ende 1923 wohnten sie, wieder unterwegs, nur noch in Hotels.

Auch wenn viele Artikel Roths vom Großstadtleben berichten (z. B. »Berliner Bilderbuch«, 1924, in »Der Drache«), gibt es doch schon aus der ersten Hälfte der 1920er Jahre Beiträge über die Situation in kleinen und mittelgroßen Städten. Aus solchen Orten zu berichten war für einen Journalisten unspektakulär. Aber Roth suchte die Perspektive von unten; aus dem scheinbar unbedeutenden Detail gewann er die Poesie und Prägnanz des besonderen zeitgeschichtlichen Moments. Diese kurzen Reisen schärften seinen Blick für die vielfältigsten, von anderen oft nicht wahrgenommenen Aspekte.

127   Berlin. Stettiner Bahnhof. Fotografie, 1920er Jahre.

128   Glashütte im Erzgebirge, Deutschland. Ein Uhr-
macher in seiner Werkstatt. Fotografie, 1920er Jahre.

»In Deutschland unterwegs« war der Sammel-
titel für frühe Reiseberichte Roths (1925). Innerhalb dieser Reihe schrieb er einen liebe-
vollen Bericht über die Uhrmacherwerkstätten
in der Ortschaft Glashütte. Roth, der Autor
ohne ständigen Wohnsitz, hatte dennoch eine
Sammelleidenschaft, die wohl in diesem
Bericht über die Kunst der Feinmechaniker zu
erkennen ist. Er selbst sammelte, sobald er es
sich leisten konnte, Taschenuhren, Stöcke
und Taschenmesser.

129   Berlin-Dahlem. Königsallee. Villa von Walther Rathenau (1867–1922), Politiker, Industrieller. Fotografie, 1922.

Roth berichtete über den Prozeß gegen die Mörder Rathenaus. Viele hatten im Außenminister einen der Garanten für die Demokratie gesehen. Roth beschrieb die antisemitisch gesinnten Nationalsozialisten und Reaktionäre – er nannte sie »Hakenkreuzler« – und wie sie darauf aus waren, durch Mord an Demokraten wie Rathenau (oder Erzberger, aber auch an einfachen Arbeitern) andere Gesinnungen zu unterdrücken und die Republik zu destabilisieren.
Roth schilderte die Gedenkstätte in Rathenaus Villa, die zu besuchen die hypertrophe Bürokratie des Staates nicht leicht mache.

130   Begräbnis Friedrich Eberts (1871–1925), Politiker, 1919–1925 Reichspräsident. Fotografie, 1925.

Auch der sozialdemokratische Präsident Ebert wurde von vielen Demokraten als Symbol für den neuen Staat angesehen – ebenso seiner einfachen Herkunft wie seiner gemäßigten, konsensorientierten Politik wegen.

131 Einige der Hauptangeklagten im Prozeß zum Hitler-Putsch von 1923: Erich Ludendorff, Adolf Hitler, Friedrich Weber. Fotografie, München, 1924.

»In München öffnen sich die Gräber der Weltgeschichte, und aus ihnen steigen die begraben gewähnten Leichname. Ein grotesker Traum tritt in Funktion – und ganz Deutschland nimmt dieses Wunder gleichgültig hin, als wäre es eine Selbstverständlichkeit, so dachte Roth über die ihn wie eine Gespensterparade anmutende Realität dieses Prozesses.«
(Joseph Roth: »Geträumter Wochenbericht«. Vorwärts, Berlin, 2. März 1924. In: Werke, Band 2, S. 70-72)

132 Halle an der Saale. Demonstration der Nationalsozialistischen Deutschen Arbeiterpartei. Fotografie, 1924.

Roth schrieb oft über das politische Geschehen in Deutschland. Präzis erkannte er, wie der Einfluß der demokratischen Politiker sank und die Gewalttätigkeit der Nationalsozialisten staatsbedrohende Ausmaße annahm. Als Hindenburg zum Nachfolger Eberts gewählt wurde, bestärkte ihn das in seiner Absicht, Deutschland zu verlassen.

Friedl Roth

133 Friedl und Joseph Roth auf einer Parkbank.
Fotografie, vermutlich im Spätsommer 1925 in Südfrankreich.
In den ersten Jahren ihrer Ehe begleitete Friedl Roth
ihren Mann auf den großen Auslandsreisen.

Die bedrückende Geschichte der Ehe von
Friederike (Friedl, Frieda) Roth, geborene
Reichler, und Joseph Roth ist in vielen Details
unbekannt. Was als glückliches Zusammenleben zwischen dem rasch berühmt
werdenden Autor und seiner jungen Frau
begann, entwickelte sich aus verschiedenen
Gründen zu einer Katastrophe: Friedl schien
sich zwar an das elegante Leben in Berlin zu
gewöhnen; das unstete Reisen war jedoch
allem Anschein nach für sie eine Belastung.
War sie anfangs in Frankreich oft kränklich,
so daß Roth sie zurückließ, so entwickelte
sich langsam eine Geisteskrankheit, die
ständige Aufmerksamkeit und Betreuung
erforderte.

Liebe und Sorge – Joseph Roth über seine Frau Friedl

Selten schrieb Joseph Roth in seinen Briefen über tiefe Emotionen; Privates wurde mit Diskretion behandelt. Auch zum Schicksal seiner Frau, der Entwicklung von der schönen, liebreizenden Frau zur unbeherrschten, unbeherrschbaren Geisteskranken, machte er kaum mehr als Andeutungen (so zumindest in den erhalten gebliebenen Briefen). Einige dieser Friedl Roth betreffenden Stellen sind im folgenden zitiert.

»Friedl ist in Deutsch-Altenburg an der Donau, ich fahre heute zu ihr hinaus. Sie fürchtet sich, nach Lemberg ohne Dich zu fahren – sag's ihr aber nicht. Sie leidet an Menschenfurcht, ›Grübelangst‹ insbesondere und traut nur Dir und Heniu. Sie geht den ganzen Tag über eine Furt in der Donau hin und zurück, stellt sich vor, das sei das Meer, und lebt das Leben einer Schlingpflanze. Außerdem schreibt sie an Frau Szajnocha, bekommt von ihren Eltern einen neuen Mantel und kommt sich sehr weise vor. Ich hätte nie geglaubt, daß ich ein kleines Mädchen so dauerhaft lieb haben könnte. Ich liebe ihre Scheu vor Geständnissen und ihr Gefühl, das Furcht und Liebe ist und das Herz, das immer dasjenige fürchtet, was es liebt.«
(An Paula Grübel, 28. August 1922. In: Briefe, S. 39)

»Ich bin so altmodisch, die Ehe, die ich auch nicht überschätze, höher zu werten als die sogenannte Liebe. Nicht nur deren Ziel und Ende ist der coitus, sie besteht aus einer ganzen Kette von Beischlaf, der durch Anblick und Zwiesprache ebenso gründlich ausgeübt wird, wie durch die ebenfalls sogenannte körperliche Vereinigung.«
(An Bernard v. Brentano, 19. Dezember 1925. In: Briefe, S. 70)

»Selbst meine Frau entfernt sich von mir, trotz ihrer Liebe. Sie ist normal und ich bin, was man verrückt nennen muß. Sie reagiert nicht so, wie ich, nicht so stark, nicht so zitternd, sie ist weniger atmosphärisch bestimmbar, sie ist gerade aus und gescheit.«
(An Bernhard v. Brentano, [1925]. In: Briefe, S. 75)

»Meine Frau kommt mir immer näher, sie schreibt mir seltsame Liebesbriefe: lauter unzufriedene, scharfe, beinahe böse Kritiken über meine Artikel. Vielleicht meint sie mich und weiß es nur noch nicht. Ich bin wohl sehr sentimental geworden.«
(An Benno Reifenberg, [1926]. In: Briefe, S. 100)

»Ich schreibe Ihnen in größter Not. Gestern bin ich nach München gefahren, geflohen. Seit August ist meine Frau schwer krank, Psychose, Hysterie, absoluter Selbstmordwille, sie lebt kaum – – und ich gehetzt und umringt von finsteren und roten Dämonen, ohne Kopf, ohne die Fähigkeit, einen Finger zu rühren, ohnmächtig und gelähmt, hilflos, ohne Aussicht auf Besserung. Vielleicht kann ich 14 Tage in Salzburg verkrochen bleiben, allein mit meinem Unglück.«
(An René Schickele, 10. Dezember 1929. In: Briefe, S. 155–156)

»Zehn Jahre meiner Ehe mit diesem Resultat haben mir vierzig bedeutet und meine natürliche Neigung, ein Greis zu sein, unterstützt das äußere Unglück in einer schrecklichen Weise. Acht Bücher bis heute, mehr als 1000 Artikel, seit zehn Jahren jeden Tag zehnstündige Arbeit, und heute, wo mir die Haare ausgehen, die Zähne, die Potenz, die primitivste Freudefähigkeit, nicht einmal die Möglichkeit, einen einzigen Monat ohne finanzielle Sorge zu leben.«
(An René Schickele, 20. Januar 1930. In: Briefe, S. 156)

»Meine Frau schweigt noch immer, und die Briefe meiner Schwiegereltern, die fortwährend von einer Genesung und einer Fortsetzung der Ehe sprechen, tun mir weh; ebenso ihre Berichte von dem scheinbaren Glück meiner Frau, wenn man ihr von mir spricht.«
(An Stefan Zweig, 22. April 1931. In: Briefe, S. 199)

»So lebe ich, bedrängt von Geldsorgen, und auch von Sorgen um die Zukunft meiner Frau. Sie ist klarer, in der letzten Zeit, verlangt nach mir, hie und da, und ich habe keine Kraft mehr, nach Wien zu fahren. Was soll da werden? Und wenn meine Frau ganz klar wird, wie soll ich einen Weg zu ihr finden? Meine Gegenwart ist trübe und meine Zukunft finster.«
(An Friedrich Traugott Gubler, 8. Oktober 1931. In: Briefe, S. 211)

Friederike Reichler, die spätere Frau Joseph Roths, wurde als älteste Tochter von Selig (Siegmund, 1875–1958) Reichler und seiner Frau Jenny (Jente, geb. Torczyner, 1876 bis 1954), am 12. Mai 1900 in Wien geboren.

134   Friedl Reichler. Fotografie, um 1915.

135   Friedl Reichler. Fotografie, 1917.

Die hübsche, zierliche Friedl hatte sich früh mit dem Wiener Journalisten Hanns Margulies verlobt, in dessen Gesellschaft sie Roth wohl 1919 im »Café Herrenhof« kennenlernte. Die Verlobung wurde in der Folge aufgelöst; Friedl ging 1921 für einige Monate mit Joseph Roth nach Berlin.

136   Friedl Reichler »mit Hanns Margulies« [?]. Fotografie: J. Ross, Mariazell, bez. »1919«.
Die Fotografie zeigt Friedl Reichler vermutlich mit ihrem ersten Verlobten, dem Wiener Journalisten Hanns Margulies (1889–1960).

137   Wien 2. Am Tabor. Blick vom Eck (Am Tabor 17) zum Nordwestbahnhof. Fotografie, um 1900.
Die Wohnung der Familie Reichler befand sich im Haus Am Tabor 15, das zweite Haus rechts in der links sich öffnenden Straße.

138   Jente und Selig Reichler, die Schwiegereltern Joseph Roths [vermutlich auf dem Semmering].
Fotografie, 1920er Jahre.

Joseph Roth, dessen eigene Mutter mittlerweile gestorben war, nannte seit seiner Eheschließung die Schwiegereltern »Eltern, Vater und Mutter«. Ob echte Intimität hinter dieser Anrede steckte, ist schwer zu entscheiden: Die erhaltene Korrespondenz dreht sich weitgehend um Friedls Krankheit und um die sich daraus ergebenden Probleme. Wahrscheinlich hatten sie, die in so verschiedenen Welten lebten, einander sonst wenig zu sagen.

Den Wunschvorstellungen der Schwiegereltern (einer traditionsbewußten jüdischen Familie mit drei Töchtern) entsprach Roth jedenfalls nicht. Einerseits war er in Habitus und Lebensstil weit von der jüdischen religiösen Tradition abgerückt. Andererseits stand er am Anfang einer Karriere und war finanziell noch nicht wirklich in der Lage, eine Familie zu gründen.

139   Eintragung der Heirat von Joseph Roth und Friederike Reichler im »Trauungsbuch 1915/1922« des Paz-
maniten-Tempels, Wien; Ausschnitt linke Seite:
»44
5. März 1922 vormittags ½ 12 Uhr
II. Pazmanitengasse 6
[Datum, Ort und Dokumente zum Eheaufgebot:]
4, 11. und 18. Feber 1922 im Bethause, II Pazmanitengasse 6
1 Decret des Magistrates Wien, Abt. 50 vom 20. Feber
1922 Zahl 1261/I mit Dispens
a) vom Geburtsscheine des Bräutigams
b) vom sechswöchentlichen Aufenthalte des Bräutigams
1 Geburtsschein der Braut
2 Optionsbestätigungen
2 Meldungsnachweise
[Bräutigam:] Josef Roth, J[o]urnalist, geboren in Szwaby,
Bezirk Brody, zuständig nach Brody, Galizien
Sohn des Herrn Nochum Roth und dessen Ehegattin,
Frau Rebekka, geborene Griebler
[Geburt, Alter:] 2. Sept. 1894 27 Jahre 6 Monate
ledig
Berlin Ziemerstrasse 7 derzeit II Am Tabor 15/9 seit 2/3
1922«

Die Beurkundung auf der rechten (nicht abgebildeten)
Seite lautet:
»Bräutigam: Joseph Roth
Braut: Friederike Reichler
1. Zeuge: Heinrich Grübel [der Familienname ist von
fremder Hand noch einmal leserlich geschrieben]
Beschäftigung: Kaufmann
wohnhaft: Wien IX, Frankgasse 6
2. Zeuge: Siegmund Reichler
Beschäftigung: Kaufmann
wohnhaft: [Wien] II Am Tabor 15/9
Die Trauung hat vollzogen:
        Dr. Funk
Wien den 5. März 1922«

140   Wien 2. Die Synagoge in der Pazmanitengasse 6
(zerstört). Fotografie, 1920er Jahre.

Abgesehen von der Ungenauigkeit des Geburtsortes
und mancher phonetischer Schreibweise fällt auf: Als
Name der Mutter steht jener ihrer Schwester.

Friedl Reichler kehrte aus Berlin nach kurzem Zusammenleben mit Roth nach Wien zurück und erneuerte ihre Verlobung mit Margulies. Als Roth sich danach aber ernsthaft um sie bemühte, löste Friedl ihre Verlobung abermals. Am 5. März 1922 heirateten Friedl Reichler und Joseph Roth in der Pazmaniten-Synagoge im 2. Wiener Gemeindebezirk, wo die Familie Reichler wohnte.

Nach der Hochzeit änderte Roth seine liberale Lebensführung zwar nicht, paßte sich aber der konservativen Familienkonstellation an, etwa in einem ehrerbietigen Sprachgestus den Eltern gegenüber. Er vermied ostentative Verstöße gegen die religiösen Vorschriften, obwohl er dazu innerlich Distanz empfand und Dritten gegenüber immer wieder diese Anforderungen als kleinbürgerlich beklagte.

Joseph Roth machte als Journalist und Schriftsteller bald Karriere. Innerhalb weniger Jahre wurde er einer der gesuchtesten und bestbezahlten Autoren seiner Zeit.

Seine Frau war vom Leben unter Schriftstellern und Journalisten anfänglich sicher beeindruckt. Roth seinerseits war sehr stolz auf ihre Schönheit, umgab sie mit Luxus, stattete sie mit modischer Kleidung aus und repräsentierte mit ihr in Künstlerkreisen. Er sah sie als »den geselligen Teil seiner selbst«, denn er war im Grunde noch ziemlich gehemmt in Gesellschaft, nie ganz frei von Eifersucht auf seine hübsche Frau, aber auch auf den gesellschaftlichen Erfolg, den sie mit ihrem aus Schüchternheit und Stolz gemischten Auftreten hatte.

Andererseits gelang es Roth nicht, eine Atmosphäre materieller Sicherheit zu schaffen. Statt eines eigenen Haushalts gab es, nach dem kurzen Zwischenspiel in Berlin, ein unstetes Leben in Hotels mit jeweils nur kurzen Aufenthalten, bedingt durch die journalistischen Aufträge, aber auch durch die komplizierten Bedürfnisse seines Schreibens und seiner inneren Unrast. Fuhr er jedoch einmal ohne sie, setzte er sie unter Druck, indem er eifersüchtig und vorwurfsvoll ihre Briefe einforderte.

Diese Mobilität einerseits, vor allem aber seine Forderungen nach einem Verhalten seiner Frau, das genau seinen Wünschen entsprach, dürften das Verhältnis zwischen den Ehepartnern zerrüttet haben. Friedl wurde von Roth gedrängt, ihre charmant-naive Spontaneität zugunsten kühler, damenhafter Zurückhaltung zu unterdrücken.

141   Friedl Roth. Fotografie: Becker & Maas, Berlin, 1922.

142   Französische Visitenkarte Friedl Roths.

MADAME FRÉDÉRIQUE ROTH

143   Hedy Reichler (1901–1987), später verheiratete Pompan, im englischen Exil verheiratete Davis; die Schwester Friedls. Fotografie, Mitte 1920er Jahre.

Die Kontakte zu Friedls jüngeren Schwestern Hedy und Erna und Hedys späterem Mann Alexander Pompan waren freundlich, wenn auch vor allem von der Sorge um die kranke Friedl bestimmt. In den 1930er Jahren besorgte Hedy Teile von Roths Geschäftskorrespondenz, das Abtippen und Korrigieren seiner Manuskripte. Als »Sekretärin« in Wien war sie eine der festen Adressen, die Roth ein Büro ersetzten.

144   Hedy Reichler und Friedl Roth. Fotografie, zweite Hälfte der 1920er Jahre.

145   Joseph Roth. Fotografie, erste Hälfte der 1920er Jahre.

146   Friedl und Joseph Roth, im Gras sitzend. Fotografie, Mitte 1920er Jahre.

147   »Dr. Richter und Friedl Roth«. Handschriftliche Bezeichnung von Joseph Roth. Fotografie, 1920er Jahre.

148   Friedl Roth, auf einer Balustrade sitzend. Fotografie, 1920er Jahre.

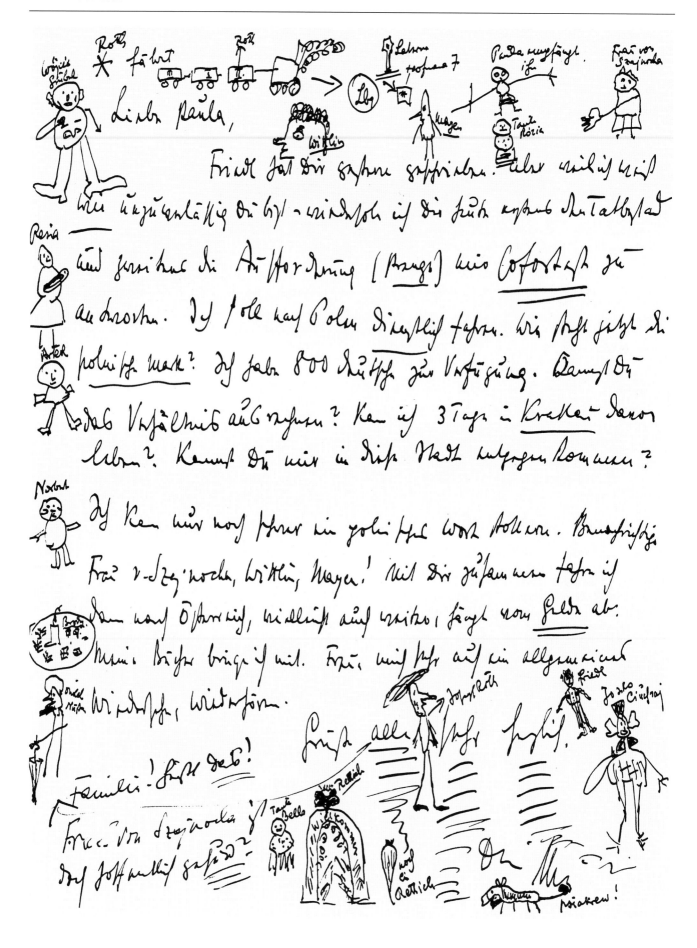

149   Joseph Roth an Paula Grübel, Brief vom 15. Juli
1924. Handschrift. Verkleinert abgebildet.

Voll Übermut und Heiterkeit zeichnete Roth Mitglieder
der Familie Grübel (der ungeliebte Vormund Onkel
Sigmund wurde nicht dargestellt!) an den Rand des
Blatts und skizzierte die beabsichtigte Reise nach Polen.
Der Text (in: Briefe, S. 42-44 nur unvollständig abge-
druckt) lautet:

»Liebe Paula,
Friedl hat Dir gestern geschrieben. Aber weil ich
weiß wie unzuverlässig Du bist – wiederhole ich Dir
heute erstens den Tatbestand und zweitens die Aufforde-
rung (strenge) mir sofortest zu antworten. Ich soll nach
Polen dienstlich fahren. Wie steht jetzt die polnische
Mark? Ich habe 800 deutsche zur Verfügung. Kannst Du
das Verhältnis ausrechnen? Kann ich 3 Tage in Krakau
davon leben? Kannst Du mir in diese Stadt entgegen-
kommen?
Ich kann nur noch schwer ein polnisch Wort
stottern. Benachrichtige Frau v. Szajnocha, Wittlin,
Mayen! Mit Dir zusammen fahre ich dann nach Öster-
reich, vielleicht auch weiter, hängt vom Gelde ab. Meine
Bücher bringe ich mit. Freue mich sehr auf ein
allgemeines Wiedersehn, Wiederhören.
Grüße alle sehr herzlich.
Dein Mu.
Familie! heißt das!
Frau von Szajnocha ist doch hoffentlich gesund?«

Die Beschriftung der Zeichnungen, großteils Verwandte
und Bekannte in Lemberg und Brody darstellend, lautet
von links oben im Uhrzeigersinn:

»Roth fährt [Eisenbahn, 2. Klasse nach] Lbg [Lemberg];
Laterne; Hofmana 7; Paula [Grübel] empfängt ihn;
[Józef] Wittlin; [Józef] Mayen; Tante Rózia [Grübel]: Frau
von Szajnocha; Friedl [Roth]; Josko Ciuchraj, psiakrew!
[d. i. ›Hundsblut‹, ein polnischer Fluch]; Rettich; noch
ein Rettich; Willkommen; Tante Bella [Grübel]; Onkel
Nußen [Nathan Piczenik]; Brody; Norbert [Grübel]; Artek
[Artur Alexandrowicz]; Resia [Grübel]; Wojcis [Adalbert]
Grübel«.

Auch für Friedl wurde Paula Grübel die Ver-
trauensperson in Lemberg, in der Familie. Ihr
hatte Roth seine Verlobte bereits 1921 vorgestellt; mit ihr ist Friedl offensichtlich auch
später noch besonders gerne auf Erholung
gefahren. Viele Fotos, die die beiden Frauen
miteinander zeigen, bestätigen die Herzlichkeit der Verbindung.

Obwohl sich etliche Personen aus dem
Freundeskreis Joseph Roths an Friedl und an
ihren Charme erinnerten, lassen sich die
Freundes- und Bekanntenkreise, in denen sie
und Roth verkehrten, nicht vollständig rekon-
struieren. Viele, die an den verschiedenen
Geselligkeiten in Deutschland, Österreich,
Frankreich, Italien oder Polen teilnahmen und
auf den zahlreichen erhaltenen Privatfotos
festgehalten sind, bleiben uns mit Namen
unbekannt, da die Fotografien nur selten
genau und gleich nach ihrem Entstehen be-
schriftet wurden. Dennoch geben diese Auf-
nahmen einen lebhaften Eindruck von der
allem Anschein nach offenen und geselligen
Lebensform, die Friedl eine Zeitlang vorfand
und teilte.
Wieweit Joseph Roth selbst gerne und unbe-
schwert daran teilnahm, läßt sich nicht eindeutig feststellen. Manchmal mag er der Foto-
graf gewesen sein, wenn die Kamera reihum
ging und man einander abwechselnd fotogra-
fierte. Er war aber auch oft beruflich unterwegs, wobei er seine Frau immer seltener
mitnahm.
Friedl Roth ihrerseits hat – vielleicht wegen
ihrer schwachen Gesundheit, vielleicht durch
Roths betonten Einzelgänger-Eskapismus bedingt – mehrfach Reisen in geselliger Umgebung, aber ohne ihren Mann unternommen.

Einige dieser Privatfotos aus dem Besitz von
Joseph und Friedl Roth und ihnen nahen
Menschen sind auf den folgenden Seiten
abgebildet.

150   Friedl Roth auf einem Hamburger Ausflugsschiff bei einer Hafenrundfahrt, Ansichtskarte an ihre Eltern vom 7. Dezember 1924. Bildseite.
Friedl Roth steht in der unteren Reihe links.
Der Text in Friedls Handschrift lautet:

»An die Familie
Siegmund Reichler
Wien II.
Am Tabor 15.«
»7. XII. 1924
Ihr seht mich in meinem neuen Mantel, Seal-Mantel, fertig gekauft, da der Onkel mir die Felle nicht besorgt hat.
Viele Küsse
Friedl«

151 Friedl Roth, vermutlich in Berlin, Mai 1925.
Fotografie.

152   Friedl Roth und Paula Grübel. Fotografie, Mitte 1920er Jahre.

153   Friedl Roth und Resia Grübel. Fotografie, 1920er Jahre.
Resia und ihre jüngere Schwester Paula Grübel waren Cousinen von Joseph Roth, die zumeist in Lemberg wohnten.

154   Friedl Roth mit Freundinnen. Fotografie, Mitte
1920er Jahre.

155   Friedl Roth, Paula Grübel und Käthe Lederer in
Abbazia / Opatija. Italien, heute Kroatien. Fotografie,
Oktober 1926.

156   Friedl Roth mit unbekannten Personen. Fotografie, Mitte der 1920er Jahre.

157   Friedl Roth im Mantel vor einer Balustrade.
Fotografie, Zakopane, Polen, August 1926.

158   Friedl Roth und Beate Moissi. Fotografie, Paris,
Juni 1925.
Beate Moissi war Schauspielerin in Berlin.

159   Friedl Roth und Gisela Lyner, die Freundin und
spätere Frau des Journalisten und Schriftstellers Egon
Erwin Kisch. Fotografie, Paris, Juni 1925.

160   Friedl Roth in Chantilly, Frankreich. Fotografie, Juni 1926.

161   Friedl Roth, Berlin, Juni 1926. Filmaufnahme. Kader aus einem Schmalfilm.

162 Anzeige von »Dr. Weiler's Kuranstalten für Nerven- und Gemütsleidende [...]« in Berlin / Westend. In: Jahrbuch der Heil-, Pflege- und Kuranstalten. Berlin, 1914, S. 163.

Friedl Roths Sensibilität war den Belastungen des Aufstiegs nicht gewachsen: dem unsteten Lebensstil, den steigenden Spannungen mit dem Ehepartner, seinen Erziehungsversuchen, seiner beginnenden Trunksucht. All diese nur bruchstückhaft bekannten Konflikte untergruben ihre Gesundheit. Schon bevor 1929 der erste Klinikaufenthalt in der vornehmen Berliner Kuranstalt Westend unvermeidlich wurde, ab 1926, hört man von längeren Krankheiten Friedls, meist als Grippe oder Lungenschwäche bezeichnet. Ab 1928 wurden immer wieder Ärzte und Psychologen konsultiert, denn Friedl brauchte bereits ständige Betreuung.

163   Stefan Fingal. Fotografie Ende 1920er Jahre.

Der Journalist Stefan Fingal war einer der ältesten Freunde Roths. Man kannte sich aus Wien; die beiden waren Kollegen beim »Neuen Tag« und gingen 1920 gemeinsam nach Berlin, um dort Karriere zu machen. Fingal arbeitete zeitweise journalistisch, dann auch bei einer Filmfirma.

1928 halfen er und seine Frau Roth und beherbergten einige Monate lang die schon kranke Friedl bei sich in ihrer Berliner Wohnung – eine Freundestat, die Roth ihm nie vergaß und vergelten konnte, als er Fingal (der 1933 nach Österreich und 1938 ins Memelland geflohen war) vor den Nationalsozialisten rettete, indem er das französische Außenministerium bewog, ihm eine Reisebestätigung auszustellen und ihn nach Paris kommen zu lassen. Fingal arbeitete bei der »Pariser Tageszeitung« und wohnte wie Roth im Hôtel de la Poste. Er überlebte die französischen Lager und die deutsche Besetzung unter falschem Namen in Südfrankreich.

— 163 —

Dr. Weiler's

KURANSTALTEN

für Nerven- und Gemütsleidende, Stoffwechselkranke und Erholungsbedürftige.

(Besitzer: San.-Rat Dr. Weiler — Dr. Schlomer.)

Ulmenallee 35.   **Westend bei Berlin**   Nußbaumallee 30 u. 38.
Fernsprecher: Wilhelm 506 und 507.

Kurhaus Westend.

Neubau mit **höchstem Komfort.** Schlafzimmer mit Bad, kleine Wohnungen (Salon, Schlafzimmer, Bad). Eleganteste Gesellschaftsräume. — Wintergärten. **Vollkommenste Einrichtungen** für **Hydro-, Licht-** und **Elektrotherapie. Hochfrequenztherapie.** — **Gymnastiksaal.** Winter- und Sommer-Turnräume. **Diätetische Kuren.**

Villa Sybille,

Nußbaumallee 30. Kleines, vornehmes Rekonvaleszentenheim.

Haus für Gemütskranke,

Nußbaumallee 38. 5 Ärzte, Krankenpflege durch Schwestern des ev. Diakonievereins, geschultes Pflegepersonal. 7 Morgen großer Park. **Liegehallen,** großer **Sportplatz,** Eisbahn, **Luftbad.**

20 Minuten vom Zentrum Berlins, bequeme Verbindungen. Näheres durch Prospekte.

Ärztliche Leitung:
Sanitätsrat Dr. Weiler. Professor Dr. Henneberg. Dr. Schlomer.

Jahrbuch 1914.   12

Roth ließ seine Frau zunächst in der Obhut von Freunden und Bekannten, unter ihnen Stefan Fingal, sowie der Eltern, doch wurde der Zustand bald unhaltbar. Mit Friedls Einlieferung in die Berliner Klinik begann der zermürbende Prozeß, die Unheilbarkeit ihrer Krankheit (die zumeist als Schizophrenie bezeichnet wurde) zu akzeptieren. Denn es zeigte sich immer deutlicher, daß keine Therapie dauerhafte Hilfe brachte und bringen würde.

Die Geschichte der Diagnosen und der Verlauf der teils von medizinischen Fachleuten, teils von Laien (darunter Roth selbst) unternommenen Therapieversuche ist nur bruchstückhaft bekannt. Er selbst glaubte lange, oder wollte glauben, wie seine Briefe zeigen, an die Möglichkeit einer Heilung. Kleine Anzeichen scheinbarer Besserung wurden zu großen Erwartungen erhoben. Doch schließlich blieb nur das Hoffen auf ein Wunder, und Roth fühlte sich von da an, wie er mehrfach selbst schrieb, als gebrochener »alter Jud«. Die Selbstvorwürfe, er habe den Zustand seiner Frau mitverursacht, machten ihn krank, trugen dazu bei, daß er sich vorzeitig alt fühlte und mutlos wurde.

Die intensive Pflege, die seine Frau benötigte, die Konsultation immer wieder anderer Ärzte bedeuteten neben der psychischen natürlich auch eine enorme finanzielle Belastung für den Autor. Dennoch ließ er sich jahrelang nicht entmutigen, folgte Empfehlungen und bat immer wieder um Vermittlung von Fachärzten. Roths Brief an Frau Dr. Szabo gibt Zeugnis von seinen aufwendigen Bemühungen um eine geeignete ärztliche Hilfe.

164 Joseph Roth an Dr. Szabo, Brief vom 23. September 1930. Handschrift. S. 1. Verkleinert abgebildet. Der Text des Schreibens an eine der zahlreichen Friedl behandelnden Ärztinnen lautet:

»Sehr geehrte Frau Doktor Szabo,
entschuldigen Sie, bitte, die Eile der Formulierung und den Bleistift. Ich schreibe Ihnen vor Abgang meines Zuges – ich muß für einen Tag nach Köln. Vor zwei Stunden erhielt ich einen Brief von meiner Schwiegermutter. Meine Schwiegereltern und Herr Pompan belasten mich mit der Verantwortung für meine Frau, und lediglich aus dem Grunde, weil sie glauben, von Ihnen schlecht oder mangelhaft beraten zu werden. Ich kann Ihnen natürlich nicht zumuten, daß Sie die Energie, die Sie für die Kranke brauchen, für die Angehörigen ver-

wenden. Aber ich selbst – ich bin heute schon zu kaputt, um den Vermittler zwischen Ihnen und der Familie zu spielen. Die Finanzierung der Angelegenheit hat der Verlag Kiepenheuer und sein Prokurist, Herr Landauer, übernommen. Die Verantwortung für das Leben der Patientin haben Sie. Aber da ich nicht in Wien bin, die Eltern in ständiger Angst mich belasten und ich nicht die Kraft aufbringe, von ihnen belastet zu werden, müssen Sie wohl oder übel mit ihnen auszukommen suchen. Es ist ihr Kind ebenso gut, wie meine Frau. Sie sind, nach mir, die meist Legitimierten. Sie müssen mit ihnen zurechtkommen. Ich wollte mir die Last leichter machen, sie wird nur schwerer. Bitte, schreiben Sie mir aufrichtig: a.) ob Sie imstande sind, ohne die Patientin zu schädigen, ihre Angehörigen auf dem Laufenden zu erhalten; b.) ob Sie die Fähigkeit haben wollen, die Angehörigen so zu behandeln, wie sie legitimiert wären, vom Sanatorium behandelt zu werden. Hier handelt es sich – was soll ich es Ihnen gegenüber noch betonen? – um zwei Existenzen: die meiner Frau und meine eigene. Sie haben mich gesehn. Sie wissen, wie ich heruntergekommen bin. Wenn meiner Frau etwas zustößt, tragen zwar Sie die Verantwortung vor mir, aber ich die Verantwortung vor den Eltern. Es ist ihr Kind, mir haben sie es gegeben, bei mir ist es krank geworden. Ich kann darüber nicht hinweg. Wenn Sie mir wirklich helfen wollen, müssen Sie es ganz.
Ich kenne am besten das Gewicht, das Sie tragen. Was ich Ihnen hier schreibe, ist wohl überlegt. Ich will ihnen auch zwei Sachen noch sagen:
1.) Ich liebe meine Frau
2.) Wenn Sie ihr helfen, können Sie viel von mir verlangen, und ich werde alles für Sie tun.
Herzlichst Ihr ergebener
Joseph Roth«

Die Zeit von November 1930 bis Dezember 1933 verbrachte Friedl im Sanatorium Rekawinkel bei Wien, anschließend war sie bis 1935 in der Landes- Heil- und Pflegeanstalt für Geistes- und Nervenkranke »Am Steinhof« in Wien untergebracht.

Hotel Englischer Hof

GEGENÜBER DEM HAUPTBAHNHOF

Frankfurt a/Main

POSTSCHECK-KONTO: FRANKFURT A.M. Nº 10208
TELEFON: HANSA 8240
TELEGRAMM-ADRESSE:
ENGLISCHHOF FRANKFURTMAIN.

den Montag den 23. Sept 1930

Sehr geehrte Frau Doktor Szabo,

entschuldigen Sie, bitte, die Eile der Formulierung und den Bleistift. Ich schreibe Ihnen vor Abgang meines Zuges – ich muß für einen Tag nach Köln. Vor zwei Stunden erhielt ich einen Brief von meiner Schwiegermutter. Meine Schwiegereltern und Herr Pompan belasten mich mit der Verantwortung für meine Frau, und lediglich aus dem Grunde, weil sie glauben, von Ihnen schlecht oder mangelhaft beraten zu werden. Ich kann Ihnen natürlich nicht zumuten, daß Sie die Energie, die Sie für die Kranke brauchen, für die Angehörigen verwenden. Aber ich selbst – ich bin früh schon zu kaputt, um den Vermittler zwischen Ihnen und der Familie zu spielen. Die Finanzierung der Angelegenheit hat der Verlag Kiepenheuer und sein Prokurist, Herr Landauer, übernommen. Die Verantwortung für das Leben der Patientin haben Sie. Aber da ich nicht in Wien bin, die Eltern sich in ständiger Angst mich belasten und ich nicht die Kraft aufbringe, von Ihnen belastet zu werden, müssen Sie wohl oder übel mit ihnen auszukommen suchen. Es geht ihr Kind ebenso gut, wie meine Frau. Sie sind, nach mir, die meist Legitimierten. Sie müssen mit ihnen zurechtkommen. Ich wollte mir die Last leichter machen, sie wird nur schwerer. Bitte, schreiben Sie mir aufrichtig: a.) ob Sie imstande sind, ohne die Patientin zu schädigen, ihre Angehörigen auf dem Laufenden zu erhalten; b.) ob Sie die Fähigkeit haben <u>wollen</u>, die Angehörigen so zu behandeln,

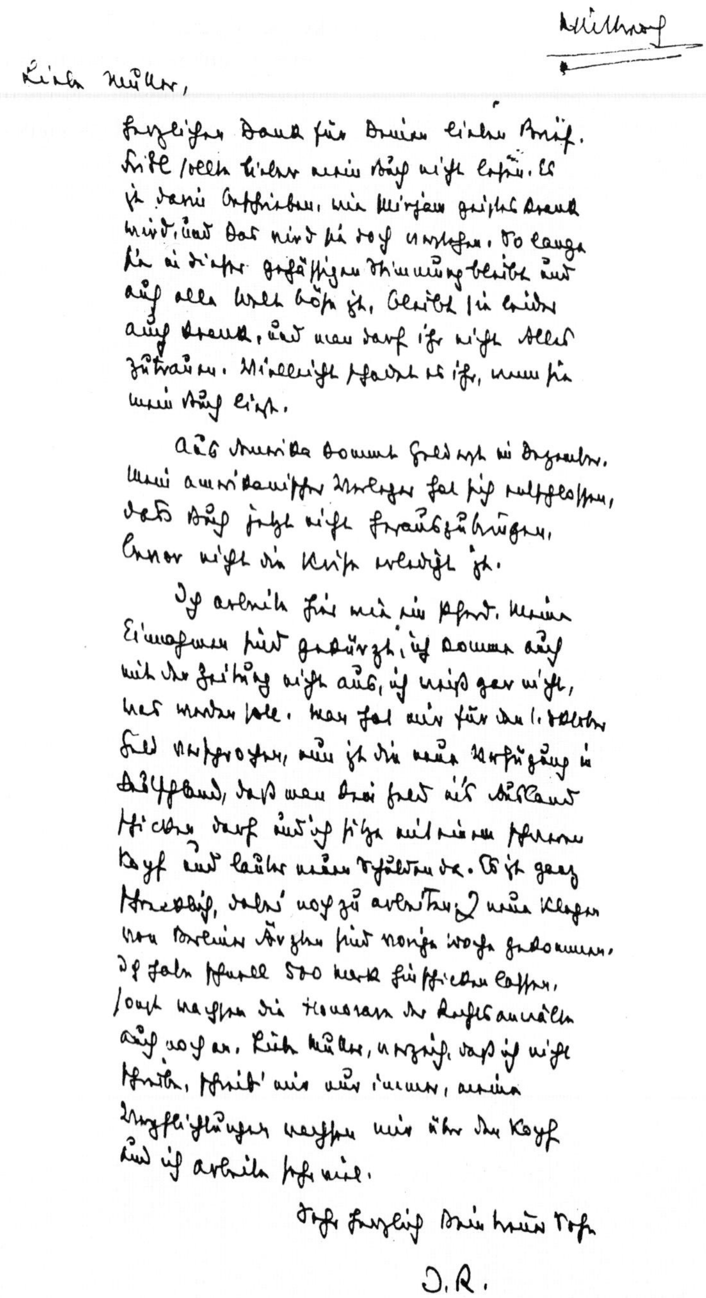

165   Joseph Roth an Jenny Reichler, Brief vom Oktober 1930. Handschrift, in Originalgröße abgebildet.
Das Schreiben, kurz nach dem Erscheinen des Romans »Hiob« an die Schwiegermutter gerichtet, lautet:

»Mittwoch

Liebe Mutter,
herzlichen Dank für Deinen lieben Brief. Friedl sollte lieber mein Buch nicht lesen. Es ist darin beschrieben, wie Mirjam geisteskrank wird, und das wird sie doch verstehen. So lange sie in dieser gehässigen Stimmung bleibt und auf alle Welt böse ist, bleibt sie leider auch krank, und man darf ihr nicht Alles zutrauen. Vielleicht schadet es ihr, wenn sie mein Buch liest.

Aus Amerika kommt Geld erst im Dezember. Mein amerikanischer Verleger hat sich entschlossen, das Buch jetzt nicht herauszubringen, bevor nicht die Krise erledigt ist.

Ich arbeite hier wie ein Pferd. Meine Einnahmen sind gekürzt, ich komme auch mit der Zeitung nicht aus, ich weiß gar nicht, was werden soll. Man hat mir für den 1. Oktober Geld versprochen, nun ist die neue Verfügung in Deutschland, daß man kein Geld in's Ausland schicken darf und ich sitze mit einem schweren Kopf und lauter neuen Schulden da. Es ist ganz schrecklich, dabei noch zu arbeiten. 2 neue Klagen von Berliner Ärzten sind vorige Woche gekommen. Ich habe schnell 500 Mark hinschicken lassen. Sonst wachsen die Honorare der Rechtsanwälte auch noch an. Liebe Mutter, verzeih, daß ich nicht schreibe, schreib' mir nur immer, meine Verpflichtungen wachsen mir über den Kopf und ich arbeite sehr viel.

Sehr herzlich Dein treuer Sohn
J. R.
Grüße Vater, Hedi u. Sandi herzlich.«

Roths Briefe an die Schwiegereltern zeigen deutlich die psychische und finanzielle Belastung, die ihn immer wieder in Verzweiflung stürzte. Wiederholt beteuerte er ihnen, nicht über genügend Geld zu verfügen, um die Pflege bezahlen zu können. Er erwartete auch finanzielle Leistungen von Friedls Familie, der er dabei sein reales Einkommen, seinen eigenen hohen Geldbedarf und das Zusammenleben mit anderen Frauen verschwieg.

Eine Zeitlang versuchte Roth, sich der finanziellen Aufwendungen für seine Frau durch eine Scheidung zu entledigen. Friedls Eltern und ihre Schwester Erna waren mittlerweile nach Palästina ausgewandert. Angesichts der Schwierigkeiten ließ er das Vorhaben bald fallen, um so mehr, als es gelang, mit Hilfe des österreichischen Autors Franz Theodor Csokor, für Friedl einen Platz in der Landespflegeanstalt Mauer-Öhling bei Amstetten zu finden (ab Juni 1935), der ihn finanziell nicht belastete. Die Bindung und seine Schuldgefühle abzuschütteln, gelang ihm nie.
Die systematische Vernichtung Geisteskranker durch die Nationalsozialisten brachte Friedl Roth, wie auch vielen anderen pflegebedürftigen Menschen, ein brutales Ende: Sie wurde während oder kurz nach der Überstellung in die »Heil- und Pflegeanstalt für Geisteskranke« in Niedernhart bei Linz an der Donau oder in Schloß Hartheim im Juli 1940 ermordet.

Frühe Romane und Erzählungen

166 Joseph Roth im Jardin du Luxembourg, Paris.
Fotografie, um 1926.

Joseph Roth »Es lebe der Dichter!«

»*Aber unausrottbar scheint die Neigung der lesenden, schreibenden, kritisierenden und Bücher verlegenden Welt, sich an Formeln zu halten. So entstehen die ›Moden‹. So entsteht die ungerechte Beurteilung; die falsche Klassifizierung. Es gibt wenig Gelegenheiten, in denen es gestattet ist, von sich selbst zu sprechen. Die eine ergibt sich dann, wenn man in die Lage gerät, tadeln zu müssen, wofür man selbst verantwortlich ist. Deshalb zögern wir nicht, daran zu erinnern, daß von dieser Stelle aus, von dieser Zeitung aus, zuerst in Deutschland der Ruf nach der ›dokumentarischen Literatur‹ ausgegangen ist. In unzähligen Artikeln, die wir schrieben und brachten – man nennt sie nach einer lächerlichen Tradition immer noch ›Feuilleton‹ –, wurde das ›Dokumentarische‹ gefordert – und gegeben. In unserer Zeitung standen die ersten deutschen Kriegsromane. Aus der unmittelbaren Nähe dieser Zeitung kamen Bücher wie ›Ginster‹ [Kracauer], wie ›Jahrgang 1902‹ [Glaeser], wie ›Flucht ohne Ende‹. Es ist nur ein Zufall, daß der Verfasser dieser Zeilen auch der Autor des letztgenannten Buches ist. Jeder von uns, die wir am literarischen Angesicht dieser Zeitung arbeiten, könnte (zwar nicht des andern Bücher, aber) des andern Meinungen über die Literatur der Gegenwart schreiben. Es ist deshalb gestattet, bei dieser Gelegenheit zu sagen, daß der Satz, der sich im Vorwort zur ›Flucht ohne Ende‹ befindet: ›Es handelt sich nicht mehr darum, ‚zu dichten‘. Das Wichtigste ist das Beobachten‹ – seinen relativen Erfolg einem absoluten Mißverständnis zu verdanken hat. Das heißt: daß bei dem Ruf nach dem Dokumentarischen durchaus nicht die berühmte ›Neue Sachlichkeit‹ gemeint war, die das Dokumentarische mit dem Kunstlosen verwechseln möchte. In der Verwirrung der Gegenwart scheint die Vorsicht zu gebieten, was die Schreibregeln nicht gestatten: nämlich alles, was man in einfachen Anführungszeichen setzt, mit dreifachen zu versehen. Einsam, wie der deutsche Schriftsteller nun ist, geneigt, nach ›Stoffen‹ zu suchen, schien er einen deutlichen Hinweis auf den Reichtum der deutschen Gegenwart und der jüngsten Vergangenheit gebraucht zu haben. Nicht ›das Dichten‹, das ›Dichterische‹, die ›Dichtung‹ war in einen Gegensatz zum ›Authentischen‹ gestellt worden, sondern das, was das ›Dichten‹ allmählich geworden war, Ausdruck für ›romancer‹, für die Herstellung eines Geschlechts aus konstruierten, also verlogenen ›Erfindungen‹; während ringsum die Fülle der Gegenwart selbst dem Dilettanten Gelegenheit bot, Wichtiges und Interessantes mitzuteilen.*

Die Kriegsromane kamen. Die dokumentarischen Werke kamen. Einer Zukunft – die hoffentlich noch lesen wird, bleibt es vorbehalten, die gestalteten von den andern zu unterscheiden. Heute aber macht sich die gefährliche Neigung bemerkbar, nur mehr das erkennbar Dokumentarische anzuerkennen. Und es scheint uns deshalb an der Zeit, zu betonen, daß ein Schriftsteller vom Rang Schickeles zum Beispiel – den wir eben im Feuilleton bringen – niemals aufgehört hat, in einem echten, wenn auch nicht deklarierten Sinn authentisch zu sein. Ein gutes ›Dichten‹ ist immer authentisch. Schickele könnte eine Geschichte aus dem Jahr 1894 schreiben, und sie wäre authentisch und ›aktuell‹. Der französische Schriftsteller Julien Green (siehe weiter unten) schreibt aus der Vorkriegszeit, und es ist aktuell. Man verwechselt das ›Erfundene‹ mit dem ›Konstruierten‹. Auch ›Erfinden‹ heißt ›Beobachten‹, gesteigertes ›Finden‹. Es lebe der Dichter! Er ist immer ›dokumentarisch‹!

Der Roman macht nur scheinbar eine ›Krise‹ durch. In Wirklichkeit ist es offenbar geworden, daß er keine Gesetze kennt. Und nichts ist törichter als etwa die Meinung: ›Ja, alles ganz gut – aber es ist kein ‚Roman‘.‹ Also mag er keiner sein! Was liegt daran? Prousts Bücher sind Romane, Gides Bücher sind Romane, Balzacs Bücher sind Romane. Als Flauberts ›Education sentimentale‹ erschien, schrieben die Kritiker, dieses Buch wäre kein Roman, sondern eine Folge von Gemälden. Was hätten sie erst zu Goethes ›Wilhelm Meister‹ gesagt! Was zu Jean Paul! Was zu Stifter! Es gibt kein ›Gesetz‹, keine ›Norm‹, keine ›Regel‹. Es gibt nur schlechte Autoren und gute. Man lese im folgenden einige von diesen.«

(Joseph Roth: »Es lebe der Dichter!« Erschien zuerst in: Frankfurter Zeitung, 31. März 1929. In: Werke, Band 3, S. 44–46)

14.

167　Aus einem zu Lebzeiten nicht veröffentlichten fragmentarischen Manuskript Joseph Roths, geschrieben um 1919. Handschrift, Blatt 14. In Originalgröße abgebildet.

Zugleich mit seinen Bestrebungen, als Journalist Karriere zu machen, versuchte sich Roth schon früh auch in breit angelegter erzählender Prosa.

Der Text der gezeigten Seite lautet:

»[...] Sie aber verließ mich nicht. Manchmal war ich verblendet genug, mir einen Schmerz zu wünschen, und zu hoffen, daß ich leiden würde, wenn sie mich verließe. So, dachte ich damals, [gestrichen: würde] könnte ich wenigstens das Leid kosten, wenn mir schon die Lust versagt zu sein schien.

Sie hatte die Eigenschaft verliebter Menschen: sie wurde leicht wehmütig. Bald wirst Du von mir weggehn, sagte sie, ich werde alt, siehst Du nicht, wie alt ich werde?

Es war mir von der Natur versagt, klagende Frauen zu trösten. Ich weiß wohl, was in den Büchern geschieht und im Leben auch, wenn die Geliebte klagt. Der Liebende verschließt ihr, wie es heißt, den Mund mit Küssen. Ich aber fand die Ausführungen meiner Freundin richtig, ich wußte, daß sie alt werden würde und daß ich immer jünger werden müßte. Denn älter, als ich war, konnte ich wohl nicht werden.

Sie sagte die wehmütigen Dinge doch nicht nur, damit ich sie widerlegte, sondern auch, weil jeder Mensch, der einigermaßen Erfahrungen gesammelt hat, wissen muß, daß seine Seligkeiten ein Ende haben. Diese Einsicht war so eindringlich, so klar, daß ich keinesfalls einen Widerspruch gewagt hätte. Ich fand, daß meine Freundin mit mir unzufrieden war. Du widersprichst mir ja auch nicht! klagte sie weiter. Nein! sagte ich. Du hast ganz [...]«.

Die fragmentarisch erhaltene Ich-Erzählung behandelt Erlebnisse eines jungen Hauslehrers. Sie zeigt eine Facette von Roths Selbststilisierung, nämlich die des überaus selbstsicheren, leidenschaftslos agierenden Frauenhelden – konträr zu jener Schilderung eines sentimentalen Genießers, mit der Roth im pseudo-autobiographischen Geburtstagsbrief an Gustav Kiepenheuer vom 10. Juni 1930 sich darstellte.

Joseph Roth
»Das Spinnennetz«

Bereits zu Ende des Jahres 1921 war Roth mit einem größeren Romanprojekt beschäftigt; es handelte sich vermutlich um »Das Spinnennetz«.

168 Friedl Reichler an Paula Grübel, Brief vom 28. Dezember 1921. Handschrift. Verkleinert abgebildet. Der Text (Briefe, S. 38) lautet:

>»Berlin, am 28. Dezember 1921.
>½12^b nachts.

Servus Paulinchen,

Nicht zu böse sein, lange hat's gedauert. Mein Arm ist sehr mies geworden und hat sehr geschmerzt. Jetzt erst beginnt die Geschichte zurückzugehen.

Heute war ich wieder unwohl, – ein sehr starker Husten. Ich befolge Dein Rezept, heisses Bad, Aspirin, schwitzen; nun ist mir besser. Muh ist im Theater und mir ist so bang, dass ich's im Bett nicht länger aushielt, und aufstand, um Dir zu schreiben.

Er hat keine Zeit. Er arbeitet sehr fleissig an seinem Roman, von dem Du von Frau Szajnocha ja inzwischen gehört haben wirst. Deshalb ist Muh auch oft launisch und kann nicht Briefe schreiben.

Entschuldige ihn bei Deinem Vater und lege ein gutes Wörtchen für uns ein.

Wie geht es Frau Szajnocha?

Baierle wohnt noch bei uns und lässt Dich grüssen.

Dein Vater schrieb von der Juwelenhändlerin Pume Torczyner. Bitte richte ihm aus, dass das meine Grossmutter ist und meine Mutter eine Torczyner.

Alle Wege führen nach Brody.

Ich bitte mich Deinem Herrn Vater und Mutter bestens zu empfehlen und bin mit vielen Küssen Friedl.

Galsen ist nicht zu erreichen.

12^b ist schon und Muh' noch nicht da, was sagst Du dazu?! Schrecklich!!!«

169 Ankündigung von »Das Spinnennetz«. In: Arbeiter-Zeitung, Wien, Nr. 274 vom 6. Oktober 1923, S. 4 (Ausschnitt).

An unsere Leser!

Wir beginnen morgen Sonntag mit der Veröffentlichung eines neuen Romans. Er führt den Titel

Das Spinnennetz

und stammt von einem jungen deutschen Autor, von

Joseph Roth.

Der Roman, der in der Arbeiter-Zeitung zum erstenmal gedruckt erscheint, schildert den Sumpfboden der Reaktion, die moralische und geistige Verwilderung, aus der als Blüte das Hakenkreuzlertum aufsteigt. Obwohl die Handlung des Romans in Deutschland spielt, ist sie doch allgemein gültig; die Ereignisse und Erscheinungen wiederholen sich überall, wo die gleichen Vorbedingungen gegeben sind.

Wir sind überzeugt, daß unsere Leser dem packend geschriebenen Roman mit der Teilnahme folgen werden, der dem lebendigen Gefühl eines Miterlebens entspringt.

Morgenblatt.

Arbeiter=Zeitung

Zentralorgan der Sozialdemokratie Deutschösterreichs.

Erscheint täglich um 6 Uhr morgens, Montag um 2 Uhr nachmittags.

Einzelpreis K 800

Nr. 305. Wien, Dienstag, 6. November 1923. XXXV. Jahrgang.

Der Rechtsputsch am Donnerstag?

Die Vorbereitungen.

Berlin, 5. November. (Tel. d. Arb.-Ztg.) Die Putschvorbereitungen der Rechtsradikalen sind so weit gediehen, daß man nach zuverlässigen Nachrichten mit dem Ausbruch des Putsches am Donnerstag rechnen muß. Man würde fehlgehen, wenn man annehmen wollte, daß

Die Teuerung erhielt einen besonders starken Anstoß dadurch, daß der Preis für einen Laib Brot auf 140 Milliarden hinaufgesetzt wurde, womit er den Friedensgoldpreis um das Doppelte übersteigt. Er wurde dann aber auf 80 Milliarden herabgesetzt, nachdem man größere Mehlvorräte beschlagnahmt hatte.

Ein Aufruf der Reichsregierung.

Vor dem Bürgerkrieg?

Um Koburg, an der bayrisch-thüringischen Grenze, sammeln sich die Freischaren der deutschen Konterrevolution. Von Ehrhardt, dem aus dem Staatsgefängnis entflohenen Hochverräter, kommandiert, einige Regimenter Infanterie, dazu einige Schwadronen und Batterien stark, mit Geschützen und Kriegsgerät aller Art überreich ausgerüstet, mit Geld so reichlich versorgt, daß sie in ganz Nordbayern requirieren können, marschieren dort die Streitkräfte gegen die thüringische Grenze auf. Die bayrische Regierung fördert die Rebellen, die den bewaffneten Angriff gegen das Reich

Roth schrieb an seinem ersten Roman ab 1921 in Berlin und Prag. Vermutlich hatte er bei Arbeitsbeginn keine Veröffentlichung als Fortsetzungsroman beabsichtigt, doch begann der Abdruck, ehe das Werk fertiggeschrieben war. Der Zeitdruck, unter dem der Autor zu arbeiten gezwungen war, ist diesem frühen Werk besonders deutlich anzumerken. Auch später schrieb Roth oft unter ähnlichem Druck, so daß er sich nur mit wenigen seiner Werke im Hinblick auf Sprache, Handlung und die Charakteristik der Personen zufrieden zeigte.

Der Roman wurde zwischen dem 7. Oktober und dem 6. November 1923 in 28 Teilen gebracht. Er schien Roth in künstlerischer Hinsicht wenig gelungen und durch die politische Entwicklung überholt, so daß er keine Buchausgabe beabsichtigte. Der Text erschien erst 1967 in Buchform.

170–171 Joseph Roth: Das Spinnennetz. Letzter, 28. Teil des Fortsetzungsromans, in: Arbeiter-Zeitung, Wien, Nr. 305, Morgenausgabe vom 6. November 1923, S. 1 (Ausschnitt) und S. 8.

Seite 8 Wien, Dienstag **Arbeiter-Zeitung** 6. November 1923 Nr. 305

Anglo-Austrian Bank Limited.

In der am 30. Oktober d. J. in London abgehaltenen außerordentlichen Generalversammlung der Anglo-Austrian Bank Limited wurden der Präsident der Anglo-Tschechoslovakischen Bank, Herr Kuno Sonntag, Finanzminister a. D., und der Repräsentant und Direktor der Niederlassung des Instituts in Budapest, Herr Zoltan Hajdu, in den Verwaltungsrat gewählt. 9579

Gerichtssaal.

Ein wandernder Scheckfälscher.

Ein internationaler Fälscher, der sich schon in allen großen Städten Europas und Amerikas umhergetrieben und zahlreiche Strafen erlitten hat, der jetzt 43 Jahre alte Ungar Franz Melchior Horvath, war im September 1914 in Wien unter dem Verdacht des Scheckbetruges in Untersuchungshaft. Sein Verteidiger, ein seither verstorbener Anwalt, glaubte den Beteuerungen des Beschuldigten, er stehe den Fälschungen ganz fern, und nachdem Horvath auf freien Fuß gesetzt worden war, wurde auch der Anwalt unbewußt zum Werkzeug des Betrügers. Horvath gab sich für einen unehelichen Sohn des unermeßlich reichen ungarischen Fürsten Tassilo Festetics aus. In der Kanzlei des Anwalts wurden unter dem Scheine großer Geschäftsabschlüsse die Verbrechen vorbereitet. Ein Komplize des Horvath, Isidor Mogan, stellte sich dem Anwalt als Güterdirektor des Fürsten Festetics vor und erlegte im Namen Horvaths Aktien und Pfandbriefe der Oesterreichisch-ungarischen Bank. Auf Grund dieses Depots versprach Horvath nun verschiedenen Geschäftsleuten die Lieferung von Benzin, Rohöl und zuletzt von Zucker. Die deponierten Aktien sollten als Deckung dienen, damit Horvath zur festgesetzten Zeit liefere. Die Geschäftsleute, die die Waren beziehen sollten, leisteten nun beträchtliche Angaben. Doch Horvath und Mogan verstanden es dann, die Aktien dem Anwalt wieder abzunehmen, indem sie ihm gefälschte Schecks auf Beträge von 1000, 6500 und 7000 Dollar gaben. Auf Grund solcher Dollarschecks, die sich später gleichfalls als gefälscht erwiesen, wurde auch das Bankhaus N. Landauer um 1,550.000 Kronen und das Bankhaus Groag und Komp. um 1,238.000 Kronen geschädigt. Das waren damals noch Goldkronen.

Als dem Horvath der Boden in Wien zu heiß wurde, flüchtete er nach Italien und dann nach Brasilien. Seine Kumpane, der Mogan, dann ein gewisser Matrei und der Hochstapler Georg Spitz, wurden in Wien verhaftet und zu längeren Kerkerstrafen verurteilt.

Trotzdem Horvath steckbrieflich verfolgt war, kam er Mitte Juli 1921 wieder nach Wien. Er nannte sich jetzt „Ingenieur Melchior Horvath von Beöshaza, Kavallerierittmeister und Militärattaché in Rio de Janeiro". Er behauptete, brasilianischer Staatsbürger zu sein, seine Visitkarte trug eine neunzackige Krone und er besaß einen gefälschten Diplomatenpaß. In der Sorge, daß er erkannt werden könnte, trug er stets eine dunkle Hornbrille. Am 18. Juli stellte er sich dem Direktor der Internationalen Export- und Import-A.-G. „Intag" Herrn Bernhard Janowitzer vor. In seiner Begleitung befand sich eine Frau, die sich Majtheny aus Rio nannte. Er bat um einen kleinen Vorschuß auf einen Scheck, der natürlich gefälscht war. Dann sprach er von großen Geschäften, die er zwischen Brasilien und Wien einleiten wolle. Da ihm die Devisenzentrale die Bewilligung zur Ausfuhr von vorläufig 24 Millionen Kronen erteilte — er forderte sie, um den Schein zu erwecken, daß er ein vermögender Mann sei —, bekam er 6,260.000 Kronen für in Rio zu bewerkstelligende Maschinenkäufe. Als „Sicherstellung" gab er gefälschte Schecks. Sechs Millionen waren damals noch viel Geld.

Als der Betrug aufkam, war Horvath schon wieder nach Rio de Janeiro geflüchtet. Später fuhr er nach Budapest, dann nach Berlin und hier wurde er im Jänner 1922 festgenommen. Da er krank war, wurde er in ein Sanatorium gebracht, man ließ ihm aber ziemliche Bewegungsfreiheit und er blieb mit seinen Fälschergenossen fortwährend in Verbindung. Erst im März 1923 wurde er nach Oesterreich ausgeliefert.

Montag begann gegen ihn vor dem Wiener Schöffengericht unter dem Vorsitze des Hofrates Dr. Ramsauer die Verhandlung wegen Gewohnheitsbetruges. Auf die Frage, wer sein Vater sei, antwortete er: „Ich weiß es, aber ich verweigere die Auskunft." Dann erzählte er, er habe die Schecks für echt gehalten, er selbst sei von den anderen, die schon verurteilt sind, betrogen worden.

Die Verhandlung wird erst heute beendet werden.

Wieder ein Prozeß wegen eines „Frontkämpfers".

Im September dieses Jahres hielten die „Frontkämpfer" im Prater eine Versammlung ab, und nach der Versammlung kam es in der Praterstraße infolge der Provokationen der Frontkämpfer zu einem kleinen „Wirbel". Dabei bekam der 19jährige „Frontkämpfer" Franz Pölzl — der Bursche war, als es die Front gab, 14 Jahre alt — von dem Schlossergehilfen Franz Zahor einen wuchtigen Schlag ins Gesicht, Pölzl behauptet, er sei mit einem kurzen Drahtseil geschlagen worden. Montag war Zahor vor dem Bezirksgericht I wegen leichter Körperverletzung angeklagt. Er gab an, daß er und mehrere Genossen auf dem Heimweg von einigen Frontkämpfern angerempelt worden seien. Einer der Frontkämpfer habe ihm zugerufen: „Heute habt ihr einen schönen Wirbel gemacht!" und habe auf die Sozialdemokraten geschimpft. Auf eine Bemerkung Zahors habe einer der Frontkämpfer einen Revolver gezogen und gerufen: „Wenn sich jemand rührt, schieße ich!" Ein zweiter Frontkämpfer habe eine Bewegung gemacht, als ob er aus der Tasche eine Waffe hervorziehen wollte. Zahor habe nun zur Abwehr mit einem Hosenriemen, nicht mit einem Drahtseil, einen Schlag geführt und dabei den Pölzl, der den Schlag parieren wollte, ins Gesicht getroffen. Der Richter, Landesgerichtsrat Dr. Arie, verurteilte den Angeklagten zu vierundzwanzig Stunden Arrest, jedoch bedingt. Als mildernd wurde beim Strafausmaß angenommen, daß sich der Vorfall zur Zeit des Wahlkampfes abgespielt hat, in der Erregung herrschte.

Der elektrisierte Richter.

Anton Mensa, ein älterer Mann, war ohne Verdienst und wußte nicht ein, noch aus. Er machte seine Habseligkeiten zu Geld, kaufte einen kleinen elektrischen Apparat, er ging mit ihm in die Gast- und Kaffeehäuser und animierte die Leute, sich elektrisieren zu lassen. Den Gesunden versprach er dauernde Gesundheit, den Kranken oder an irgend einem Gebrechen Leidenden Besserung oder auch Heilung, wenn sie sich elektrisieren ließen. Viele, insbesondere Frauen, machten sich den Spaß und ließen sich elektrisieren. Für das Elektrisieren reichte man dem Manne eine Gabe. Anton Mensa wurde angezeigt, daß er unbefugterweise die Heilkunde ausübe, und er war deshalb wegen Kurpfuscherei vor dem Bezirksgericht Favoriten angeklagt. Er gab an, daß die Stromstärke, die er hervorzurufen imstande sei, weder schade noch nütze. Er habe den Apparat mitgebracht und bitte den Richter, sich zu überzeugen, ob dieser Apparat imstande sei, Wirkungen hervorzurufen. Bezirksrichter Dr. Müller war mit der Probe einverstanden. Der Angeklagte öffnete den Kasten, in dem die Batterie einer elektrischen Taschenlampe ist. Aber der Apparat war tückisch; trotz aller Bemühungen wollte er nicht funktionieren und der bereitwillige Richter, der sich dem elektrischen Strom aussetzen wollte, kam um die Probe. Der Richter fragte nun: Geht der Apparat oft nicht? — Angekl.: Der Krempel hat oft seine Launen und dann ist alles Bemühen umsonst. — Der Richter sprach den Angeklagten frei; es sei nicht Kurpfuscherei, sondern ein verkappter Bettel verübt worden denn die Absicht, zu heilen, habe der Mann nicht. Der Apparat sei den automatischen Elektrizitätsapparaten gleichzuachten, die bei Volksbelustigungen in Gebrauch stehen, wo gegen Einwurf einer Münze der elektrische Apparat in Funktion tritt.

Des Gebrauchs der Vernunft völlig beraubt.

Der Kommunist Engelbert Matzenauer hat in der „Roten Fahne" vom 21. Juni gegen den Arbeiterrat Georg Reithofer verleumderische Anwürfe erhoben. Genosse Reithofer reichte die Klage wegen Ehrenbeleidigung ein und am 30. Oktober hätte die Schwurgerichtsverhandlung stattfinden sollen.

Das Spinnennetz. [28

Roman von **Joseph Roth.**

Nieder fielen sie in den Straßen und das Fieber schüttelte sie, mit klappernden Kiefern erwarteten sie die letzte Stunde und dann lagen sie starr auf den Straßen und mitleidige Flüchtlinge, die später kamen, begruben die Leichen in den Feldern, des Nachts, wenn die Bauern es nicht sahen.

Wie ein lächelnder Mörder ging der Frühling durch Deutschland. Wer in den Baracken nicht starb, den Foltern entging, von den Kugeln der nationalen Bürgerliga nicht getroffen wurde und nicht von den Knüppeln des Hakenkreuzes, wen der Hunger nicht zu Hause traf, wen die Spitzel vergessen hatten — der starb unterwegs und die schwarzen großen Rabenschwärme kreisten über seinem Leichnam.

Krankheiten lagen geborgen in den Kleiderfalten der Wanderer, Krankheiten hauchte ihr Atem. Der Gendarm, der ihnen unterwegs entgegentrat, sog die Krankheit ein, die in ihrem Fluch lag, und wenn ihn nicht die Ueberzahl ermordete, starb er nach einigen Tagen. Soldaten starben in den Garnisonen. Patrouillen, die auf die Landstraßen ausgeschickt wurden, schlichen auf Seitenwegen, um der großen Krankheit nicht zu begegnen, und entgingen dem Tode nicht.

In den Städten aber sprachen die Bürger von der nationalen Erhebung, hielt Theodor Vorträge. Jetzt, mehr als je, drohte der innere Feind, und an der Grenze standen die Nachbarstaaten bereit, ins Land zu marschieren. Gymnasiasten exerzierten. Richter exerzierten. Priester schwangen Knüppel. Vor den Altären Gottes, in den großen schönen Kirchen des Landes, predigten Wanderredner.

Theodor Lohse beschäftigte alle Gymnasiasten, alle Studenten, die nationale Bürgerliga. Er sprach am Abend in öffentlichen Versammlungen, er sprach sich hinauf, schon galt er mehr als der Polizeipräsident, mehr als der Staatssekretär für öffentliche Sicherheit, mehr als der Minister.

Er stand auf dem Podium und der Schall seiner eigenen Stimme hob ihn empor. Seine Frau saß in der ersten Reihe. Gesichert waren die Eingänge, die Türen, die Fenster, hier vergaß er jede Gefahr und sogar den Feind, den lauernden, den unbekannten. „Ich muß zu dir aufschau'n!" sagte Elsa und sie saß in der ersten Reihe und sah zu ihrem Mann empor, dem Erwachsenen und Wachsenden, Chef der Sicherheit — dachte sie —, Präsident des Reiches, Platzhalter für den kommenden Kaiser. Rauschende Feste in weißen Sälen, marmorne Treppen, goldene Luster, große Abendtoilette, klirrende Sporen, Musik, Musik.

Neue Wahlen waren ausgeschrieben, wer weiß, ob nicht eine neue, glänzendere Stellung frei war.

Die Zeitungen schrieben: Theodor Lohse. Berichterstatter aus fremden Ländern kamen. „Die Welt" kannte Theodor Lohse. In den großen amerikanischen Blättern war seine Photographie.

„Einer der führenden Männer" hieß Theodor Lohse.

Warum nicht: der führende Mann?

XXX.

Einmal kam Theodor spät am Abend ins Büro und traf Benjamin Lenz vor offenen Schränken.

Lenz photographierte Akten.

Als er Theodor sah, zog er seine Pistole.

„Ruhe!" sagte Benjamin.

Theodor setzte sich auf den Tisch, er taumelte.

„Ruhe!" sagte Benjamin.

„Spitzel!" schrie Theodor.

„Spitzel?" fragt Benjamin. „Sie waren mit mir bei den Gegnern. Sie haben Aufmarschpläne verraten. Ich habe Zeugen. Wer hat Klitsche ermordet?"

„Gehen wir!" sagt Benjamin Lenz.

Und Theodor ging mit Benjamin aus dem Hause.

„Fahren Sie zu Ihrer Frau!" sagte Lenz und begleitet Theodor zu einem Auto.

„Und schlafen Sie gut!" rief Benjamin, während der Chauffeur kurbelte.

Und Theodor fuhr heim.

Seine Frau spielte noch vor dem Schlafengehen. Die Fenster waren offen und eine milde Märzluft blähte die Vorhänge.

„Du wirst jetzt große Aufgaben haben!" sagte Elsa.

„Ja, mein Kind!"

„Wir müssen bereit sein!"

„Ich bin bereit!" sagte Theodor und dachte an eine Ermordung Benjamins.

Benjamin Lenz ging in der Nacht zu seinem Bruder. Die Brüder hatten einander lange nicht gesehen.

„Hier hast du Geld und einen Paß!" sagte Benjamin, „fahre heute noch weg!"

Und Lazar, sein Bruder, verschwand.

Sie kannten einander gar nicht, Lazar wußte nicht, was Benjamin trieb, woher er Geld nahm und Paß, aber er verschwand.

Alles wußte er, man schwieg oder sprach ein kleines, gleichgültiges Wort und eine Welt war in dem kleinen, lächerlichen Wort.

Man konnte jedem beliebigen Juden aus Lodz ein einziges kleines Wort sagen und er wußte.

Man braucht einem Juden aus dem Osten keine Erklärungen zu geben.

Sanfte braune Augen hatte Lazar, der Bruder. Sein Haar lichtete sich. Er studierte so viel. Er machte Erfindungen.

„Kannst du deine Studien unterbrechen?"

„Ich muß," sagte Lazar und war auch schon fertig. Er hatte nur einen Koffer. Und der Koffer war gepackt. So, als hätte er diese Abreise jeden Augenblick erwartet.

„Bist du schon Doktor?" fragte Benjamin.

„Seit einem Jahr!"

„Woran arbeitest du?"

„An einem Gas."

„Sprengstoff?"

„Ja!" sagte Lazar.

„Für Europa," sagte Benjamin.

Und Lazar lachte. Alles verstand Lazar. Was war Benjamin dagegen? Ein kleiner Intrigant.

Aber dieser junge Bruder mit den sanften, golden schimmernden Augen ließ den ganzen Weltteil in die Luft fliegen.

Um halb eins ging der Zug nach Paris.

Auf dem Bahnsteig stand Benjamin.

„Vielleicht komme ich nach," sagte Benjamin.

Dann winkte Benjamin. Zum erstenmal winkte er. Und der Zug glitt aus der Halle. Leer war der Bahnsteig und ein Mann sprengte Wasser aus einer grünen Kanne.

Viele Lokomotiven pfiffen irgendwo auf Geleisen.

Ende.

Arbeiter-Zeitung   8. November 1923   **Seite 7**

Deutscher Totentanz.
2.

Seine Königliche Hoheit.

172 [H. Pongratz]: Deutscher Totentanz. Bild 2. »Seine königliche Hoheit«. Karikatur. In: Arbeiter-Zeitung, Wien, Nr. 307, Morgenausgabe vom 8. November 1923, S. 7 (Ausschnitt).
Thema der Grafikserie »Deutscher Totentanz« waren reaktionäre und monarchistische Aktivitäten in der Weimarer Republik.

Auch Roth machte die Gefahr, die für den Staat von rechts ausging, zum Thema. Was er im Roman »Das Spinnennetz« beschrieb, wurde vom tatsächlichen Geschehen rasch eingeholt. Am 8. und 9. November 1923 (fast zeitgleich mit der letzten Folge des Romans) versuchten Hitler und Ludendorff zu putschen. Die Rechte wollte in München zum ersten Mal aktiv die Macht erringen. Seit Bestehen der Weimarer Republik waren Monarchisten wie auch Industrielle bestrebt, den republikanisch-demokratischen Staat zu demoralisieren, und machten sich zu diesem Zweck rechtsgerichtete Gruppierungen wie die NSDAP zunutze. Diese entwickelten sich aber rasch zu einer eigenen Kraft.

Immer wieder warnte Roth in seinen Arbeiten vor der Gefahr des Nationalsozialismus. Ungeschminkt beschrieb er den wachsenden Einfluß der »Hakenkreuzler«, mußte aber immer deutlicher erkennen, wie wenig er als Journalist gegen den Faschismus ausrichten konnte.

Joseph Roth
»Hotel Savoy«

173 Joseph Roth: »Hotel Savoy«. Handschrift, 1. Fassung, S. 1.

Der Text dieser Seite entspricht weitgehend dem gedruckten Anfang des Romans.

174 Joseph Roth: Hotel Savoy. Roman, Berlin: Die Schmiede, 1924. Einband nach einem Entwurf von Georg Salter.

Der Roman erschien vom 9. Februar bis 16. März 1924 als Vorabdruck in der »Frankfurter Zeitung«. Wie im Roman »Das Spinnennetz« hat er die veränderten Lebensbedingungen und die Verunsicherungen zum Thema, die der Krieg 1914/1918 mit sich gebracht hatte; dort im politischen Bereich in Deutschland, hier symbolisch in einem Hotel angesiedelt, dem Aufenthaltsort für heimat- und beziehungslos gewordene Kriegsheimkehrer: ein für Roth zentrales Thema.
In den Roman flossen Milieuimpressionen aus dem realen »Hotel Savoy« in Łódź ein.

175 Joseph Roth: Die Rebellion. Ein Roman, Berlin: Die Schmiede, 1924. Schutzumschlag nach einem Entwurf von Georg Salter.

Der Berliner »Vorwärts« veröffentlichte den Roman im Juli und August 1924 in Fortsetzungen, noch vor der Buchausgabe.
Auch dieser Roman thematisiert die zerstörerische Wirkung des Verlusts einer menschenfreundlichen Ordnung auf das Schicksal einzelner Menschen.

Ab 1924 erschienen Roths Romane in Buchform in dem der kritischen Gegenwartsliteratur aufgeschlossenen Berliner Verlag Die Schmiede, vermittelt von dessen Lektor, dem expressionistischen Lyriker und Dramatiker Rudolf Leonhard. Hier wurden Werke einer ansehnlichen Zahl bekannter Autoren veröffentlicht: Franz Kafka, Marcel Proust (übersetzt von Walter Benjamin und Franz Hessel), Alfred Döblin und andere. Der Verlag bestand von 1922 bis 1929.

Das Echo auf die beiden Romane »Hotel Savoy« und »Rebellion« blieb im deutschen Sprachraum weit hinter Roths Erwartungen zurück. In der Sowjetunion hingegen war »Hotel Savoy« ein großer Erfolg.
Weitere Veröffentlichungen Roths im Verlag Die Schmiede waren der Essayband »Juden auf Wanderschaft« (1927; siehe S. 154 ff) und ein ähnlich engagierter, differenzierender Beitrag zu dem Sammelband »Das Moskauer jüdische akademische Theater« (1928; siehe S. 160).

Der Verleger und Grafiker Georg Salter arbeitete in späteren Jahren für den Verlag Gustav Kiepenheuer, so daß Roths Bücher in beiden Verlagen eine weitgehend einheitliche Gestaltung erfuhren.

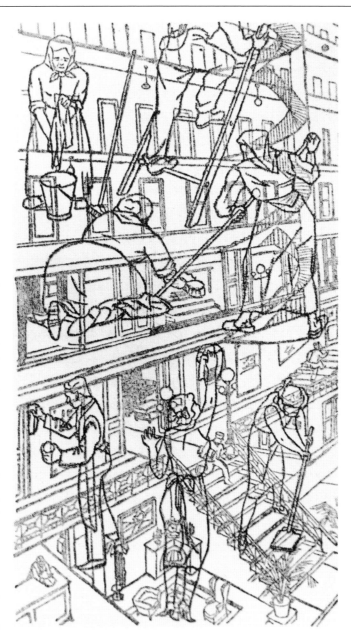

176 Joseph Roth: Hotel Savoy. Ein Roman, Wien, Leipzig: Phaidon [1933]. Mit Federzeichnungen von Franz Howanietz.
Abgebildet ist die Illustration auf S. 47, die verschiedenen Ebenen des Hotels darstellend. Aufgrund der Bezeichnung von drei datierten Illustrationen und eines Protests Roths gegen die falsche Ankündigung des Romans als sein jüngstes Werk (in »Das Neue Tage-Buch« vom 19. August 1933, S. 195) ist dieser Neudruck, der im Impressum keine Jahresangabe enthält, auf 1933 zu datieren. Die Korrespondenz Roths mit dem Verlag zeigt, daß auch an eine Neuausgabe des Romans »Die Rebellion« gedacht war. Dieser Plan wurde nicht realisiert.

177 Joseph Roth: Hotel Savoy. Roman. Übersetzt ins Russische, Vorwort: Hermann Henkel. Leningrad: Arbeiterverlag »Priboj«, 1924.
Auf diese Ausgabe war Roth so stolz, weil die Auflage um ein Vielfaches höher war als die in der Originalsprache (Briefe, S. 48).

Die zwei 1925 als Bücher erschienenen Erzählungen Roths wurden grafisch besonders
aufwendig ausgestattet. »Der blinde Spiegel«
erhielt eine Umschlag- und eine Titelgrafik,
»April« vierzehn ganzseitige Illustrationen von
Carl Rabus.

178   Joseph Roth: April. Die Geschichte einer Liebe,
Berlin: Dietz, 1925. Illustration auf S. 21, signiert »R.«
[d. i. Carl Rabus].
Der renommierte Buchillustrator Carl Rabus hatte schon
Klassikerausgaben und Werke zeitgenössischer Literatur
ausgestattet. Er ging 1934 in die USA.

179   Joseph Roth: Der blinde Spiegel. Ein kleiner
Roman, Berlin: Dietz, 1925. Einbandgestaltung von
Hans Windisch.

Das Dienstmädchen auf dem Treppengeländer.

Von Joseph Roth (Berlin).

Der Herr Oberstleutnant aus der Mommsenstraße warf sein Dienstmädchen, weil es aus Unachtsamkeit Geschirr zerbrochen hatte, über das Treppengeländer. Das Mädchen fiel auf den Rücken und ward so schwer verletzt, daß es dem zerbrochenen Geschirr zum Verwechseln ähnlich sah. Sie kam ins Krankenhaus, und es ist durchaus nicht sicher, daß man sie reparieren wird. Auch das Geschirr des Oberstleutnants ist für immer dahin. Zwischen einem Porzellanteller und einem Dienstmädchen ist der Unterschied auch dann nicht groß, wenn beide intakt sind. Der Oberstleutnant warf die Scherben zum Fenster hinaus, das Mädchen die Treppe hinunter. Die Scherben bewältigte er selbst, das Dienstmädchen räumten er und seine beiden Söhne aus der Wohnung. Denn so will es die Sitte, daß die Söhne in den Spuren ihrer Väter wandeln, auf daß jene lange leben auf Erden und niemals über das Treppengeländer geworfen werden. Dagegen verbieten es Gesetz und Sitte, daß Dienstmädchen Oberstleutnants hinunterwerfen, obwohl nichts Sachliches gegen eine Weltordnung vorzubringen wäre, in der ein Oberstleutnant zu der großen und überflüssigen Familie der alten Geschirre gehören würde.

Weil aber dem nicht so ist, kam die Feuerwehr vor das Haus des Oberstleutnants und las die Ueberreste des Dienstmädchens

Joseph Roth.

(Zeichnung von Max Schwimmer)

12

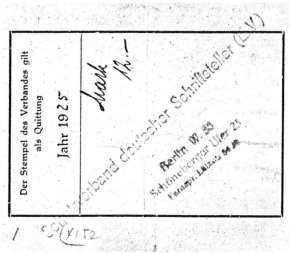

Joseph Roth »Bekenntnis
zum Gleisdreieck«

*184   Berlin. Gleisdreieck.
Fotografie: Max Missmann, 1905.*

»*Ich bekenne mich zum Gleisdreieck. Es ist ein Sinnbild und ein Anfangs-Brennpunkt eines Lebenskreises und phantastisches Produkt einer Zukunft verheißenden Gewalt.*

Es ist Mittelpunkt. Alle vitalen Energien des Umkreises haben hier Ursprung und Mündung zugleich, wie das Herz Ausgang und Ziel des Blutstromes ist, der durch die Adern des Körpers rauscht. So sieht das Herz einer Welt aus, deren Leben Radriemenschwung und Uhrenschlag, grausamer Hebeltakt und Schrei der Sirene ist. So sieht das Herz der Erde aus, die tausendmal schneller um ihre Achse kreist, als es Tag- und Nachtwechsel uns lehren will; deren unaufhörliche, unsterbliche Rotation Wahnsinn scheint und Ergebnis mathematischer Voraussicht ist; deren rasende Schnelligkeit sentimentalen Rückwärts-Sehern brutale Vernichtung innerlicher Kräfte und heilenden Gleichgewichts vortäuscht, aber in

Wirklichkeit lebensspendende Wärme zeugt und den Segen der Bewegung.

In den Gleisdreiecken, Gleisvielecken vielmehr, laufen die großen glänzenden, eisernen Adern zusammen, schöpfen Strom und füllen sich mit Energie für den weiten Weg und die weite Welt: Aderndreiecke, Adernvielecke, Polygone, gebildet aus den Wegen des Lebens: Man bekenne sich zu ihnen!

Sie sind stärker als der Schwächling, der sie verachtet und fürchtet, sie werden ihn nicht nur überdauern: Sie werden ihn zermalmen. Wen ihr Anblick nicht erschüttert, erhebt und stolz macht, verdient den Tod nicht, den ihm die Gottheit der Maschine bereitet. Landschaft! – was enthält der Begriff? Wiese, Wald, Halm, Ähre. ›Eiserne Landschaft‹ ist vielleicht das Wort, das den Tummelplätzen der Maschinen gerecht wird. Eiserne Landschaft, großartiger Tempel der Technik unter freiem Himmel, dem die kilometerhohen Schlote der Fabriken lebendigen, zeugungsträchtigen, Bewegung fördernden Rauch darbringen. Ewiger Gottesdienst der Maschinen, im weiten Umfang dieser Landschaft aus Eisen und Stahl, deren Ende kein menschliches Auge sieht, die der graue Horizont umklammert.

So ist das Reich des neuen Lebens, dessen Gesetze kein Zufall stört und keine Laune verändert, dessen Gang erbarmungslose Regelmäßigkeit ist, in dessen Rädern das Gehirn wirkt, nüchtern, aber nicht kalt, die Vernunft, unerbittlich, aber nicht erstarrt. Denn nur der Stillstand erzeugt Kälte, die Bewegung aber, durch Berechnung bis zu den Grenzen der Leistungsfähigkeit gesteigert, schafft immer Wärme. Die Schwäche des Lebendigen, der dem erschlaffenden Fleisch nachgeben muß, ist kein Beweis für seine Lebendigkeit – und die konstante Stärke der eisernen Konstruktion, deren Materie kein Erschlaffen kennt, kein Beweis für Totsein. Es ist im Gegenteil: die höchste Form des Lebens, das Lebendige aus Unnachgiebigem, keiner Laune gehorchendem, nervenlosem Stoff. Im Bereich meines Gleisdreiecks herrscht der Wille des konsequenten Gehirns, der, um des Erfolges sicher zu sein, sich nicht in einen unzuverlässigen Leib verpflanzte, sondern in den Körper von unbedingter Sicherheit: in den Körper der Maschine.

Deshalb ist alles Menschliche in diesem metallenen Bereich klein und schwächlich und verloren, reduziert auf die ihm angemessene Bedeutung eines bescheidenen Mittels zu stolzem Zweck – genauso wie in der abstrakten Welt der Philosophie und der Astronomie, der Welt der klaren und großen Weisheiten; da wandelt ein uniformierter Mann mitten zwischen den verwirrenden Systemen der Geleise, winzig ist der Mensch, in diesem Zusammenhang nur wichtig als Mechanismus. Seine Bedeutung ist nicht größer als die eines Hebels, seine Wirksamkeit nicht weitreichender als die einer Weiche. In dieser Welt gilt jede menschliche Ausdrucksmöglichkeit weniger als die mechanische Zeichengebung eines Instruments. Wichtiger als ein Arm ist hier ein Hebel, mehr als ein Wink ein Signal, hier nützt nicht das Auge, sondern die Laterne, kein Schrei, sondern der heulende Pfiff des geöffneten Ventils, hier ist nicht die Leidenschaft allmächtig, sondern die Vorschrift, das Gesetz.

Wie eine kleine Spielzeugschachtel sieht jenes Häuschen aus, das dem Wächter, dem Menschen gehört. So geringfügig ist alles, was sich darin durch ihn, mit ihm abspielt, so nebensächlich, daß er Kinder zeugt und daß sie krank werden, daß er Kartoffeln gräbt und einen Hund füttert, daß seine Frau Dielen scheuert und Wäsche trocknet. Auch die

großen Trauerspiele, die in seiner Seele stattfinden, verlieren sich hier, wie die Kleinigkeiten seines Alltags. Sein Ewig-Menschliches ist hindernde Zutat zu seinem Wichtig-Beruflichen.

Dürfen die kleinen Herzschläge noch vernehmbar bleiben, wo der dröhnende einer Welt betäubt? Man sehe in den klaren Nächten das Gleisdreieck, das von zehntausend Laternen durchsilberte Tal – es ist feierlich wie der gestirnte Nachthimmel: eingefangen darin, wie in der gläsernen Himmelskugel, sind Sehnsucht und Erfüllung. Es ist Etappe und Anfang, Introduktion einer schönen hörbaren Zukunftsmusik. Schienen gleiten schimmernd – langgezogene Bindestriche zwischen Land und Land. In ihren Molekülen hämmern die Klangwellen fern rollender Räder, an den Wegrändern sprießen Wächter in die Höhe, und Signale erblühen grün und leuchtend. Dampf entzischt geöffneten Ventilen, Hebel bewegen sich selbständig, das Wunderbare erfüllt sich dank einem mathematischen System, das verborgen bleibt.

So gewaltig sind die Ausmaße des neuen Lebens. Daß die neue Kunst, die es formen soll, den Ausdruck nicht finden kann, ist selbstverständlich. Diese Realität ist noch zu groß für eine ihr gemäße Wiedergabe. Dazu reicht keine ›getreue‹ Schilderung. Man müßte die gesteigerte und ideale Wirklichkeit dieser Welt empfinden, das platonische ›Eidolon‹ des Gleisdreiecks. Man müßte sich mit Inbrunst zu ihrer Grausamkeit bekennen, in ihren tödlichen Wirkungen die ›Ananke‹ sehen und viel lieber nach ihren Gesetzen untergehen wollen als nach den ›Humanen‹ der sentimentalen Welt glücklich werden.

So ein Gleisdreieck von machtvollen Dimensionen wird die zukünftige Welt sein. Die Erde hat mehrere Umformungen durchgemacht – nach natürlichen Gesetzen. Sie erlebt eine neue, nach konstruktiven, bewußten, aber nicht weniger elementaren Gesetzen. Trauer um die alten Formen, die vergehen – ähnlich dem Schmerz eines Antidiluvialwesens um das Verschwinden der prähistorischen Verhältnisse.

Schüchtern und verstaubt werden die zukünftigen Gräser zwischen metallenen Schwellen blühen. Die ›Landschaft‹ bekommt eine eiserne Maske.«

(Joseph Roth: »Bekenntnis zum Gleisdreieck«. Frankfurter Zeitung, 16. Juli 1924. In: Werke, Band 2, S. 218-221)

»Frankfurter Zeitung«

Roth wurde bald einer der bekanntesten Mitarbeiter der überregionalen »Frankfurter Zeitung«. Sie beschäftigte ihn zuerst als Feuilletonist in der Berliner Redaktion, sandte ihn nach Paris, dann als Reiseberichterstatter in verschiedene Länder Europas. Für diese Zeitung schrieb er von 1923 bis Ende 1932 – ausgenommen die Monate von August 1929 bis September 1930. Hier fand er eine solide ökonomische Lebensgrundlage, auch wenn er, da er nie so viel Geld verdiente, wie er ausgab, auf zusätzliche Buch- und andere Publikationen angewiesen blieb und zeitweise die journalistische Arbeit als Last betrachtete.

Seine Gesprächs- und ersten Verhandlungspartner bei der »Frankfurter Zeitung« waren Benno Reifenberg, von 1924 bis 1930 Leiter der Feuilleton-Redaktion, und sein Nachfolger Friedrich Traugott Gubler. Unter den Kollegen, die Roth schätzte, obwohl er sich über sie manchmal kritisch äußerte, waren Siegfried Kracauer und Bernard von Brentano.

Die persönliche Gesprächsbasis wirkte sich positiv aus. Der Vorgänger Reifenbergs, Rudolf Geck, druckte nur 17 Beiträge Roths im Jahr 1923 (der erste erschien am 23. Jänner). 1924 stieg die Zahl der Beiträge bereits auf 74. In den folgenden Jahren bis Sommer 1929 schrieb Roth fast ausschließlich für die »Frankfurter Zeitung«: zuerst meist Milieuschilderungen aus dem Berliner Alltag; dann als Korrespondent aus Frankreich; schließlich als Reiseberichterstatter.

Roth unterstrich immer wieder, besonders anläßlich seiner Auseinandersetzungen mit der Redaktion, daß ihm die »Frankfurter Zeitung« nicht unersetzlich sei. Dennoch bedeutete ihm ihr dominierender Status innerhalb der deutschen Presse als Trägerin und Verteidigerin einer ›humanistischen Kultur‹ viel.

Allerdings sei die Zeitung im Lauf der 1920er Jahre, so warf er ihr mehrfach vor, immer weniger imstande gewesen, diese Position zu behaupten; sie habe statt dessen den reaktionären Tendenzen in der deutschen Innenpolitik nachgegeben.

Eine solche Entwicklung gab es zweifellos; sie verstärkte sich in Roths Bewußtsein dadurch, daß er die relative Einflußlosigkeit seiner Artikel oder einer anspruchsvollen Zeitung insgesamt erleben mußte – ausgehend

185   Joseph und Friedl Roth in Berlin.
Fotografie, wahrscheinlich Januar 1927.

von seinen sehr hochgesteckten Erwartungen. Zu dieser allgemeinen Unzufriedenheit, die er parallel zur politischen und sozialen Entwicklung der jungen Republiken in Mitteleuropa empfand, kam Roths ständiger Verdacht, daß ihn die Zeitung als nicht bedeutend genug einschätze und daher seine Beiträge nicht entsprechend berücksichtige. Der Widerspruch zwischen anspruchsvollem Journalismus, wie er ihn verstand, und dem Massenbedarf der Zeitung, der einzelne Artikel rasch wieder vergessen läßt, löste in Roth Zweifel über den Wert der eigenen Arbeit aus; um so stärker wurde sein Wunsch, als Buchautor größere Wirkung und entsprechende Wertschätzung zu haben. Jedenfalls aber mußte er, auch wenn er sich unter Wert zu verkaufen meinte, die journalistische Arbeit weiter als notwendigen Teil seines Broterwerbs betreiben.

Roths Selbstbewußtsein als Autor gewann jeweils dort die Oberhand, wo er sich seiner Qualitäten, seines Werts als Mitarbeiter bewußt war. Daher konnte er, als der Idealismus fürs erste abgebaut war, der Zeitung auch maximale Forderungen vorlegen. Reifenberg hatte die schwierige Rolle des Vermittlers einzunehmen zwischen Roths individualistischen Ausbruchsversuchen bzw. dem Druck, mit dem er sein Honorar zu erhöhen suchte, und der Verwaltung der Zeitung, die Eigenwilligkeit nur in einem begrenzten Maß tolerierte.

Als Roth 1925 eine Trennung von der »Frankfurter Zeitung« ankündigte, um nach Paris zu übersiedeln und sich vorwiegend der schriftstellerischen Arbeit widmen zu können, erreichte Reifenberg als Kompromiß, daß der Autor als Feuilleton-Berichterstatter aus Paris im Mitarbeiterstab der Zeitung blieb. Roth akzeptierte; Lebensform und Einkommenssituation, Prominenz als Journalist und Schriftsteller schienen miteinander vereinbar zu sein. Die Hoffnung, zum Pariser Korrespondenten ernannt zu werden, erfüllte sich jedoch nicht. Im Frühjahr 1926 wurde Friedrich Sieburg politischer und feuilletonistischer Korrespondent des Blattes in Paris.

Daß ihm Sieburg vorgezogen wurde, traf Roth tief. Indem er nun den Streit zu einer Prestigesache machte und meinte, die Zeitung könne wohl ganz auf ihn verzichten, erreichte er zwar keine Rücknahme der Entscheidung, aber einen Achtungserfolg.

186 Frankfurt am Main. Kaiserstraße, links das Hotel Englischer Hof, in dem Roth sich gerne aufhielt. Fotografie, um 1900.

Er forderte, diesmal erfolgreich, auf größere Auslandsreisen geschickt zu werden. Vom Spätsommer bis Dezember 1926 war Roth für die »Frankfurter Zeitung« in der Sowjetunion, im Mai und Juni 1927 in Albanien und Jugoslawien. Von Mai bis Juli 1928 bereiste er Polen, im Oktober und November 1928 Italien.

Mag die Lebensweise des Nicht-seßhaft-Seins Roth zunächst auch gefallen haben und sein Ehrgeiz als prominenter Reiseberichterstatter befriedigt worden sein, so blieb ihm der Zwang, regelmäßig Artikel schreiben zu müssen, eine Last. Lieber arbeitete er an seinen Buchprojekten, so daß ihn die Redaktion gelegentlich an seine Verpflichtungen erinnern mußte.

Zensorische Eingriffe in seine Artikel – die Redaktion strich ganze Passagen in seinen Artikeln über den italienischen Faschismus – führten kurzfristig zur Trennung von der »Frankfurter Zeitung«. Roth nahm ein Angebot der nationalistischen »Münchner Neuesten Nachrichten« an, für viel Geld wenig zu schreiben. Vom 18. August 1929 bis 1. Mai 1930 veröffentlichte diese Zeitung 27 Artikel Roths; danach nahm er wieder Kontakt zu Reifenberg auf. Von Herbst 1930 bis Dezember 1932 war Roth wieder vornehmlich für die »Frankfurter Zeitung« tätig – mit Ausnahme der Serie »Kleine Reise« (erschienen im Mai und Juni 1931), für die ihn die konservative »Kölnische Zeitung« engagiert hatte.

187   Benno Reifenberg (1892–1970). Fotografie, 1930.

Roths persönliches Vertrauensverhältnis zu Benno Reifenberg wurde bald zu einer echten Freundschaft, aus der sogar Roths Differenzen mit der Zeitung weitgehend ausgespart blieben. Als sich aber Reifenberg 1933 nicht kompromißlos gegen die Nationalsozialisten zeigte, beendete Roth die Beziehung.

188   Benno Reifenberg: Porträtskizze Joseph Roth. Undatierte Zeichnung.
Das Bild drücke Roths Konzentration, nicht seine Müdigkeit während einer Redaktionssitzung aus, versicherten Zeitgenossen.

189   Berlin. Potsdamer Straße 133. Die Berliner Redaktion der »Frankfurter Zeitung«.
Undatierte Fotografie.
Mit der festen Anstellung bei der »Frankfurter Zeitung« war Roths Erfolg verbrieft, war er als Journalist arriviert.

190 Frankfurt am Main. Große Eschenheimer Straße 33–37, Gebäude der »Frankfurter Zeitung«. Fotografie, um 1890.

191 Siegfried Kracauer (1889–1966).
Fotografie, 1940er Jahre.

Seine Bücher über Jacques Offenbach, über den Film in Deutschland und über »Die Angestellten« machten Kracauer später bekannt. Von 1921 bis 1933 war auch er ein Mitarbeiter der Feuilleton-Redaktion der »Frankfurter Zeitung«, wo er ähnlich hohe qualitative Anforderungen an sich, aber auch an die Blattlinie stellte wie Roth. Kracauers Bandbreite war noch etwas umfassender als die Roths: Sie reichte von Alltagsbeobachtungen bis zur Wissenschaftskritik, von Literatur- und Filmkritiken bis zu Texten zur Sozialphilosophie. Seine literarische Charakteristik Roths formulierte er zu »Flucht ohne Ende« 1927:

»Kein Protest, der sich gegen die Zeit richtete, sondern eine Trauer, die feststellt.«
(Frankfurter Zeitung, Literaturblatt Nr. 48 vom 27. November 1927, S. 8)

192 Friedrich Sieburg. Fotografie, um 1930.
Sieburg, ein politisch ambivalenter Journalist, wurde 1926 statt Roth Pariser Korrespondent der »Frankfurter Zeitung«.

Joseph Roth »Marseille«

»Ich sehe vor lauter Mastbäumen nicht das Meer. Es riecht im Hafen nicht nach Salz und Wind, sondern nach Terpentin. Öl schwimmt an der Oberfläche der See. Boote, Barken, Flöße, Fußböden sind so eng nebeneinandergepflastert, daß man trockenen Fußes durch den Hafen spazieren könnte, wäre nicht die Gefahr, in Essig, Öl und Seifenwasser zu ertrinken. Ist hier das unermeßliche Tor zu den unermeßlichen Meeren der Welt? Das ist vielmehr das unermeßliche Magazin für die Bedarfsartikel des europäischen Kontinents. Da sind Fässer, Kisten, Balken, Räder, Hebel, Bottiche, Leitern, Zangen, Hämmer, Säcke, Tücher, Zelte, Wagen, Pferde, Motoren, Autos, Gummischläuche. Da ist der berauschende kosmopolitische Gestank, der entsteht, wenn tausend Hektoliter Terpentin neben tausend Zentnern Heringen lagern; wenn Petroleum, Pfeffer, Tomaten, Essig, Sardinen, Juchten, Gutapercha, Zwiebeln, Salpeter, Spiritus, Säcke, Stiefelsohlen, Leinwand, Königstiger, Hyänen, Ziegen, Angorakatzen, Ochsen und Smyrnateppiche ihre warmen Dünste ausatmen; und wenn schließlich der klebrige, fette und lastende Rauch der Steinkohle alles Tote und Lebende umhüllt, alle Gerüche eint, alle Poren tränkt, die Luft sättigt, die Steine umflort und endlich so stark wird, daß er die Geräusche dämpfen kann, wie er längst schon das Licht gedämpft hat. Ich habe hier die Grenzenlosigkeit des Horizonts erwartet, die blaueste Bläue des Meeres und Salz und Sonne. Aber das Meer des Hafens besteht aus Spülwasser und riesenhaften graugrünen Fettaugen. Ich besteige einen der großen Passagierdampfer und hoffe, hier einen leisen Duft jener Fernen zu erhaschen, die das Schiff durchfahren hat. Aber hier riecht es wie zu Hause vor Ostern: nach Staub und gelüfteten Matratzen; nach Lack für die Türen; nach feuchter Wäsche und Stärke; nach angebrannten Speisen; nach geschlachtetem Schwein; nach gesäubertem Hühnersteig; nach Schmirgelpapier; nach einer gelben Pasta für Messing; nach einem Mittel für Ungeziefer; nach Naftalin; nach Bohnerwachs; nach Eingemachtem.

In dieser Stunde stehen mehr als siebenhundert Schiffe im Hafen. Das ist eine Stadt aus Schiffen. Die Bürgersteige bestehen aus Boo-
ten, und die Straßenmitten aus Flößen. Die Einwohner dieser Stadt tragen blaue Kittel, braune Gesichter und harte, große schwarzgraue Hände. Sie stehen auf Leitern, streichen die Rümpfe der Schiffe mit frischem braunem Lack an, tragen schwere Eimer, wälzen Fässer, sortieren Säcke, werfen eiserne Haken aus und angeln Kisten, drehen an Kurbeln und ziehen auf eisernen Rollen Waren in die Höhe, polieren, hobeln, säubern und verursachen neuen Mist. Ich möchte zurück in den alten Hafen, wo die romantischen Segelschiffe stehen und die knatternden Motorboote und wo man die frischen, triefenden Muscheln verkauft, das Stück zu dreißig Centimes. Ich habe ein Boot gemietet, aber wir können uns nicht bewegen. Unsere Ruder sind eingeklemmt wie die Arme eines Passagiers in einer überfüllten Straßenbahn. Wo immer wir uns auch hinwenden, wir stoßen an Holz, an Barken, an Fässer, an Ketten, an diese großen, klirrenden und rostigen Ketten, die in den modernen Meeren wachsen. Es ist keine Gefahr. Wir können nicht ertrinken. Auf diese dicke Ölschicht können wir uns auch ohne ein Boot wagen. Aber wir können erdrückt werden zwischen zwei hölzernen Bürgersteigen, die einander langsam, aber unerbittlich nahe kommen, um sich zu einem großen Holzplateau zusammenzuschließen. Also winken wir, obwohl uns niemand sieht, rufen wir, obwohl uns niemand hört, entgleiten wir diesem Chaos einer großartigen Ordnung und retten wir uns zu den Gefahren der offenen See und der wilden Wogen.

Ich habe hinter mir den eintönigen Gesang des Wassers, vor mir schon den bunten der Stadt und über mir eine große Wolke aus Lärm. Ich liebe den Lärm von Marseille, voran reiten die schweren Glocken der Türme, stürmen die heiseren Pfiffe der Dampfer, aus blauen Höhen tropft die Melodie der Vögel. Dann kommt der ganze Heerbann der Alltagsstimmen, die Rufe der Menschen, das Tuten der Gefährte, das Klirren der Geschirre, der Schall der Schritte, das Klopfen der Hufe, das Gebell der Hunde. Es ist ein Festzug der Geräusche. Langsam lösen sich aus dem Weiß des Stadtbilds die grauen Streifen der Gassen, das Zickzack gekrümmter und hastiger Treppen, die Gestalten der Menschen, die bunten Wäschefahnen über der Straßenmitte, die braunen Bottiche vor den Türen, die schmalen Bänder rinnenden Schmutzes, die grauen Zelte der Straßenhändler, die dunklen Berge der Muscheln, die bunten Schilder der Läden, die goldenen Fenster, in denen die Sonne schwimmt und das samtene Grün der Bäume. Ich liebe die schöne, bewegte, müßige und zwecklose Geschäftigkeit in den Straßen. Die meisten Menschen gehen nicht ihren Pflichten nach, sondern neben den Pflichten. Der exotisch gekleidete Fremdling, von fernen Küsten hergetrieben, reiht sich in den Gewändern seiner Heimat dem bewegten Zug der Straße ein und fühlt sich wie zu Hause. Er ändert weder Tracht noch Schritt, noch Bewegung. Er schreitet wie auf eigenem Boden, er trägt die Heimat an den Sohlen. Nichts kann so exotisch sein, daß es Aufsehen erregte. Der Bürgersteig gehört der ganzen Welt, den Passagieren von siebenhundert Schiffen aus allen Ländern.

Hier kommen die Reiter aus Turkestan, in den breiten, an den Knöcheln gebündelten Hosen, welche die gekrümmten Beine verhüllen. Dann die kleinen chinesischen Matrosen in den schneeweißen Uniformen wie Knaben im Sonntagsanzug; die großen Kaufleute aus Smyrna und Konstantinopel, die so mächtig sind, als handelten sie nicht mit Teppichen, sondern mit Königreichen; die griechischen Händler, die ein Geschäft nicht zwischen vier Wänden abschließen können, sondern nur unter freiem Himmel, wie um Gott noch mehr herauszufordern; die kleinen Schiffsköche aus Indochina, auf leichten Füßen durch den Abend huschen sie, schnell und lautlos wie Nachttiere; die griechischen Priester mit den langen Bärten aus Hanf; die heimischen Mönche, die eigene Fülle vor sich hertragend wie eine fremde Last; die schwarzen Nonnen im bunten Gewühl, jede ein kleiner, versprengter Leichenzug; die weißen Zuckerbäcker, die kandierte Nüsse verkaufen, freundliche Gespenster des Mittags; die Bettler mit dem Brotsack und Wanderstab, die nicht Requisiten des Elends, sondern Insignien der Würde sind; die weisen algerischen Juden, groß, hager, stolz, wie schwankende Türme; die wandernden Schuhputzer, Knaben und erwachsene Männer, Vertreter eines blühenden Gewerbes und einer Kunst.

Ich glaube, man muß lange lernen, ehe man mit dieser mütterlichen Zärtlichkeit einen grünen Plüschlappen über die Stiefelkappe gleiten läßt und dem Leder alle Nuancen entlockt, vom tristen-feuchten Matt bis zur strah-

lendsten, schwärzesten Trockenheit. Mit leichtem Knall fliegt die Bürste aus der Rechten in die Linke. Die Blechdose mit der Pasta wirbelt wie ein Ball durch die Luft. Ihr Deckel springt automatisch ab und springt mit sanftem Klirren in die Utensilienkiste.

Und der Gast sitzt indessen hoch auf einem breiten, hölzernen Thron; und wenn nichts an ihm königlich ist, so werden es bald wenigstens die Stiefel sein ...«

(Joseph Roth: »Marseille«. Frankfurter Zeitung, 15. Oktober 1925. In: Werke, Band 2, S. 441-443)

193   Joseph Roth mit Journalisten in Paris. Fotografie, zweite Hälfte der 1920er Jahre.

Frankreich

Als Roth Mitte Mai 1925 nach Paris übersiedelte, war er begeistert, glücklich, und beschrieb seinen neuen Wohnort in den leuchtendsten Farben. Paris empfand er als eine neue Heimat, er zog die Mentalität, die er hier vorfand, der engstirnigen, die ihn an vielen Deutschen störte, vor. Die offene, lockere Atmosphäre erlebte er als großen Kontrast zu Deutschland.

194   Joseph Roth vor einer Statue im Jardin du Luxembourg. Fotografie, Paris, 1925.

195   Joseph Roth an Benno Reifenberg, Brief vom 16. Mai 1925. Handschrift, S. 1, verkleinert.
Der Text lautet vollständig (Briefe, S. 45-46, anhand des Originals korrigiert):

»Paris, den 16. Mai, 1925.
Sehr verehrter Herr Reifenberg,

dieser Brief darf Sie nicht glauben lassen, ich wäre verrückt geworden vor Entzücken über Frankreich und Paris. Ich schreibe ihn in klarster Geistesgegenwart, im Vollbesitz meiner Skepsis und auf die Gefahr hin, eine ›Schmockerei‹ zu begehn, das Schlimmste, was mir passieren könnte. Es drängt mich, Ihnen ›persönlich‹ zu sagen, daß Paris die Hauptstadt der Welt ist und daß Sie hierher kommen müssen. Wer nicht hier war, ist nur ein halber Mensch und überhaupt kein Europäer. Es ist frei, weit, geistig im edelsten Sinn und ironisch im herrlichsten Pathos. Jeder Chauffeur ist geistreicher, als unsere Schriftsteller. Wir sind wirklich ein unglückliches Volk. Hier lächelt mich jeder an, alle Frauen, auch die ältesten liebe ich bis zum Antrag, ich könnte weinen, wenn ich über die Seine-Brücken gehe, zum ersten Mal bin ich erschüttert von Häusern und Straßen, mit allen bin ich heimisch, obwohl wir uns fortwährend mißverstehn,

wenn es um Reales geht und weil wir uns so herrlich verstehn, wenn es um Nuancen geht. Wenn ich ein französischer Schriftsteller wäre, ich würde nichts drucken, alles vorlesen. Die Viehtreiber, mit denen ich frühstücke, sind vornehm und edel, mehr, als unsere Minister, der Patriotismus ist hier berechtigt, der Nationalismus ist eine Kundgebung europäischen Gewissens, jede Ankündigung ist eine Dichtung, die Affichen des Magistrats sind so vollendet, wie unsere beste Prosa, die Kinoreklamen enthalten mehr Phantasie und Psychologie, als unsere modernen Romane, die Soldaten sind verspielte Kinder, die Polizisten amüsante Feuilletonisten. Es ist hier ein Fest ›gegen Hindenburg‹ faktisch, nicht nur bildlich, arrangiert, ›Guignol contra Hindenburg‹ heißt es, aber die ganze Stadt ist ein Protest gegen Hindenburg, Preußen, Stiefel, Knopf. Aber die Deutschen hier, Norddeutsche, meine ich, sind voller Haß gegen die Stadt, sehen nichts, fühlen nichts. Ich habe z. B. mit Palitzsch gestritten, der doch ein feiner Typ des Norddeutschen ist, und der meine Begeisterung nur aus meiner dichterischen Begabung heraus verstehn kann und sie entschuldigt.

Er entschuldigt! Ich bin ein Dichter! Die ›Objektivität‹ des Norddeutschen ist eine Vertuschung seiner Instinktlosigkeit, seiner Nase, die kein Riechorgan ist, sondern ein Schnupfenorgan. Meine ›Subjektivität‹ ist objektiv im höchsten Grade. Was ich rieche, wird er noch nach 10 Jahren nicht sehen.

Ich bin sehr traurig. Denn zwischen gewissen Rassen gibt es keine Brücken, nie wird es zwischen Preußen und Frankreich eine Bindung geben. Ich sitze im Restaurant neben Deutschen, mich grüßt der Kellner, zu mir lächelt die Kellnerin, der Direktor, der Piccolo, sie behandelt man kühl, sachlich. Es geht von ihnen eine unerträgliche Steifheit aus, sie atmen nicht Luft aus, sondern Zäune und Mauern, dabei sprechen sie manchmal besser, als ich. Woher kommt es? Es ist doch die Stimme des Blutes und des Katholizismus. Paris ist katholisch im weltlichsten Sinn dieser Religion, zugleich europäischer Ausdruck des allseitigen Judentums.

Sie müssen hie[r] her kommen!

Ich habe es Ihnen zu verdanken, daß ich nach Frankreich durfte und werde es Ihnen nie vergessen. Ich fahre in den nächsten Tagen in die Provinz, und schreibe erst, bis sich die Ekstase gelegt hat und den Untergrund bildet für das Gebäude der Beschreibung.

Meine Frau bleibt vorläufig hier, sie ist krank, ich fürchte, es ist Lunge. Ich bitte, alles an sie zu schreiben

Friedl Roth, Place de l'Odeon, Hotel de la Place de l'Odeon

Paris.

Furchtbar billig: 10 fr. ein gutes Essen 15 fr. Quartier!

Gleichzeitig schreibe ich an den Verlag um Resthonorar und ich bitte Sie, die Kasse daran zu erinnern.

Ich grüße Sie herzlich und küsse Ihrer Frau die Hände,

Ihr

Joseph Roth.«

Paris, den 16. Mai, 1925.

Sehr verehrter Herr Reifenberg,

Dieser Brief darf Sie nicht glauben lassen, ich wäre verrückt geworden vor Entzücken über Frankreich und Paris. Ich schreibe ihn in starker Zweibeugung nach, im Vollbesitz meiner Vorzüge und auf die Gefahr hin, eine "Schwärmerei" zu begehen, das Schlimmste, was mir passieren könnte. Es drängt mich, Ihnen persönlich zu sagen, daß Paris die Hauptstadt der Welt ist und daß Sie hierher kommen müssen. Wer nicht hier war, ist nur ein halber Mensch und überhaupt kein Europäer. Es ist frei, weit, geistig im edelsten Sinn und ironisch im herrlichen Pathos. Jeder Chauffeur ist geistreicher, als unsere Schriftsteller. Wir sind wirklich ein unglückliches Volk. Hier lächelt mich jede an, alle Frauen, auf die ältesten liebe ich bis zum Antrag, ich könnte meinen, wenn ich über die Seine brücken gehe, zum ersten Mal sah ich erfüllt von Häusern und Straßen, mit allen bin ich [...], obwohl sie mich fortwährend mißverstehen, wenn es um die Realität geht und weil wir uns so herzlich verstehen, wenn es um Nüancen geht. Wenn ich ein französischer Schriftsteller wäre, ich würde nichts drucken, alles vorlesen. Die Siegessäule, auf denen ich [...], sind vornehm und edel, mehr, als unsere Minister, der Patriotismus ist hier berechtigt, der Nationalismus ist eine Kundgebung europäischer Gesittung, jede Anrüdigung ist eine Dichtung, die Affichen des Magistrats sind so vollendet, wie unsere beste Prosa, die Kinoreklamen enthalten mehr Phantasie und Psychologie, als unsere modernen Romane, die Volke aber sind verspielte Kinder, die Polizisten amüsante Stilblüten. Es ist hier ein Fest gegen Hindenburg[...] faktisch, nicht nur bildlich, arrangiert, zumal von der Hindenburg [...], aber die ganze Stadt ist ein Protest gegen Hindenburg, Breiten, Stiefel, Knopf. Aber die Deutschen hier, Norddeutsche, meine ich, sind voller Haß gegen die Neue, sehen nichts, fühlen nichts. Ich habe z. B. mit [...] gestritten, der doch ein feiner Typ des Norddeutschen ist und der meine Begeisterung nur aus meiner dichterischen Begabung heraus verstehen kann und für selbstverständlich. Er selbstverständlich! Ich bin ein Dichter! Die Objektivität des Norddeutschen ist eine Verstopfung seiner Denkorganik, seiner Haß, die kein Rückorgan ist, sondern ein Stauungsorgan. Meine Subjektivität ist objektiv im höchsten Grade. Was ich sehe, wird er noch nach 10 Jahren nicht sehen.

Ich bin sehr traurig. Denn zwischen zweierlei Rassen gibt es keine Brücken, wie wird es zwischen Deutschen und Frankreich nie Brücken geben. Ich sitze im Restaurant unter Deutschen, auch grüße den Kellner, zu mir lächelt die Kellnerin, der Diener, der Piccolo, sie behandeln mich höflich, herzlich. Es geht von ihnen eine [...] Höflichkeit aus, sie atmen nicht Luft aus, sondern Güte und Manieren, dabei sprechen sie manchmal besser, wie ich. Woher kommt es? Es ist vom die Schimmer des Blutes und des Katholizismus. Paris ist katholisch im weltlichen Sinne dieser Religion, zugleich europäischer Ausdruck des allmächtigen Judentums.

Sie müssen hierher kommen!

Ich habe es Ihnen zu verdanken, daß ich nach Frankreich durfte und werde es Ihnen nie vergessen. Ich fahre in den nächsten Tagen in die Provinz, und schreibe erst, bis sich die Eindrücke gelegt hat und der Naturgrund bereit für das Gebäude der Beschreibung.

Meine Frau bleibt vorläufig hier, sie ist krank, ich fürchte, es ist Lungen. Ich bitte, alles an sie zu schreiben.

Fried Roth, Place de l'Odéon, Hôtel de la Place de l'Odéon
Paris

[...] billig: 10 fr. ein gutes Essen. 15 fr. Quartier! Gleichzeitig schreibe ich an den Verlag um Rest Honorar und ich bitte

196 Paris VI. 1, Place de l'Odéon mit dem Café Voltaire; links das (heute nicht mehr vorhandene) Denkmal von Emile Augier. Fotografie: Eugène Atget, 1910.

Zur Zeit, als Roth in Paris wohnte, befand sich hier das teure Restaurant »Le Mediterannée«, in das Roth gelegentlich ging.
Das Hôtel de l'Odéon befand sich am westlichen Rand des Platzes, links hinter der Kamera.

Die im folgenden abgebildeten Fotos wurden von unbekannten Fotografen im September 1925 auf der Place de l'Odéon aufgenommen.

197–198 Joseph Roth. Fotografien.

199 Dr. Joseph Brojdy und Joseph Roth. Fotografie.
Brojdy war ein etwas älterer Schulkollege und Freund Roths.

200 Friedl Roth. Fotografie.

Friedl und Joseph Roth machten immer wieder mit Freunden und Besuchern Fotorunden im Jardin du Luxembourg, nur wenige Schritte von der Place de l'Odéon entfernt.

201 Joseph Roth und Heinrich Wagner im Jardin du Luxembourg, Paris. Fotografie, 1925.
Heinrich Wagner, dessen Lebensdaten nicht bekannt sind, war ein älterer Schulkollege und naher Freund Joseph Roths; er kannte auch Friedl gut. Wagner stammte aus Brody und lebte später in Paris, London und in Palästina.

202 Friedl Roth im Jardin du Luxembourg, Paris. Fotografie, Juni 1926.

203 Bernard von Brentano und Joseph Roth im Jardin du Luxembourg, Paris. Fotografie, 1925 oder 1926.
Auf Roths Empfehlung kam Brentano (1901–1964) 1925 in die Berliner Redaktion der »Frankfurter Zeitung«.

204 Joseph und Friedl Roth, vermutlich in Frankreich. Undatierte Fotografie.

1774   *PARIS (VIᵉ). — La Rue de Tournon et le Sénat. — LL.*

In der Rue de Tournon befanden sich jene drei Hotels, in denen Joseph Roth häufig und gerne wohnte. In den 1920er Jahren entdeckte er zuerst das »Helvetia« (Nr. 23), dann das »Foyot« (Nr. 33, beide an der linken Straßenseite). Obwohl Roth zwischendurch immer wieder andere Hotels frequentierte, blieb sein bevorzugter Pariser Wohnsitz in den 1930er Jahren das »Foyot«. Zuletzt wohnte er im »Hôtel de la Poste«, auf der rechten Straßenseite.

205   Paris VI. Rue de Tournon. Blick nach Süden zum Palais du Luxembourg (Senat). Ansichtskarte, um 1900.

206   Reklamekarte des Hôtel Foyot, Paris. Aus Roths Besitz.

207   Paris I. 161, Rue de Saint-Honoré. Le Café de la
Régence. Undatierte Fotografie.
Auch in Frankreich schätzte Roth den Aufenthalt in
Cafés. Das »Régence« war einer seiner bevorzugten
Treffpunkte mit Freunden und Bekannten in den 1920er
Jahren.

208   Joseph Roth in einem Pariser Café. Fotografie, um
1925.

»Meine Begeisterung ist nicht kleiner geworden, meine Trauer über Deutschland nicht
geringer. Ich verstehe, daß ein deutscher
Dichter herkommt, sich eine Matzratzengruft
gräbt und krepiert. Ehe wir eine deutsche
Nation geworden sind, gibt es eine europäische. Vielleicht mit Ausschluß der deutschen.
[...] Ich weiß nicht, was aus mir wird. Zwar
glaube ich, daß ich aus Nützlichkeitsgründen
noch einmal zurückkomme. Nicht mehr der
Alte und nicht für lange.«

*(Joseph Roth an Bernard von Brentano, Brief vom 14. Juni
1925, Briefe, S. 48)*

Roth dehnte seine Liebe zu Paris auf ganz Frankreich aus. Er unternahm mit Begeisterung große und kleine Reisen, um für seine Reportagen zu recherchieren. Besuche seiner Freunde und Bekannten waren willkommene Anlässe für Ausflüge.

209 »Joseph Roth, April 1926. Zerstörtes Gebiet Frankreichs.« Zeitgenössisch handschriftlich bezeichnete Fotografie.

Die Fahrt, auf der diese Aufnahme Roths vor einem Gutshof gemacht wurde, mag mit dem Artikel »St. Quentin, Perronne, die Maisonette« in der »Frankfurter Zeitung« vom 2. Mai 1926 (Werke 2, S. 559-564) in Zusammenhang stehen (wenn auch dort vom Eindruck sehr gründlicher Zerstörung aus dem Krieg 1914/1918 die Rede ist, während das Gebäude im Hintergrund dieser Fotografie gut erhalten wirkt).

210 Friedl und Joseph Roth mit Frau Dr. Klein in der Wiese vor dem Schloß Chantilly, Frankreich. Fotografie, Juni 1926.
(Die Bezeichnung folgt der Beschriftung der Fotografie; von Frau Dr. Klein ist sonst nichts bekannt.)

Die Stadt Marseille, insbesondere ihr Hafen, übte eine besondere Attraktion auf Roth aus. Er schrieb über sie und andere Orte in Südfrankreich etliche Texte, die zuerst als Berichte unter dem Serientitel »Im mittäglichen Frankreich« vom 8. September bis zum 4. November 1925 in der »Frankfurter Zeitung« erschienen (für ein Textbeispiel siehe S.132 f). Diese Essays aus Südfrankreich wollte Roth unter dem Titel »Die weißen Städte« im Verlag der »Frankfurter Zeitung«, dem Societätsverlag, als Buch herausbringen. Das von Roth eigenhändig korrigierte Typoskript blieb jedoch zu seinen Lebzeiten unveröffentlicht und wurde erst 1981 publiziert.

»Ich gehe heute in den alten Hafen für die Nacht. Da ist die Welt, in der ich eigentlich zu Hause bin. Meine Urväter mütterlicherseits leben dort. Alle verwandt. Jeder Zwiebelhändler mein Onkel.«
(Joseph Roth an Bernard von Brentano, Brief vom 22. Oktober 1925. In: Briefe, S. 57)

211   Marseille. Quai de la Fraternité mit dem Hôtel Beauvau. Undatierte Fotografie.

Das Beauvau zählte zu den Hotels, in denen sich Roth wohl fühlte. Auf diese so wichtige Form des Aufenthaltens und des Sich-wohl-Fühlens kam er wiederholt in Essays zu sprechen. Eine Serie dazu aus dem Jahr 1929 trägt den Titel »Hotelwelt« (Werke, Band 2, S. 3 ff).

212 Friedl Roth vermutlich in Marseille. Fotografie, wohl aufgenommen von Joseph Roth, August 1925.

213   Joseph Roth auf einer Parkbank, vermutlich in
Marseille. Fotografie, 1925.

214   Marseille. Gäßchen in der Altstadt. Fotografie: R.
Koller, 1928.
Roth wohnte und arbeitete gerne in Marseille. Wiederholt kam er in den 1920er und 1930er Jahren in die
betriebsame Stadt.

Der ökonomischen Not gehorchend, berichtete Roth weiter für die »Frankfurter Zeitung«,
obwohl er sich lieber als Romanautor sehen
wollte; er sollte literarische Reiseberichte
schreiben. Manche wurden in der »Frankfurter Zeitung« nicht abgedruckt, weil sie zu
unverhohlen ausländische Eigenschaften prie-
sen oder anderswie der Redaktion ungeeignet
erschienen. Selbst von den Berichten aus
Südfrankreich wurde nicht alles gedruckt, was
ernste Konflikte zwischen Roth und der
Feuilletonredaktion auslöste.

215   Marseille. Stand mit Muschel- und Austernverkauf. Fotografie: R. Koller, 1928.

216   Marseille. Rue de Rome. Fotografie: Karl König, 1930.

Das unmittelbare Erleben von Toleranz und Lebenskultur ließ Roth Marseille als ein vitales Gegenbild von Enge und Nationalismus erscheinen:

»Greifbar, sichtbar, körperlich und nahe ereignet sich in jeder Stunde die große unaufhörliche Blutmischung der Völker und Rassen. [...] Das ist nicht mehr Frankreich. Das ist Europa, Asien, Afrika, Amerika. Das ist weiß, schwarz, rot und gelb. Jeder trägt seine Heimat an der Sohle und führt an seinem Fuß die Heimat nach Marseille.«

(Joseph Roth: »Die weißen Städte. Marseille«. In: Werke, Band 2, S. 499)

217–218 Marseille. Im alten Hafen. Blick über diesen
auf den »pont transbordeur« und die Stadt. Fotografien,
vermutlich von Joseph oder Friedl Roth aufgenommen,
um 1925.

219   Joseph Roth in albanischer Tracht während der Reise in Albanien. Fotografie, 1927.

Reisereportagen

Die meisten seiner berühmten Reiseberichte verfaßte Roth in der zweiten Hälfte der 1920er Jahre im Auftrag der »Frankfurter Zeitung«. Er wurde für diese Beiträge hervorragend bezahlt. Die Buchausgaben allerdings, die er aus einigen Serien machen wollte, scheiterten an wirtschaftlichen Überlegungen des Verlags und an Roths Differenzen mit der Redaktion.

Aus dem Konflikt um seinen Pariser Posten im Jahr 1926 hatte Roth interessante und prestigeträchtige Reportageaufträge und ein interessantes Arbeitsgebiet gewinnen können. Er wollte, jedenfalls vordergründig, weniger über die politischen Veränderungen berichten als über deren gesellschaftliche Folgen, die er kritisch zu betrachten beabsichtigte.
Die Serie »Reise nach Rußland« erschien von September 1926 bis Jänner 1927 in 17 Beiträgen. Ihr folgte im Frühjahr 1927 eine Reise durch Albanien und Jugoslawien, von Juni bis November 1928 druckte die »Frankfurter Zeitung« Roths »Briefe aus Polen« und einige von der Redaktion entschärfte Artikel über das faschistische Italien.

Neben diesen Berichten aus dem Ausland stehen die mindestens ebenso wichtigen Reiseberichte aus Deutschland – zeigen sie doch Roth als ungemein hellsichtigen Warner, als Diagnostiker der Schwäche der Weimarer Republik. Nach frühen Beiträgen über deutsche Verhältnisse, die Roth in den Jahren 1924 und 1925 für verschiedene Blätter verfaßt hatte, stehen diese unter dem Pseudonym »Cuneus« (Pfeil) in der »Frankfurter Zeitung« in den »Briefen aus Deutschland« (1927) als exemplarische Beispiele der vergeblichen antifaschistischen Warnungen vor der gewaltig herangewachsenen Rechtsbewegung.

Die wichtigste Fahrt war jene in die Sowjetunion; sie war die längste und erlebnisreichste, sie führte ihn am weitesten. Hier erlebte Roth brisante Konfrontationen zwischen dem theoretisch-ideologischen Idealbild und den unterschiedlichen Verhaltensweisen der Bevölkerung. Er diskutierte mit vielen Menschen und verarbeitete seine Eindrücke in der Folge mit objektiver Klarheit.

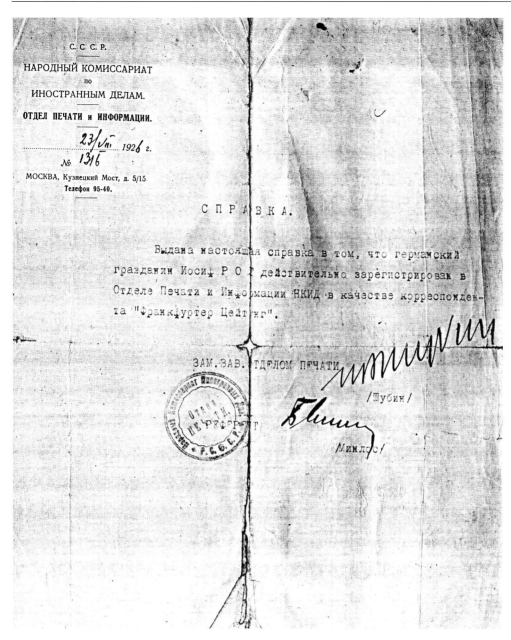

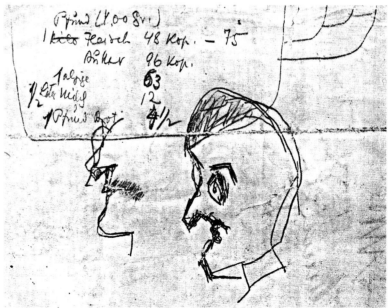

220–221   Bescheinigung des Volkskommissariats für auswärtige Angelegenheiten, Moskau, am 23. August 1926. Vorderseite und ein Teil der Rückseite.
Der Text lautet, aus dem Russischen übersetzt:
»*Bescheinigung, daß der deutsche Staatsbürger Joseph Roth in der Abteilung für Presse und Information des Volkskommissariats für auswärtige Angelegenheiten als Korrespondent ordnungsgemäß registriert ist.*
Gez. Schubin, Stellvertretender Leiter.
Minlos, Referent.«

Auf der Rückseite des Dokuments befinden sich Preisnotizen Roths und eine Karikatur.

222   Moskau / Moskva, Sowjetunion, heute Rußland.
Blick vom Historischen Museum zum Roten Platz und
zur Basilius-Kathedrale. Fotografie, um 1930.

»Wenn ich ein Buch über Rußland schreiben würde, so müßte es die erloschene Revolution darstellen, einen Brand, der ausglüht, glimmende Überreste und sehr viel Feuerwehr. Ich müßte zuerst beschreiben:

1.) Meinungen über Rußland, bevor ich fuhr, die bürgerliche Welt und die Untergangsstimmung, in der der Westen lebt.

2.) Moskau, der Lärm, den die Reformen machen, die geräuschvollen Formen, die jede Masse verursacht, der Optimismus der äußeren Erscheinungen, leise Krisenstimmung, wenn ein langer Feiertag aus ist.

3.) Die Provinz – deutliche Krise, Einteilung der Menschen in Optimisten, Skeptiker, Begeisterte, Neutral-Skeptische und ausgesprochene Gegner

4.) Scharfes Kapitel gegen den Materialismus und Erläuterung, weshalb er hier möglich ist, aus Heiden direkt ›Darwinisten‹.

5.) Der gläubige und ahnungslose Idealismus der sympathischen Menschen. Die Gläubigkeit, die streitbare, der Unsympathischen.

6.) Die ewigen Knechte – Halbproletarier

7.) Der Amerikanismus, Religion der Maschinen.

8.) Die Frauen und die Jugend, Auflösung der Familie

9.) Die Straßen, Theater, Kultur, Kino. Litteratur

10.) Fragen: was soll werden? Wohin gehn wir selbst? Ist der Marxismus möglich? Ist Amerika die Zukunft? Ist noch eine Revolution nötig und denkbar?«

Die Reise durch die Sowjetunion dauerte fünf Monate, von August bis Dezember 1926.
Roth besuchte eine Reihe von Städten und Landschaften; über die einzelnen Stationen ist jedoch nur wenig bekannt: Er war u. a. in Minsk, Astrachan, Baku, Tiflis, Jalta, Odessa, Kiew, Charkow, Moskau und Leningrad.
Neben den Texten für die »Frankfurter Zeitung«, wenigen Briefen und einem Vortragsmanuskript zeugen ein fragmentarisches Tagebuch und Notizen von den Erlebnissen dieser Reise. Das Tagebuch beleuchtet Roths Eindrücke von Städten und Regionen, informiert über Gespräche und Menschen, seine Arbeitssituation (Reportagen, Roman) und die egozentrische Fernbeziehung zu seiner Frau.

Die hier skizzierte Gliederung entspricht weitgehend der Struktur der einzelnen Berichte, die in der Serie »Reise nach Rußland« in der »Frankfurter Zeitung« erschienen.
Auch hier erwog Roth, seine Berichte in Buchform gesammelt zu publizieren. Er war überzeugt, ohne ideologische Scheuklappen zu beobachten und präziser, objektiver, kenntnisreicher beschreiben zu können als die Schriftstellerkollegen, die jüngst vor ihm ähnliche Reisen unternommen hatten – wie Egon Erwin Kisch und Ernst Toller.

223   Joseph Roth: Aufzeichnungen während der Fahrt in die Sowjetunion, 1926. Handschrift. Blatt 12.
Gegenüber dem Originalformat vergrößert.
(Werke, Band 2, S. 1018)

/2

Wenn ich ein Buch über Rußland schreiben würde, so müßte es die russische Revolution darstellen, einen Brand, der ausglüht, glimmend überrascht und sehr viel Bücher macht. Ich müßte zuerst beschreiben:

1.) Meinungen über Rußland, bevor ich reise, die bürgerlich. Welt und die Untergangsstimmung, über der Wahnsinn lebt.

2.) Moskau, der Lärm, den die Reformen machen, die geräuschvollen Bauten, die jede Woche mitmachen, der Optimismus der äußeren Erscheinungen, leise Krisenstimmung, wenn ein langer Feiertag aus ist.

3.) die Provinz – Russische Kräfte, Einteilung der Menschen in Optimisten, Skeptiker, Begeisterte, Kühlbar-Verärgerte und ausgesprochene Gegner

4.) Scharfes Kapitel gegen den Materialismus und Erklärung, weshalb hier möglich ist, auch heute diese „Darwinisten".

5.) Der gläubige und ahnungslose Idealismus der französischen Menschen. Die Gläubigkeit, die streitbar, der Unpsychologischen.

6.) Die einzigen Künste – Halbproletarier

7.) Der Amerikanismus, Religion der Maschinen.

8.) Die Frauen und die Jugend, Auflösung der Familie

9.) Die Straßen, Theater, Kultur, Kino, Literatur

10.) Fragen: was soll werden? Wohin gehen wir selbst? Ist der Marxismus möglich? Ist Amerika die Zukunft? Ist noch eine Revolution nötig und wo aber?

224 Moskau. Markt. Fotografie von Margot und Kurt Lubinski, zweite Hälfte der 1920er Jahre.

225 Moskau. Bau eines Wohnkomplexes. Fotografie, zweite Hälfte der 1920er Jahre.

226   Odessa. Sowjetunion, heute Ukraine. Puschkin-
straße. Fotografie, um 1916.

227   Baku. Sowjetunion, heute Aserbeidschan. Die
Bahnlinie verbindet die Wohnsiedlungen mit den Erdöl-
feldern. Fotografie, um 1930.

Ostjuden – Westjuden

Joseph Roth
»Juden auf Wanderschaft«

»Dieses Buch verzichtet auf den Beifall und die Zustimmung, aber auch auf den Widerspruch und sogar die Kritik derjenigen, welche die Ostjuden mißachten, verachten, hassen und verfolgen. Es wendet sich nicht an jene Westeuropäer, die aus der Tatsache, daß sie bei Lift und Wasserklosett aufgewachsen sind, das Recht ableiten, über rumänische Läuse, galizische Wanzen, russische Flöhe schlechte Witze vorzubringen. Dieses Buch verzichtet auf die ›objektiven‹ Leser, die mit einem billigen und sauren Wohlwollen von den schwanken Türmen westlicher Zivilisation auf den nahen Osten hinabschielen und auf seine Bewohner; aus purer Humanität die mangelhafte Kanalisation bedauern und aus Furcht vor Ansteckung arme Emigranten in Baracken einsperren, wo die Lösung eines sozialen Problems dem Massentod überlassen bleibt. Dieses Buch will nicht von jenen gelesen werden, die ihre eigenen, durch einen Zufall der Baracke entronnenen Väter oder Urväter verleugnen. Dieses Buch ist nicht für

Leser geschrieben, die es dem Autor übelnehmen würden, daß er den Gegenstand seiner Darstellung mit Liebe behandelt statt mit ›wissenschaftlicher Sachlichkeit‹, die man auch Langeweile nennt.

Für wen also ist dieses Buch bestimmt?

Der Verfasser hegt die törichte Hoffnung, daß es noch Leser gibt, vor denen man die Ostjuden nicht zu verteidigen braucht; Leser, die Achtung haben vor Schmerz, menschlicher Größe und vor dem Schmutz, der überall das Leid begleitet; Westeuropäer, die auf ihre sauberen Matratzen nicht stolz sind; die fühlen, daß sie vom Osten viel zu empfangen hätten, und die vielleicht wissen, daß aus Galizien, Rußland, Litauen, Rumänien große Menschen und große Ideen kommen; aber auch (in ihrem Sinne) nützliche, die das feste Gefüge westlicher Zivilisation stützen und ausbauen helfen – nicht nur die Taschendiebe, die das niederträchtigste Produkt des westlichen Europäertums, nämlich der Lokalbericht, als ›Gäste des Ostens‹ bezeichnet.

Dieses Buch wird leider nicht imstande sein, das ostjüdische Problem mit der umfassenden Gründlichkeit zu behandeln, die es erfordert und verdient. Es wird nur die Menschen zu schildern versuchen, die das Problem ausmachen, und die Verhältnisse, die es verursachen. Es wird nur Bericht erstatten über Teile

228 »Fuhrwerk vor einer Synagoge in Wladimir Wolynsk«. Fotografie, um 1916.

des riesigen Stoffgebiets, das, um in seiner Fülle behandelt zu werden, vom Autor so viel Wanderungen verlangen würde, wieviel einige ostjüdische Generationen durchlitten haben.

Der Ostjude sieht mit einer Sehnsucht nach dem Westen, die dieser keinesfalls verdient. Dem Ostjuden bedeutet der Westen Freiheit, die Möglichkeit, zu arbeiten und seine Talente zu entfalten, Gerechtigkeit und autonome Herrschaft des Geistes. Ingenieure, Automobile, Bücher, Gedichte schickt Westeuropa nach dem Osten. Es schickt Propagandaseifen und Hygiene, Nützliches und Erhebendes, es macht eine lügnerische Toilette für den Osten. Dem Ostjuden ist Deutschland zum Beispiel immer noch das Land Goethes und Schillers, der deutschen Dichter, die jeder lernbegierige jüdische Jüngling besser kennt als unser hakenkreuzlerischer Gymnasiast. [...]

Der Ostjude sieht die Schönheit des Ostens nicht. Man verbot ihm, in Dörfern zu leben, aber auch in großen Städten. In schmutzigen Straßen, in verfallenen Häusern leben die Juden. Der christliche Nachbar bedroht sie. Der Herr schlägt sie. Der Beamte läßt sie einsperren. Der Offizier schießt auf sie, ohne bestraft zu werden. Der Hund verbellt sie, weil sie mit einer Tracht erscheinen, die Tiere ebenso wie primitive Menschen reizt. [...]

Sowohl die nationalen als auch die assimilierten Juden bleiben meist im Osten. Jene, weil sie ihre Rechte erkämpfen und nicht fliehen wollen, diese, weil sie sich einbilden, die Rechte zu besitzen, oder weil sie das Land lieben wie der christliche Teil des Volkes – und mehr als dieser. [...]

Man leugnet im Westen auch den jüdischen Handwerker. Im Osten gibt es jüdische Klempner, Tischler, Schuster, Schneider, Kürschner, Faßbinder, Glaser und Dachdecker. Der Begriff von Ländern im Osten, in denen alle Juden Wunderrabbis sind oder Handel treiben, die ganze christliche Bevölkerung aus Bauern besteht, die mit den Schweinen zusammenwohnen, und aus Herren, die unaufhörlich auf die Jagd gehen und trinken, diese kindischen Vorstellungen sind ebenso lächerlich wie der Traum des Ostjuden von einer westeuropäischen Humanität. Dichter und Denker sind unter den Menschen im Osten häufiger als Wunderrabbis und Händler. Im übrigen können Wunderrabbis und sogar Händler im Hauptberuf Dichter und Denker sein, was westeuropäischen Generälen zum Beispiel sehr schwer zu fallen scheint. [...]

Sie [die Ostjuden] gaben sich auf, indem sie Händler im Westen wurden.

Sie gaben sich auf. Sie verloren sich. Ihre traurige Schönheit fiel von ihnen ab, und eine staubgraue Schicht von Gram ohne Sinn und niedrigem Kummer ohne Tragik blieb auf ihren gekrümmten Rücken. Die Verachtung blieb an ihnen kleben – früher hatten sie nur Steinwürfe erreicht. Sie schlossen Kompromisse. Sie veränderten ihre Tracht, ihre Bärte, ihr Kopfhaar, ihren Gottesdienst, ihren Sabbat, ihren Haushalt – sie selbst hielten noch an den Traditionen fest, aber die Überlieferung löste sich von ihnen. Sie wurden einfache, kleine Bürger. Die Sorgen der kleinen Bürger waren ihre Sorgen. Sie zahlten Steuern, bekamen Meldezettel, wurden registriert und bekannten sich zu einer ›Nationalität‹, zu einer ›Staatsbürgerschaft‹, die ihnen mit vielen Schikanen ›erteilt‹ wurde, sie benutzten die Straßenbahnen, die Lifts, alle Segnungen der Kultur. Sie hatten sogar ein ›Vaterland‹. [...]

Sie näherten sich vollkommen den westlichen Unsitten und Mißbräuchen. Sie assimilierten sich. Sie beten nicht mehr in Synagogen und Bethäusern, sondern in langweiligen Tempeln, in denen der Gottesdienst so mechanisch wird wie in jeder besseren protestantischen Kirche. Sie werden Tempeljuden, das heißt: guterzogene, glattrasierte Herren in Gehröcken und Zylindern, die das Gebetbuch in den Leitartikel des jüdischen Leibblattes packen, weil sie glauben, man erkenne sie an diesem Leitartikel weniger als an dem Gebetbuch. In den Tempeln hört man die Orgel, der Kantor und der Prediger tragen eine Kopfbedeckung, die sie dem christlichen Geistlichen ähnlich macht. Jeder Protestant, der sich in einen jüdischen Tempel verirrt, muß zugeben, daß der Unterschied zwischen Jud und Christ gar nicht so groß ist und daß man eigentlich aufhören müßte, ein Antisemit zu sein, wenn die jüdische Geschäftskonkurrenz nicht gar so gefährlich wäre.«

(Joseph Roth: Vorwort und Auszüge aus dem Kapitel »Ostjuden im Westen«, aus »Juden auf Wanderschaft«, 1927. In: Werke, Band 2, S. 827-838)

Zehn Jahre nach der ersten Auflage und nach vier Jahren Nationalsozialismus samt der Gleichgültigkeit der ganzen Welt entwarf Roth ein Vorwort zu einer zweiten Ausgabe seines Werks, das deutlich düstere Prognosen stellte:

»Als ich vor vielen Jahren dieses Buch schrieb, das ich jetzt in abgeänderter Fassung den Lesern wieder darbieten möchte, gab es noch kein akutes Westjuden-Problem. Es handelte sich mir damals in der Hauptsache darum, den Nichtjuden und Juden Westeuropas Verständnis für das Unglück der Ostjuden beizubringen: insbesondere im Lande der unbegrenzten Möglichkeiten, das nicht etwa Amerika heißt, sondern Deutschland. Ein latenter Antisemitismus war freilich immer dort (wie überall) vorhanden. In dem begreiflichen Bestreben, ihn entweder nicht zur Kenntnis zu nehmen oder ihn zu übersehen, und in jener tragischen Verblendung, die bei vielen, bei den meisten Westjuden den verlorenen oder verwässerten Glauben der Väter zu ersetzen scheint und die ich den Aberglauben an den Fortschritt nenne, fühlten sich die deutschen Juden trotz allerhand bedrohlichen antisemitischen Symptomen als ebenbürtige Deutsche; an hohen Feiertagen bestenfalls als jüdische Deutsche. Manche unter ihnen waren leider oft versucht, für die Äußerungen der antisemitischen Instinkte die nach Deutschland eingewanderten Ostjuden verantwortlich zu machen. Es ist eine – oft übersehene – Tatsache, daß auch Juden antisemitische Instinkte haben können. Man will nicht durch einen Fremden, der eben aus Lodź gekommen ist, an den eigenen Großvater erinnert werden, der aus Posen oder Kattowitz stammt. Es ist die ignoble, aber verständliche Haltung eines gefährdeten Kleinbürgers, der eben im Begriff ist, die recht steile Leiter zur Terrasse der Großbourgeoisie mit Freiluft und Fernaussicht emporzuklimmen. Beim Anblick eines Vetters aus Lodź kann man leicht die Balance verlieren und abstürzen.
In dem Bestreben, jene Terrasse zu erreichen, auf der Adelige, christliche Industrielle und jüdische Finanzmenschen unter bestimmten Umständen geneigt waren, vorzugeben, daß sie alle gleich seien, und ihre Gleichheit so nachdrücklich betonten, daß jeder Empfindliche deutlich hätte hören können, daß sie eigentlich alle ihre Ungleichheit betonten, warf der deutsche Jude seinem Glaubensgenossen

sehr schnell ein Almosen zu, um nur nicht am Aufstieg behindert zu werden. Almosen einem Fremden geben ist die schimpflichste Art der Gastfreundschaft, aber immerhin noch Gastfreundschaft. Es gab aber manche deutsche Juden – und einer ihrer Repräsentanten büßt heute im Konzentrationslager –, die sich nicht nur einbildeten, ohne den Zuzug der ostjüdischen Menschen wäre alles in Butter, schlimmstenfalls in deutscher Margarine, sondern die sogar auch den plebejischen Büttel auf den hilflosen Fremdling hetzten, wie man Hunde hetzt auf Landstreicher. Als aber dann der Büttel zur Macht kam, der Hausmeister die ›herrschaftliche Wohnung‹ okkupierte, alle Kettenhunde sich losrissen, sah der deutsche Jude, daß er heimatloser und schutzloser war als noch vor einigen Jahren sein Vetter aus Lodź. Er war hochmütig geworden. Er hatte den Gott seiner Väter verloren und einen Götzen, den zivilisatorischen Patriotismus, gewonnen. Ihn aber hatte Gott nicht vergessen. Und der schickte ihn auf die Wanderung: ein Leid, das den Juden gemäß ist – und allen andern auch. Auf daß sie nicht vergessen, daß nichts in dieser Welt beständig ist, auch die Heimat nicht; und daß unser Leben kurz ist, kürzer noch als das Leben der Elefanten, der Krokodile und der Raben. Sogar Papageien überleben uns. [...]
Ich wollte, ich besäße die Gnade und die Einsicht, einen Ausweg auch nur andeuten zu können. Die Aufrichtigkeit, eine der oft verkannten bescheidenen Musen des Schriftstellers, zwingt mich zu einem pessimistischen Schluß dieses meines zweiten Vorworts:
1. Der Zionismus ist nur eine Teillösung der Judenfrage.
2. Zu vollkommener Gleichberechtigung und jener Würde, die die äußere Freiheit verleiht, können die Juden erst dann gelangen, wenn ihre ›Wirtsvölker‹ zu innerer Freiheit gelangt sind und zu jener Würde, die das Verständnis für das Leid gewährt.
3. Es ist – ohne ein Wunder Gottes – kaum anzunehmen, daß die ›Wirtsvölker‹ zu dieser Freiheit und dieser Würde heimfinden.
Den gläubigen Juden bleibt der himmlische Trost.
Den andern das ›vae victis‹«.

(Joseph Roth: »Vorwort zur geplanten Neuauflage« von »Juden auf Wanderschaft«, 1937. In: Werke, Band 2, S. 893-902; korrigiert anhand des Originals)

229 Brody. Kleine und große Synagoge (»Alte und Neue Schul'«). Fotografie: Zeev Mach, um 1928.

230 Im Ghetto von Wilna / Vilnius, damals Polen, heute Litauen. Fotografie, vor 1939.

231   Joseph Roth: Juden auf Wanderschaft, Berlin: Die
Schmiede, 1927. Einbandgestaltung nach einem Entwurf
von Georg Salter.

Der Essay »Juden auf Wanderschaft« nimmt in
Roths Werk eine besondere Stellung ein.
Einerseits handelt es sich um eine Reportage
mit historischen und kultursoziologischen In-
halten, in ihrer umfassenden Behandlung des
Themas am ehesten den russischen Reisebe-
richten vergleichbar. In seiner Klarsichtigkeit,
Kürze und Präzision ist der Essay als Einfüh-
rung in die Problematik bis heute unüber-
troffen. Andererseits ist er eine ernsthafte
Stellungnahme Roths zum Thema »Jüdische
Identität(en)«, getragen von persönlicher
Betroffenheit, wenn auch der Sprachgestus
objektiv ist. Und nicht zuletzt beginnt mit ihm
Roths Fixierung an rückwärtsgewandte Uto-
pien, die Lokalisierung des Guten in einer
Anti-Moderne.

Konzentriert auf rund hundert Seiten findet
man eine Darstellung ostjüdischer Lebens-
und Denkweisen, der Stellung der Ostjuden
innerhalb ihrer Umwelt, der inneren und äußeren Hindernisse, die dort ihrer Integration
entgegenstehen. Ebenso diskutiert Roth aber
auch die Problematik der Anpassung, der Assimilation und Akkulturation der ostjüdischen
Emigranten in den Auswanderungsländern.

Roth, der assimilierte und im Westen arrivierte
Jude, läßt keinen Zweifel daran, daß seine
Sympathie den Ostjuden gehört. Er empfin-
det, daß bei ihnen die »wahre und warme
Tradition« noch lebendig ist, daß diese die
Menschen leitet und ihnen Zuversicht gibt.
Sie folgen, so fand er, einem noch prämoder-
nen, metaphysisch verankerten Wertesystem,
in dem es um die Entwicklung menschlicher
Qualitäten, nicht um materielle Verbesserun-
gen geht. Wohl sah Roth und machte in dieser Schrift auch deutlich, welches Maß an
menschlicher Befreiung die zivilrechtlichen,
kulturellen und wirtschaftlichen Erleichterun-
gen für die in ihrer Heimat sogar am Leben
gefährdeten Menschen bedeuten mußten –
besonders die in diesen Jahren in der jungen
Sowjetunion von Staats wegen betriebene Mi-
noritätspolitik. Dennoch wird Trauer über den
Verlust dieser absoluten Anpassung spürbar:
Ein frommer Jude weiß, *»daß ihm nichts geschehen kann, wenn Gott es nicht will«.
»Denn die Gottesfurcht ist immer noch siche-
rer als die sogenannte moderne Humanität.«*

*(Joseph Roth: »Juden auf Wanderschaft«. In: Werke, Band 2,
S. 842 und 879)*

Joseph Roth schrieb im Januar 1929 an Stefan Zweig von einer Neubearbeitung des Essays, die unter dem Titel »Die Juden und ihre Antisemiten« bei Kiepenheuer erscheinen sollte (die Ausgabe kam nicht zustande). Im Juli 1933 verhandelte Roth mit Gerard de Lange über eine Herausgabe eines Buchs »Juden und Antisemiten«. Kurz darauf teilte er allerdings voll Freude Hermann Kesten in einem Brief mit, daß es ihm gelungen sei, den Vertragsgegenstand in »Der Antichrist« umzuwandeln, das ihm so wichtig erscheinende kulturkritische Werk, das zu einem Plädoyer für Respekt vor dem Überkommenen, der »naturhaften« Weltordnung werden sollte.

1937 griff Roth das Thema nochmals auf und vereinbarte mit dem Wiener Verlag Löwit eine erweiterte und aktualisierte Neuausgabe von »Juden auf Wanderschaft«. Die für diese Ausgabe geschriebenen Texte sind erhalten (Auszug siehe oben S. 156).

Roth geht darin auf die Lage der Juden in Deutschland unter dem Nationalsozialismus ein, zwar mit Trauer, jedoch ohne die Wärme unmittelbaren Mitempfindens. Die Assimilation habe, so meinte er, die deutschen Juden unfähig zu Widerstand und Gegenwehr gemacht: *»Nicht als eine Minderheit wurden sie behandelt, sondern als eine* Minderwertigkeit. *Es erschien ihnen selbstverständlich.«*

Roth sah die Zukunft illusionslos und pessimistisch.

232 Maiaufmarsch zionistischer Arbeiter in Chełm. Fotografie, 1932.

233 Zwei Juden auf einer Fähre im Hafen von New York. Undatierte Fotografie.

234–235   Das Moskauer jüdische akademische Theater.
Berlin: Die Schmiede, 1928. Einband (nach einem Entwurf von Georg Salter); Abbildung auf S. [27]: Szene aus
der musikalischen Komödie »200.000« nach Scholem
Alejchem.
Der Bildband enthält Textbeiträge von Ernst Toller,
Joseph Roth und Alfons Goldschmidt. Die Mitautoren
Roths standen linkssozialistischen Bewegungen nahe;
Toller war einer der Köpfe der Münchner Räterepublik
gewesen, Goldschmidt ein Journalist und Wirtschafts-
fachmann, der in der »Weltbühne« schrieb; beide engagierten sich, wie Roth, intensiv im Kampf gegen den Faschismus.

Roth hatte 1913 in Wien zum ersten Mal eine
Aufführung einer jiddischen Theatergruppe
aus Wilna gesehen. Er beschrieb seinen Eindruck im Beitrag »Das Moskauer jüdische
Theater«: wie er sie wegen ihrer lebhaften
Umsetzung jüdischen Lebens in operettenhaf-
te, als »Trauerspiel mit Gesang und Tanz« bezeichnete Stücke bewunderte und besonders
die Lieder mochte. Am Moskauer jüdischen
Theater, das Alexej Granowskij leitete, schätzte Roth die kritische Auseinandersetzung mit
der Tradition und eine Ironie den Folgen der
russischen Revolution gegenüber.

236 Gläubige verlassen die Altstadt-Synagoge in der
Wolborska Straße, Łódź, Polen.
Fotografie: Moshe Raviv, 1937.

Starjournalist 1927–1933

Joseph Roth »Die Tagespresse als Erlebnis.
Eine Frage an deutsche Dichter«

»Ich lese die Zeitung, um eine ›Neuigkeit‹ (oder mehrere) zu hören, ohne auch nur einen Augenblick den Abstand zu vergessen, der die Tatsache von der Nachricht trennt. Um also die Wahrheit zu erfahren, versuche ich, alle Unzulänglichkeiten in Betracht zu ziehen, unter denen die Nachricht zustande gekommen sein mag: etwa die Dummheit oder die Ahnungslosigkeit des Berichters beziehungsweise der Korrespondenz, die natürliche Tendenz der Zeitung, ›interessante‹ oder ›pointierte‹ oder ›wichtige‹ Nachrichten zu bringen (die ja auch wahr sein können); die Leichtgläubigkeit eines sorgenvollen, schlecht bezahlten Redakteurs, der auf eine Plumpheit hereinfällt; die Fixigkeit, mit der Setzer und Korrektoren arbeiten müssen und durch die simple Druckfehler entstehen können. Nachdem ich alle diese Begleitumstände wohl überlegt habe, bleibt nur noch wenig von der Zeitungsnachricht beziehungsweise der Notiz. Wäre die Zeitung so unmittelbar, so nüchtern, so reich, so leicht kontrollierbar wie die Realität, so könnte sie, wie diese, Erlebnisse wohl vermitteln. Allein sie gibt eine unzuverlässige, gesiebte Realität – – und eine mangelhaft geformte, das heißt also: eine gefälschte. Denn es gibt keine andere Objektivität als eine künstlerische. Sie allein vermag einen Sachverhalt wahrheitsgemäß darzustellen. Jede andere Art der Darstellung ist eine private, das heißt: unvollkommene. Die Berichterstatter und die Korrespondenten sind nun zumeist keine Künstler. Ihre Nachrichten, Berichte, Schilderungen sind wie private briefliche Mitteilungen, aber an die Öffentlichkeit adressiert. Es ist kein höhnischer Zufall, daß die Berichtquellen der Zeitungen ›Korrespondenz‹ und ›Korrespondenten‹ heißen. Blieben ihre Berichte private Briefe: Wie viel Erlebnisstoff böten sie uns! Aber da sie selbst ihr Briefgeheimnis verletzen, da sie an Hunderttausende schreiben, nicht an einen, geht das ›Erlebnishafte‹ verloren, verstreut sich in den Wind, der schließlich alle ›Drucksachen‹ davonträgt.
Die kleinen Provinzblättchen konnten hier und dort einem Dichter – Sie erwähnen in Ihrer Anfrage Kleist – ein Erlebnis vermitteln, das heißt: den Rohstoff zu einem künstlerischen Bericht. Warum? – Weil ihre Öffentlichkeit noch eine derart beschränkte war, daß sie beinahe eine private war. Die Berichte der Zeitung, der kleinen, alten, primitiven Zeitung, waren etwa ebenso intererssanter Rohstoff wie heute nur noch die bezahlten Anzeigen, die Heiratsinserate zum Beispiel. Die bezahlten Anzeigen sind auch die einzigen Notizen, die ich mit Gläubigkeit lesen kann, weil [sie] ihre Übertriebenheit sich selbst eingestehen und agnoszieren. Die Zeitung von heute ist viel unzuverlässiger als eine private Kunde, als der Läufer von Marathon. Ihr ›Stoff‹ ist meistens derart schlecht verarbeitet, daß ich ihm kein Erlebnis entnehmen kann. Ich kann nur hier und dort ein bereits geformtes Erlebnis in der Zeitung genießen: Ich meine die seltenen Beiträge der seltenen guten Schriftsteller. Und nur dieser Umstand rettet die Zeitung von heute: die Mitarbeit guter Schriftsteller.«

(Joseph Roth: »Die Tagespresse als Erlebnis. Eine Frage an deutsche Dichter«. Die Literarische Welt, 4. Oktober 1929. In: Werke, Band 3, S. 101-102)

Am 28. Juni 1927 schrieb Roth an Ludwig Marcuse (1894–1971), den Freund und Kollegen beim »Frankfurter Generalanzeiger«:

»ich muß noch für 3 Tage nach Deauville fürs Bäderblatt, denn es bringt etwas Geld ein – infolgedessen werde ich Sie, mein Lieber, nicht in Frankfurt treffen«

(Briefe, S. 106)

237 Deauville, Frankreich. Die Strandpromenade und »Le Bar Americain«. Fotografie, Mitte 1920er Jahre.
Trotz Widerwillen gegen solche Arbeit verfaßte Roth einen lieblichen Bericht über Deauville, der Ende August erschien.

Wirklich wichtig wurde ihm mehr und mehr die Arbeit an seinen Romanen. Im Sommer 1927 vereinbarte Roth mit der »Frankfurter Zeitung« einen neuen Vertrag, der ihm größere Möglichkeiten zum Arbeiten an umfangreichen schriftstellerischen Werken außerhalb des Journalismus einräumte.

238–240 Die Redaktion der »Frankfurter Zeitung« an Joseph Roth, Brief vom 11. Juli 1927, S. 1-3 (abgebildet auf S. 163, 164 und 165).
Dieses Schreiben enthält das Angebot der Zeitung zur Reduktion von Roths Aufgaben.

Frankfurter Zeitung.

Verlag.

Telegr.-Adr.: Zeitung Frankfurtmain.   Frankfurt a.M., den 11.Juli 1927.

Herrn Joseph Roth,
Frankfurt a.M.

Sehr geehrter Herr Roth,

unsere Besprechungen haben zu unserer Freude in allen Punkten zu einem Einvernehmen geführt. Wir können daher heute das Ergebnis schriftlich niederlegen:

1. Sie haben den Wunsch ausgesprochen, während der nächsten zwei Monate Ihrem bereits in der Hauptsache fertig gestellten Roman die letzte Form zu geben, und Sie während dieser Zeit von der bisher für uns ausgeübten Tätigkeit zu entbinden. Wir kommen diesem Wunsche gern nach und werden Ihnen die nächsten zwei Monate, ab 15. Juli gerechnet, monatlich je 600.- Mk. aussetzen. Hiervon gelten Mk. 400.- als Honorar für monatlich 4 kurze Artikel, die Sie uns innerhalb dieser Zeit übersenden, die wir aber erst nach Abdruck der noch restierenden Artikel über Albanien veröffentlichen können. Hierüber hinaus haben Sie die Möglichkeit, während dieser Zeit für das normale Honorar im Ganzen bis zu drei Artikeln zu schreiben, die sich auf Bäderblatt, Literaturblatt und Illustriertes Blatt verteilen und deren Honorar im Ganzen nicht mehr als Mk.200.- ausmacht. Für die Zeit vom 1.bis 15.Juli sehen wir die von Ihnen erhobenen Mk.500.- als Entgelt für diese Zeit an.

2. Ab 15.September tritt für die Zeit eines Jahres eine Neuordnung Ihrer Mitarbeit für uns dadurch ein, dass Sie für das Feuilleton der Frankfurter Zeitung Referent für bestimmte Themen werden, wozu noch monatlich ein Auf-

Frankfurter Zeitung.

Verlag.

Telegr.-Adr.: Zeitung Frankfurtmain   –2–

satz für das Literaturblatt hinzukommt. Die
Themen sollen sozialpolitischer und sozialer
Art sein. Sie werden zwischen Ihnen und dem
Feuilleton in der Art und Reihenfolge vereinbart werden. Die ersten Vorschläge der Redaktion sollen Ihnen noch im Verlauf des Monats
<u>Juli</u> zugehen. Sie werden monatlich über die
verschiedenen Probleme sowohl mehrere grössere Feuilletons für das I.Morgenblatt und
zwar so viel wie möglich und zweckmässig und
daneben je 3–4 kleine Abendblatt-Beiträge
schreiben. Im Einzelnen wird sich das nach
der Art und dem Umfang des Themas richten
und nach den jeweiligen Dispositionen der
Feuilleton-Redaktion. Der monatliche Aufsatz
für das Literaturblatt wird, dem Wunsch der
Redaktion entsprechend, sich nicht mit der
üblichen Buchkritik befassen, sondern mit
Stil- und Sprachanalyse.

Während dieser Tätigkeit für uns werden Sie
keine journalistische Tätigkeit für andere
Zeitungen übernehmen und für Zeitschriften
nur, soweit dies ausdrücklich mit der Feuilletonredaktion von vornherein vereinbart
wird. Werden Sie für eine längere Spanne
Zeit innerhalb unseres Abkommens in eine
Arbeitsunmöglichkeit versetzt, so steht uns
frei, wenn die Notwendigkeit sich heraus-
stellt, das betreffenden Thema einem Anderen
anzuvertrauen, oder Sie werden, wie Sie sich
entgegenkommenderweise bereit erklärt haben,
auch über die Zeit eines Jahres hinaus in
einem solchen Falle die verloren gegangene
Zeit im Sinne unserer Vereinbarung für uns
tätig sein, die sich dann auf die verlänger-
te Zeit erstrecken würde.

Wir haben in wirtschaftlicher Hinsicht für
die Zeit vom 15.September 1927 bis zum 15.

Basierend auf dieser Vereinbarung wurden
die journalistischen Aufgaben in den nächsten
beiden Jahren verringert; die Auseinandersetzungen über die Entlohnung und die politische Tendenz der Artikel Roths eskalierten;
das in diesem Vertrag angebotene Produk-
tionstempo wurde nicht erreicht. Roths Kritik
an der ins Nationale und Reaktionäre
abdriftenden deutschen Innenpolitik ging
stets einher mit Anteilnahme am Schicksal der
kleinen Leute.

Von dieser Art, erschütternd in der Darstellung der Hoffnungslosigkeit der Arbeiter, sind
die Berichte aus dem Saargebiet, das Roth
1927/1928 besuchte. In »Briefe aus Deutschland«, die er mit »Cuneus«, d. h. »Pfeil«,
zeichnete, machte Roth die Zunahme rechter
Ideologien durch die Schilderung der
ausweglosen Lage des Proletariats nachvoll-
ziehbar.

241 »Saarland, September 1934«. Fotografie: Robert
Capa.

Frankfurter Zeitung.

Verlag.

Telegr. Adr. Zeitung Frankfurtmain.   -3-

September 1928 ein monatliches Entgelt
von 1.000.— Mk. vereinbart sowie Ersatz
der reinen Fahrtkosten, die sich aus der
Bearbeitung der verschiedenen Themen er-
geben (Eisenbahn, Autoomnibusse usw.usw.).
Innerhalb Deutschlands steht Ihnen vollkommene Freizügigkeit zu, ebenso eine
Ferienzeit von vier Wochen, die Sie ganz
nach Wunsch verbringen können. Ebenso
besteht die Möglichkeit einer weiteren
Mitarbeit gegen das Normalhonorar für
unser Bäderblatt, das Illustrierte Blatt
oder die Beilage „Für die Frau".

Wenn wir Ihnen die Behandlung bestimmter
wichtiger Themen in unserem Feuilleton
anvertrauen, so bitten wir Sie, sich be-
wusst zu sein, dass Sie hiermit stärkere
innere Bindungen an die Grundtendenz und
Gesamthaltung unserer Zeitung eingehen,
als es bisher der Fall war. In diesem Sinne wird auch die politische Redaktion gern
Artikel von Ihnen in ihrem Teil nach Prü-
fung entgegennehmen, und die Wahl eines
Pseudonyms für die Themenartikel im Feuilleton wird auch die stärkere Betonung der
inneren Verbundenheit zum Ausdruck bringen.

Ihr Wunsch, daneben einmal im Monat mit Ihrem Namen im Feuilleton etwas zu veröffentlichen, wird Berücksichtigung finden.

Über die Veröffentlichung Ihres bei Kurt
Wolff erscheinenden Romans „Das fünfte
Rad ?" haben wir vereinbart, dass die
Veröffentlichung im Lauf des September beginnt, das Honorar beträgt 3.000.— Mk., wovon Ihnen die Hälfte als Vorschuss an die
von Ihnen gewünschte Adresse nach Bestätigung
dieses Briefes übersandt werden wird.

In vorzüglicher Hochachtung
Frankfurter Societäts-Druckerei
Gesellschaft mit beschränkter Haftung
Geschäftsführung.

242   Weimar. 2. Parteitag der NSDAP, Juli 1926. Adolf
Hitler wird von SA-Männern begrüßt.

Briefe aus Deutschland

Von Cuneus.

Unter Tag.

Wir möchten unsere Leser darauf aufmerksam machen, daß wie der folgende Brief auch die beiden anderen von uns veröffentlichten nicht fingierte Briefe sind, sondern Berichte unseres Mitarbeiters Cuneus an seine deutschen Freunde. D. Red.

Lieber Freund,

ich hätte gewünscht, Sie wären mit mir gewesen, damit ich sehe, wann wir einander zustimmen und wann wir auseinandergehen. Deshalb schreibe ich Ihnen heute noch, etwas unbesonnen und formlos: auf der Rückseite eines Plakats und mit Bleistift, in der Ecke eines Wirtshaustisches, an dem außer mir noch fünf Menschen sitzen, vier Männer und eine Frau. Sie kümmern sich nicht um mich, obwohl sie so aussehen, als hätten sie nichts anderes zu tun. Sie sprechen auch nichts miteinander. Unaufhörlich stellt man neugefüllte Biergläser vor sie hin. So schweigt es auch an allen anderen Tischen. Die kleine Schankstube ist voll, aber sie erinnert an ein Panoptikum am Vormittag. Ein hübsches Mädchen trägt die Biergläser aus. Auch es ist schweigsam, so daß es unnahbar aussieht. Einige Männer rauchen. Der blaue Rauch verstärkt noch die Schweigsamkeit, er ist der visuelle Ausdruck der Stille.

Mein lieber Freund, nach diesem Gestern ist die heutige Stille doppelt grausam. Von drei Uhr nachmittags bis zehn Uhr abends war ich sechshundert Meter unter der Erde, in einer Kohlengrube. Die Grube steht in französischer Regie. Ich war angekündigt. Der französische Verwalter empfing mich. Er sprach deutsch. Er war freundlich, kurz und sachlich. Er sprach sofort, ohne Einleitung, vielleicht wollte er Fragen vermeiden. Wozu aber hatte er mich in sein Büro kommen lassen? Wahrscheinlich, um mich anzusehen. Ich hatte einen Augenblick das Gefühl, daß ich gemustert werde. Keineswegs unangenehm! Der Mann sieht aus weichen, dunklen Augen; sie streichelten mehr als sie blickten. Dann unterschrieb ich ein Formular, Verzicht auf eine Entschädigung, wenn ich untergehen sollte, ein Pendant zu einem Testament. Geht man wirklich unter, so bekommt solch ein Papier eine Bedeutung, wird von der Grubenverwaltung mit einer gewissen tragischen Satisfaktion meinem Rechtsanwalt vorgelegt, und die Erben krepieren dank meinem Wissensdurst. Hierauf ging ich den Steiger suchen, er begegnete mir schon im Hof, blaß, schwarzhaarig, im Kostüm des Berg-

243   Cuneus [d.i. Joseph Roth]: Briefe aus Deutschland. Unter Tag. In: Frankfurter Zeitung vom 27. November 1927, S. 1, 1. Spalte (Ausschnitt).

Hatte Roth schon skeptisch und illusionslos über die Reformversuche in der Sowjetunion und die Diskrepanz zwischen politischer Theorie und gesellschaftlicher Praxis geschrieben, so ging er noch weitaus schärfer mit den destruktiven Kräften in Deutschland und in Italien ins Gericht. Schonungslos beschrieb er, welche Dimensionen der Faschismus in seinem Überwachungsterror, seiner totalen Kontrolle der öffentlichen Meinung, seiner gleichzeitig brutalen und popanzhaften Selbstinszenierung erlangen konnte.

Roths Berichte aus dem faschistischen Italien vom Herbst 1928 wurden von der Redaktion der »Frankfurter Zeitung« gekürzt und ohne Nennung seines Namens unter dem Titel »Das vierte Italien« abgedruckt.

Unter dem Eindruck besonders der deutschen Zustände und Lebensbedingungen, des graduellen Verlusts an Menschenwürde, veränderte sich Roths Aussage. Statt sensibler Beschreibungen klangen apokalyptische Töne an, wie die folgenden Sätze zur Verlegung eines ganzen Dorfes samt Friedhof zugunsten der Kaliförderung:

»Die Weltwirtschaft übersiedelt die Toten. Sie geht über Leichen und verschafft ihnen dann neue Quartiere. Sie zieht Christi Kreuze aus der Erde und fabriziert Gelbkreuze unter dem Schutz von Hakenkreuzen.«

(Joseph Roth: »Der Merseburger Zauberspruch«. Frankfurter Zeitung, 25. Dezember 1930. In: Werke, Band 3, S. 281)

Roths erste journalistische Reise nach Polen im Auftrag der »Frankfurter Zeitung« hatte 1924 stattgefunden und nur drei veröffentlichte Artikel erbracht. 1928 erreichte er eine neuerliche Entsendung in das Land, diesmal mit größerer Ausbeute für das Blatt. Es gelang dem Autor beide Male, berufliches Interesse mit privatem zu verbinden. Er besuchte Verwandte und Bekannte in Warschau und Lemberg und aktualisierte seine Eindrücke vom osteuropäischen Judentum auf einer mehrere Tage dauernden Reise nach Wilna.

244   Warschau / Warszawa, Polen. Blick auf den Schloßplatz und die Kathedrale. Fotografie, 1935.

245   Joseph Roth, seine Kusine Paula Grübel und Herr Orlanski in Warschau. Fotografie, vermutlich 1928.

Roths private Situation war 1928, gegenüber jener von 1924, drastisch verändert. Diesmal begleitete ihn eine kranke Friedl, von der er beschönigend an Freunde schrieb, sie befinde sich auf dem Wege der Besserung, obwohl insgesamt das Gegenteil der Fall war.

Frau Szajnocha-Schenk stellte, als gemeinsame Freundin, wieder die Verbindung zu Roths polnischem Freund und Schriftstellerkollegen Józef Wittlin her, der bald fünf der Romane Roths übersetzte und damit deren Verbreitung im Polen der Zwischenkriegszeit förderte.

Die Wege von Roth und Wittlin kreuzten sich auch in Frankreich, wohin Wittlin gerne fuhr. Roth half bei der Übersetzung des Romans »Salz der Erde« des Freundes und brachte ihn bei dem Verlag Allert de Lange unter.

246   Józef und Halina Wittlin. Fotografie anläßlich ihrer Hochzeit, Lemberg / L'viv, 1924. Die Fotografie war in Roths Besitz; sie entstand in Frau Szajnocha-Schenks Räumen im Grübel-Haus in der Hofmana 7.

247   Lemberg / L'viv. Der »Neue Rynek«/Pl. Rynok. Ansichtskarte, Fotografie, um 1920.

Es waren nicht nur journalistische Aufträge, die Roth zum unsteten Leben ohne ständigen Wohnsitz führten; da war auch seine grundsätzliche Vorliebe für Mobilität, für die unverbindliche Bequemlichkeit von Hotels, die Abneigung gegen kleinbürgerliche Häuslichkeit. Ab der zweiten Hälfte der 1920er Jahre läßt sich daher kein Lebenszentrum für Roth mehr ausmachen – er hielt sich nirgends in Deutschland lange auf; weder in Berlin, wo er zumeist im »Hotel am Zoo« abstieg, noch in Frankfurt am Main; dort war das Hotel »Englischer Hof« gegenüber dem Hauptbahnhof sein bevorzugter Aufenthaltsort. Roth schrieb auch in Kaffeehäusern oder Konditoreien, also in öffentlichen, nicht in privaten Räumen, ohne sich durch den Betrieb um ihn stören zu lassen. Man könnte sogar sagen, im Gegenteil, denn in der Tradition etlicher Wiener Redakteure arbeitete auch Roth am besten »allein, aber in Gesellschaft«.

248   Berlin. »Hotel am Zoo«, Kurfürstendamm 25. Fotografie, 1954.

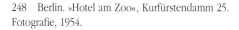

249   Berlin. Kurfürstendamm. Fotografie, 1930. Vorne links die »Conditorei Wien«, daneben die Lichtspiele und das »Hotel am Zoo«.

250   Berlin. Café am Kurfürstendamm.
Fotografie, 1920er Jahre.

Im Jahr 1929 unterzeichnete Roth einen lukra-
tiven Vertrag mit den rechtsgerichteten
»Münchner Neuesten Nachrichten«, die bei
hohem Honorar nur wenige Beiträge forder-
ten. Den Ausschlag für den Abschluß mit
diesem nicht auf Roths Linie liegenden Blatt
gab die Tatsache, daß sein Einkommen aus
den Artikeln für die »Frankfurter Zeitung«
und aus den Romanen zu unregelmäßig war
und für Roths Bedürfnisse nicht ausgereicht
hatte. Er schrieb für die »Münchner Neuesten
Nachrichten« zwischen August 1929 und Mai
1930 rund dreißig Beiträge.

Der Verlag der »Münchner Neuesten Nachrichten« gab ein Buch von ursprünglich in
der »Frankfurter Zeitung« (und in wenigen
anderen Blättern) erschienenen unpolitischen
Feuilletons heraus. Ein solches Projekt hatte
die Frankfurter Societäts-Druckerei zuvor
abgelehnt.

251   Joseph Roth: Panoptikum. Gestalten und Kulissen.
München: Knorr & Hirth, 1930. Einband.

Zehn Jahre Demokratie   „Der Wiener Tag“   11

Joseph Roth:

Sonntags zwischen vier und sechs

Am Sonntag nachmittag, zwischen vier und sechs, es ist winterliche Witterung, beginnt die Freiheit unerträglich zu werden, ein lästiges Geschenk. Noch ist es Tag. In seinen allmählich herandämmernden Untergang schimmern die Plakate vor den Eingängen der Kinos zu den Nachmittagsvorstellungen, deren gütig beschirmende Finsternis die Grausamkeit eines einsamen Abends vielleicht zu mildern imstande wäre. Dennoch erschrickt man vor der unausbleiblichen Notwendigkeit, schon um sechs Uhr wieder in die Straße hinausgestoßen zu werden, die noch nicht nächtlich sein wird und nicht mehr abendlich. Man wird im frisch-silbernen Glanz der eben aufstrahlenden Bogenlampen und Lichtreklamen die nächste Arbeitsschicht der Kinobesucher in denselben „Lichtbildpalast" einströmen sehen, dessen Herrlichkeiten man selbst bereits genossen und begraben hat und um den Genuß der ahnungslosen Erwartung betrogen sein, die noch die Kraft verleiht, den Rest des Sonntags zu ertragen. Gewöhnlich regnet es, wie es um diese Zeit zu regnen pflegt: dünn, ohne Berechtigung und dauerhaft. Man ist bis zu dem Grade zermürbt, daß man sich wünscht, in einem befreundeten Haus eingeladen zu sein. Eine gelinde Vorstellung von intimer Geselligkeit vermag vielleicht eine kleine Konditorei zu gewähren. Sie liegt eingeklemmt zwischen die unerbittlich herabgelassenen Jalousien benachbarter Kaufläden, an einem rundlichen Platz, in dessen Mitte die Rasen winterlich grünen. Sie allein ist geöffnet. Durch ihre Nischen, in denen rötliche Lampenschirme ein Licht eher verbergen als verbreiten, ein Licht, das den blinden Augen der Liebenden wohltun soll, zieht, von diffusen Geräuschen begleitet, das Konzert. Es entweicht dem braunen Radiokasten neben der Büfett, man kann geradezu sehen, wie es sich ihm entschlängelt, unterbrochen und abgeschnitten von den Ankündigungen des Ansagers, dessen Stimme noch näher ist, als wenn er persönlich im Raum stünde. „Meine Damen und Herren! Es folgt jetzt..." In der kurzen Sekunde, die zwischen der Ankündigung und dem nächsten Konzert gelegen ist, hört man draußen das unerbittliche Rinnen des Regens wie Stimmen der Natur aus einer verschwundenen Urzeit. Reglos, wie die Pyramiden aus brauner Torte hinter Glas, ragt das Büfettfräulein in die Luft, ihre bloßen Dauerwellen berühren den gleichmäßig schwingenden Pendel der Uhr, ihre blauen Porzellanaugen scheinen sämtliche Gedanken aus dem Hirn absorbiert zu haben, schon denken sie selber sie.

Hinter der schweren grünen Portiere, die sich nur mit einiger Mühe von den Besuchern auseinanderschlagen läßt, befindet sich die Drehtür. Jeden Augenblick kann sie sich bewegen, auch hört man von Zeit zu Zeit das widerwillige Knirschen ihrer metallenen Achse, und man wartet gespannt, wer wohl jetzt aus dem Vorhang schlüpfen wird. Ja, es ist, als müßte schließlich irgend jemand kommen, der imstande sein wird, mit einem Schlage die ganze Situation zu verändern, das Büfettfräulein aus ihrer Starrheit zu erlösen, die Tortenpyramide mit einem einzigen Biß zu vernichten, die bunten Likörflaschen mit einem Steinwurf zu zertrümmern und das unermüdliche Radio durch eine störende Welle zum Schweigen zu bringen. Sobald aber der schwere Vorhang gelüftet ist, tritt nicht etwa der erwartete merkwürdige Gast ein, sondern wieder eines der kümmerlichen Mädchen, deren schon so viele an den Tischchen sitzen. Einsame Mädchen, mit schmalen Pelzstreifen an den billigen „Übergangsmänteln", die nur den Winter andeuten, nicht vor ihm schützen. Geschöpfe der Einsamkeit, wie sie nur in den ganz großen Städten und nur an den ganz trüben Sonntagen zu sehen sind. Manch-

mal treten sie zu zweit auf, aber auch dann sind sie nur verdoppelte Einzelne, es ist, als träte ein Mädchen mit seinem Spiegelbild in die Konditorei. Beide triefen vor Nässe. An den Hälsen beider kringeln sich feucht und struppig die schmalen Pelzschlangen wie Tierleichen, die man aus dem Wasser gezogen hat. Mit der gleichen Bewegung vollführen die Mädchen einen scheuen Halbkreis im Raume. Schon sind alle rötlichen Nischen von gleichartigen Geschöpfen besetzt. Also gehen sie zu einem Tischchen, das frei in der Mitte des kleinen Raumes zu schweben scheint und sich selbst nach einem Winkel zu sehnen. In dem Augenblick aber, in dem sich die beiden Mädchen daran setzen, wird es stabiler, gewinnt es gleichsam den Boden unter seinen zierlichen Füßchen aus Gußeisen und erweist sich in der Lage, zwei solide Tassen Kaffee zu tragen und einen kolossalen Berg aus schneeiger Schlagsahne. Alles schweigt. Das Radio hält es für angebracht, die Musik zu unterbrechen und einen echten, lebendigen Dichter aus seinen eigenen Werken vortragen zu lassen. Mit einer ohne Zweifel bewegten Stimme trägt er seine Sätze vor, eigenes Herzblut, das er jetzt noch einmal vergießt, nachdem es schon vertrocknet gewesen, alte Wunden an seinem Leibe reißt er wieder auf, alles fürs Geld. Die einsamen Mädchen hören ihm nicht zu. Sie blättern in den alten Nummern der illustrierten Zeitungen, die der Kellner auf einen leeren Stuhl neben sie hingelegt hat, alt in haltbare, harte, schwarze Leinwand gebunden und mit blitzenden Ecken aus Messing versehen. Kein Mensch hat etwas Besonderes zu sagen. Der weiße Kellner lehnt wie ein Engel an der Tür, die zur Küche führt. An allen Tischchen bilden sich kleine schwarze Wässerchen von den tropfenden Regenschirmen. Alle Mädchen haben Karten für die Abendvorstellung in ihren Täschchen, das allein verleiht ihnen Sicherheit. Hieher, in die Konditorei, kamen sie nur, um die dämmernde Leere zu überstehen, die zwischen den Feiertag und sein nächtliches Ende gelegt ist als eine besondere sonntägige Qual, zweistündige Verschärfung der Strafe, die da Freiheit heißt, Ausgang, Vergnügen, Großstadt, Zivilisation. Allein, allein, allein. Der Freund ist flüchtig und verloren oder noch nicht gekommen, das Herz ist klein und lebendig, die Trauer ist tödlich und unermeßlich, es regnet, es regnet in den harten Straßen aus Stein und Asphalt, die Menschen sind fremd, die Kirchen stumm und geschlossen und Gott ist weit. Immer kleiner wird der Berg aus weißer Schlagsahne, schließlich klirrt der kleine Löffel auf das nackte Porzellan. Über den Dauerwellen der Büfettdame schlägt es sechs goldene Schläge. Draußen regnet es immer noch, aber die Nacht ist wenigstens im Anzug, der Abend ist schon weit fortgeschritten, nur noch ein kleiner, banger Rest, und der Sonntag ist hin, um neun Uhr ist der Hauptfilm zu Ende, und gegen zehn kann man endlich einschlafen. Die Mädchen erheben sich, das Radio verstummt, die Nischen werden leer. In langsamen Gruppen verlassen alle die Konditorei, eine Hand übergibt den Vorhang der nächsten, unaufhörlich füllen sich die gläsernen Fächer der Drehtür, ein kalter Windzug bläst die Gruppen auf der Straße auseinander, unter schwarzen, schwankenden, gespenstischen Regenschirmen rennen sie dahin, hinein in die gütigen Finsternisse der großen Kinopaläste...

Beide
wählten Erlesenes-

№ 4711 Echt Kölnisch Wasser

252 Joseph Roth: »Sonntags zwischen vier und sechs«.
In: Der Wiener Tag, 8. Dezember 1932, Beilage S. 11.

Roth versuchte oft, seine Artikel mehrfach zu verwerten. Dieser war zuvor in den »Münchner Neuesten Nachrichten« erschienen.

Berühmter Journalist – Berühmter Schriftsteller

Als Roth die enge Bindung an die »Frankfurter Zeitung« aufgab, verschärfte das seine finanzielle Lage; sie konnte nicht durch die Einnahmen aus den Romanen kompensiert werden. So richtete er viele Briefe wie den folgenden an verschiedene Bekannte; mit unterschiedlich dramatischen Schilderungen seiner psychischen und finanziellen Lage, die ständig wechselte, aber oft katastrophal war.

253 Stefan und Friderike Zweig mit deren beiden Töchtern Susanne und Alix Winternitz im Garten ihres Hauses am Kapuzinerberg in Salzburg. Fotografie, 1920er Jahre.

Roth hatte Stefan Zweig 1927 aus Anlaß seines Buchs »Juden auf Wanderschaft« kennengelernt. Die Freundschaft wurde eng, gelegentlich auch konfliktreich. Im Bewußtsein sprachlicher und gestalterischer Überlegenheit kritisierte Roth gelegentlich Zweigs literarische Arbeit, was dieser akzeptierte. Später, im Exil, bat Roth Zweig wiederholt für sich, aber auch für andere, um finanzielle Unterstützung – meist mit Erfolg.

Roth besuchte das Schriftstellerehepaar gerne während seiner Aufenthalte in Salzburg. (Er wohnte jeweils im nahegelegenen Hotel Stein in der Stadt.) Auch mit Friderike Zweig entwickelte sich ein nahes persönliches Verhältnis, das für Roth in der Zeit des Exils eine wichtige Stütze bedeutete.

254 Joseph Roth an Stefan Zweig, Brief vom 20. Juni 1930. Handschrift, verkleinert abgebildet.
Der Text lautet:

»20. VI. 1930. Juni
Sehr verehrter und lieber Herr Stefan Zweig, ich bitte Sie nicht mehr um Entschuldigung für mein langes und bereits ungezogenes Schweigen, so sehr weiß ich, daß Sie mich kennen und daß Sie wissen, was mein Nicht-Schreiben bedeutet. Es heißt, daß ich die Distanz zu mir noch immer nicht finden kann und daß es mir schwer fällt, einen objektiven Bericht über mich zu liefern. Vielleicht ist es noch am besten, ich setze Ihnen die äußere Lage auseinander, da kann mir kein Fehler unterlaufen.
Vor mehr als einer Woche hat Kiepenheuer – er ist inzwischen verreist – mit Dr. Ruppel von der Kölnischen Zeitung wegen meiner Reise nach Rußland und Sibirien unterhandelt. Die Entscheidung der Kölnischen hätte schon da sein müssen, sie bleibt noch aus, und ich erwarte sie mit der größten Ungeduld. Sie ist das allerwichtigste für meine und meiner Frau nächsten Monate. Dr. Ruppel (der Feuilletonredakteur) behauptete, der Verlagsdirektor wünschte meine Mitarbeit von Herzen. Wenn er nicht lügt oder schnickt – und danach sieht er nicht aus – so hätte ich die allerbesten Chancen. Dieser Verlagsdirektor nun ist in Urlaub. Er hat dennoch mit Dr. Ruppel über meine Reise zu telephonieren versprochen und es schien, als sollte die Entscheidung noch vor seiner Rückkehr (Anfang Juli) fallen. Ich hoffe jeden Tag, daß sie kommt. Wenn mir die Reise abgelehnt wird, so wird es andere Gründe haben, die ich nur vermuten kann. Da ist eben nichts zu machen. In Turksib war bereits der ständige russische Korrespondent der Kölnischen. Ich habe, um größere Chancen zu bekommen zum Schrecken Aller, die das Land und meine Art kennen, nur 10-12 000 Mark verlangt – fünf Monate. Mehr zu fordern habe ich aus Angst nicht gewagt. Wie ich

HOTEL AM ZOO
FERNSPRECHER: J 1 BISMARCK 7000-7015
TELEGR.-ADRESSE: ZOOHOTEL BERLIN

BERLIN W.15
KURFÜRSTENDAMM 25

20. VI. 1930, Juni

Sehr verehrter und lieber Herr Stefan Zweig, ich bitte Sie nicht mehr um Entschuldigung für mein langes und bereits unangenehmes Schweigen, so sehr weiss ich, dass Sie mich kennen und dass Sie wissen, was mein Nicht-Schreiben bedeutet. Es heisst, dass ich die Distanz zu mir noch immer nicht finden kann und dass es mir schwer fällt, einen objektiven Bericht über mich zu liefern. Vielleicht ist es noch am besten, ich setze Ihnen die äussere Lage auseinander, da kann mir kein Fehler unterlaufen.

Vor mehr als einer Woche hat Kiepenheuer – er ist inzwischen verreist – mit Dr Rüppel von der Kölnischen Zeitung wegen meiner Reise nach Russland und Sibirien unterhandelt. Die Entscheidung der Kölnischen hätte schon da sein müssen, sie bleibt noch aus, und ich erwarte sie mit der grössten Ungeduld. Sie ist das allerwichtigste für meine und meiner Frau nächste Monate. Dr Rüppel (der Feuilletonredakteur) befürwortete, der Verlagsdirektor wünschte meine Mitarbeit von Herzen. Wenn er nicht lügt oder schmeichelt – und danach sieht er nicht aus – so hätte ich die allerbesten Chancen. Dieser Verlagsdirektor nun ist in Urlaub, er hat [illegible] mit Dr Rüppel über meine Reise zu [illegible] Vertrag [illegible] und es schien, als sollte die Entscheidung noch vor seiner Rückkehr (Anfang Juli) fallen. Ich hoffe jeden Tag, dass sie kommt. Wenn mir die Reise abgelehnt wird, so wird es andere Gründe haben, die ich nur vermuten kann. Da ist aber nichts zu machen. In Türkei war bereits der ständige [illegible] Korrespondent der Kölnischen. Ich habe, um grössere Chancen zu bekommen, [illegible] alles, die das Land und meine Art kennen, nur 10–12 000 Mark verlangt – fünf Monate. Mehr zu fordern habe ich aus Angst nicht gewagt. Wie ich damit auskommen soll, weiss ich allerdings nicht. Denn ich muss mindestens 3000 Mark für meine Frau zurücklassen. Aber das Wasser geht mir bis zum Hals. Kiepenheuers [illegible] nehmen [illegible] kein [illegible] Manuscripte an, bekommen [illegible] Geld, und Kiepenheuer borgt mir nicht mehr die Vorschüsse. Ich habe mehr als notwendig ist, brauche 1200 M für meine Frau, 800 für mich monatlich und habe 22.000 Mark Vorschuss. Nun habe ich seit voriger Woche wieder angefangen, Artikel zu schreiben – blöde Arbeit bei meiner Erschöpfung, Phantasielosigkeit, – und Kiepenheuers Zeitungsarchiv vertreibt sie. Aber mehr als 500 Mark monatlich lässt sich mit Nachdrucken nicht verdienen. Kommt also Köln nicht, dann weiss ich nicht, was werden soll. Aber Köln muss einfach kommen. Im Oktober wird es sich zeigen, wie Hiob geht. Wenn er wenigstens 15.000 hätte! Generalkonsul Pflaum ist plötzlich gestorben. Aber die Münchner wird mir vielleicht trotzdem noch bis August zahlen. Vorausgesetzt, dass es mir gelingt, Artikel für die Münchner zu schreiben, was natürlich doppelt schwer ist. Diesen Ausweg bin ich nicht mehr gewohnt. Ich kann nicht anders denken als in grösseren Zusammenhängen und es dauert lange, bevor es mir gelingt, ein kleines Stückchen herauszureissen. Dann hasse ich es auch. Begreifen Sie also, wie ich auf Kohlen sitze. Für meine Frau kann ich's nicht billiger machen. Ich werde bis zu meiner allerletzten Möglichkeit dafür arbeiten, und wenn ich zugrunde gehen sollte. Wenn es möglich ist, durch die Concordia – wie Ihre Frau schreibt – billigeren Preis zu bekommen, ohne in eine andere Anstalt zu kommen, so wäre ich Ihnen natürlich herzlich dankbar. Durch Herrn [illegible] bei der Kölnischen wird wahrscheinlich leider nichts zu machen sein. Denn der Verlag allein scheint mir wohlgesinnt zu sein. Im Augenblick beschäftigt mich also außer der schon alten Geschichte meiner Frau die Reise nach Sibirien. Ich bin ungeduldig, müde, erschöpft, [illegible] vor mir. Es ist der gerade Weg zur Neurasthenie.

Nun merke ich, dass ich mich nicht mehr für mein Schweigen, sondern für mein Schreiben entschuldigen muss. Ich habe Ihnen heute verlogenes Zeug geschrieben und bitte um Ihre Nachsicht. Wäre ich mit Ihnen zusammen, Ihr gütiges freundschaftliches Auge könnte mehr sehen, als ich sagen und schreiben kann. Betrachten Sie, bitte, diesen Brief nur als eine Mitteilung, die Auskunft geben soll. Jede Bemerkung bitte ich Ihnen [illegible]. Bald will ich auch Ihrer lieben Frau schreiben. – Ich hoffe, es geht Ihnen gut und wünsche Ihnen sehr herzlich alles Gute. Denken Sie an mich wie ich an Sie denke. Der Gedanke guter Freunde hat eine grosse Macht. Ich fühle, dass der meinige Ihnen hilft.

Immer und herzlichst Ihr alter

Joseph Roth.

damit auskommen soll, weiß ich allerdings nicht. Denn ich muß mindestens 3000 Mark für meine Frau zurücklassen. Aber das Wasser geht mir bis zum Hals. Kiepenheuers teurere Autoren, Feuchtwanger Zweig Glaeser Heinrich Mann rücken jetzt mit ihren Manuscripten an, bekommen enorme Gelder, und Kiepenheuer stoppt mir mit Recht die Vorschüsse. Ich habe mehr als vernünftig ist, brauche 1200 M. für meine Frau, 800 für mich monatlich und habe 22000 Mark Vorschuß. Nun habe ich seit voriger Woche wieder angefangen, Artikel zu schreiben – blöde Arbeit bei meiner Erschöpfung, Phantasielosigkeit, – und Kiepenheuers Zeitungsvertrieb vertreibt sie. Aber mehr als 500 Mark monatlich läßt sich mit Nachdrucken nicht verdienen. Kommt also Köln nicht, dann weiß ich nicht, was werden soll. Aber Köln muß einfach kommen. Im Oktober wird es sich zeigen, wie Hiob geht. Wenn er wenigstens 15000 [Startauflage verkauft] hätte! Generalkonsul Pflaum ist freilich gestorben. Aber die Münchener wird mir vielleicht trotzdem noch bis August zahlen. Vorausgesetzt, daß es mir gelingt, Artikel für die Münchener zu schreiben, was natürlich dreifach schwer ist. Diesem Schmonzes bin ich nicht mehr gewachsen. Ich kann nicht anders denken als in größeren Zusammenhängen und es dauert lange, bevor es mir gelingt, ein nettes kleines Stückchen herauszureißen. Dann hasse ich es auch. Begreifen Sie also, wie ich auf Kohlen sitze. Für meine Frau kann ichs nicht billiger machen. Ich werde bis zu meiner allerletzten Möglichkeit dafür arbeiten, und wenn ich kaputt gehen sollte. Wenn es möglich ist, durch die Concordia – wie Ihre Frau schrieb – billigere Preise zu bekommen, ohne in eine andere Anstalt zu kommen,

so wäre ich Ihnen natürlich herzlich dankbar. Durch Herrn Sarnetzki bei der Kölnischen wird wahrscheinlich leider nichts zu machen sein. Denn der Verlag allein scheint mir wohlgesinnt zu sein. Im Augenblick beherrscht mich also außer den schon alten Geschichten meiner Frau die Reise nach Sibirien. Ich bin ungeduldig, mißtrauisch, ekelhaft, mir graut vor mir. Es ist der glatteste Weg zur Unproduktivität.

Nun merke ich, daß ich mich nicht mehr für mein Schweigen, sondern für mein Schreiben entschuldigen muß. Ich habe Ihnen lauter ekelhaftes Zeug geschrieben und bitte um Ihre Nachsicht. Wäre ich mit Ihnen zusammen, Ihr gutes freundschaftliches Auge könnte mehr sehn, als ich heute und hier schreiben kann. Betrachten Sie, bitte, diesen Brief nur als eine Mitteilung, die Auskunft geben soll. Jede Veränderung teile ich Ihnen sofort mit. Bald will ich auch Ihrer lieben Frau schreiben. – Ich hoffe, es geht Ihnen gut und wünsche Ihnen sehr herzlich alles Gute. Denken Sie an mich wie ich an Sie denke. Der Gedanke guter Freunde hat eine große Macht. Ich hoffe, daß der meinige Ihnen hilft. Immer und herzlichst Ihr alter

Joseph Roth.«

(Briefe, S. 168-170, anhand der Handschrift korrigiert)

Die »Kölnische Zeitung« lehnte eine Entsendung Roths nach Rußland ab. Sie finanzierte 1931 nur eine »Kleine Reise« in Deutschland. Mittlerweile arbeitete Roth auch wieder für die »Frankfurter Zeitung«.

In der ersten Hälfte des Jahres 1931 lud Stefan Zweig den Schriftstellerkollegen nach Antibes ein. Beide wohnten im Grand Hôtel. Roth – auf der Flucht vor Gläubigern – konnte ungestört am Roman »Der Radetzkymarsch« weiterarbeiten, während Zweig an seinem Roman »Marie Antoinette« schrieb.

255 Cap d'Antibes. Grand Hôtel du Cap. Undatierte Fotografie.

Roths rastloses Leben bot ihm kaum Gelegenheit, Besitz zusammenzutragen – Bücher etwa, Kunstwerke oder andere Objekte, wie sie die meisten Menschen um sich anhäufen. Eine Ausnahme machte er mit dem Sammeln von Taschenmessern, Spazierstöcken und Taschenuhren. So gerne Roth zusammentrug, so häufig verschenkte er wieder, wie Zeitgenossen zu berichten wissen.

256 Joseph Roth untersucht eine Uhr, Paris, Hôtel
Foyot. Fotografie, Anfang 1930er Jahre.

257 Paris VI. Boulevard Montparnasse. La Coupole.
Undatierte Fotografie.
Eine Brasserie, die Roth während seiner Aufenthalte in
Paris gern besuchte.

Romane
im Verlag Kurt Wolff

Roth löste 1927 seinen Vertrag mit dem Verlag Die Schmiede und wechselte zum Verlag Kurt Wolff in München, wo die beiden Romane »Die Flucht ohne Ende« und »Zipper und sein Vater«, beide in gleicher grafischer Ausstattung, herauskamen.

Roth begann die Arbeit an diesem Buch während seiner Reise in der Sowjetunion. Im Frühjahr 1927 schloß er den Roman in Paris ab. Untertitel und Vorwort versprechen »Authentizität«: und wirklich, das Buch bietet eine Authentizität des Lebensempfindens, eines geradezu existentialistischen Gefühls von Sinnlosigkeit in einer ersten »verlorenen« Nachkriegsgeneration. Die abschließende Aussage über den Protagonisten lautet:

»So überflüssig wie er war niemand in der Welt.«

258   Joseph Roth im Hôtel Foyot, Paris. Fotografie, Anfang der 1930er Jahre.

259   Joseph Roth: Die Flucht ohne Ende. Ein Bericht, München: Kurt Wolff, 1927. Schutzumschlag.

Aus Urteilen über

René Schickele / Das Erbe am Rhein

Ihr Roman, René Schickele, wird dauern. Er ist gesegnet unter den Romanen, die geistgewollt und die Wahrheit unseres Lebens selbst sind.   Heinrich Mann in der Literarischen Welt

Jetzt erst lese ich Schickeles „Erbe am Rhein" und bin ganz einfach in einem Taumel der Begeisterung! Das ist der beste, weil dichterischste Roman seit Jahren.   Max Brod, Prag

Ich liebe dieses Buch, wie ich eine Frau lieben würde ... ich komme nicht dazu, zu prüfen, denn dieses Buch geht mich so sehr an, daß ich nicht außerhalb, sondern es innerhalb seiner Form miterlebe.   Wilhelm Hausenstein in der Frankfurter Zeitung

Ein Buch, das an zauberhafter Anmut kaum seinesgleichen hat in der deutschen Sprache.   Weltbühne

Als dichterisches Kunstwerk ist Schickeles Roman bewundernswert.   Kölnische Volkszeitung

Hier ist kein Wort zu viel, aber auch kein Wort zu wenig, es ist das Werk eines hochgemuten, seltenen Menschen ... ein glühendes Bekenntnis zum Leben, das in ergreifender Weise die tiefe Tragik menschlichen Daseins aufdeckt.   Berner Bund

Ein reiches, kluges, tönendes Buch! — Schickele hat einen Liebesroman geschrieben. Heute! Das scheint mir verblüffend und rührend. Schickeles wundervoller Roman aber setzt — im lautersten Sinne! — die Tradition von 1913 fort. Er wagt es, von der Liebe zu reden; er wagt es, Leute hineinzuzaubern, die für die Liebe Zeit haben. — So reine Farben, so reines Deutsch ... das hat es schon lange nicht gegeben. — Dieses Buch hat die verlorenen Tugenden der Anmut, der Diskretion, der Stille, des Niemals-in-die-Menge-Blickens ... kurz, was wir der Frau an den Leib wünschen, der wir morgen das Buch schicken wollen.   H. E. Jacob im Berliner Tageblatt

Joseph Roth
Die Flucht ohne Ende

3

Joseph Roth
Die Flucht ohne Ende

Ein umfassendes erbarmungsloses Bild unserer modernen Welt, ein Zeitbuch großen Stils

„Die Flucht ohne Ende" ist nicht nur die ereignisreiche Flucht des ehemaligen österreichischen Oberleutnants aus den sibirischen Wäldern durch das bolschewistische Rußland, in denen er sich jahrelang als Revolutionär aufhielt, zurück in das westliche Europa, auf die Pariser Boulevards, — sondern es ist die Flucht eines intensiv lebendigen Einzelnen aus dem Zeitalter der Masse, aus der breiten, gedankenlosen, gespenstisch gewordenen Zivilisation, von der er sich ausgeschaltet fühlt und der er als heutiger Mensch dennoch mit allen Nerven verfallen ist.

Kurt Wolff Verlag München

260 B[runo] F[rei]: Ein paar Bücher. [Rezension von
»Flucht ohne Ende« u. a.]. In: Der Abend, Wien, 6. Februar 1928, S. 5.
Frei kannte Roth gut seit den frühen 1920er Jahren, als
beide in Berlin als Journalisten arbeiteten und einander
oft sahen.

261 Joseph Roth: Zipper und sein Vater, München:
Kurt Wolff, 1928. Einband.
Mit »Zipper und sein Vater« legte Roth einen weiteren
Zeitroman vor, den problematischen Versuchen gewid-
met, sich einzuordnen in das als Folge des Krieges
1914 / 1918 entstandene neue soziale Gefüge.

262 Hans Natonek: Dichtung als Dokument. Der
Roman, nach dem man sich sehnt. In: Neue Leipziger
Zeitung, Leipzig, vom 27. November 1927, S. 33 (Abb.
S. 178).

Natonek nahm einige Neuerscheinungen des
Jahres 1927, unter ihnen Roths »Flucht ohne
Ende«, zum Anlaß grundsätzlicher Erörterun-
gen: der Forderung nach einem Realitätsbe-
zug moderner Prosa, nach einer das Einzel-
individuum übergreifenden Aktualität und
Relevanz. Roths Bezeichnung »Bericht« statt
»Roman« hebt er positiv hervor.
Damit lag Roth jedenfalls voll im Trend.
Wieweit seine Romane solche Erwartungen
der Leser dann befriedigt haben, sei dahinge-
stellt. Denn: Vertreter der »Neuen Sachlichkeit« sind sie eindeutig nicht.
Roth scheint sich mit Natoneks Artikel aus-
einandergesetzt zu haben; oder er hat mit
vertiefter Kenntnis seines Handwerks den eigenen Stil unabhängig von Natonek reflek-
tiert. Jedenfalls schrieb er eine programmati-
sche Absage an diese Richtung: »Schluß mit
der ›Neuen Sachlichkeit‹!«, erschienen im Januar 1930 in der Zeitschrift »Die Literarische
Welt« (Werke, Band 3, S. 153 ff). Es sei ein
Irrtum und eine Anmaßung, wenn sich eine
bestimmte Art Literatur ein Etikett der Authentizität, der nahezu fotografisch genauen
Wiedergabe einer Wirklichkeit zuspreche. Der
Begriff der »Neuen Sachlichkeit«, plakativ
und aufreißerisch ähnlich dem der »neuen
Generation«, sei bloß dazu geeignet, eine
rein stoffliche Neugier zu wecken, und
lasse den künstlerischen Wert außer acht.
Denn das Werk des Erzählers sei *niemals
von der Realität gelöst, sondern in Wahrheit
(durch das Mittel der Sprache) umgewandelte
Realität*.

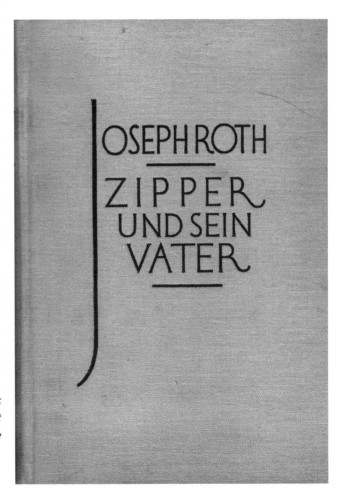

Sonntag, den 27. November 1927 Neue Leipziger Zeitung Seite 33

Dichtung als Dokument

Der Roman, nach dem man sich sehnt

Von Hans Natonek

„Der Krieg interessiert nicht mehr"

Eine große und gefährliche Phrase wurde begraben. Wir wollen Salut feuern über diesem Grab. „Der Krieg interessiert nicht mehr!" sagte man. Man sagte das bereits im ersten Nachkriegsjahr. Schwamm darüber, kommandierte das Publikum, die gehorsame Literatur parierte, und die Tafel war wie leer gewischt. Aber seltsam, nach und nach traten die Schriftzüge dieser nicht wegzuwischenden Epoche von 1914 bis 1918 wieder hervor. Klarer und immer klarer und immer größer und immer unausweichlicher. Es ist zu verstehen, wenn eine nerven- und bluterschöpfte Menschheit nach Kriegsende sich die Ohren zuhielt: Nichts vom Krieg! Das tiefe lange Schweigen, wie ein gähnender Abgrund, mußte kommen. Es war eine Gebärde der Hilflosigkeit, mit der man die gepolsterte Tür hinter sich zuschlug, um nichts zu hören. Kindliche Beschwörung des Chaos, das man verdeckt, indem man sich die Augen zuhält. Als ob sich eine Generation um ihre entscheidende Epoche, um ihre Wende betrügen konnte! Als ob es möglich wäre, diese Zeit gleichsam herauszuschneiden und auf einem Loch weiterzubauen! Man möchte die Lektion schwänzen Sie wird uns nicht geschenkt. Beweis: Arnold Zweigs „Der Streit um den Sergeanten Grischa" (Kiepenheuer Verlag, Potsdam), Meisels „Tortenson" (S. Fischer, Berlin), der vierbändige „Brave Soldat Schwejk" (Synek, Prag), Joseph Roths „Flucht ohne Ende" (Kurt Wolff, München) und Brings „Soldat Suhren" (Späth-Verlag, Berlin).

Diese Bücher, von denen ich, ohne vollständig zu sein, einige Titel eben genannt habe, sind nicht aus Schöngeistigkeit, aus irgendeinem privaten Bedürfnis entstanden, sondern sind Berichte des Gewissens, das abrechnet, sind Chroniken der Zeit. (Sehr bezeichnend: Jose Roth nennt seinen Roman eines in Sibirien kriegsgefangenen österreichischen Offiziers, der auf der Flucht in die Heimat zufällig in den Dienst der russischen Revolution hinüberwechselt, Roth nennt seinen Roman nicht Roman, sondern — Bericht. Dieses wichtigen Umstandes werden wir noch gedenken.)

*

Zwei gleichberechtigte Typen des Romans

Der Roman durchlebt eine fruchtbare Krise. Er der an der Spitze der Literatur marschiert, trägt hohe Verantwortung. Das Shakespeare-Wort von dem „Spiegel und der abgekürzten Chronik der Zeit" wendet sich ihm zu.

Wir sehen zwei große Typen des Romans, die nebeneinander um die Krone des Lebens ringen. Stellen wir gleich die beiden aktuellen, entscheidenden Fälle gegenüber: Hamsuns „Landstreicher" und Arnold Zweigs „Grischa" In dem einen lebt der ewige Mensch in der Ewigkeit der Natur, in dem anderen der zeitliche Mensch in der Bedingtheit seiner Zeit. Für Hamsun (als Prototyp und Repräsentant) existiert nur der Privatmensch, losgelöst von Zeit, Klasse, Umwälzung. Alles ist herrlich wie am ersten Tag. Der nackte Mensch, niemand verantwortlich als höchstens sich und seinem Gott, lebt isoliert in der Unendlichkeit der Natur. Liebe — gewiß ein ewiges, durch nichts zu zerstörendes Thema jenseits der Zeit. Unsere Epoche hat das Glück, neben Hamsun den dichterischen Liebes- und Ewigkeitsroman in hoher Vollendung zu besitzen.

*

Aber der Mensch lebt in der Zeit

Jedoch das andere große Feld: soll man es den Hugenbergs, den Zeitungen, dem Film, den Schriften und Dokumenten der Generäle und Staatsmänner überlassen? Und selbst wenn sie genial sind wie Lenin und Mussolini und menschlich ehrlich wie Botschafter Lichnowsky —: sie sind ja doch nur Fachleute. Sie kommen vom Apparat und von ihm nie los. Sie sind doch nur Materiallieferanten für eine höhere Sichtung. Man muß ihnen das, was sie verschweigen, entreißen. Und sie verschweigen sehr viel. Sie sind nicht fähig, das Menschliche auszusprechen. Das ist nicht ihres Amtes. Ihres Amtes ist der Staat, die Gesellschaft, in deren Interessen sie notwendig befangen sind. Wo, wo, frage ich, ist der Sprecher jenes Menschen, der mit dem Staat, mit der Gesellschaft gekoppelt lebt und ihr Triumphator oder ihr geschändetes Opfer ist?

Schweigen. Verlegenes Schweigen.

Wir müssen den Dichter, der den in Staat und Gesellschaft verstrickten Menschen gestaltet, der die menschliche und sprachliche Formel findet für das Zeitgültige, auf ein ganz hohes, sichtbares Podest stellen. Denn er ist selten; denn er tut not; denn wir leben nicht nur in der Ewigkeit, sondern wir leiden in der Zeit.

Deshalb stellen wir Arnold Zweig: „Der Streit um den Sergeanten Grischa" ganz hoch hinauf auf ein sichtbares Podest, nicht der Literatur, sondern des Lebens.

*

Erleben ist wichtiger als erfinden!

Der Grischa ist dokumentarisch; Akten liegen vor; die Militärgerichtsakten eines 1917 im besetzten Ostgebiet erschossenen russischen Soldaten. Roths „Die Flucht ohne Ende" ist dokumentarisch. Nichts Erfundenes; nacherzählt dem Bericht eines Offiziers, eines harmlosen österreichischen Menschen, der wurzellos in eine ihm fremd gewordene Welt hineinstolpert. Erfunden hingegen ist Hauptmann „Till". Dichterisch also; sehr dichterisch sogar leider. Zugleich der schlagendste Beweis, wie hilflos, wie romantisch verblasen die Erfindung ist, wenn sie versucht, Zeit zu gestalten. Hauptmann — Rapallo ist fern der Revolution und Nachkriegszeit — kennt den Gegenstand nicht, den er bedichtet.

Berichten ist wichtiger als dichten. Man muß seinen Gegenstand kennen. Wenn nicht aus Augenschein, so doch aus innerer Leidenschaft. Am besten: so und so. Nur der darf die Wirklichkeit dichterisch überschreiten, der sie intus hat.

Der Krieg hat — dieses winzige Gute ist ihm nicht abzusprechen — die Dichter und Literaten aus ihrer Erlebnisleere und inzuchtartigen Abgeschlossenheit herausgeführt und mit dem Leben zusammengebracht, wo es am blutigsten ist. Er hat sie das Menschlichste im Unmenschlichsten kennen lehren. Davon wächst die Ernte jetzt erst allmählich heran: Kostbare Durchdringung von Dichtung und Dokument; Dokument, dessen Dichterisches die Schmucklosigkeit ist. Dichtung, die im Einzelfall das allgemeine Geschehen dokumentiert.

Weil sie nichts kennen, erfinden sie. Es kommt nicht auf die „göttliche Phantasie" an, sondern auf die teuflische Wirklichkeit. Irgendmal muß ein Dichter körperlich, seelisch mit einem „Stoff" zusammenstoßen, so, daß es dabei auf Leben und Tod geht. So ist der „Grischa" entstanden. Der Dichter hat den Stoff, der ihn bis ins Mark bedrängte, gebändigt.

*

Grischa

Vom Heimweh gepackt — die Revolution hat den Zaren schon weggeweht, und an vielen Stellen verbrüdert sich die deutsche und russische Front — bricht der Kriegsgefangene Grischa Paprotkin aus einem Gefangenlager in einem russischen Waldquartier aus. Zwischen den Brettern eines deutschen Holztransportes, der nach dem Osten rollt, fährt er wie in einem Sarg drei Tage und Nächte durch den Frost. Verläßt den Zug zu früh und will sich durch den Urwald in die ferne Heimat durchschlagen. Eine gefährliche Luchsin, die er für eine harmlose Waldkatze hält, schleicht, ihrer Beute sicher, lüstern hinter ihm her. Er stößt auf eine Bande deutscher und russischer Deserteure, die in verlassenen Unterständen hausen. Ein junges Weib, das wie eine Alte aussieht, ein litauischer Flüchtling, ist dabei und bemuttert den unbeholfenen, gutmütigen „Soldat Idiot", bis sie selbst von ihm Mutter wird. Sie hilft ihm weiter auf die Flucht, indem sie ihm die Erkennungsmarke des gefallenen russischen Soldaten Bjuschew gibt. Grischa wird als Ueberläufer Bjuschew von der deutschen Militärgendarmerie gefangen genommen. Nach der Militärgerichtsbarkeit Ober-Ost, die Schiffenzahns (alias Ludendorff) Werk ist, wie alles in Ober-Ost, soll der Ueberläufer erschossen werden, zum abschreckenden Beispiel für die deutschen Truppen. Da enthüllt sich Grischa, daß er nicht der Ueberläufer Bjuschew, sondern der entlaufene Kriegsgefangene Grischa Paprotkin ist. Und nun beginnt der grandiose Prozeß um Grischa. Der feine, menschliche General Exzellenz v. Lychow, Altpreuße bester Prägung, in dessen Divisionsbereich sich der Fall zuträgt, will den braven Russen retten; überdies wäre seine Erschießung sinnloser Justizmord. Der Generalquartiermeister Schieffenzahn, Herr von Ober-Ost, besteht auf Vollstreckung des Urteils. Weil es auf eine Laus nicht ankommt, wo täglich tausende Menschen fallen. Weil er, der bürgerliche Neupreuße, dem adligen Altpreußen eins auswischen will. Weil Zucht herrschen muß. Weil ihn der Teufel reitet, seinen Kopf auch in dieser Bagatellaffäre — man denke ein Muschik im blutigen Rädergetriebe des letzten Weltkriegsjahres! — durchzusetzen, so wie er seinen Willen in den Kriegszielen und in der Kriegsverlängerung durchgesetzt hat. Darüber geht Deutschland zugrunde. Deutschland geht zugrunde, weil der armselige russische Kriegsgefangene Grischa Paprotkin wider das Recht erschossen wird. Das ist das Grandiose dieses Romans: Ein lausiges Einzelschicksal ist Angelpunkt des deutschen Schicksals, und über diesen ermordeten russischen Soldaten kollert das Reich in den Abgrund. Das ist nicht ausdrücklich gesagt, sondern stumm gestaltet. Man fühlt in dem verbissenen Kampf, den der gut preußische General Lychow mit dem schlecht preußischen General Ludendorff um den Russen Grischa führt, man fühlt darin die trächtige Schwere und daß es um das Ganze geht. Lychow unterliegt; Schieffenzahn triumphiert mit schlechtem Gewissen, und Grischa wird im Namen des Rechts widerrechtlich ermordet. Eine Schicksalsstunde, deren Schlagen nur das Ohr des Dichters vernahm. Aber er hat das stumme Dröhnen hörbar gemacht.

Es ist der Roman des sinnlos und gemein verletzten Rechts; eine Untat, die, so winzig sie aussieht, den November-Abgrund des Zusammenbruchs öffnet.

Die Gestaltenfülle, die Präzision der Front- und Etappenschilderung ist unvergleichlich. Tiefste und menschliche Kennerschaft. Das Volksheer der Landser, dieses uniformierte Proletariat, am Rande der Rechtlosigkeit lebend, mit der aufsteigenden Erbitterung im Herzen —: erschütternd und groß hingestellt in einigen Hintergrundstypen. Selbst die Hassenswerten sind ohne Haß gesehen. Die Liebenswerten aber mit unerschöpflicher Liebe.

1917 wurde der Roman — offenbar an Ort und Stelle — konzipiert, 1926/27 geschrieben. Man sieht, der Stoff besaß eine drohende Hartnäckigkeit. Er hat Arnold Zweig, einen sanften Novellisten, wunderbar gewandelt, gehärtet und groß gemacht. Diese 500 Seiten sind nur Mittelstück einer Trilogie, die den Krieg und den Zusammenbruch gestalten soll. Wenn das Werk gelingt, hat die schreibende Generation ihre hohe Schuld eingelöst: die Schuld und Verpflichtung, das Antlitz der blutigsten, scheußlichsten und entscheidenden Epoche getreu und menschlich der Zukunft zu übermitteln.

Konferenz bei Exzellenz Schieffenzahn

oder: Ludendorff empfängt Stinnes im Hauptquartier Ober-Ost

Wir entnehmen diesen Abschnitt dem Roman „Der Streit um den Sergeanten Grischa" (Verlag Kiepenheuer, Potsdam), der weit mehr als Roman: der ein Dokument ist. Schieffenzahn ist, für jeden erkennbar, Ludendorff, der Gewaltige in Ober-Ost; der Industrielle Schilles ist Stinnes.

Schieffenzahn empfing an diesem weißlich strahlenden Morgen einen Vertreter der Flottenleitung, um mit ihm Uebereinstimmung der Operationen zu Meer und Lande zu besprechen; an der Tür seines Vorzimmers schon flammte die rote Birne, die jedem Menschen auf Erden den Eintritt verbot. Als der Kapitänleutnant in seinem blau und goldenen Rock ihn verließ, konnte die Eroberung der Inseln Oesel und Dagö, des ganzen Rigaischen Meerbusens, nach Durchbrechung des Minenfeldes in einigen Monaten beginnen. Auf diesen letzten Vorsichtspunkt war freilich Wert zu legen. Unliebsam hatte die Leitung der Ostseegeschwader das Abenteuer von Baltisch-Port bezahlt: um einen völlig harmlosen Bahnhof zu beschießen, der freilich einmal eine entscheidende Monarchenstunde gesehen, brachen elf eben in Dienst gestellte Zerstörer zum Nachtangriff auf . . . vier davon kehrten in aller Stille zurück — Minen. Fünfhundert Ertrunkene.

Im Anschluß daran telephonierte er mit der V. P. A. über den nächsten Besuch deutscher Parlamentarier im Lande. Sie sei ihm verantwortlich dafür, daß keiner der Abgeordneten einen Schritt ohne die Begleitung eines ihm eigens beigegebenen Offiziers auch nur versuche. „Gut füttern, gut einstallen, gut führen", sagte er abschließend mit behaglichem Lachen; er wollte die Reichstagswallache schon reiten. Eine Ordonnanz brachte ihm belegte Brote und Tee. Noch kauend besprach er mit Hauptmann Blaubert, dem Chef der Presseabteilung, Maßregeln, um unauffällig, trotz Burgfriedens und Zensur, linksstehende Zeitungen den Truppen und gar der Bevölkerung vorzuenthalten. Dies ließ sich durch Verteilungspläne und kluge Abstufung der Beförderungsschnelligkeit leicht handhaben — wenn es nur unbemerkt geschah. Wer lieber ein veraltetes Blatt der Demokratie als ein ganz frisches der rechten Parteien zu kaufen wünschte, der sollte nicht gehindert werden. — Der rheinische Dichter Heinz Flügelig übrigens, Gefreiter unter Herrn Blaubert, schmückte sich zum Waffenrock mit hohem weißen Stehkragen, dergleichen durfte nicht vorkommen. Auch war die Verordnung, die nur beinverletzten Mannschaften das Anlegen von Wickelgamaschen gestattete, in Erinnerung zu bringen. Dann berichtete der Verbindungsoffizier der Operationsabteilung über die letzten schrecklichen Kämpfe auf Trembowla zu, nannte genau Verlustziffern der Russen, die Gefangenen; er trug Befehle mit sich fort, die den schnellstmöglichen Umbau des erbeuteten Geschützparks für deutsche Munition und die Unterweisung deutscher Kanoniere zum Bedienen der meist japanischen und amerikanischen Geschütze, aber auch Sammelstellen für messingne Geschoßkartuschen betrafen.

Danach, zwölf Uhr, empfing Schieffenzahn zu langer Unterredung den Abgeordneten Schilles, Ruhrrevier. Dieser Politiker, bleich, kinnbärtig, Mandelaugen über einem lasch fallenden Anzug, war freilich zu gleicher Zeit der größte Industrielle des Kontinents, Kohlenherr, Erzherr, Schiffsherr, Führer im Kampfe um die Annexion lothringischer Erze und nordfranzösischer Hütten. Er saß in dem einzigen Polsterstuhl des Zimmers, seine feine Hand schwach auf der Lehne. Sie sprachen miteinander achtungsvoll, sehr vorsichtig; beide sogen lange Pausen aus ihren Zigarren. Bei gleichen Interessen witterten sie voneinander verschiedene Ziele. Während der Magnat, den Kopf hin und her rückend, streng, leise, sachlich auf die Unterwerfung des gesamten Staates unter die Wünsche — er nannte sie Notwendigkeiten — der schweren Industrie, d. h. seiner selbst, hinsteuerte, wenn man den Krieg gewinnen wollte, lachte Schieffenzahn hinter der Hand über diese „Koofmichs", die sich mit ihrem bißchen Geld der Staatsgewalt überzuordnen trachteten. Er gedachte, mit ihnen zu marschieren, so weit es ihm paßte, und sie im geeigneten Augenblick abzuhalftern, da schließlich und endlich die Macht bei den Bajonetten stand. Er wußte nicht, daß der bleiche, wahrscheinlich ungesunde Melonenhutträger da seit einem Jahre bereits von der schweren Schwächung des Staatsgefüges aus operierte, die er seit der verlorenen Schlacht von Verdun mit Sicherheit erwartete. Für ihn drückte sich diese Minderung an Macht und Vertrauenswürdigkeit in einem Währungsfall aus. Nie mehr erlangte die deutsche Mark ihre volle Höhe von vor dem Kriege oder selbst ihres heutigen (Herbst 1917. Die Red.) Wertes in Zürich zurück. Denn er verstand, weshalb sie an

Der Verlag Kurt Wolff war ebensowenig in
der Lage, Roths finanziellen Anforderungen
zu entsprechen, wie vor ihm Die Schmiede.
Gewiß verdankt Roth seinen steigenden Ruf
als bedeutender Autor nicht zuletzt der Betreuung durch diese engagierten, literarisch
anspruchsvollen Verlage. 1928 hatte er eine
Position und einen Marktwert erreicht, der es
ihm ermöglichte, erfolgreich mit Samuel Fischer zu verhandeln. Noch in diesem Jahr
erhielt Roth bereits regelmäßige Zahlungen
des Fischer Verlags, eines der größten und
traditionsreichsten der literarischen Moderne.

263 Joseph Roth mit Samuel und Hedwig Fischer.
Fotografie, 1928.

264 Joseph Roth: Der stumme Prophet. In: Die Neue
Rundschau, Jg. 40 (1929), Heft 3, Umschlag.
Eine Übersetzung ins Französische erschien am 15. November 1929 in der belgischen Zeitschrift »Variétés«, die
vor allem Werke der Surrealisten publizierte.

Roth arbeitete an diesem Werk in den Jahren
1927 und 1928. Der Roman blieb unvollendet,
nachdem der Verlag S. Fischer zwar einen
Abschnitt zur Veröffentlichung in der »Neuen
Rundschau« angenommen, das vorgelegte
Manuskript jedoch für eine Buchpublikation
abgelehnt hatte. Es sind mehrere Teile des
Romanfragments erhalten, die Roth intensiv
bearbeitet, letztlich aber nicht in einen konti-
nuierlichen Handlungsstrang gefügt hat.
Als der Verlag auch die Publikation des Romans »Rechts und Links« ablehnte, wechselte
Roth zum Kiepenheuer Verlag.

Die Romane »Der stumme Prophet« und
»Perlefter« (1929) sind unvollendet geblieben,
weil sie keinen der Verlage überzeugt haben;
sie dokumentieren Roths Versuche, Erzähl-
formen zu entwickeln, die zeitgenössischen
Themen adäquat wären. Offenbar war auch
Roth selbst von den Ergebnissen nicht befriedigt.

Das Fragment »Erdbeeren«, ebenfalls um
1929 entstanden, zeigt den Autor auf dem
Weg, das zum Hauptthema zu erheben, was
teilweise bereits in seine frühen Romane eingeflossen war: die Erinnerung an die Landschaft seiner Kindheit, das Leben der Juden;
von hier auch kommt der Stoff zu »Hiob«,
seinem ersten wirklich großen Erfolg.

Autor beim Gustav Kiepenheuer Verlag

265   Joseph Roth. Fotografie, Ende der 1920er Jahre.

Hermann Kesten, der Cheflektor, sowie
Walter Landauer, der Prokurist des Verlags,
überzeugten den Inhaber Gustav Kiepenheuer, dem S. Fischer Verlag den Vertrag mit
Roth abzukaufen. Dieser Vertrag sicherte Roth
durch Raten-Vorauszahlungen ein hohes
regelmäßiges Monatseinkommen.

Roth sollte in der Folge im Kiepenheuer Verlag mehrere Werke, darunter die Hauptwerke
»Hiob« und »Radetzkymarsch«, herausbringen.

Roth wurde nunmehr von einem großen, modernen literarischen Strömungen aufgeschlossenen Verlag betreut, der seit einem Jahrzehnt
zeitgenössische Autoren wie Georg Kaiser,
Leonhard Frank, Ludwig Rubiner, Heinrich
Mann, Lion Feuchtwanger, Ernst Toller, Bert
Brecht, Arnold Zweig, Hermann Kesten und
Anna Seghers publizierte. Der Verlag setzte
mit der Zeitschrift »Kunstblatt«, dem Map-
penwerk »Die Schaffenden«, der Reihe »Die
graphischen Bücher« und der sorgfältigen
Ausstattung seiner Bände auch auf dem
bibliophilen Sektor Akzente.

266   Hermann Kesten und Walter Landauer. Fotografie,
Berlin 1931.

267   Gustav Kiepenheuer. Fotografie, Juni 1930.

Im Gegensatz zu den freundschaftlichen
Beziehungen, die zwischen den etwa gleichaltrigen Roth, Landauer und Kesten bestanden, scheinen sich Verleger und Autor nicht
wirklich nahegekommen zu sein.

268–269 Verlagsvertrag zwischen Joseph Roth und dem
Gustav Kiepenheuer Verlag, Berlin, 3. Juli 1929. S. 1–2
(Abbildungen S. 182-183).

Die Konditionen dieses Vertrags, die Roth wie
stets mit großem Geschick aushandelte, struk-
turierten seine weiteren Arbeits- und Lebensbedingungen noch schärfer als bisher:
Vertragsgegenstand waren ab nun zumeist
Werke, die Roth vorgab, fast fertig zu haben,
sowie Werke, die er nach dem Abschluß jener
zu verfassen plante.
Negative Folgen der Honorarvorauszahlungen
waren: Roth befand sich stets unter Zeitdruck,
war stets in der Schuld seiner Verleger, da er
die erhaltenen Vorschüsse sofort nach Erhalt
aufbrauchte.

V e r t r a g

Zwischen Herrn Joseph R o t h , z.Zt. Berlin, einerseits (im folgenden kurz der Autor genannt) und der Gustav Kiepenheuer Verlag A.G., Berlin NW.87., Altonaer Str.4 (im folgenden kurz der Verlag genannt) andererseits wurde heute folgender Vertrag geschlossen:

§ 1.

Durch nachfolgenden Vertrag ist der Vertrag zwischen dem Verlag Kiepenheuer und Herrn Joseph Roth vom 1o.Dez.28 erloschen.

§ 2.

Der Verlag erwirbt durch diesen Vertrag das ausschliessliche Verlagsrecht an folgenden Büchern des Autors:
1) an dem Buch "Juden und Antisemiten"
2) an dem Roman "Die stummen Propheten" (der bereits geschrieben ist)
3) an dem Roman "Die zwanzig Kapitel" (der ebenfalls bereits geschrieben ist)
4) an dem Roman, den der Autor nach diesen beiden Romanen schreiben wird, und der im Laufe des nächsten Jahres, spätestens bis zum 1.September, dem Verlag zu übergeben ist.

§ 3.

Der Autor verpflichtet sich, nach Abschluss des Vertrages dem Verlag seine beiden Romane "die stummen Propheten" und "Die zwanzig Kapitel" druckfertig zu übergeben, und verpflichtet sich ferner, sein Buch über "Juden und Antisemiten" dem Verlag bis zum 15.August 29 druckfertig zu übergeben.
Korrekturen, die das Mass des Üblichen, d..1o.. des Satzpreises, übersteigen, gehen zu Lasten des Autors.

§ 4.

Der Autor hat als Voraushonorierung bereits ℳ 4ooo.– erhalten. Der Verlag verpflichtet sich des weiteren, den Vorschuss, den der Autor beim Verlag S.Fischer hat, in Höhe von ℳ 115oo.– zurückzuzahlen, zu Zeitpunkten, über die noch Vereinbarung getroffen wird. Schliesslich ist der Verlag verpflichtet, dem Autor ab Juli 12 Monatsraten von ℳ 5oo.– zu zahlen, und zwar spätestens bis zum 2o.eines jeden Monats.

§ 5.

Der Autor erhält als Honorar einen Anteil von 15 vom broschierten Ladenpreis für jedes verkaufte Exemplar, jedoch vom 16.Tausend ab 17%.

§ 6.

Form, Ausstattung, Preis, sowie Auflagenhöhe werden vom Verlag festgesetzt. Wünsche des Autors über die Ausstattung werden berücksichtigt.

§ 7.

Dem Verlag steht das Vorabdrucks- und Nachdrucksrecht in Zeitungen und Zeitschriften, das Uebersetzungsrecht, Filmrecht und Radioverbreitungsrecht zu.
Von allen Eingängen aus diesen Rechten erhält der Verlag einen Anteil von 25% und der Autor einen Anteil von 75%.

§ 8.

Sämtliche Honorare, die dem Autor zustehen aus den Werken, die der Verlag durch diesen Vertrag erworben hat, werden à conto der Zahlungen, die der Verlag bereits geleistet und zu denen er sich nach § 4 verpflichtet hat, verrechnet. Eventuelle Ueberschüsse werden vierteljährlich unter jeweiliger Uebersendung der Abrechnung an den Autor abgeführt. Diese Abrechnung findet am 15.1., 15.4., 15.7. und 15.1o. statt.

§ 9.

Der Autor erhält von jedem Tausend 1o Freiexemplare, und zwar zur Hälfte broschiert und zur Hälfte gebunden. Weitere Exemplare stehen dem Autor jederzeit mit Autorenhöchstrabatt zur Verfügung.

§ 1o.

Dieser Vertrag wurde von beiden Vertragsschliessenden gelesen, genehmigt und rechtskräftig auch für ihre Rechtsnachfolger unterzeichnet.

Gerichtsstand ist das Amtsgericht Berlin-Mitte, soweit zuständig, sonst das Landgericht I Berlin.

Berlin, d. 2. Juli 1929   Gustav Kiepenheuer Verlag AG

[Unterschrift]

Berlin, d. 3. Juli 1929.

[handschriftlicher Nachtrag:]

Nachtrag

Über die in § 4 genannte an den Verlag S. Fischer (Berlin) zurückzuzahlende Summe wird noch gesprochen werden — von beiden vertragschließenden Teilen

Dieser Nachtrag wird im Einverständnis beider vertragschließenden Parteien hinzugefügt.

[Unterschrift] Joseph Roth

Zu den im Vertrag genannten Werken ist anzumerken:
– »Die Juden und Antisemiten« wurde noch mehrfach angekündigt, aber nicht realisiert.
– »Die stummen Propheten« blieb unvollendet; ein Teil davon, »Ein Kapitel Revolution«, erschien jedoch in der von Hermann Kesten herausgegebenen Anthologie »Vierundzwanzig neue deutsche Erzähler« 1929.
– »Die zwanzig Kapitel« veröffentlichte Kiepenheuer unter dem Titel »Rechts und Links«.
– Mit dem »folgenden Roman« kann »Perlefter« (zu Lebzeiten Roths nur in Teilen erschienen) oder der 1930 publizierte »Hiob« gemeint gewesen sein.

270 Joseph Roth: Rechts und Links. Roman, Berlin: Kiepenheuer, 1929. Schutzumschlag, Entwurf von Georg Salter.

Dieser Roman gehört ebenfalls der Gruppe jener Prosawerke an, die das Erleben der Veränderungen in der Nachkriegszeit mit seiner Wirkung auf die jüngere und auf die Vätergeneration darstellen.
Ein Teil der zweiten Auflage erschien in etwas einfacherer Aufmachung in der preisgünstigen Sonderreihe des Verlags »Die moderne Romanreihe«.

271 Joseph Roth. Fotografie, 1932 gewidmet seinem Verleger Gustav Kiepenheuer. Vorderseite.
Die Widmung auf der Rückseite lautet:
»Dem Herrn Meister Gustav Kiepenheuer.
Joseph Roth. November 1932.«

272 Prospekt des Gustav Kiepenheuer Verlags »Im Jahre 1929 neuerschienene Bücher«, S. 3.
Angekündigt sind Roths Roman »Rechts und Links« und die Anthologie »Das Deutsche Lesebuch«, die schließlich nicht produziert wurde, obwohl schon an mehreren Stellen für sie geworben worden war.

273 Berlin. Altonaer Straße 4. Fotografie, um 1930.
Das Haus, in dem der Verlag Gustav Kiepenheuer von 1928 bis 1933 residierte.

JOSEPH ROTH

RECHTS UND LINKS

Roman | 1.—8. Tausend

Broschiert M. 5.— | Leinen M. 7.—

Ein großes Zeitbild aus der deutschen Nachkriegszeit, der Zeit der innenpolitischen Kämpfe. Der
große Charakterschilderer Joseph Roth gibt eine
schlagende Entlarvung der modernen Gesellschaft
und eine treffende Schilderung der alten und neuen
Generation, die nach dem Weltkrieg, den politischen
Umwälzungen und den sozialen Veränderungen
schwankend geworden ist in ihrer Weltanschauung
und in ihren politischen Zielen.

DAS
DEUTSCHE LESEBUCH

Broschiert ca. M. 2.50 | Leinen ca. M. 3.50

In Form, Gruppierung und Inhalt einem der üblichen Lesebücher ähnlich, ist es in Wirklichkeit das
berichtigte Lesebuch für erwachsene Deutsche aller
Klassen. Es korrigiert die Irrtümer einer inhalt-
losen Überlieferung; es rechnet ab mit der Verlogen-
heit; es rechtfertigt aber die inhaltsvolle Überlieferung und erhebt das Wirkliche, das Echte, das
Gute einer deutschen und europäischen Tradition
zu neuer Achtung.

verlag von gustav kiepenheuer · berlin

Joseph Roth »Hiob. Roman eines einfachen Mannes«

274 Joseph Roth: »Wasserträger Mendel. Fragment eines Romans«, Vorstufe zu »Hiob«, Handschrift, 1. Kapitel, S. 1; verkleinert; Text abgedruckt in: Werke, Band 5, S. 850.

275 Joseph Roth: Hiob. Roman eines einfachen Mannes. 2. Auflage, Berlin: Kiepenheuer, 1930. Schutzumschlag: Entwurf von Georg Salter.

Der Roman »Hiob« machte Roth berühmt. Er erschien zwischen dem 14. September und dem 21. Oktober 1930 als Vorabdruck in der »Frankfurter Zeitung« (man vertrug sich wieder). Ein Jahr nach der deutschsprachigen Buchausgabe folgte bereits eine amerikanische (»Book of the Month«, November 1931), 1933 eine britische.

»Hiob« ist die Geschichte eines Wunders, zugleich eine Beschwörung der Nachsicht Gottes. Titelheld des Romans ist der fromme Ostjude Mendel Singer, den – wie den biblischen Hiob – ein Schicksalsschlag nach dem anderen trifft: Krieg, Wahnsinn und Tod zerstören seine Familie, nachdem er bereits vorher, im Interesse der anderen Familienmitglieder, bei der Emigration nach Amerika einen schwachsinnigen Sohn in Rußland zurückgelassen hatte. Am Ende dieser langen Kette von Heimsuchungen lästert er Gott, erhebt sich gegen ihn, kündigt ihm sein Vertrauen. Doch er kann die Bindung an Gott nicht ablegen:

»Ich bete nicht! sagte sich Mendel. Aber es tat ihm weh, daß er nicht betete. Sein Zorn schmerzte ihn und die Machtlosigkeit dieses Zorns.«

Roths Hiob fühlt sich von seinem Gott verlassen, ist aber in seiner Not nicht allein: Seine Freunde bezeugen ihm ihre Verbundenheit, verstoßen ihn trotz seiner Blasphemien nicht aus ihrer Gemeinschaft. Sie beziehen ihn sogar weiterhin als stummen Gast und Beisitzer in ihre religiösen Feiern ein und erhalten so seine Integration im Judentum aufrecht. Daher kann Mendel Singer, als dann das Wunder eintritt und sein verloren geglaubter Sohn, gesund und erfolgreich, eintrifft, den Vater zu sich zu holen, sein Vertrauen zu Gott erneuern und den Herrn loben:

»Er ist so groß, daß unsere Schlechtigkeit ganz klein wird.«

Es liegt nahe, in das Buch eine verzweifelte Hoffnung auf ein Wunder, das Friedl heilen sollte, hineinzulesen.

276 Joseph Roth: Job. The Story of a Simple Man. Translated by Dorothy Thompson. New York: Viking Press, 1931. Schutzumschlag, gestaltet von Paul Wenck.

JOSEPH ROTH

Hiob

Der Roman eines einfachen Mannes

20. Tausend

Kartoniert M. 3.80

In Leinen M. 6.—

Joseph Roth erzählt in seinem neuen Roman die schlichteste aller Geschichten. Keines der beliebten Probleme der Zeit: Krieg, Schule, Politik, forcierte Aktualität, sondern ein Heute, das für gestern und morgen und jederzeit gilt und jedem verständlich ist, der mit dem Herzen versteht.

Kein Pathos verletzt die volksliedhafte Natürlichkeit dieser durchleuchtend klaren und dem Bildnerwillen allezeit gefügigen Sprache. Man erlebt, statt zu lesen. Und man schämt sich nicht, endlich auch einmal von einem wirklichen Kunstwerk ganz sentimentalisch erschüttert zu sein. *Stefan Zweig in der Kölnischen Zeitung*

*

Nicht von Revolution ist die Rede, nicht von großen Reformplänen der Menschheit, und doch ergreift uns dieses Leben eines alltäglichen Menschen, als schriebe einer von unserm

GUSTAV KIEPENHEUER VERLAG · BERLIN

einer Daseinssinngebung, Symbol und Sinn und Bild einer Welt und eines Lebens sind in diesem Roman »Hiob«. *Neue Badische Landeszeitung.*

*

Roths Hiob-Roman, gebaut aus edelstem reinstem Deutsch, ist wie ein Tempel aus klarstem Wortglas, in den man durch jeden Satz wie durch ein Gedankenfenster hineinsehen kann. Einfach, schlicht, bildhaft reihen sich die Szenen des Geschehens, der Leser wird allmählich umstellt von ihnen, sie werden zur Welt, er ist gefangen in ihr und wird erst entlassen, wenn sich alles im Schlußakt rundet, halb Bibelwunder, halb Chaplin-Film. *M. Georg in der Voss. Zeitg.*

*

Wir wissen nicht, wie es geschieht: wir sehen vor uns biblische Gestalten – biblische Gestalten mitten im 20. Jahrhundert. *Vorwärts, Berlin*

*

Dieser Hiob ist eine unvergeßliche Figur, so deutlich wie die Figuren des Märchens. Es erstehen vor unsern Augen Bilder eines Rußlands, wie wir es von den Legenden Tolstois kennen. Es erstehen Szenen, die von der Kraft und Wahrheit biblischer oder homerischer Szenen sind. *Magdeburgische Zeitung*

GUSTAV KIEPENHEUER VERLAG · BERLIN

Leben, unsern Sehnsüchten, unsern Kämpfen. Weil hier ein wahrhaftiger Mensch, ein großer Künstler, ein Dichter gesprochen hat. Mit Recht nennt Joseph Roth dieses Buch »Hiob«. Es hält den Vergleich mit der dichterischen Größe des biblischen Hiob. Roths Sprache hat die Zucht und Strenge deutscher Klassik. Ein großes und erschütterndes Buch, dem sich niemand entziehen kann. *Ernst Toller im Berl. Tagebl.*

*

Roth erzählt seine Geschichte so einfach, so herzbewegend, daß die Alltäglichkeit zur wahren Größe emporwächst. *Prager Tageblatt*

*

Roth beschreibt in diesem Lebenslauf die ehernen zeitlosen Gesetze des Menschen, die regieren über den Gesetzen der Wirtschaft. Roth ist einer der stärksten Menschen, die heute schreiben. Und dies Buch ist eins der stärksten Bücher, die er geschrieben hat. *Das Tagebuch*

*

Die Bitterkeit des Lebens und die Schmerzen des Daseins, die weisen und törichten Empfindungen des Glücks, die Ahnung der Rätselhaftigkeit der Welt und der Ironie des Schicksals und aller anderen menschlichen Modulationen

GUSTAV KIEPENHEUER VERLAG · BERLIN

Dieses Buch ist erfüllt von der tiefen Süßigkeit und Melancholie einer alten Legende; aber seine Simplizität ist nicht die eines weltfremden Heiligen, sie ist das Ergebnis einer guten und scharfen Kenntnis der Menschen und der Dinge. Nur ein völlig stumpfer Mensch kann sich diesem Buch versagen. Wer sich von ihm rühren läßt darf das mit gutem Gewissen tun, was ihn gepackt hat, war die legitime Wirkung reiner und großer Kunst. *Lion Feuchtwanger*

GUSTAV KIEPENHEUER VERLAG · BERLIN

277–278 Prospekt des Verlags Kiepenheuer zu Joseph Roths »Hiob« mit Pressestimmen. 1931.

279 Wunsch-Spiegel In: Welt-Spiegel, Beilage der Tageszeitung »Berliner Tageblatt«, Berlin, vom 15. Januar 1931, S. 14.
Das Ergebnis einer Umfrage unter Lesern der Berliner Illustrierten zeigt Roth als einen der beliebtesten Autoren.

Dieser Beliebtheits- (und Bekanntheits-)Grad entspricht dem Tenor der Rezensionen.

Das Publikum wie die Kritiker kamen zu einem äußerst positiven Urteil über das Buch. Auf inhaltlicher Ebene lädt die Handlung mit all den Schicksalsschlägen, die über den Protagonisten hereinbrechen, Leser und Leserinnen zur Anteilnahme ein. Auf der literarischen Ebene kam Roths sprachliche Meisterschaft voll zur Geltung. Die Abkehr von den Stilmitteln der »Neuen Sachlichkeit« erlaubte dem Autor eine kontinuierliche Konstruktion der Charaktere, eine Verdichtung der den jeweiligen handelnden Personen und Situationen zugehörigen emotionellen Werte. Zudem vermittelt der Roman ein suggestives Bild ostjüdischer Frömmigkeit, was für viele seiner Leser auch einen exotischen Reiz haben mochte.

Die Handlung des Romans bot sich zum Verfilmen an. Eine adäquate Umsetzung in das filmische Medium wurde jedoch nicht realisiert.

Ein erstes, unter Mitarbeit des in Amerika lebenden russisch-jiddischen Bühnenschriftstellers Ossip Dymow und des Drehbuchautors Frederick Kohner entstandenes Script wurde verworfen, statt dessen 1936 eine Adaption produziert (»Sins of Man«, 1936, Regie Otto Brower, Gregory Ratoff), die aus Roths Juden Katholiken und Tiroler machte und die Handlung nach Südtirol verlegte. Der Verfilmung mangelte nicht nur die künstlerische Qualität, sie wurde auch von vielen Juden als Affront aufgefaßt, und Roth verdächtigt, des Geldes wegen mitgewirkt zu haben. Tatsächlich war Roth, nachdem er die Filmrechte verkauft hatte, nicht mehr in der Lage, auf die Produktion des Films Einfluß zu nehmen.

14

Wunsch-Spiegel

Die meisten Stimmen erhielten in der Woche vom 15. bis
zum 21. Januar die hier abgebildeten Persönlichkeiten

Wieder sind es Köpfe aus den verschiedenen Disziplinen der deutschen Wissenschaft und Literatur, die im Vordergrund des Interesses stehen. Aber auch aus dem Auslande holen sich unsere Leser berühmte Namen, deren Porträts sie kennenlernen möchten. So führt über den „Wunsch-Spiegel" jenes unsichtbare kulturelle Band, das die Geistigkeit in allen Staaten verbindet.

Wir stellen Ihnen vor:

Professor Ferdinand Sauerbruch, Direktor der Chirurgischen Klinik am Charité-Krankenhause in Berlin. Glänzender Operateur, einer der ideenreichsten Chirurgen; namentlich die Lungenchirurgie hat er bedeutend vervollkommnet. Auch hat er einen Kunstarm konstruiert.

Professor Ferdinand Sauerbruch

Erich Kleiber, geborener Wiener, wurde in schnellem Aufstieg schon mit 33 Jahren Generalmusikdirektor der Berliner Staatsoper und Dirigent der Staatsopernkonzerte. Er hat viel für moderne Musik getan, im Bereich des klassischen Repertoires besonders Mozart liebevoll gepflegt.

Erich Kleiber

Joseph Roth hat eine sehr rasche Karriere als Journalist gemacht. Er ist einer unserer besten Reiseschriftsteller, weil er nicht nur ein geborener Journalist ist, sondern auch ein guter Romancier, ein dichterischer Mensch. Sein neuestes, erfolgreiches Buch ist der Roman „Hiob".

Joseph Roth

André Maurois' Biographien werden in der ganzen Welt gelesen, mit besonderem Vergnügen an dem geistreich natürlichen Stil dieses Franzosen, an der Spannung der beschriebenen Schicksale, an dem Wissen, das hier wieder gelehrt möchten noch krankhaft pompös zur Geltung kommt.

André Maurois

Professor Eugen Steinach, Vorsteher der Physiologischen Abteilung der Biologischen Versuchsanstalt in Wien. Bekannt durch seine Studien über die Möglichkeit einer Verjüngung; er wurde darauf geführt, als er bei Tieren Keimdrüsen von einem Geschlecht auf das andere überpflanzte.

Professor Eugen Steinach

Jean Giraudoux ist jetzt auch bei uns entdeckt worden. Sein Stück „Amphytrion 38" wird in Berlin gespielt, und man interessiert sich allmählich auch immer mehr für Giraudoux' Prosa, deren besondere Vorzüge die ausgezeichnete und besonnene Psychologie und die feine Ironie sind.

Jean Giraudoux

Maria Müller, ein international begehrter Opernstar, in der New Yorker Metropolitan-Opera ebenso zu Hause wie in der Berliner Staatsoper. Ihr virtuos kultivierter, angenehm timbrierter Sopran und die sympathische Blondheit machen sie zu einer gesuchten Vertreterin jugendlicher Rollen.

Maria Müller

Ludwig Renn ist mit seinem Buch „Krieg" berühmt geworden. Renn ist ein Pseudonym, dessen Träger als adliger Offizier den Krieg an der Front mitgemacht hat und durch die Kriegs- und Nachkriegserlebnisse zum Revolutionär geworden ist. Sein Buch „Nachkrieg" schildert diesen Weg.

Ludwig Renn

Wen möchten Sie kennenlernen?

Auch weiterhin macht es sich der „Welt-Spiegel" zur Aufgabe, diejenigen Persönlichkeiten der Leserschaft vorzustellen, die auf allen Gebieten des kulturellen Lebens in hervorragender Weise tätig sind, ohne dass ihr Bildnis durch die illustrierte Zeitung in der Oeffentlichkeit bekannt wird.

Wir bitten, den hier beigefügten Wunschzettel auszufüllen und ausgeschnitten an die Redaktion des „Welt-Spiegel" einzusenden oder in einer Filiale der Firma Rudolf Mosse abzugeben. Wir werden Ihre Wünsche nach Möglichkeit erfüllen. Die Entscheidung über die Veröffentlichung behält sich die Redaktion vor. Einsendungen im Umschlag müssen den Vermerk **„Wunschbildnis"** *tragen.*

Wunschzettel des „Welt-Spiegel"

Ich möchte kennenlernen:

Name:

Adresse:

Kurze Begründung meines Vorschlags:

Unterschrift des Einsenders:

Adresse:

Dr. Werner Hegemann ist eine der interessantesten Persönlichkeiten der deutschen Architektenwelt. Ein Kenner des Städtebaues. Der aus Mannheim gebürtige Fünfzigjährige hat ein hervorragendes Werk unter dem Titel „Das steinerne Berlin" veröffentlicht.

Dr. Werner Hegemann

Theodor Lessing ist ein Schriftsteller und Gelehrter, den das „andere" Deutschland bekämpft wie kaum einen anderen. Warum? Weil er schreiben kann, weil er ein Freund des Friedens, ein Feind jeder Gewalt, ein Anwalt der Gerechtigkeit und Wahrheit ist.

Theodor Lessing

Most bewitching of all stars who have bound the
world to their feet, here reveals intimate details
of the private life she strives to conc

...etrich

Confesses

MISS DIETRICH — will you tell me, please, what annoys you more than anything else e whole world?"

e answer came without hesi-; with a quiet, incisive cer-, a cold, knife-edged scorn. st, it was a rebuke.
Intrusion," said Marlene.
Of any sort?"
Practically of any sort. But ially on my private life."
ho can blame he interviewer feeling, in such circum-es, a little guilty? As if to amends:

SWERED FOR LL TIME

Would you," I said, "be red to grant me an inter- that might end all inter-s? Would you let me ask you ort of questions that every ter is eager to ask you, and Dietrich-fan ager to have ered? Would you answer once and for all time; and, luck, never have to be red again?"
e scorn evaporated. Marlene ed. And I relaxed.
With luck?" she said. "I already told your readers I believe in fate—not in And I imagine that Fate other things in store for me the gift of avoiding in-ers. . . . Come, ask me questions."

✴

What interests you more anything else?
My work."
Then let us talk about that Who is your favourite ing man?"
I have none. It's not right an actress to have favourites ng her leading men. She ld work equally well and

equally hard with all of them. But the directors—the men who mould and shape her acting—among them she can have a favourite."
"Who is your favourite direc-tor?"
"Josef von Sternberg."
"What do you consider to be the best picture you have made?"
"'The Devil is a Woman.'"
[The Devil is a Woman: Paramount picture first shown in London on Sept. 9, 1935. Subsequently banned in Spain, owing to alleged aspersions on character of a Spanish officer.]
"Would you like your daugh-ter to be a film-star?"
"If she wants to, yes, cer-tainly."
"Do *you* want her to?"
Marlene does not answer. I phrase the question differently.
"What, actually, are your ambitions for your daughter?"
"Only that she should be happy. So long as she is happy, she can follow any career she chooses — film-star, laundress, secretary, housewife, what you will."
"What would you like to be if you were not a film-star?"
"A camera-man."
"You are very bound up with films. Do they mean so much to you?"
"Almost, they mean my life."

PUBLIC LIFE A DUTY

"Are there times when you hate being a great public figure?"
"No, never. It is all a part of my work. Public life for a film-star is just as much a duty as the making of a film."
"What," I continued, "are your favourite hobbies?"
"I have none."
"No favourite hobbies, or no hobbies at all?"
"No hobbies at all. I have no time for anything but my work —and resting from my work. When I rest, I really rest. I do nothing."

"How, then, would you spend your ideal holiday?"
"On the water. Because that is the most restful way there is of resting."
"Are you fond of sport?"
"No."
"Neither as a player nor as a spectator?"
"Neither."
One is amazed at the galvanic energy, the radiant health of this woman, who works harder than half a dozen film-stars put to-gether.
"What is your golden rule for keeping healthy?"
"Don't eat too much. Glut-tony is the cause of most avoid-able illnesses."
"What is your favourite dish for breakfast?"
"Oranges."
"For lunch?"
"Vegetable salad."

✴

"For dinner?"
"Steak."
"What is your favourite drink?"
"Champagne."
"How much sleep do you need?"
"Not much. Five or six hours is generally ample."
"You say that when you rest you really rest—that you do nothing. Did you mean that literally?"
"No. I meant that I avoid active recreation. I take my leisure passively. I look, I listen. I let impressions sink into my mind. I read a book, stare at a picture, visit a play, a film or a concert."
"What is your favourite book?"
"*Job*, by Joseph Roth."
[Job: An English version of this German novel was published by Heinemann, 1933.]
"Your favourite picture?"
"*The Absinthe Drinker*, by Picasso. I own it. So I can look at it as much as I like."

"What is your favourite play?"
"*Noah*, by André Obey."
"Your favourite film?"
"*Crime and Punishment*."
"Your favourite piece of music?"
"*Le Sacré du Printemps*, by Stravinsky."
And there are some who still believe that film-stars are never intelligent.
"What type of man do you most admire?"
"The intelligent type."
"And woman?"
"The same."
"Do you think beautiful women are to be admired?"
"Not for their looks alone."
"How do you, with all your hard work, manage to remain so beautiful?"
"In what way?"
I take that to be the height of modesty, coming from one of the most beautiful women in the world.

MY HAPPIEST CLOTHES

"In many, many ways. But I will be more detailed. How often do you visit your hair-dresser?"
"Several times a *day*."
"What shade of powder do you prefer in the morning?"
"Natural."
"And in the evening?"
"It all depends on what you wear. The same with lipstick."
"What is your favourite material for evening-dress?"
"Chiffon."
"What are your favourite colours?"
"Black and white."
"In what clothes do you feel happiest?"
"Men's clothes."
And with this last, rather start-ling confession, Marlene seemed to think that I had run the whole gamut of answerable questions.
She smiled and we shook hands.

PETER HALLEY

280–281 Peter Halley: Marlene Dietrich Confesses.
In: Sunday Referee, London, vom 1. November 1936.
Die berühmte Schauspielerin bezeichnet in diesem
Interview Roths »Hiob« als ihr liebstes Buch.

Joseph Roth
»Radetzkymarsch«

Von Herbst 1930 bis zum Herbst 1932,
mehrfach durch Krankheiten unterbrochen,
arbeitete Roth an seinem »altösterreichischen
Roman«. Der dauernde Geldbedarf, hervorgerufen durch immer neue Therapieversuche
an seiner Frau und durch seinen eigenen
aufwendigen Lebensstil, bedingte ständige
Ansuchen um Vorschüsse und damit einen
permanenten Zeitdruck, die versprochenen
Teillieferungen auch rechtzeitig fertigzu-
stellen: Als der Roman am 17. April 1932 in
Fortsetzungen als Vorabdruck in der »Frankfurter Zeitung« zu erscheinen begann, war er
noch nicht abgeschlossen.

Die Buchausgabe mit einem gründlich überarbeiteten Text erschien im September 1932.
Was Roth während der Arbeit am Roman an
regelmäßigen Vorschüssen erhalten hatte,
summierte sich auf den enormen Betrag von
22.000 Mark, wie er am 15. Dezember 1932
an Stefan Zweig schrieb (Briefe, S. 244, dort
falsch datiert). Allerdings – dieses Geld hatte
Roth auch bereits durchgebracht; er hatte also
am Ende der Arbeit keinen Lohn mehr vor
sich, sondern diesen schon während des
Schreibens verbraucht.

Diese Vorschüsse in einer Zeit zu ermög-
lichen, die für den Verlag keine großen
Umsatzchancen bot, gelang dem Joseph Roth
persönlich sehr zugetanen Prokuristen Walter
Landauer.

283   Joseph Roth. Fotografie, 1932.

284   Walter Landauer und Joseph Roth.
Fotografie, um 1930.

Walter Landauer (1902–1945) war durch seine
erfolgreiche Tätigkeit als Assistent im Verlag
Die Schmiede bekannt geworden, wo drei
frühe Werke Roths erschienen waren.

1928 wurde er auf Initiative von Fritz Landshoff, Kiepenheuers Partner und Mitdirektor,
als Prokurist in den Kiepenheuer Verlag
übernommen. Nach der Machtübernahme
durch die Nationalsozialisten im Jänner 1933
sollte er als Leiter der deutschsprachigen
Abteilung des Amsterdamer Verlags Allert de
Lange auch weiterhin ein Protektor Roths
bleiben.

Es war angeblich ein Vorschlag Landauers
gewesen, Kaiser Franz Joseph als Romanfigur
im »Radetzkymarsch« auftreten zu lassen.

285   Johann Strauß (Vater): Radetzky-Marsch. Op. 228.
Leipzig: Benjamin, undatiert (um 1925). Titelseite.
Klavierauszug, aus Roths Besitz.

286–287 Joseph Roth, Otto Zarek, Hermann Kesten und Paul Frischauer an Stefan Zweig, Ansichtskarte vom 30. April 1932.
Der Text auf der Rückseite der Ansichtskarte (bezeichnet als: »Mampe-Stube 169, Friedrichstr. 169 Hintere Trinkstube«) lautet:

»Sehr verehrter und lieber Stefan Zweig, in aller Eile! Vor einer Woche seit Monaten lagernde Post abgeholt, darunter Ihren lieben Brief. Trotz Anfang [des Abdrucks von ›Radetzkymarsch‹] in F[rankfurter]. Z[eitung]. noch im Schreiben. Sehr aufgeregt, sehr unglücklich, sehr hastig und ohne Nerven. Bald Genaues!
    Herzlichst Ihr alter
        J. R.
Viele herzlich[e] Grüsse – in der Hoffnung, dass wir uns in Berlin, wo ich bleibe, sehen, in alter Treue
        Otto Zarek
Herzliche und sehr ergebene Grüsse Ihr Hermann Kesten
Alles Herzliche! Schon zurück von der Vortragsreise?
Immer Ihr ganz ergebener
        Paul Frischauer«

(Briefe, S. 216, korrigiert anhand des Originals)

Mampe-Stube N.9 Friedrichstr. 169 Hintere Trinkstube)

288 Joseph Roth. Radetzkymarsch. Roman, 2. Auflage: 13.–20. Tausend, Berlin: Kiepenheuer, 1932. Schutzumschlag nach einem Entwurf von Georg Salter.

Nach »Hiob« war »Radetzkymarsch« der zweite große Erfolgsroman Joseph Roths, den Kiepenheuer herausbrachte. Die Gestaltung des Schutzumschlags durch den erfahrenen Georg Salter (um seine Mitwirkung hatte sich besonders Walter Landauer bemüht) war aus evokativen Elementen komponiert: das kaiserliche Schloß Schönbrunn mit seinem Gartenparterre, davor ein verdorrter Baum, der einen Schatten in Form des Doppeladlers wirft, zu der elegischen Grundstimmung des Romans passend. Bei der zweiten Auflage ließ der Verlag auf diesen Teil des Umschlags keinen Text aufdrucken, um die Motive deutlich erkennbar zu halten.

»Radetzkymarsch« ist ein Wendepunkt in Roths Romanschaffen, der erste der ungemein suggestiven, retrospektiven Texte, die von nun an den Grundtenor seines erzählerischen Werks ausmachen. Die ostgalizische Heimat und, ihr übergeordnet, aber emotionell gleichgestellt, die multinationale Habsburgermonarchie werden von Roth als wärmende Heimat für alle ihre Bewohner hochstilisiert. Sein Unbehagen an der Gegenwart verschärfte das Heimweh nach der Vergangenheit: Roth dichtete die Welt seiner Jugend um zu einer nostalgischen, rückwärtsgewandten Utopie.

Dem ersten Teil des Vorabdrucks in der »Frankfurter Zeitung« stellte Roth folgende Einleitung voran:

»Ein grausamer Wille der Geschichte hat mein altes Vaterland, die österreichisch-ungarische Monarchie, zertrümmert. Ich habe es geliebt, dieses Vaterland, das mir erlaubte, ein Patriot und ein Weltbürger zugleich zu sein, ein Österreicher und ein Deutscher unter allen österreichischen Völkern. Ich habe die Tugenden und Vorzüge dieses Vaterlands geliebt, und ich liebe heute, da es verstorben und verloren ist, auch noch seine Fehler und seine Schwächen. Deren hatte es viele. Es hat sie durch seinen Tod gebüßt. Es ist fast unmittelbar aus der Operettenvorstellung in das schaurige Theater des Weltkriegs gegangen. Die Militärkapelle, die meine Marschkompanie zum Wiener Nordbahnhof begleitete, spielte ein Potpourri aus den Melodien von Lehár und Strauß, und der Pfiff der Lokomotive, die uns zum Schlachtfeld führen sollte, verlor sich in den verwehenden Klängen der zurückgebliebenen Trommeln und Trompeten, während unser Zug dem Tod entgegenglitt. Es war eine Woche nach dem Tode des alten Kaisers. In der funkelnagelneuen Felduniform, die wir bei der Abfahrt trugen, hatten wir bei seinem Begräbnis vor der Kapuzinergruft Spalier gebildet. Und es war, als schickte uns noch der tote Kaiser in den Tod. Und während er mit dem gedämpften Pomp begraben wurde, den das ewige Schweigen der Gefallenen und die lauten Wehrufe der Verkrüppelten dem Zeremonienmeister diktiert hatten, wußten wir alle, seine Soldaten, daß unser letzter Kaiser dahingegangen war und mit ihm unsere Heimat, unsere Jugend und unsere Welt. Sein Nachfolger war lediglich der ohnmächtige und vorläufige Verwalter und Zusammenhalter eines Erbes, dessen neue Besitzer schon warteten, das verbriefte Recht der Weltgeschichte in Händen. Den Willen der Weltgeschichte erkannte ich wohl, ihren Sinn verstehe ich nicht immer. Wenn sie wirklich das Weltgericht ist, so erscheint sie mir zuweilen nicht weniger frei von Rechtsirrtümern und -fehlern als ein gewöhnliches Bezirks- oder Landesgericht. Denn auf eine äußerst sorglose Weise überläßt sie gelegentlich das Urteil über die alte österreichisch-ungarische Monarchie dem Kino, der Tonfilmoperette und den lächerlichen Verkündern der land-läufigen Schablonenweisheiten. Und man mag daran erkennen, daß die bitterernste Klio ihre Aufgaben manchmal ihren leichteren Schwestern übergibt.

Mir und vielen anderen meiner internationalen Landsleute, die gleich mir ein Vaterland und damit eine Welt verloren haben, ist ein ganz anderes Österreich bekannt und vertraut als jenes, das sich in seinen Export-Operetten zu Lebzeiten offenbart hat und das sich nach dem Tode nur noch in seinem billigsten Export bewahrt hat. Ich habe die merkwürdige Familie der Trottas, von denen ich in meinem Buch ›Radetzkymarsch‹ berichten will, gekannt und geliebt, die Spartaner unter den Österreichern. An ihrem Aufstieg, an ihrem Untergang glaube ich den Willen jener unheimlichen Macht erkennen zu dürfen, die am Schicksal eines Geschlechts das einer historischen Gewalt deutet.

Die Völker vergehn, die Reiche verwehn. (Aus den vergehenden besteht die Geschichte.) Aus dem Vergehenden, dem Verwehenden das Merkwürdige und zugleich das Menschlich-Bezeichnende festzuhalten ist die Pflicht des Schriftstellers. Er hat die erhabene und bescheidene Aufgabe, die privaten Schicksale aufzuklauben, welche die Geschichte fallen-läßt, blind und leichtfertig, wie es scheint.«

(Joseph Roth: »Vorwort zu meinem Roman: ›Der Radetzkymarsch‹«. Frankfurter Zeitung vom 17. April 1932. In: Werke, Band 5, S. 874-875)

289 Joseph Roth: Radetzky March. New York, Viking, 1933. Schutzumschlag, gestaltet von Paul Wenck.

290 Brünn / Brno, Mähren / Tschechische Republik. Parade des k. u. k. Infanterie-Regiments Nr. 49. Fotografie, 1900.

Als Teil der Armee war der einzelne Soldat auch Teil des Dekorums des Staates: zu allen richtigen Festtagen gehörte die Teilnahme des Militärs in Form von Paraden und das Aufspielen der Militärmusik.

*This advertising is appearing before and after
publication of* RADETZKY MARCH. *Oct. 16th.* $2.50

COMING

RADETZKY MARCH

by JOSEPH ROTH

A magnificent novel—it will be *the*
book of the Fall **$2.50**

VIKING PRESS, NEW YORK

COMING

RADETZKY MARCH

by JOSEPH ROTH

A novel which will be discussed
everywhere—a work of truly ma-
jestic stature **$2.50**

VIKING PRESS, NEW YORK

COMING MONDAY

RADETZKY MARCH

by JOSEPH ROTH

A tremendous novel—watch for
the reviews—don't miss it—it will
be discussed everywhere. **$2.50**

VIKING PRESS, NEW YORK

The only thing he knew

Carl Joseph von Trotta's grandfather had saved
the Emperor's life. Young Trotta, reared in the
imperial tradition, served his emperor because
he knew nothing else. He tried to share the gai-
ety and romance of Vienna, the roistering life
of the provinces. But the world at which he
grasped was slipping away, was dying with the
Emperor—and Trotta, bewildered, groped for a
purpose which escaped him.

We present this novel as a masterpiece—the
story of a nation's death-rattle, inaudible be-
neath the heady trumpetings, the sweeping
drum-rolls of its own national anthem. Joseph
Roth has created something even greater than
his brilliant earlier novel, "Job". . . $2.50

RADETZKY MARCH

by JOSEPH ROTH

291 Entwürfe zu Werbeanzeigen für die amerikanische Ausgabe des Romans »Radetzkymarsch«, 1933. Probedruck.
Zumindest die rechts abgebildete dieser im Operettenstil gehaltenen Skizzen wurde veröffentlicht, und zwar in der Tageszeitung »New York Herald Tribune« vom 15. Oktober 1933, S.VII/12, in einer Werbespalte der Viking Press.

292 SA-Demonstration in Berlin. Schlägerei mit der Polizei. Fotografie: Heinrich Hoffmann, 1931.

Die hohen Einnahmen, die der Kiepenheuer Verlag durch den guten Verkauf des Romans hatte (bis Dezember 1932 waren 30.000 Exemplare gedruckt worden), ließen Roth hoffen, seine von den Vorschüssen herrührenden Schulden bald abzahlen und darüber hinaus selbst Erträge erhalten zu können.
Letztlich aber brachte der »Radetzkymarsch« Roth nur Ruhm, kein Geld: denn die in- und eine Zeitlang sogar die ausländischen Einnahmen aus seinen Kiepenheuer-Titeln wurden nach dem Regierungsantritt der Nationalsozialisten an den Verlag nach Deutschland und nicht an den Autor im Exil überwiesen.

Die Jahre der Weimarer Republik waren geprägt vom aggressiven Auftreten nationaler und nationalsozialistischer Gruppen und von ihren Einschüchterungsversuchen mittels einer hemmungslos diffamierenden Presse, andererseits durch gewalttätige Straßenaktionen.
Roth hatte seit den frühen 1920er Jahren vor der faschistischen Gefahr gewarnt – sensibel auch in den Bereichen, die ihn (noch) nicht unmittelbar betrafen. 1932 sagte er in einem Brief an Stefan Zweig die existentiellen Folgen für sich (und seinesgleichen) voraus:

»Der Verlag Kiepenheuer hält nur so lange, wie seine jüdischen Geldgeber in Deutschland bleiben. Aber Alles spricht dafür, daß sie Berlin verlassen. Der Nationalsozialismus trifft mich also im Privatesten – abgesehen davon, daß die Buchhändler terrorisiert und selber auch nationalistisch, ein Ende machen wollen mit der Literatur, die sie zivilisatorisch nennen, westeuropäische und so weiter.«
(7. August 1932, Briefe, S. 222)

Unter Vorzensur

Arbeiter-Zeitung

Zentralorgan der Sozialdemokratie Deutschösterreichs

Erscheint täglich um 6 Uhr morgens, Montag um 1 Uhr mittags

Preis im Einzelverkauf:
an Wochentagen 20 Groschen
an Sonn- u. Feiertagen 30 Groschen

Bezugspreis
für die Bundesländer
Monatlich .... S —
für das Ausland;

Schriftleitung
Verwaltung
Druckerei u. Verland:
V. Rechte Wienzeile 97
Telephon:
B 29-5-10 Serie

Nr. 130 — Wien, Freitag, 12. Mai 1933 — 46. Jahrgang

Die deutsche Literatur auf dem Scheiterhaufen

Berlin, 11. Mai. Mehr als zwanzigtausend deutsche Bücher sind gestern auf dem Opernplatz verbrannt worden. Möbeltransportwagen und Lastautos führten die Bücher vom Studentenhaus in der Oranienburgstraße über die Linden zum Scheiterhaufen, der auf dem Opernplatz errichtet worden war.

Die Feuersprüche

In der Goethestadt

Während die Bücher brannten …

Verbrennt mich!

Ein Protest von Oskar Maria Graf

Notverordnungen und Verfassung.

Schändung der Goethe-Medaille.

Berlin, 11. Mai. (T. R. B.) Reichspräsident v. Hindenburg hat den Präsidenten der Preußischen Akademie der Künste …

Der vertriebene deutsche Geist soll die Tschechoslowakei befruchten.

Prag, 11. Mai. (T. R.)

Brief Joseph Roths an Stefan Zweig

»Rapperswil
Dienstag 7 November 1933

Lieber verehrter Freund,

ich freue mich sehr über Ihre Karte. Ich sage Ihnen aufrichtig, daß ich nicht mehr gewußt hatte, was Ihnen zu schreiben. Ich habe das Buchhändler-Börsenblatt und die Arbeiter Zeitung gesehn; das heißt, man hat sie mir mit höhnischem Triumph gezeigt. Selbstverständlich habe ich den lächerlichen Versuch gemacht, zu dementieren. Sie können sich denken, wie mir dabei zu mute war. Sie wissen nicht, daß ich im Begriffe war, Thomas Mann, Döblin, Schickele wegen ähnlicher Erklärungen anzugreifen. Als ich das von Ihnen erfuhr, war es wie eine Ohrfeige. Dabei konnte man noch den Dreien zu Gute halten, daß sie von dem Scheiß-Bermann-Fischer materiell abhängig sind. Sie sind von der Insel unabhängig. Sie mußten, meiner Meinung nach, zu der Zeit, als Sie Ihren Brief schrieben, schon die ohrfeigende Schlußbemerkung gekannt haben, mit der die famose Reichsstelle die Loyalitätserklärung der Drei tapferen Schneiderlein geschmückt hatte: sie stünde nach wie vor nicht zu der geistigen Haltung der loyalen Dichter.

Nun, ich begrüße den Abstand, der Sie von den Dreien trennt: Diese schrieben an ihren Verleger mit dem Bewußtsein, daß es publik werde: Sie telegraphierten sogar. Sie aber schrieben privat an die Insel. Ich begrüße nicht, *daß Sie überhaupt geschrieben haben. Gewiß trennt mich viel von Feuchtwanger. Aber nur, was Menschen trennen kann. Von allen aber,* ohne Ausnahme, *die heute für Deutschland, mit Deutschland, in Deutschland öffentlich tätig sind, trennt mich genau Das, was den Menschen vom Tier scheidet. Gegen stinkende Hyänen, gegen den Auswurf der Hölle ist selbst mein alter Feind Tucholsky mein Waffenkamerad. Und wenn die* ›Sammlung‹ *tausendmal Unrecht hätte: gegen Goebbels, gegen Mörder, gegen die Schänder Deutschlands und der deutschen Sprache, gegen diese stinkenden Luther-Fürze hat sogar die* ›Sammlung‹ *Recht. Ich finde, daß Klaus Mann, mit dem ich gewiß nicht übereinstim-*

me, die würdigste Antwort auf Ihre Briefe an die deutschen Verleger gegeben hat: die Zuschrift Rollands im neuesten Heft der Sammlung.

Rolland hat Recht. Unter gar keinen Umständen darf ein aufrechter Mensch die ›Politik‹ *fürchten. Wir haben ganz große Beispiele in der Literatur. Es ist ein* Hochmut, *olympischer sein zu wollen, als Hugo und Zola. Aber ich gebe zu, daß es Temperamentssache ist, ob man eingreift oder nicht. Loyalität aber bezeugen wollen gegenüber dieser Bande aus Mördern und Scheißern, aus Lügnern und Trotteln, aus Wahnwitzigen und Wortbrechern, Schändern, Räubern, Wegelagerern: Das ist unverständlich. Überlassen Sie den törichten Respekt vor der* ›Macht‹, *der Zahl, den 60 Millionen den dummen Hendersons und Macdonalds, den Sozialisten, den Politikern der Pleite. Wenn* wir *nicht die Wahrheit sehn* und *auch vor Fürzen erschauern: wer soll denn sonst das Wahre sehn?*

Ich höre Ihren Einwand: wir seien Juden. Obwohl auch mir mein Kopf zu teuer ist, als daß ich mit ihm vergeblich oder gar zum Schaden der Andern gegen die Wand rennen wollte, sehe ich nicht ein, warum ich infolge meines Blutes vom Frontdienst befreit werden und in der Etappe kämpfen sollte. Nein! Nur Bestien, wie jene dort, werden mir mein Blut vorwerfen. Ich bleibe im Schützengraben. Ich darf *nicht danach fragen, was man davon hält. Ich bin ein Mensch und kämpfe gegen die Tiere für die Menschen. Mögen die Dummen sagen, was sie wollen. Die gerechte Sache ist stärker als das Argument gegen mein Judentum.*

Ihr zweiter Einwand: ich unterschätze den Gegner. Ach! Ich fürchte, Sie überschätzen ihn. So dumm die Welt auch ist: von diesem Stall, der jetzt in Deutschland herrscht, läßt sie sich nichts auf die Dauer gefallen. Es ist ein Kampf auf Leben und Tod zwischen der europäischen Kultur und Preußen. Merken Sie das wirklich nicht?

Nehmen Sie meinetwegen öffentlich keine Partei. Bewahren Sie meinetwegen sogar noch einen – mir unbegreiflichen – Respekt vor all Dem, was Sie das ›Elementar-Nationale‹ *oder sonstwie nennen wollen. Aber ich beschwöre Sie, hören Sie endlich mit jedem Versuch auf, nach Deutschland auch nur die dünnsten Fäden zu spinnen. Nehmen Sie keine Rücksicht auf die Insel. Jedermann, ganz gleich-*

gültig, wer er ist, wie er früher war, der öffentlich heute in Deutschland tätig ist, ist eine Bestie.

Sie haben früher dementiert, daß Sie der Arnold Zweig sind. Sie dementieren durch jede Verbindung mit Deutschland, daß Sie der Stefan Zweig sind. (Es ist ein Wort Ihrer Leserin)

Sie haben viel zu verlieren: keine persönliche Würde allein, sondern eine literarische: eine weltberühmte Würde. Tausenden, die so über Deutschland denken, wie ich, nicht wie Sie, waren Sie eine Stütze, ein Glauben. Im Kriege standen Sie an der Seite Romain Rollands. Jetzt, wo es schlimmer als Krieg ist, schreiben Sie aus Rücksicht an die Insel. Das ist, wie wenn Sie, während des Krieges, an einen Hauptmann des Großen Hauptquartiers geschrieben hätten – nur, weil er sonst durch seine alte Freundschaft mit Ihnen zu Schaden gekommen wäre –: Sie seien ›im Grunde‹ gar kein Gegner des Kriegs.

Alles kommt von Ihrer schwankenden Haltung. Alles Böse. Alles Mißverständliche. Alle dummen Zeitungsnotizen über Sie. Sie sind in Gefahr, den moralischen Kredit der Welt zu verlieren und im Dritten Reich nichts zu gewinnen. Praktisch gesagt. Moralisch aber: Sie verleugnen eine 30jährige Vergangenheit. Wozu? Für wen? Für einen Geschäftsfreund. Einen braven bornierten Menschen, das Beste, was man von ihm sagen kann, der ›an Ihnen‹ schwere Tausende verdient hat. Dessen Schwiegersohn ein Fememörder ist. Der dadurch allein, daß er in Deutschland bleibt, Alles zunichte macht, was er an Ihnen und sonst Gutes getan hat – getan haben mag. (Auch das Gute war Geschäft.)

Lieber Freund, Sie wissen, daß ich eher zu den Gerecht-sein-wollenden gehöre, als zu den Unerbittlichen. Mir ist das Engstirnig-Gehässige zuwider, das Sektiererische, Sie wissen es ja. Aber jetzt, jetzt ist die Stunde der Entscheidung da. Stärker, als im Krieg. Jetzt, angesichts dieser höllischen Stunde, in der die Bestie gekrönt und gesalbt wird, hätte selbst ein Goethe nicht geschwiegen. Zumindest hätte er nicht vor Jenen eine Beziehung zu den Gegnern des III. Reiches dementiert. Jetzt auch ist keine Zeit mehr, von Jud oder Nicht-Jud zu sprechen. Weshalb haben Sie, als Sie im Kriege in der Schweiz waren, nicht bedacht, daß man den schmählichen Verdacht gegen die Juden, sie sabotierten das Vaterland,

nicht verstärken dürfe? Damals waren Sie ein Jude, genau wie heute.

Ich kann Ihre Haltung nicht billigen. Ich bin ein besserer Freund, als die Insel. Und mir, mir allein zuliebe hätten Sie den unseligen Brief nicht schreiben dürfen. Ohne mich zu fragen. Wenn Sie es nicht gewußt haben, geahnt hätten Sie doch, daß ich solch einen Brief nicht gutgeheißen hätte.

Es ist nicht nur die Stunde der Entscheidung in dem Sinne, daß man gegen Deutschland für den Menschen Partei nehmen muß: sondern auch in dem, daß man jedem Freund die Wahrheit sagen muß. Also sage ich sie Ihnen – und glauben Sie mir, die Eile zwingt mich zu einem feierlichen Ton, der mir peinlich ist –: zwischen uns Beiden wird ein Abgrund sein, so lange Sie innerlich nicht ganz, nicht endgültig mit dem Deutschland von heute gebrochen haben. Lieber wäre mir, Sie kämpften mit dem ganzen Gewicht Ihres Namens dagegen. Wenn Sie das nicht können: bleiben Sie wenigstens still. Schreiben Sie nicht an die Insel, an Den oder Jenen. Um ›Unannehmlichkeiten‹ dem Adressaten zu ersparen. Sie schaffen sich selbst damit stärkere. Sie sind klug genug, um zu wissen, daß heutzutage in Deutschland der Inhaber der Insel ebenso ein staatlicher Funktionär ist, wie die Reichsstelle. Sie hätten also wissen müssen, daß Ihr Brief kein privater bleiben kann. Schon jeder gewöhnliche deutsche Staatsbürger ist ein arschleckender Angestellter des Staates; geschweige denn der Verleger der Insel, oder Fischers. (Ich wünsche ihnen allen das Konzentrationslager.)

(Schicken Sie, bitte, an das ›Tagebuch‹ eine Abschrift Ihrer Erwiderung an die Arbeiter Zeitung. Herr Schwarzschild hat mir auch von Ihrem Brief an die Insel Mitteilung gemacht. Ich halte es für wichtig, daß er weiß, wo Sie stehen.)

Noch einmal: Sie müssen entweder mit dem III. Reich Schluß machen, oder mit mir. Sie können nicht irgendeine Beziehung zu einem Vertreter des III. Reiches haben – und das ist dort jeder Verleger – und zugleich zu mir. Ich mag es nicht. Ich kann es nicht verantworten; nicht vor Ihnen, nicht vor mir.

Antworten Sie mir, bitte, so bald es geht. Küssen Sie Frau Zweig die Hand für mich.

Ihr alter Freund

Joseph Roth.

Mittwoch *[8. November 1933]*
Lieber Freund, ich lese noch einmal den Brief,
den ich Ihnen gestern geschrieben habe. Da-
mit Ihnen jeder Zweifel genommen werde: ich
habe ihn nicht im alkoholischen Zustand ge-
schrieben. Ich trinke beinahe nur noch wei-
ßen Wein. Ich bin vollkommen nüchtern.
Zweifeln Sie, bitte, nicht einen Augenblick da-
ran.

Zweifeln Sie, bitte, auch nicht daran, daß
ich Ihr Freund bin. Auch, wenn Sie meiner
Bitte nicht entsprechen und den Verkehr mit
D[eu]tschl[an]d nicht aufgeben können, bleibe
ich Ihr Freund und werde Sie immer vertei-
digen, wo ich kann.

Ich bin mir, ferner, klar darüber, daß es
eine Art Anmaßung meinerseits ist, Ihnen mit
Verhaltungsmaßregeln zu kommen. Entschul-
digen Sie mir. Ich glaube, daß ich mein eige-
nes Leben verpatzt habe. Aber ich glaube
auch, daß ich das Leben eines Nächsten ge-
nau übersehen kann. Ich glaube, daß ich
Recht habe, was Sie betrifft.

Bleiben Sie dem Bilde treu, das ich von Ih-
nen habe. Ich habe Sie richtig porträtiert.
Sie wissen es selbst am besten (und Ihre Frau
weiß es auch.)

Wenn es überhaupt nötig ist, Das zu
sagen, obwohl es schamlos klingen könnte: ich
sehe genau durch Ihre Weltklugheit hindurch
in Ihr poetisches Herz.

Verleugnen Sie es nicht! Bleiben Sie ihm
treu. Es lohnt.

Verraten Sie nicht mehr die ›Emigration‹!
Überlassen Sie das den Schuften und den
Toren!

Ich beschwöre Sie noch einmal: bewahren
Sie Ihre Würde!

   Ihr
    alter
     Joseph Roth.«

(Briefe, S. 286-290, anhand der Handschrift korrigiert)

(Nach einer nationalsozialistischen Polemik
gegen die Exilzeitschrift »Die Sammlung«,
herausgegeben von Klaus Mann, fanden sich
Thomas Mann, René Schickele und Alfred
Döblin bereit, sich von der Zeitschrift zu di-
stanzieren. Die Wiener sozialdemokratische
»Arbeiter-Zeitung« griff Thomas Mann heftig
an, worauf dieser argumentierte, ihm sei seine
Leserschaft in Deutschland – solange er sie
ansprechen könne – wichtiger als politische
Argumente.)

294   Joseph Roth. Fotografie: Josef Breitenbach, Paris,
September / Oktober 1935, aufgenommen im glasge-
deckten Innenhof des Hôtel Foyot.

Der Antifaschist Roth

Am Tag der Regierungsübernahme durch die Nationalsozialisten 1933 übersiedelte Roth endgültig nach Paris und wohnte dort bis zu seinem Tod. Er reiste jedoch weiterhin ins noch zugängliche Ausland, darunter nach Österreich, in die Schweiz, nach Holland, Belgien und Polen.

Roth engagierte sich intensiv im publizistischen Kampf gegen den Nationalsozialismus. Er hatte seit langem die Gefahr der nationalsozialistischen Ideologie erkannt und vorausgesagt, daß Intellektuelle wie Juden würden ins Exil gehen müssen. Nach dem Januar 1933 wies er prinzipiell alle Angebote ab, in Deutschland zu publizieren (wie sie von der »Frankfurter Zeitung« und vom S. Fischer Verlag kamen). Er bezeichnete die Emigranten ungeschminkt als »Vertriebene«, betonte die Gewalt, die sie gezwungen hatte, ihr Land und ihre ökonomische Basis zu verlassen.

Mitte Februar 1933 schrieb Roth dazu an Stefan Zweig aus Paris:
»Inzwischen wird es Ihnen klar sein, daß wir großen Katastrophen zutreiben. Abgesehen von den privaten – unsere literarische und materielle Existenz ist ja vernichtet – führt das Ganze zum neuen Krieg. Ich gebe keinen Heller mehr für unser Leben. Es ist gelungen, die Barbarei regieren zu lassen. Machen Sie sich keine Illusionen. Die Hölle regiert.«
(Briefe, S. 249)

295–297 Wolfgang Herrmann: Prinzipielles zur Säuberung der öffentlichen Büchereien. In: Börsenblatt für den Deutschen Buchhandel, Jg. 100 (1933), Nr. 112, Ausgabe A vom 16. Mai 1933, S. 356-358 (Abgebildet: Titelseite der Zeitschrift; S. 356 und 357, Ausschnitt).

Bereits im März 1933 wurde eine erste Liste von 131 Autoren aufgestellt, deren Werke im »Dritten Reich« unterdrückt werden sollten. Im Mai 1933 wurde sie publiziert: Sie enthält den Namen [Joseph] Roth ohne Einschränkung, d. h. also sein ganzes Werk. Roths Name stand genauso auf den Listen von 1934 und 1939, auch wenn er gelegentlich behauptete, nie verboten worden zu sein.

298 Nationalsozialistische Bücherverbrennung in Berlin am 10. Mai 1933. Fotografie.

Die »Deutsche Studentenschaft« organisierte sogenannte »Säuberungsaktionen«, bei denen zugleich mit den Büchern anderer verfemter Autoren wohl auch Werke von Roth aus Bibliotheken und Büchereien ausgesondert und verbrannt wurden.

Jedenfalls war Roth in Deutschland besonders gefährdet: als jüdischer Autor und als erwiesener langjähriger Gegner der politischen und gesellschaftlichen Theorie, die nun, da sie die Regierungsgewalt auf legale Weise erlangt hatte, durch Änderung der Gesetze, durch Gewalt und Terror ihre Vorstellungen wahr machte.

Prinzipielles zur Säuberung der öffentlichen Büchereien.

Von Dr. Wolfgang Herrmann, Berlin.

Die Aufgabe, die der öffentlichen Bücherei (Volksbücherei) im neuen Staat gestellt ist, entspricht der Losung Mussolinis: »Buch und Büchse — das ist mein Befehl«. Damit ist gesagt, daß das kulturpolitische Ziel der Volksbüchereien in der geistigen Wehrhaftmachung, der totalen Mobilmachung des deutschen Menschen mit Hilfe des echtbürtigen Schrifttums liegt. Der erste Schritt zu diesem Ziel ist der allerorts spontan eingeleitete Versuch, die Arbeitsmittel und Buchbestände der Büchereien auf das Wesentliche zu konzentrieren. Dieser Vorgang, der überall da, wo Fachleute die Aktion in die Hand nahmen, sich in durchaus geordneten Formen abgespielt hat, ist der breiten Öffentlichkeit sehr bald durch das inquisitorische Stichwort der »Schwarzen Listen« bekannt geworden. Dabei handelte es sich nie um Bilderstürmerei, sondern um mehr, nämlich um die Erarbeitung neuer Auswahl- und Wertprinzipien auf dem Gebiete der volkstümlichen Literatur und der Literaturkritik.

Die Maßstäbe, nach denen die Schwarzen Listen angefertigt wurden, sind selbstverständlich literaturpolitischer Natur. Für sie gilt die fundamentale, für jede politische Entscheidung notwendige Vorfrage: Wer ist der eigentliche Feind? Gegen wen richtet sich der Kampf?

Die Antwort gibt eine grundsätzlich gehaltene Erklärung, die vom Preußischen Ministerium für Wissenschaft, Kunst und Volksbildung anerkannt, und für die staatlichen Büchereiberatungsstellen auf dem Lande verbindlich erklärt worden ist. In dieser Erklärung heißt es: »Der Kampf richtet sich gegen die Zersetzungserscheinungen unserer artgebundenen Denk- und Lebensform, d. h. gegen die Asphaltliteratur, die vorwiegend für den großstädtischen Menschen geschrieben ist, um ihn in seiner Beziehungslosigkeit zur Umwelt, zum Volk und zu jeder Gemeinschaft zu bestärken und völlig zu entwurzeln. Es ist die Literatur des intellektuellen Nihilismus«. Der Begriff der Asphaltliteratur wird dann im einzelnen dahin festgelegt: »Diese Literaturgattung hat vorwiegend, jedoch nicht nur jüdische Vertreter. Aber nicht jeder jüdische Schriftsteller ist ein Asphaltliterat, z. B. vertritt die Kritik, die der Zionist Emanuel bin Gorion stets an den literarischen Assimilationsjuden geübt hat, das jüdisch-völkische Prinzip«. Weiter heißt es: »Nicht jeder

356

russische Schriftsteller ist Kulturbolschewist. Dostojewski und Tolstoi gehören nicht auf den Index (ohne Dostojewski kein Moeller van den Bruck!). Neuanschaffungen von Russen sind nicht nötig, ebensowenig wie alle neuen Russen (z. B. Fadejew, Farassow-Rodinow) vernichtet zu werden brauchen«.

Über die technischen Methoden, nach denen sich die Säuberung vollziehen soll, wird gesagt: »Es empfiehlt sich, grundsätzlich von jedem, auch dem gefährlichsten Buch je ein Exemplar in den großen Stadt-, Haupt- und Studienbüchereien für die kommende Auseinandersetzung mit den Asphaltliteraten und Marxisten im Giftschrank zu behalten. Dies gilt vor allem für die wissenschaftlich-marxistische Literatur, die in Volksbüchereien natürlich entbehrlich ist. Technisch ist die Säuberung etappenweise, nach Maßgabe der möglichen Neuanschaffungen zur Auffüllung der entstandenen Lücken mit deutschem Schrifttum, durchzuführen.

Die für die Ausleihe gesperrten Bücher sind am praktischsten in drei Gruppen einzuteilen:

Gruppe 1 fällt der Vernichtung (Autodafé) anheim, z. B. Remarque,

Gruppe 2 kommt in den Giftschrank, z. B. Lenin, Marx,

Gruppe 3 enthält die zweifelhaften Fälle, die eingehend zu prüfen sind, ob später zu Gruppe 1 oder 2 gehörig, z. B. Traven«.

Entscheidend sind die Schlußsätze der Erklärung, die sagen: »Wichtiger als die Säuberung ist der Bestandsaufbau im Sinne des neuen Deutschland. Zum Bestandsaufbau im nationalistischen und sozialistischen Sinne gehört keinesfalls der patriotische Kitsch. Gegen ihn werden ebenfalls Schwarze Listen ausgearbeitet«. Als Beispiele für patriotischen Kitsch werden erwähnt: F. O. Höcker und Peter Hoch.

Diese Formulierungen offenbaren ein so außerordentliches Maß von Rigorosität und Konsequenz, daß sie für den freien deutschen Buchhandel nur sehr bedingt als Maßstab gelten dürfen. Die Arbeit der öffentlichen Bücherei steht unter sehr anderen Gesetzen als die Arbeit des Buchhandels, die eine viel umfassendere ist. Dieser grundlegende Unterschied wird ganz klar, wenn wir die erste amtliche Schwarze Liste*) für Preußen nachstehend abdrucken:

*) Die übrigen Schwarzen Listen umfassen die Gebiete: Politik, Staatswissenschaften, Geschichte, Literaturgeschichte, Kunst, Geographie, Biographie.

Lernet-Holenia: außer: Gedichte
Lewinsohn: Das Erbe im Blut
Libedinsky: Jurij
Lidin, Wladimir
Liepmann, Heinz
Linck: Kameraden im Schicksal
London: Martin Eden, Zwangsjacke, Eiserne Ferse
†Ludwig, Emil
†Mann, Heinrich
Mann, Klaus
Meyer-Eckhard: nur: Das Vergehen des Paul Wendelin
Meyrink
Michael, F.: Die gut empfohlene Frau
Neumann, Robert: alles außer: Mit fremden Federn
Newerow
Ognjew
Olbracht, Iwan
†Ottwalt, Ernst
Panferow
Pantelejew
Pinthus, Kurt
†Plivier
Regler
†Remarque, Erich Maria
Renn, Ludwig: nur Nachkrieg
Ringelnatz
Roth
Rubiner, Ludwig

Verachtung der Emigranten. Nebenbei polemisierte Roth auch gegen Klaus Mann, dem er vorwarf, Gottfried Benn früher geschätzt zu haben.

Wirkungsvoll waren solche Aufsätze durch ihre Empörung, ihren Zorn, weniger durch kühle Logik oder Souveränität. Sie sind Gefühlsausbrüche eines Einzelnen, keine systematische theoretische Auseinandersetzung. Roth arbeitete engagiert und voll Empörung daran, den Nationalsozialismus zu bekämpfen; mehrfach versuchte er eine Bloßstellung der Nationalsozialisten auf der Ebene der Sprachkritik.

Kompromißlosigkeit forderte er auch von allen anderen Intellektuellen, von den betroffenen Menschen, Staaten und anderen Instanzen (vom Papst bis zu europäischen Regierungen) überhaupt; ökonomische Rücksichten erkannte er angesichts der Brutalität des »Dritten Reichs« nicht an. Eine schwankende Haltung, wie sie Stefan Zweig oder Thomas Mann an den Tag legten, bekämpfte er immer wieder in heftigen polemischen Briefen und Artikeln. (Thomas Mann veröffentlichte bis 1935, Stefan Zweig bis 1936 im nationalsozialistischen Deutschland.) Und eine seiner wichtigsten und engsten Freundschaften, jene zu Benno Reifenberg, kündigte er auf, weil Reifenberg Deutschland nicht verließ.

299 Joseph Roth: Dichter im Dritten Reich. In: Das Neue Tage-Buch. Paris, Amsterdam, Jg. 1 (1933), Nr. 1 vom 1. Juli 1933, Umschlag.

300 Joseph Roth: Nationale Pyromanie. In: Pariser Tageblatt, Paris, Nr. 270 vom 8. September 1934, S. 1, Abbildung S. 209.

Klaus Mann, von Joseph Roth nicht besonders geschätzt, war ein engagierter Kampfgenosse gegen Faschismus und Nationalsozialismus, was Roth schließlich auch anerkannte.

Anlaß dazu war: Gottfried Benn hatte Heinrich Mann, den bisherigen, von den Nationalsozialisten entfernten Leiter der Abteilung Dichtkunst der Preußischen Akademie der Künste, eben abgelöst: Benn gab ein Bekenntnis zum Nationalsozialismus unter dem Titel »Der neue Staat und die Intellektuellen« ab. Klaus Mann, der ihn bisher geschätzt hatte, attackierte Benn in einem offenen Brief. Roth griff den Artikel und seinen Titel auf und polemisierte temperamentvoll ätzend und höhnend dagegen:

In bester satirischer Tradition zerpflückte er Benns Sprache, seine Behauptung einer völkischen Symbiose von Nation und Autor, seine

Roth verknüpfte in einer bitterbösen Satire die Handlung des Feuerlegens, wie sie bisher schon als kriminell eingestuft worden war, mit der Praxis der Nationalsozialisten, »wirkliche oder metaphorische« Brände in großem Stil zu legen, und verwies auf den versuchten, aber gescheiterten NS-Putsch in Österreich im Juli 1934, bei dem Bundeskanzler Dollfuß ermordet worden war, auf die Bücherverbrennungen und auf den Reichstagsbrand in Berlin im Mai 1933. Zynisch schlug er für diese »Manie« den wissenschaftlichen Namen »furor teutonicus« vor und verspottete – aus aktuellem Anlaß: der Entmachtung der nationalsozialistischen Kampftruppe »SA« und der Ermordung einiger ihrer Leiter, die homosexuell waren – das nicht-»SA«-konforme Verhalten von Mitgliedern der NSDAP.

SAMEDI 8 SEPTEMBRE 1934 — SAMSTAG, 8. SEPTEMBER 1934

Pariser Tageblatt

Telephon: ARCHIVES 84-95, 84-96, 84-97
Nach 9 Uhr Abends: PROVENCE 78-14

QUOTIDIEN EN LANGUE ALLEMANDE
Chefredakteur: GEORG BERNHARD

Inseratenannahme: PUBLICITE METZL
51, Rue de Turbigo -- PARIS (3e)

Nr. 270
ZWEITER JAHRGANG

ABONNEMENT AU « PARISER TAGEBLATT »

	1 Monat	3 Monate	6 Monate	1 Jahr
Frankreich - France	14 Frs.	40 Frs.	75 Frs.	145 Frs.
Ausland - Etranger	25 Frs.	70 Frs.	135 Frs.	265 Frs.

Adressen-Aenderung: 1 Franc. Postcheque-Conto: Paris 175.801

Abonnementsbestellung im Verlag des « Pariser Tageblatts »
Le numero: Paris et Départements - 50 c.
On s'abonne aux Bureaux du Journal

REDACTION ET ADMINISTRATION
51, RUE DE TURBIGO, 51 — PARIS III° (Métro: Arts-et-Metiers)

EINZELVERKAUFSPREISE IM AUSLAND:

England	4 1/2 d.	Polen	0.30 Zloty.
Belgien	0.90 b. Frs.	Portugal	1.70 Escudos.
Bulgarien	5 Levas.	Schweiz	0.30 schw. Frs.
Holland	15 Ct.	Tschechosl.	1.35 Kronen.
Italien	1.20 Lire.	Jugosl	3.— Dinars.

Nr. 270
DEUXIEME ANNEE

Nationale Pyromanie

Von JOSEPH ROTH

In der Nähe von Dravograd in Jugoslawien hat, nach einem Bericht der Belgrader „Prawda", einer der österreichischen Nationalsozialisten, die nach der Ermordung Dollfuss' nach Jugoslawien geflüchtet sind, eineBäuerin vergewaltigt, zwei Frauen ermordet und hierauf das Haus angezündet, in dem er seine Verbrechen begangen hatte — um, wie es heisst, „alle Spuren zu verwischen".

Die sogenannte „Pyromanie", bis zur Ankunft Hitlers lediglich in der Psychiatrie und in der Kriminalwissenschaft bekannt, war freilich mit dem Reichstagsbrand in Berlin auch ein politischer Begriff geworden. Man wird zwischen der alten deutschen Tradition der „Sonnenwendfeuer" und der unbezwinglich scheinenden Neigung der modernen Deutschen, bei jeder Gelegenheit irgendwelche Brände zu stiften — wirkliche oder metaphorische — eines Tages einen wissenschaftlich fundierten Zusammenhang finden.

Dies nur nebenbei, lediglich als Hinweis auf die Tatsache, dass noch den letzten österreichischen nationalsozialistischen Landsknecht zumindest die Psychose der Pyromanie mit seinen höchsten reichsdeutschen Führern verbindet; eine Psychose freilich, die eine verbrecherische Ueberlegung nicht ausschliesst. Die germanischen Sonnenwendfeuer dienen nicht nur dazu, Feste zu erhellen, sondern auch dazu, die Spuren neudeutscher Verbrechen zu verwischen.

Die Opfer des 30. Juni wurden verbrannt; hätten die Nationalsozialisten in Wien gesiegt, die Leiche des Bundeskanzlers Dollfuss wäre verbrannt worden; der Reichstag ist verbrannt; ein armes jugoslawisches Bauernhaus hat der österreichische Legionär verbrannt; die Bücher sind auch verbrannt.

Aber die Neigung, überall Feuer zu legen, ist nicht allein charakteristisch für die deutschen Kämpen unserer Tage. Es ist vor Allem jener bestimmte seelische Zustand, für den bis heute weder die Psychiatrie, noch die Krimonologie einen Namen oder eine Definition gefunden haben.

Ich würde vorschlagen, nicht mehr nach neuen Namen zu suchen. Es ist der gute, alte „furor teutonicus".

Dieser bewirkt, unter Anderem, dass ein Mann, soeben dem Tod entronnen, gastlich aufgenommen in einem fremden Lande, eine Angehörige eben dieses Landes schändet, sie und ihre Gefährtin ermordet und das Haus anzündet.

Mögen sich die gastfreien Jugoslawen darüber wundern. Wir, die wir schon seit langem die neudeutschen Helden kennen, wundern uns nicht über die Verbrechen des nationalsozialistischen Legionärs, sondern weit eher darüber, dass einer dieser Burschen eine jugoslawische Bauernfrau geschändet hat, nicht einen Bauernjungen aus Dravograd. Es ist ein schwerer Bruch mit der Tradition der S.A., der nationalsozialistischen Partei überhaupt.

Vielleicht kann man daraus den Schluss ziehen, dass die österreichischen Nationalsozialisten eine besondere normale Gruppe von Mordbrennern darstellen, innerhalb der gesamtdeutschen perversen.

Immerhin ist die Assimilation der österreichischen Nazis an die deutschen beinahe vollkommen. Der echte deutsche Mann schändet, mordet und zündet nicht nur, wenn er als friedlicher Eroberer in ein fremdes Land kommt, sondern auch, wenn er es als hilfeflehender Flüchtling betritt.

Im Uebrigen beweist so ein „kleiner Zwischenfall", wie ungenau die offiziellen Nachrichten sind: hatte nicht die jugoslawische Regierung in mehreren Communiqués kundgetan, dass sie die aus Oesterreich geflüchteten Nazis in Konzentrationslager gesperrt habe?! Wie?! Sind diese Lager so schlecht bewacht, dass ihre Insassen schänden, morden und brandstiften können?!...

Man versteht, dass deutsche Gilden von derlei Lagern unwiderstehlich angezogen werden und dass alle Nazis von Oesterreich lieber nach Jugoslawien fliehen, als nach Italien.

Seit der Zeit der Vandalen und der Goten, der Vorfahren der Nazis, fühlt sich der brave deutsche Mann überall dort heimisch, wo man schänden, morden und brandstiften kann.

Die Vandalen sind in Oberitalien geblieben. Ich fürchte, die Nazis werden in Jugoslawien bleiben.

Die Vandalen konnten sich noch an die Römer assimilieren.

Ob aber die Nationalsozialisten sich an die Jugoslawen assimilieren können, ist heute noch nicht zu entscheiden.

Manchmal kann der simple „Polizeibericht" ein besonderes Licht auf die Staats- und Weltpolitik werfen, wie in diesem Fall:

Hätte ich das Recht, den Jugoslawen Ratschläge zu geben, ich würde ihnen sagen: ein Italiener in Waffen ist weniger gefährlich, als ein entwaffneter deutscher Nationalsozialist, der sich zu Euch flüchtet. Viele Gebote der primitivsten Menschlichkeit kennt der moderne Deutsche nicht, oder wenig: am wenigsten aber kennt er die Gesetze der Gastfreundschaft. Der Fremde, der ihn um Schutz bittet, wird erschlagen: und das Haus des Fremden, den er, der Germane, um Schutz bittet, zündet er an.

Man sage nicht, dass ich „verallgemeinere". Faule Ausrede der trägen Herzen, die sich nicht empören wollen! Es gibt Handlungen eines Einzelnen, die nicht ihn allein charakterisieren, sondern die Gruppe, der er angehört.

Schändung, Mord, Brand, Frechheit, Verletzung des Gastrechts sind die Kennzeichen des „Dritten Reiches". An einem Nationalsozialisten, der sich all dieser Schandtaten schuldig macht, ist nichts verwunderlich, ausser der Tatsache, dass er eine Frau in Dravograd schändet.

Fast könnte man glauben, es sei der Versuch päderastischer Barbaren, sich an die gesunde Normalität der serbischen Bauern zu assimilieren und das Vertrauen des Volkes von Jugoslawien zu gewinnen: eine Art Sexual-Propaganda des Dritten Reiches.

VON $2\frac{1}{2}$ MILLIONEN AUF 700.000!

Wie die S.A. „ausgekämmt" wird

Berlin, 7. September.

In seiner Nürnberger Proklamation hat Hitler als eine der wichtigsten Aufgaben der Zukunft die Reinigung der nationalsozialistischen Partei und ihrer verschiedenen Organisationen angekündigt. Was die S.A. angeht, ist diese Reorganisation bereits in sehr grossem Umfang durchgeführt worden. Vor dem Blutbad am 30. Juni zählte die braune Armee etwa 2 1/2 Millionen Mitglieder. Ihr Mannschaftsbestand ist heute bereits auf 700.000 gesunken.

Man hat sehr geräuschlos gesiegt, und der Oeffentlichkeit gegenüber jede Mitteilung über diesen hochpolitischen Vorgang unterdrückt. Unter verschiedenen Vorwänden sind Hunderttausende von SA-Leuten ganz methodisch aus den braunen Bataillonen entfernt worden. Man schloss zunächst alle jene aus, die einst den Linksparteien angehörten. Ihre Zahl war sehr gross, denn man weiss, dass seit dem 30. Januar 1933 besonders kommunistische Elemente massenweise in die SA. eingetreten sind. Diese Leute sind jetzt radikal beseitigt worden.

Weiterhin wurden die Beamten und Angestellten der öffentlichen Verwaltungen aufgefordert, aus der SA. auszutreten, um „sich besser ihrem Dienst widmen zu können". Wieder andere Mitglieder sind in Zivilstellungen gebracht worden. Man hat sie aus der SA. zurückgezogen, „damit sie sich leichter in ihren neuen Beruf eingewöhnen können."

Endlich ist das Gros der ausgeschlossenen SA.-Männer in den Arbeitsdienst eingereiht worden, dessen Mannschaftsbestände — sie erreichten letzten Frühling noch keine 200.000 Mann — heute bereits weit über eine halbe Million betragen.

Die Bedeutung des Arbeitsdienstes wird so von Woche zu Woche grösser. Ebenso wächst sein Umfang rapide, und zwar jetzt auch infolge der Einreihung aller jungen Leute unter 25 Jahren, die auf Grund eines neuen Erlasses ihre Stellen in den Fabriken und Büros verlassen müssen, um arbeitslosen älteren Arbeitern und Angestellten Platz zu machen.

Die Reinigung der SA. wird noch zwei Monate hindurch fortgesetzt. Auch die SS. soll im Verlauf der Zeit eine sichtliche Verminderung ihres Bestandes erfahren. (Havas).

HIMMLER MUSS GEHEN

weil er Göring bespitzelt hat

(Sonderbericht des „Pariser Tageblatts")

Berlin, 7. September.

Wie wir von zuverlässiger Seite erfahren, wird der Chef der Geheimen Staatspolizei, Himmler, binnen kurzem seines Postens enthoben werden. Seine Absetzung wird von Göring erzwungen, der erfahren hat, dass sein Privatleben von Himmler bespitzelt wurde. Der preussische Ministerpräsident hat Hitler erklärt, er dulde dies auf keinen Fall und verlange kategorisch die Enthebung Himmlers vom Posten des Leiters der Geheimen Staatspolizei.

Himmler hatte seit längerer Zeit versucht, Material gegen Göring zu sammeln. In der Leibgarde des preussischen Ministerpräsidenten befanden sich unter anderen Personen, die im Solde des Chefs der Geheimen Staatspolizei standen. Es handelte sich darum, zunächst den ganzen Privatverkehr Görings zu kontrollieren. Hierbei legte man besonderen Wert auf die moralische Seite, um gegebenenfalls mit ähnlichem Material aufwarten zu können, wie im Falle Röhm. Jedes Zusammensein Görings mit bekannten Schauspielerinnen wurde infolgedessen eifrig notiert. Ebenso hatte sich Himmler bereits Unterlagen darüber verschafft, auf welche Weise von Göring das Engagement gewisser Damen an die Staatstheater durchgesetzt worden war.

Viel unangenehmer mussten dem Ministerpräsidenten aber die Nachforschungen über seine Geldquellen sein, die Himmler ebenfalls mit viel Geschick anstellte. Göringt verfügt heute über so zahlreiche Wohnungen, Villen und Palais, dass es schwer fällt, sich vorzustellen, wie er auch nur ihren Unterhalt bezahlen kann, selbst wenn man daran denkt, dass er mehrere Gehälter und Aufwandsentschädigungen für seine vielen Posten bezieht. Solange Göring in der Partei ist, kämpft er, wie alle wissen, mit Geldkalamitäten. So soll sich Himmler in letzter Zeit auch besonders darum gekümmert haben, in welcher Weise der preussische Ministerpräsident und Luftfahrtminister bei den Aufträgen für bestimmte Flugzeugwerke beteiligt war.

Viscount of Lossiemouth

Die englische Politik liefert in diesen Monaten ein wunderbares Beispiel für ihre Traditionen und für die Geräuschlosigkeit, mit der sich im britischen Inselreich innere Umstellungen und selbst ein hundertprozentiger Kurswechsel vollziehen. Die Umwelt erlebt das Schauspiel, wie der Premierminister MacDonald politisch eingesargt und vom politischen Star sehr würdevoll zum Statisten degradiert wird. Es ist gleichgültig, ob die letzten Meldungen über eine Umbildung des Kabinetts noch verfrüht sind — die Entwicklung läuft jedenfalls darauf hinaus, dass die Nationalregierung in ihrer jetzigen Form in absehbarer Zeit verschwindet.

Seitdem MacDonald die grosse Fahrt nach Kanada angetreten hat, ist der aussenpolitische Umschwung Downingstreets offenbar geworden. Mit diesem Exsozialisten, der für kurze Zeit die Rolle des Zertrümmerers seiner eigenen Partei gespielt hat, verschwand auch eine schemenhafte, durch und durch unwirkliche Politik, die dem Phantom eines friedliebenden Deutschlands nachjagte. So lange MacDonald wirklich führte, wehten sanfte Winde, die Hitler streichelten, von der englischen Küste über die Nordsee nach Deutschland.

Der Aussenminister Sir John Simon war während der ganzen Aera der ideale Partner seines Ministerpräsidenten. Von ihm stammte die treffliche Idee, den zweiten Mann des Foreign Office, Lordsiegelbewahrer Anthony Eden, auf Europatournée durch die wichtigsten Hauptstädte zu schicken und sich besonders in Berlin nach des Führers' Lieblingswünschen in der Abrüstungsfrage, die für das Dritte Reich stets Rüstungsfrage hiess, zu erkundigen. Man konnte meinen, diese hoffnungslose Mission stelle eine Art Uriasbrief für Eden dar, dazu bestimmt, ihm politisch das Genick zu brechen.

Doch dem war nicht so. Die Rundreise bildete zwar den Höhepunkt der Illusionspolitik MacDonalds, aber zugleich auch ihr blamables Ende. Die englische Oeffentlichkeit, die von den deutschen Landrüstungen wenig berührt wurde, reagierte dagegen unerhört heftig auf das letzte deutsche Budget, aus dem trotz aller Fälschungen noch genügend eindeutig die fieberhaften Luftkriegsvorbereitungen hervorgingen. Von diesem Augenblick an, wurden MacDonald und Sir John Simon von der Dampfwalze der konservativen Regierungspartei in die Ecke geschoben. Man erhöhte die Ausgaben für die eigene Luftfahrt, man sprach mit neuer Herzlichkeit zu Frankreich, man erkannte die deutsche Gefahr und begann, aus dem Wolkenkuckucksheim wieder auf die harte Erde herabzusteigen.

Langsam, noch unter mancherlei Schwankungen, wird das Ruder umgedreht. Baldwin steigt zur Zentralfigur der englischen Politik empor. Von ihm stammt das alarmierende Wort, die englische Grenze liege am Rhein. Wenn der Premierminister einmal aus der neuen Welt, in der er augenblicklich verweilt, zurückkehrt, wird er seine alte nicht wiedererkennen, denn dann ist die Stunde gekommen, dass er lautlos abtritt, genau so schwächlich, wie seine Politik gewesen ist. Noch ein paar Monate, und er wird Viscount of Lossiemouth — so heisst sein Geburtsort und jetziges Tusculum —, Besitzer eines ihm vom Staat geschenkten Landsitzes und vor allen Dingen ... vergessen sein. Mit ihm wird Sir John Simon in die zweite Linie der Regierung treten und nur noch ein ehrenwertes, aber ungefährliches Minister- und Repräsentationsamt bekleiden. Es ist selbst möglich, dass er wieder ein grosser Anwalt wird und dann erneut Prozesse für deutsche Firmen führt.

Glück und Vorteil des englischen Regierungssystems demonstriert dieser Fall MacDonald. Der Jahrhunderte alte politische Mechanismus Gross-Britanniens arbeitet, wie man sieht, so prompt, dass selbst die unglückselige Figur eines Kabinettschefs auf kaltem Wege rasch verschwindet, wenn das Monomanentum seiner Politik zur Methode ausartet. Die Engländer beherrschen die Kunst, politische Tote geräuschlos unschädlich zu machen. Man hätte auch dem Deutschland von Weimar gewünscht, dass es seine MacDonalds bei Zeiten in die Ecke gestellt hätte.

INTERIM.

Auftakt in Genf

Genf, 7. September.

In Genf begannen heute die Völkerbundsverhandlungen mit einer kurzen Ratssitzung am Vormittag. Der Nachmittag war vor allem den inoffiziellen Verhandlungen geweiht, die noch wegen des Eintritts Sowjetrusslands in den Völkerbund geführt werden müssen. So empfing der französische Aussenminister Barthou den argentinischen Delegierten Cantilo, da die argentinische Regierung gewisse Bedenken gegen den Eintritt der U.S.S.R. geltend macht. Im Anschluss daran hatte Barthou eine lange Aussprache mit dem polnischen Aussenminister Beck. Barthous Bemühungen sind bei all diesen Gesprächen darauf gerichtet, alle Einwände, die von den einzelnen Staaten gegen die Aufnahme Sowjetrusslands geltend gemacht werden, zu widerlegen.

Morgen nachmittag soll eine geschlossene Sitzung des Völkerbundsrats stattfinden, in der man sich mit der gleichen Frage beschäftigen wird.

London rüstet zu einem Kampfsonntag

London, 7. September.

In London werden alle Vorbereitungen getroffen, um sich für den kommenden Sonntag zu rüsten. An diesem Tag wollen die Schwarzhemden Sir Oswald Mosleys im Hydepark eine grosse Kundgebung veranstalten, die wiederum durch eine antifaschistische Demonstration bekämpft werden soll. Der Polizeichef von London, Lord Trenchard, hat infolgedessen seinen Urlaub in Schottland abgebrochen und ist in die Hauptstadt zurückgekehrt, um persönlich die Sicherheitsmassnahmen zu treffen. Lord Trenchard wird am Sonntag über Polizeikräfte in der Stärke von 6 bis 7.000 Mann verfügen.

An den strategisch wichtigen Punkten werden starke Polizeikontingente zusammengezogen, während die Reserven auf Lastwagen bereitstehen sollen, um jederzeit an den gefährlichsten Stellen eingesetzt zu werden.

Schachts Zwangswirtschaftsplan

Berlin, 7. September.

Der Reichswirtschaftsminister Schacht wird am kommenden Dienstag den in seinen beiden letzten Reden angekündigten Zwangswirtschaftsplan veröffentlichen. Es handelt sich darum, in Deutschland wieder ein System der Kriegs- und Ersatzwirtschaft einzuführen.

Hetzrede Rosenbergs gegen Sowjetrussland

auf dem Parteitag in Nürnberg

HITLERS MARLENE-ERSATZ

Beim Nürnberger „Kintopp" hatte wieder Leni Riefenstahl, die Unvermeidliche, die filmische Oberleitung. Hitlers Marlene-Ersatz musste, wie unser Bild zeigt, auch in mündlicher Propaganda machen.

Berlin, 7. September.

Auf dem nationalsozialistischen Parteitag, auf dem sich Reden und Paraden jagen, hielt heute Alfred Rosenberg, der Chefredakteur des „Völkischen Beobachter" und der Aussenpolitiker der nationalsozialistischen Partei, eine Rede über die politischen Ideen der Jugend in der Welt, die in heftigen Angriffen und Beschimpfungen Sowjetrusslands gipfelte.

Rosenberg sprach von der russischen Jugend und erklärte, das Sowjetregime stelle die Rückkehr zur absoluten Tyrannis dar. „Eine kleine Herrengruppe", so führte er aus, „ist mit allen technischen Mitteln des 20. Jahrhunderts bewaffnet und zwingt Dutzende von Millionen Menschen zu furchtbaren Zwangsarbeiten, um durch ein wirtschaftliches Dumping die sozialen Schwierigkeiten in den anderen Staaten zu verschärfen und die Fackeln der kommunistischen Revolution in der ganzen Welt zu entzünden."

Rosenberg hat hinzugefügt, das Sowjetregime habe in diesen letzten Jahren durch seine Diktatur und durch den Hunger mehr Tote auf dem Gewissen, als der ganze Weltkrieg gekostet habe.

Ueber das faschistische Italien meinte Rosenberg: „Der Nationalsozialismus fühle sich stark genug, um über die Tagesereignisse hinwegzusehen und niemals die Geschichte jener Nationen zu vergessen, die für neue Lebensformen kämpfen. Der Nationalsozialismus weiss, dass die Erziehung der grossen Nationen keine Frage von wenigen Jahren ist."

Auch Hitler hielt wiederum eine Rede, und zwar vor 183.000 Funktionären, die sich auf der Zeppelinwiese versammelten. Der „Reichsführer" sprach diesmal mit auffallender Nervosität. Am Ende seiner Ausführungen, die sich vom üblichen Schema nicht unterschieden, wiederholte er in vielfachen Variationen den Satz: „Auch wenn wir sterben müssen, wird Deutschland leben." Man hatte den Eindruck, als stände Hitler unter einer aktuellen Befürchtung.

Nachdem er sehr stockend begonnen hatte, steigerte er sich im Verlauf seiner Ausführungen in eine religiöse Verzükkung, die in Sätzen wie dem folgenden zum Ausdruck kam: „Den Weg gab uns kein irdischer Vorgesetzter, den gab uns ein Gott, der uns erschaffen hat."

Einer, der überall dabei sein muss, ist Herr von Papen. Er ist jetzt als „Ehrengast" in Nürnberg eingetroffen, um dem Parteitag beizuwohnen.

Diplomatischer Protest

Berlin, 7. September.

In Berliner diplomatischen Kreisen hat die masslose Hetzrede, die Alfred Rosenberg gegen Sowjetrussland gehalten hat, ausserordentliches Aufsehen und Verwunderung hervorgerufen. Man nimmt an, dass die Sowjet-Botschaft bei der Reichsregierung gegen diese Verunglimpfungen Protest einlegen, wird. Es wird darauf hingewiesen, dass gerade das Dritte Reich keinen Anlass habe, sich über Zwangsarbeiten und Dumping aufzuregen, denn das seien ja in Wahrheit die Methoden des nationalsozialistischen Regimes.

Kampf um New Orleans

New York, 7. September.

Der groteske Kampf, der seit einiger Zeit in New Orleans geführt wird, nimmt seinen Fortgang. Um sich gegen den Senator Huey Long zu verteidigen, der 23.000 Mann Nationalgarden und Infanteristen, Polizeibeamte und Artillerie dort zusammengezogen hat, rekrutiert die Stadtverwaltung nunmehr Freiwillige. Diese Detachements sollen dem Kommando Guy Moloneys unterstellt werden, der sich als Söldnerführer in Südamerika einen grossen Namen gemacht hat.

Long hat durch das Staatsparlament 36 Gesetze annehmen lassen, durch die die Selbstverwaltung der Stadt vollkommen aufgehoben wird. Vor allen Dingen soll die Gemeinde keine Befugnisse über die Polizei mehr ausüben können. Diese Bestimmungn treten um Mitternacht in Kraft.

Die von Long eingesetzte Untersuchungskommission, von der die angebliche Korruption der Stadtverwaltung nachgewiesen werden sollte, hat keine besonderen Erfolge erzielen können.

Verschärfung der Streiklage

New York, 7. September.

Wenn auch grundsätzlich die beiden kämpfenden Parteien der Spinner und der Textilarbeiter dem vom Präsidenten Roosevelt vorgeschlagenen Schiedsgericht zugestimmt und ihm ihre volle Unterstützung zugesagt haben, so hat doch durch diese Vermittlungsaktion die Streiklage bisher durchaus keine Entspannung erfahren.

Wenn die Führer der Textilindustrie am ersten Tage des Streiks noch geglaubt hatten, dass die Zahl der Streikenden in keinem Falle 15 Prozent der Gesamtzahl der Textilarbeiterschaft übersteigen würde, so müssen sie sich jetzt eingestehen, dass ihr Optimismus in nichts berechtigt war. Die Zahl der Streikenden hat von 700.000 normalerweise in den Spinnereien beschäftigten Arbeitern bereits 400.000 erreicht, ist also schon über 50 Prozent hinausgegangen.

Aber damit noch nicht genug, rein psychologisch nimmt der Streik ein immer bedrohlicheres Gesicht an. Von einer Bereitwilligkeit der Gewerkschaften, den Streik abzublasen, kann heute weniger denn je die Rede sein, da es inzwischen in den verschiedensten Teilen der Union zu sehr blutigen Gewalttätigkeiten und Zusammenstössen gekommen ist, die auf die Stimmung der Streikenden äusserst erbitternd gewirkt haben. Bis Donnerstag abend zählte man bereits 10 Tote und etwa 50 Verwundete. Am Donnerstag vormittag versuchte eine fliegende Streikkolonne in Honea Path in Nordkarolina die Schliessung einer Fabrik zu erzwingen. Es kam dabei zu lebhaften Schiessereien, in deren Verlauf 6 Streikende getötet wurden.

Erst zahlen, dann liefern!

London, 7. September.

In Bradford tagte heute eine Versammlung der Sektion Garnhändler und Spinner der Handelskammer von West Riding sowie des Verbandes und des Bundes der Rohstoffexporteure. Nach einer eingehenden Debatte über die Frage der Bezahlung der rückständigen deutschen Schulden nahm die in der Versammlung vereinigte Kaufmannschaft von Yorkshire einstimmig folgende Entschliessung an: „Mit Wirkung vom heutigen Tage an wird an Deutschland keine direkte oder indirekte Garnlieferung mehr effektuiert werden, bis die Liquidation der Schulden dieses Landes nicht geregelt ist."

Und wie die Dollfuß-Oesterreicher aussehen.

Einer für viele: *1934*
Der rasende Ro . . . th.

Einer von den Schriftstellern, die sich über ihren Hinauswurf aus der deutschen Literatur nicht zu trösten vermögen, ist Herr Joseph Roth. Als Ablagerungsstätte für den seelischen Mist, von dem er überquillt, benützt er das „Neue Tage-Buch" des Herrn Grün-, Blau- oder Schwarzschild — es ist schwer, sich in der gerade zutreffenden Namensfarbe der Herrschaften nicht zu irren —, eines jener Emigrantenblätter, die die heutige deutsche Rassenpolitik deshalb so wütend „bekämpfen", weil sie ihrer eigenen schnurstracks zuwiderläuft. Die Rassenpolitik des Herrn — na, sagen wir Schwarzschild, die natürlich auch an Herrn Roth einen feurigen Verfechter hat, führt mitunter zu ganz köstlichen Erscheinungen — etwa dazu, daß ein Herr S. Krakauer einen Aufsatz — wie betitelt? Nun, so: „Mit europäischen Augen gesehen." Eine etwas kühne Behauptung, aber eben die, die sie alle machen. In ihrem hysterischen Penetrationsdrang haben sie jedes Gefühl für Lächerlichkeit verloren. Auch Herr Roth hat natürlich europäische Augen. Europa ist ja schon lange das Lieblingswort dieser Uebersemiten. Willst du wissen, was europäisch ist, so gehe zu einem Juden. Worauf dieses ganze Gerede und Getue hinausläuft, ist klar: auf eine Art — Semitropa.

Die europäischen Augen des Herrn Roth können vor allem eines sehen, ohne daß ihm gleich rot vor ihnen wird: das Bestehen normaler Beziehungen zwischen Deutschland und Frankreich. Solange sein eigener Weizen blühte, war er für den Pazifismus, freilich für einen, an dem das hochgerüstete Frankreich sich erfreuen konnte. Es war jener Pazifismus, der die Brüder Mann immer wieder zu den Pariser Bankett-Tafeln trieb, während kein „repräsentativer" Franzose der Literatur es sich je einfallen ließ, diese Verbrüderungsreisen zu erwidern. Jetzt, da Herr Roth den Zusammenbruch des Literaturgeschäftes betrauert, ist ihm jeder Verkehr zwischen den beiden Ländern ein Aergernis; er tobt gegen den Kinder-Austausch, auf dessen Fortsetzung auch das Dritte Reich Wert legt; er beschwört die Franzosen, sich in den Dienst seiner alttestamentarischen Rachegefühle zu stellen. Dabei rühmt er die „Generosität des französischen Volkes", als ob er selbst bereits ein Franzose, ein Monsieur Rouge wäre, wobei man doch wieder einmal sagen muß, daß die Franzosen nie etwas in minderem Maße waren als generös — wenigstens nicht gegen andere Völker. Das braucht gar nicht in einem herabsetzenden Sinn gesagt zu werden: es ist einfach eine geschichtliche Feststellung. Daß ein angeblich deutscher Schriftsteller Anlaß zu haben glaubt, den Franzosen gerade diese Eigenschaft zuzusprechen, dazu noch mit einer hämischen Spitze gegen das gemarterte Deutschland, beweist, daß er mit Recht hinausgefeuert wurde.

Herr Roth ist — wie alle seinesgleichen — ungeheuer besorgt um die deutsche Sprache; er meint — wie alle seinesgleichen —, sie wäre verloren, seitdem sie selbst sie nicht mehr betreuen. Ein merkwürdiges Volk, diese Deutschen, die schließlich doch Wunderwerke der Sprache schufen, als die Juden noch im Ghetto saßen. Ein merkwürdiges Volk, diese Juden, die plötzlich glauben, ohne sie wäre es mit der Sprache Luthers und Goethes zu Ende.

Besonders das Preußische, das „Borussische", wie er sich ausdrückt, ist diesem Herrn Roth ein Dorn im europäischen Auge. Er streicht dafür, in das semitische Feldgeschrei einstimmend, Oesterreich heraus, das Land, „das deutsch war, als man in der Mark Brandenburg noch jenes Kassubisch sprach . . ." Aber Herr Roth, möchte ich da

sagen, Sie meinen doch gar nicht das deutsche Oesterreich, sondern jenes, das Ihnen näher steht: reden Sie doch offen! Das deutsche Oesterreich ist gewiß ein schönes Land, deswegen brauchen wir aber Preußen aus dem deutschen Sprachkreis nicht gleich wegzustreichen. Wollen Sie auf Kleist verzichten? Oesterreich hat seinen himmlischen Mozart, aber keinen Dichter von der Größe Kleists. Zufällig ist gerade dieser Preuße Kleist der größte deutsche Dramatiker. Wollen Sie auf Kant verzichten? Auf Schopenhauer, der, ein Danziger, die beste, die vollkommenste deutsche Prosa schrieb? Und was sagen Sie zu dem preußischen Junker Liliencron, der einer der allergrößten deutschen Lyriker war? Was zu den Reden und Schriften Bismarcks? Was zu den Brüdern Humboldt und Grimm, zu Gregorovius, zu Mommsen? Ach, Herr Roth, was sind Sie doch für eine jämmerliche Figur! Dieses „borussische Kauderwelsch", das Ihren europäischen Ohren so unerträglich ist, erweist sich als ein recht guter sprachlicher Nährboden für Giganten. Mein Gott, daß in Preußen, in Deutschland oft schlecht geschrieben wird, daß die deutsche Sprache sich nur wenigen herrlich fügt, das brauchen nicht Sie uns zu sagen, das beklagen wir selbst genug. Aber was Sie sagen, ist doch etwas anderes, als wir wir sagen: stellen Sie sich vor, was geschehen wäre, wenn etwa Schopenhauer, der herbste Kritiker deutscher Sprachverderbnis, Ihre Schriften zu Gesicht bekommen hätte! Und nehmen wir gleich Ihre Kollegen, die Herren Stefan Zweig, Alfred Kerr, Lion Feuchtwanger e tutti quanti hinzu: glauben Sie, daß diese ausgeleerte, ausgepumpte, für urteilslose Lesermassen hergestellte Sprache, diese für das Saisongeschäft erzeugte Effektliteratur das Recht hat, sich gegen irgendein anderes schlechtes Deutsch aufzublasen? Ich gebe die ehrenwörtliche Versicherung, daß ich nie ein Buch dieser Literaten wirklich gelesen habe; aber Stichproben kamen mir in der Ihnen so nahe verbundenen Presse fast täglich zu Gesicht, und es genügte immer ein Blick, um die Nichtigkeit dieses eine Zeitlang hochgerühmten Geschreibsels zu erkennen. Die Nichtigkeit, die Fehlerhaftigkeit, die Lächerlichkeit! Herr Werfel war doch einer der „Größten" Ihres Schlages, nicht wahr? Ich fischte einmal aus einem Zeitungsabdruck seines Romans „Die Geschwister von Neapel", der einen so ungeheuren Reklame-Erfolg hatte, folgenden Satz heraus: „Drückten sie nicht all die herrlichen Frauen, denen das geistreiche Wort flüssig von den Lippen klingelte . . .?" Man wird es mir nicht glauben, wird große Augen machen, aber es ist so: ich schwöre es. Und Sie, Herr Roth, auch einer der erfolgreichen dieser Literaturperiode, wollen uns sagen, was deutsch sei? Speien Sie nur weiter Ihre Galle bei Schwarzschild aus: Sie gehören zu den Erledigten. Ihre Opposition ist nicht die der Antretenden, noch um Geltung Ringenden, sondern die der Verfrachten. Sie schreit nicht nach einem erst zu Erringenden: sie heult um Verlorenes.

Und darum ist sie hoffnungslos und dem sicheren Tod verfallen. Herr Schwarzschild meint, seine Zeitschrift sei ein Menetekel für das neue Deutschland. Dem Menetekel geht die Orgie voraus, und es gab nie eine wüstere Orgie als die jener Literatur, deren Spuk nun zerblasen ist. Diese Leute haben wie toll darauf losgeschwelgt, sie haben sich ausgelebt. Sie können uns nichts mehr vormachen, ihr Jargon klingt fast schon prähistorisch. Das Dümmste, was sie tun können, ist, den Vorwurf der Barbarei zu erheben. Der schreckt uns nämlich gar nicht, da Barbarei immer noch besser wäre als Verwesung. Vielleicht sind das aber noch die europäischeren Nasen, die den Geruch nicht mehr aushielten. Man hat mir gesagt, daß es auch schon Franzosen gibt, die sich die ihrigen zuzuhalten beginnen.

D o m i n i k u s.

301   Dominikus: Und wie die Dollfuß-Oesterreicher aussehen. Einer für viele: Der rasende Ro...th. Unbezeichneter Ausschnitt, 1934, aus Roths Besitz.

Ein Beispiel der zynischen Polemik nationalsozialistischer Prägung, das Roth als Verfechter des Ständestaates lächerlich zu machen
versuchte; Roth engagierte sich heftig für die
Erhaltung Österreichs als Bollwerk gegen den
Nationalsozialismus. Extrem antisemitisch ein-
gestellte Zeitschriften versuchten in Rundum-
schlägen dieser Art alle Gegner ihrer
Ideologie zu verunglimpfen. Das argumentati-
ve und formale Niveau solcher Tiefschläge
zeigt, wie ungehemmt Hetze und Haß verbreitet wurden.

1934 etablierte sich auch in Österreich nach
der Ausschaltung des Parlaments ein autoritä-
res Regime. Anhänger des Ständestaats ver-
hängten zunächst das – von den Sozialisten
errichtete – Denkmal der Republik mit
Kruckenkreuz-Fahnen der »Vaterländischen
Front«; wenige Tage später wurde das
Denkmal demontiert: Symbol des Sieges der
Regierung Dollfuß über die Arbeiterorgani-
sationen in den »Februarkämpfen«. Am 1. Mai
1934 änderte sie die Verfassung und beseitigte
die demokratischen Einrichtungen der Ersten
Republik (u. v. a. das Mehrparteiensystem
und das Wahlrecht).
Verkündet wurde das Prinzip eines »deutschen, christlichen und autoritären Ständestaats«, in dem die »Vaterländische Front«
gleich einer Staatspartei die Rolle aller früheren gesellschaftlichen Interessengruppen
übernehmen sollte. Die Außenpolitik von
Bundeskanzler Engelbert Dollfuß und vor allem seines Nachfolgers Schuschnigg war von
einer Taktik des Ausweichens vor Konflikten
mit dem Nationalsozialismus, tatsächlich von
einem ständigen Zurückweichen vor ihm geprägt, auch wenn patriotische Wortgewalt
dies gelegentlich verdeckte.
Roth unterstützte diesen österreichischen
Ständestaat bedingt, weil er konservative Werte vertrat und dem Nationalsozialismus – zumindest dem Anspruch nach – Widerstand
entgegensetzte.

302 Das Denkmal der Republik (Wien 1, Ring /
Schmerlingplatz) am 13. Februar 1934. Fotografie.

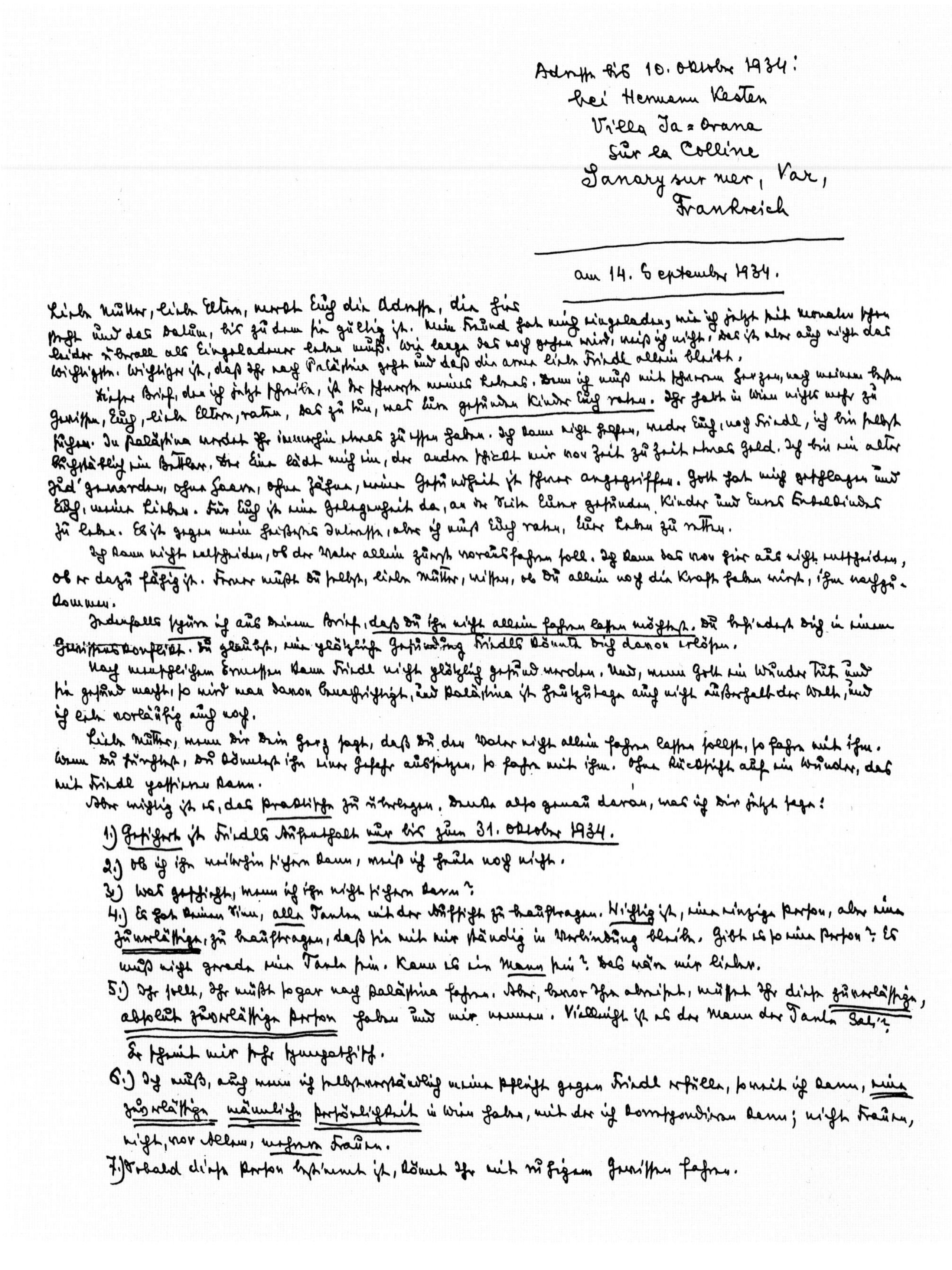
Adresse bis 10. Oktober 1934:
bei Hermann Kesten
Villa Ia-Orana
sur la Colline
Sanary sur mer, Var,
Frankreich

am 14. September 1934.

1.) Gesichert ist Friedls Aufenthalt nur bis zum 31. Oktober 1934.

303 Joseph Roth an die Schwiegereltern Jenny und Siegmund Reichler, Brief vom 14. September 1934. Handschrift. S. 1 von 2 Seiten.

Friedl Roths Schwester Erna und ihrem Mann war es 1934 gelungen, für sich und die Eltern Visa für Palästina zu bekommen. Der Entschluß zum Auswandern fiel den Eltern nicht leicht, bedeutete er doch, die geisteskranke Friederike zurückzulassen.
In bemerkenswerter Klarsicht befürwortet Roth die Emigration.
Sein Brief lautet:

»Adresse bis 10. Oktober 1934:
bei Hermann Kesten
Villa Ja-Orana
Sur la Colline
Sanary sur mer, Var,
Frankreich
am 14. September 1934.

Liebe Mutter, liebe Eltern, merkt Euch die Adresse, die hier steht und das Datum, bis zu dem sie gültig ist. Mein Freund hat mich eingeladen, wie ich jetzt seit Monaten schon leider überall als Eingeladener leben muß. Wie lange das noch gehen wird, weiß ich nicht. Das ist aber auch nicht das Wichtigste. Wichtiger ist, daß Ihr nach Palästina geht und daß die arme liebe Friedl allein bleibt.

Dieser Brief, den ich jetzt schreibe, ist der schwerste meines Lebens. Denn ich muß mit schwerem Herzen, nach meinem besten Gewissen, Euch, liebe Eltern, raten, das zu tun, was Eure gesunden Kinder Euch raten. *Ihr habt in Wien nichts mehr zu suchen. In Palästina werdet Ihr immerhin etwas zu essen haben. Ich kann nicht helfen, weder Euch, noch Friedl, ich bin selbst buchstäblich ein Bettler. Der Eine lädt mich ein, der andere schickt mir von Zeit zu Zeit etwas Geld. Ich bin ein alter Jud' geworden, ohne Haare, ohne Zähne, meine Gesundheit ist schwer angegriffen. Gott hat mich geschlagen und Euch, meine Lieben. Für Euch ist eine Gelegenheit da, an der Seite Eurer gesunden Kinder und Eures Enkelkindes zu leben. Es ist gegen mein heißestes Interesse, aber ich muß Euch raten, Euer Leben zu retten.*

Ich kann nicht *entscheiden, ob der Vater allein zuerst vorausfahren soll. Ich kann das von hier aus nicht entscheiden, ob er dazu fähig ist. Ferner mußt Du selbst, liebe Mutter, wissen, ob Du allein noch die Kraft haben wirst, ihm nachzukommen.*

Jedenfalls spüre *ich aus Deinem Brief, daß Du ihn nicht allein fahren lassen möchtest. Du befindest Dich in einem Gewissenskonflikt. Du glaubst, eine plötzliche Gesundung Friedls könnte Dich davon erlösen.*

Nach menschlichem Ermessen kann Friedl nicht plötzlich gesund werden. Und, wenn Gott ein Wunder tut und sie gesund macht, so wird man davon benachrichtigt, und Palästina ist heutzutage auch nicht außerhalb der Welt, und ich lebe vorläufig auch noch.

Liebe Mutter, wenn Dir Dein Herz sagt, daß Du den Vater nicht allein fahren lassen sollst, so fahre mit ihm. Wenn Du fürchtest, Du könntest ihn einer Gefahr aussetzen, so fahre mit ihm. Ohne Rücksicht auf ein Wunder, das mit Friedl passieren kann.

Aber wichtig ist es, das Praktische *zu überlegen. Denke also genau daran, was ich Dir jetzt sage:*
1.) Gesichert *ist Friedls Aufenthalt nur bis zum 31.* Oktober 1934.
2.) Ob ich ihn weiterhin sichern kann, weiß ich heute noch nicht.
3.) Was geschieht, wenn ich ihn nicht sichern kann?
4.) Es hat keinen Sinn, alle *Tanten mit der Aufsicht zu beauftragen. Wichtig* ist, *eine einzige Person, aber eine zuverlässige, zu beauftragen, daß sie mit mir ständig in Verbindung bleibe. Gibt es so eine Person? Es muß nicht gerade eine Tante sein. Kann es ein* Mann *sein? Das wäre mir lieber.*
5.) Ihr sollt, Ihr müßt sogar nach Palästina fahren. Aber, bevor Ihr abreiset, müsset Ihr diese zuverlässige, absolut zuverlässige Person *haben und mir nennen. Vielleicht ist es der Mann der Tante Sali? Er scheint mir sehr sympathisch.*
6.) Ich muß, auch wenn ich selbstverständlich meine Pflicht gegen Friedl erfülle, so weit ich kann, eine zuverlässige männliche Persönlichkeit *in Wien haben, mit der ich korrespondieren kann; nicht Frauen, nicht, vor Allem, mehrere Frauen.*
7.) Sobald diese Person bestimmt ist, könnt Ihr mit ruhigem Gewissen fahren.
[Seite 2:]
Das ist der praktische, unbedingt lebenskluge Vorschlag. Wenn Ihr eine Existenz in Palästina finden könnt, so sollt Ihr dorthin gehn. Ob zusammen, oder einzeln, kann ich, wie gesagt, nicht entscheiden.
Das müßt Ihr selber wissen.
Erna ist das einzige sichere Eurer Kinder, leider Friedl hat das schlimmste Los getroffen, Hedi ist nicht glücklich geworden, aber Erna ist es ans[chei]nend und hoffentlich bleibt sie glücklich.
Was bleibt Euch übrig? Gott selbst scheint es zu wollen. Man muß leben. Man darf sich nicht umbringen. Wenn ich nicht so gläubig wäre, hätte ich es längst getan. Denn mir ist das Leben eine Qual und eine Last. Ich bin nicht jüdisch genug um n[a]ch Palästina zu gehn. Ich bin ein deutscher Schriftsteller, ich muß jetzt oder bald untergehn. Gott gebe daß [I]hr leben bleibt und Erna und ihre Kinder glücklich werden.
Noch einmal: lediglich, um auf ein Wunder zu warten, darfst Du den armen Vater nicht allein lassen.
Ich habe selbst auf ein Wunder gewartet und mich ruiniert. Die Erinnerung an Friedl liebe ich, wie ich sie selbst immer geliebt habe. Aber es hilft nichts. Verbringt Eure Jahre in Ruhe, wenn die Gelegenheit da ist.
Mehr weiß ich nicht, zu sagen. Ich bin sehr unglücklich, ich versuche, es zu tragen.
Ich bin immer Euer treuer Sohn.«

(Exil, S. 20 f)

Exil in Frankreich

Joseph Roth als Autor im Exil: das hätte trotz der schwierigen Umstände eine Erfolgsstory werden können. Denn er veröffentlichte seine neuen Werke in drei holländischen Verlagen, wozu noch Pressebeiträge sowie Übersetzungen und Lizenzausgaben früherer Titel kamen. Roth war einer der am besten verdienenden Exilautoren, auch wenn seine Einnahmen nicht den Stand der vorhergehenden guten Jahre erreichten.

Aber sein Geldbedarf stieg durch seinen zunehmenden Alkoholismus, seine Freizügigkeit und die Verpflichtung, für verschiedene andere Menschen zu sorgen: Für die Pflege seiner Frau Friedl hatte Roth aufzukommen, für seinen eigenen kostspieligen Lebensstil und nicht zuletzt für seine Lebensgefährtin Andrea Manga Bell und deren zwei Kinder. All das und die – wie gewohnt – bereits im voraus konsumierten Vorschüsse zwangen Roth zu

hektischer Betriebsamkeit. Er schrieb zahlreiche engagiert antifaschistische Artikel für Zeitschriften in Österreich, in der Tschechoslowakei, in Frankreich, den Niederlanden und der Schweiz – ohne jedoch die Intensität jener Jahre, als ihn die »Frankfurter Zeitung« druckte, auch nur annähernd zu erreichen. Die – enorme – Höhe von Roths Einkommen lag eben auch am Einholenmüssen der Vorschüsse. Er schrieb so viele Romane, daß der Markt, laut Ansicht seiner Verleger, übersättigt war. Zusätzliche, wenn auch unregelmäßige Einnahmen brachten ihm etliche Übersetzungen seiner Werke.

Freilich wurde Roth beneidet von jenen, die weit geringere Chancen hatten. Für Roth aber war stets zu wenig Geld vorhanden; er lebte zumeist auf doppelten Kredit: mit dem Vorschuß der Verlage und dem kurzfristigen Kredit, den ihm Freunde, Kellner, Cafés, Restaurants, Hotels etc. gaben.

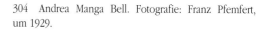
304 Andrea Manga Bell. Fotografie: Franz Pfemfert, um 1929.

Andrea Manga Bell (1902–1985) war Redakteurin der Zeitschrift »Gebrauchsgraphik«, als sie 1929 Roth kennenlernte. Sie lebte mit ihm (und ihren beiden Kindern aus erster Ehe) von 1931 bis 1936 zuerst in Berlin, dann in Frankreich zusammen.

Die Beziehung war längere Zeit hindurch glücklich und für Roth stabilisierend. Andrea Manga Bell war ihm eine Partnerin, die auch mitarbeitete und Formulierungen vorschlug oder hinterfragte, insbesondere am Roman »Radetzkymarsch«. Er nahm sie seinerseits ernst, schrieb anfangs einmal, daß er hoffe, *»an dieser Einen gut machen zu können, was ich an vielen gesündigt habe [...]«.* Letzten Endes scheiterte die Verbindung, nicht zuletzt an den Spannungen, die durch den ständigen Geldmangel entstanden.

(S. Exil, S. 46 ff)

305 Paris VI. Hôtel Foyot, 33, Rue de Tournon.
Fotografie: Eugène Atget, 1909; Reproduktion: Heinz
Lunzer.
Das Hôtel Foyot in 33, Rue de Tournon war ab 1927
Roths bevorzugte Pariser Adresse. Es war sein Domizil,
bis es im November 1937 abgerissen wurde.

306 Paris VI. Boulevard Saint-Germain / Rue de Rennes. Café Aux Deux Magots. Fotografie, 1958.
Im Jahr 1934 hielt sich Roth hier fast täglich auf; erst später blieb er meist im Café Le Tournon, gegenüber dem Hôtel Foyot.

Einige der Emigranten, die er öfters sah und schätzte, waren:

307 Ludwig Marcuse. Undatierte Fotografie.

308 Annette Kolb. Fotografie: Franz Löwy, 1932.

309 Ernst Weiss. Fotografie, um 1934.

Roth mußte sich erst an die neue Situation gewöhnen: an das Zusammenwohnen mit Frau Manga Bell und ihren Kindern, daran, dies vor Friedls Familie in Wien zu verbergen; die Belastung, alle diese Menschen zu erhalten und ständig unter Hochdruck zu schreiben.

Die erste Reise als Emigrant führte Roth nach
Salzburg: Ende August 1933 besuchte er Friderike und Stefan Zweig. Auf Empfehlung
seines Arztes Ernst Wollheim übersiedelte er
jedoch bald nach Rapperswil am Zürcher See.
Dort, im Hotel Schwanen, gelang es Roth, wie
schon 1932, zügig zu arbeiten. Im Dezember
1933 kehrten er und Andrea Manga Bell nach
Paris zurück, mit dem abgeschlossenen
Manuskript des Romans »Tarabas« und einigen Erzählungen, die dann 1934, teils nur auf
französisch, erschienen. Im Frühjahr 1934,
stellte Roth das Buch »Der Antichrist« fertig.

Aus finanziellen Gründen übersiedelten Roth
und Manga Bell im Frühsommer 1934 nach
Südfrankreich. Dort war das Leben bedeutend
billiger als in Paris. Ab Anfang Juni wohnten
sie in Marseille, von Mitte Juli 1934 bis April
1935 in Nizza.
Roth und Manga Bell waren zuerst Gäste Hermann Kestens in dem Appartementhaus, das
Kesten und seine Frau Toni den Sommer
1934 über zusammen mit Heinrich Mann und
Nelly Kroeger bewohnten. Die gegenseitige
Verträglichkeit dürfte auf eine harte Probe
gestellt worden sein. Im September nahmen
Roth und Manga Bell eine Etagenwohnung im
Nachbarhaus (121, Promenade des Anglais);
im Februar 1935 zogen sie ins Hôtel Impera-
tor am Boulevard Gambetta, wo Roth zusätz-
lich ein ruhiges »Arbeitszimmer« mietete.

310   Rapperswil, Hotel Schwanen. Fotografie, 1914.

311   Nice / Nizza, Frankreich. Promenade des Anglais.
Fotografie: Munier. Bildseite einer Ansichtskarte von
Joseph Roth, Claire Brachvogel, Andrea Manga Bell und
Eileen Daly an Ben Huebsch vom 6. Februar 1935.

In Nizza verfaßte Roth 1934 / 1935 den Roman »Die hundert Tage«, eine Arbeit, die ihm wegen des ungewohnten historischen Sujets und bei den bewegten äußeren Umständen schwerfiel. Doch historische Romane waren gefragt: Auch Heinrich Mann und Hermann Kesten befaßten sich mit der Vergangenheit: jener schrieb einen breit angelegten Roman über den französischen König Henri IV., dieser einen Roman über Ferdinand von Aragon und Isabella von Kastilien.

312   Joseph Roth in Nizza. Fotografie, 1934.

313   Nice / Nizza. Blick auf die place Masséna mit dem Café Monnot. Fotografie, Ende des 19. Jahrhunderts.

Hier trafen sich die Emigranten, denn Nizza war ein Zentrum der aus Deutschland geflohenen Intellektuellen. Zu ihnen zählten neben den Mitbewohnern Roths unter anderen: Schalom Asch, Stefan Zweig, Friderike Maria Zweig, Valeriu Marcu, René Schickele, Annette Kolb, Franz Theodor Csokor, Ferdinand Bruckner, Walter Hasenclever, Franz Werfel.

314   Heinrich Mann. Fotografie, um 1933.

315   Schalom Asch. Fotografie, 1930er Jahre.

316   Valeriu Marcu mit seiner Tochter Monika. Fotografie als Ansichtskarte, datiert Nice, 18. Mai 1934. Aus dem Besitz von Joseph Roth. Bildseite.

317   René Schickele. Fotografie, um 1933.

318   Franz Theodor Csokor. Fotografie, 1930er Jahre.

LES NOUVELLES LITTERAIRES

LES LETTRES ALLEMANDES

Une heure avec Joseph Roth

par FRÉDÉRIC LEFÈVRE

L'appartement date de Louis-Philippe. Il est haut perché, à l'écart du bruit. Grande pièce carrée, cheminée massive, meubles raides. De vieux bouquins alignent des dos fauves et dorés, polis par l'usage. Est-on à Paris ? En province ? Ces fleurs curieuses ne sont pas sorties de la boutique d'un fleuriste. « Ce sont des doronics, dit le maître de maison, le docteur Gidon, professeur d'histologie à l'Ecole de Médecine de Caen, ils poussent dans les ruines médiévales. »

Nous sommes chez Mme Blanche Gidon, la traductrice du nouveau roman de Joseph Roth : La marche de Radetzky. Au début d'une étude consacrée à cet ouvrage, M. Gabriel Marcel note que Mme Gidon est parvenue, par un véritable tour de force, à rendre l'originalité et la ligne mélodique du style. Ce qui donne, en effet, une place de choix dans la production allemande contemporaine à La Marche de Radetzky, c'est son caractère artistique, le constant souci d'écriture et de composition de Roth. La Marche de Radetzky est l'histoire du déclin de la monarchie autrichienne vue à travers le destin d'une famille de fonctionnaires et d'officiers particulièrement attachés à François-Joseph. Le grand-père, lieutenant d'infanterie, a sauvé l'empereur à la bataille de Solférino. Cet acte vaut à la famille la protection constante du souverain. Les épisodes de la vie des héros permettent à Roth de nous présenter l'Autriche - Hongrie d'avant guerre dans sa complexité sociale, ethnique et géographique.

▲ ▲ ▲

Joseph Roth, l'auteur de la Marche de Radetzky, tantôt arpente la pièce, tantôt demeure assis, taciturne, et vidant distraitement son verre de cognac. Au premier abord, il surprend, inquiète même. Il faut du temps pour le déchiffrer. Sa mince personne est mystérieuse. Peu à peu, on s'habitue, on comprend, on se rassure : être complexe, superposition de personnalités presque contradictoires qu'une attitude, un geste, un coup d'œil, un pli du visage mobile, une intonation, révèlent. Ces diverses personnalités sont humaines, très humaines. Ces épaules renvoyées en arrière, cette raideur sont de l'ex-officier de l'armée autrichienne. Comme Joseph Roth aimerait encore porter l'uniforme ! Il s'ingénie à se donner une allure martiale, tout en essayant vainement de friser, entre le pouce et l'index, un brin de moustache blonde.

rêche, taillée trop court. Ce coup d'œil aigu est d'un paysan normand, matois et méfiant. Ce bouillonnement de brutalité soudaine d'un sémite en mal d'absolu balayant d'un coup de poing ce qui le gêne. Cette non moins soudaine mélancolie, voilant l'éclat des yeux bleus légèrement saillants, d'un Russe fataliste, vite découragé, qui se dit : « A quoi bon ? » Ce mutisme, cette expression absente, d'un artiste obsédé d'une image, bercé d'un thème mélodique...

▲ ▲ ▲

— Je suis né en 1894 à Svaby, en Volhynie. Ma mère était une juive russe proche encore du ghetto. Mon père, employé au ministère des finances, était un Vien-

discret, tranquille, distingué comme un vieux coin de province, il n'a rien de commun avec le restaurant de ces messieurs du Sénat. C'est Rilke qui m'y avait conduit. Il y est tombé gravement malade. Le pauvre Radiguet aussi. Serai-je le troisième « R » qui finira dans cette maison d'aspect débonnaire ?

—

— J'ai été voir Rilke à l'hôtel Foyot quand je suis arrivé à Paris en 1922. Je lui apportais des lettres d'amis de Prague et de Vienne. Un jour que je me rendais chez lui, on me frappe sur l'épaule : « M. Rilke ? » Je me retourne. C'était une dame qui, de dos, m'avait pris pour lui. Il existe une allure autrichienne. Je portais, comme Rilke, un

(Dessin de Roger Wild.)

, Asti, Rapallo,

nois de bonne trempe, amateur d'art, peintre lui-même, épicurien spirituel, sceptique. Il aimait l'alcool. Je ne l'ai pas connu, il est mort avant que je ne vienne

complet bleu, uniforme des civils autrichiens. Je l'aimais beaucoup. Quel poète et quel homme !

—

Durch Übersetzungen und Nachdrucke hoffte Roth, an den Ruhm und die Marktposition, die ihm die Romane »Hiob« und »Radetzkymarsch« gebracht hatten, anknüpfen zu können; oder auch durch Erzählungen die Zeit zu überbrücken, die er brauchte, bis ein Roman geschrieben war.

Ein großes Interview in der wichtigsten französischen Literaturzeitschrift lenkte die Aufmerksamkeit des Publikums auf Roth ebenso wie die im März erschienene Übersetzung »La marche de Radetzky«.

319 Frédéric Lefèvre: Une heure avec Joseph Roth. [Interview]. In: Les Nouvelles Littéraires, Paris, 2. Juni 1934. (Ausschnitt). Mit einer Porträtzeichnung von Roger Wild, Roth darstellend. (Der Text ist übersetzt abgedruckt in: Werke, Band 3, S. 1031–1035; im Original und kommentiert in: Exil, S. 78 ff).

Roth erfand hemmungslos biographische Details, etwa einen Wiener Finanzbeamten als Vater oder daß er in Südfrankreich Bootswäscher gewesen sei. Das Interview enthält starke emotionelle Ausbrüche gegen den Nationalsozialismus und nimmt Partei für Österreich, den Katholizismus und das Kaisertum.

320 Frédéric Lefèvre (1899–1949). Fotografie.
Der Schriftsteller und Chefredakteur der führenden französischen Literaturzeitschrift »Les Nouvelles Littéraires« interviewte Roth nicht nur, er druckte auch wiederholt kürzere Prosastücke Roths ab.

321 Blanche Gidon. Fotografie, um 1934.

Blanche Gidon (1883–1974) war die Übersetzerin etlicher deutschsprachiger Schriftsteller, darunter Gottfried Keller, Bruno Frank, Emil Ludwig, René Schickele, später auch Manès Sperber und Heinrich Böll. Gidon übersetzte zunächst »Radetzkymarsch« (1934) – während dieser Arbeit mußten sich Autor und Übersetzerin erst zusammenraufen. In der Folge wurde sie für Roth eine verläßliche, verständnisvolle, nicht dominante Freundin. Zu Lebzeiten des Autors übersetzte Blanche Gidon neben Erzählungen auch den Roman »Die hundert Tage« / »Les Cent Jours«, der 1938 im Verlag Grasset erschien; später auch »Hiob«.
Sie bewahrte jene Papiere Roths, die Friderike Zweig nach dem Tod des Autors gesammelt hatte, von deren Flucht 1940 bis zum Ende des Krieges auf.

Der angesehene Philosoph und Lektor im Verlag Plon gab die Serie »Feux Croisés« heraus, in der Übersetzungen Roths erschienen. Die Beziehung Roths zu Marcel war gespannt: Der Verleger hatte die Rechte am »Antichrist« gekauft, aber das Buch nicht fertig übersetzen lassen, Roth also nach dessen Meinung um Erfolg und Einnahmen geprellt.

322   Gabriel Marcel (1889–1937). Fotografie.

323   Félix Bertaux (1881–1948), Kritiker der »Nouvelle Revue Française«, Literaturwissenschaftler. Undatierte Fotografie.

Der profunde Kenner der deutschsprachigen Literatur und Pazifist war ein wichtiger Mentor Roths im Pariser Kulturleben der zwanziger Jahre bis ins Exil; er beriet ihn, vermittelte auch beim Streit um die Übersetzung des »Radetzkymarsch«. Roth schätzte auch den Sohn Pierre Bertaux (1907–1986), der ebenfalls Literaturwissenschaftler, zudem Politiker und Widerstandskämpfer wurde.

324   Joseph Roth: La marche de Radetzky. Übersetzung ins Französische: Blanche Gidon. Paris: Plon, 1934. Umschlag.

Zu Roths Lebzeiten hatten seine Werke in Übersetzungen Erfolg in Polen, England und den USA, den Niederlanden, Italien, Ungarn und in der Tschechoslowakei, aber auch in Frankreich.

Schreiben im Exil
Brief Joseph Roths an Blanche Gidon

»Eden Hotel
Amsterdam
26. Mai 1936.

Liebe gute Freundin, Sie müssen mir mein Schweigen verzeihen. Ich schäme mich, wenn ich an Ihre große Güte und edle Freundschaft denke, und ich schäme mich selbst, Ihnen zu danken. Es ist sehr erniedrigend für mich, die Art, wie ich hier lebe. Ein Hilfskomitee mußte mir hier etwas Geld borgen, eine kleine Forderung, die Stefan Zweig an einen holländischen Verlag hatte, hat er mir zediert. Wenn ich etwas gesünder bin, kann ich einen Vortrag halten, der mir vielleicht 50–60 Gulden eintragen wird. Ich arbeite inzwischen, um mich zu betäuben. Aber dieses Hotel, das mich nur meines Namens wegen aufgenommen hat, kann ich immer noch nicht ganz bezahlen. Wenn ich einen Teil eines neuen Romans abliefere, kann ich eventuell 800 Gulden bekommen. Aber ich bin ganz erschöpft vom letzten. Die Correcturen im Manuskript habe ich erst gestern unter unsäglichen Qualen fertig gemacht. Der Roman ›Stammgast‹ ist es. Er heißt jetzt: ›Beichte eines Mörders‹. Er erscheint im August und Sie bekommen in 10 Tagen die Bürstenabzüge. Drei Tage war ich im Bett, mit hochgestreckten Füßen. Ich habe einen Liter Milch pro Tag getrunken, um mich zu entgiften. Die Schwellung ist zurückgegangen. Heute kann ich schon gehen und sitzen, ohne daß die Beine wieder anschwellen. Essen kann ich nicht vertragen, ich gebe es wieder, ich versuche, Reis mit Milch zu essen. Ich trinke auch roten Wein und keinen Schnaps mehr. Ich fürchte, meine Matratzengruft wird in Holland stehen. Frau Manga-Bell mußte ich auch etwas schicken. Ich weiß nicht, was mit ihr werden soll. Sie wird sich vielleicht freuen, wenn Sie ihr schreiben, deshalb sage ich Ihnen die Adresse: Kanton St. Gallen, Jona bei Rapperswil, Schweiz, Villa Grünfels. Die Schulen sind nicht bezahlt. Ich weiß nicht, was mit den Kindern werden soll. Diese Frau, die durch ihre Schwäche 50% meines Unheils verursacht hat, ist doch ein armer Mensch, und ich kann nicht ohne tiefste Betrübnis an sie denken. – Ich kann keine Pläne fassen, – im besten Fall, im allerbesten habe ich noch

für 3 Monate zu leben, – aber ich habe ja gar keine Kraft, ein neues Buch anzufangen. Auch ein Brief kostet gewaltige Mühe. Seien Sie deshalb nicht böse, wenn ich nicht schreibe. Offen gesagt: Auch ein Porto ist für mich von Bedeutung. Grüßen Sie herzlich Doktor Gidon. Verzeihen Sie, daß ich deutsch schreibe. Ich küsse Ihre gute freundschaftliche Hand,
Ihr alter   Joseph Roth.«

(Briefe, S. 473-474)

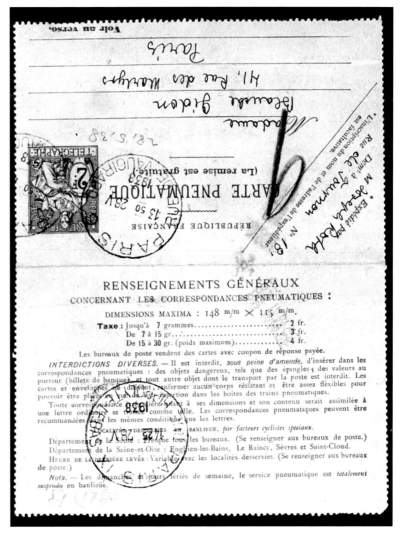

325 Joseph Roth an Blanche Gidon, Rohrpostkarte vom 28. Mai 1938. Adreßseite.

Roths Werke in Exilverlagen

Mit einem Schlag hatte Roth im Februar 1933 seine bisherigen Einnahmequellen verloren, zudem auch noch die Aussicht, daß sich die wachsende Anerkennung der letzten Jahre endlich auch zu einem durchschlagenden finanziellen Erfolg hätte entwickeln können. Doch sah er nach der Regierungsübernahme durch die Nationalsozialisten klar, daß der Kiepenheuer Verlag in seiner bisherigen Form im »Dritten Reich« keine Zukunft haben würde; daß er andere Verlage würde suchen müssen, die seine Werke – unter gänzlich neuen Bedingungen – drucken würden; daß er seine fremdsprachigen Verbindungen würde nützen müssen, um die Einnahmen aus den Auslandserfolgen von »Hiob« und »Radetzkymarsch« maximieren zu können. Seine deutschsprachigen Rechte schienen ihm wenig problematisch; da der Kiepenheuer Verlag sehr bald seinen Pflichten (Druck und Verbreitung der Werke des Autors) nicht mehr würde nachkommen können, würde er frei

sein für neue Vertragsabschlüsse. Vorerst aber ließ Roth Hilferufe los, denn das unmittelbare Überleben mußte gesichert werden.

Nach seiner Flucht vor den Nationalsozialisten war Roth zwar gerettet in Paris, aber ohne Einkommen oder Hoffnung auf Geld von seinem deutschen Verlag. Roth wußte jedoch, daß beträchtliche Zahlungen vom amerikanischen Verlag Viking Press anstanden; diese wollte er keinesfalls nach Berlin gesandt sehen. Daher der Aufschrei als Telegramm und etliche warnende Briefe im Frühjahr 1933 an den Leiter der Viking Press, Ben Huebsch, kein Geld nach Deutschland zu überweisen.

Huebsch sandte Roth »Vorschüsse« nach Paris, aber den großen Betrag für die Filmrechte an »Hiob« nach Berlin; er berief sich – geschäftlich korrekt – auf seine vertraglichen Verpflichtungen. Roths Empörung war enorm, da so nicht nur ihm seine Einnahmen vorenthalten wurden, sondern diese auch noch dem feindlichen Staat zugute kamen.

PATRONS ARE REQUESTED TO FAVOR THE COMPANY BY CRITICISM AND SUGGESTION CONCERNING ITS SERVICE   1295

CLASS OF SERVICE
This is a full-rate Cablegram unless its deferred character is indicated by a suitable sign preceding the address.

WESTERN UNION CABLEGRAM

NEWCOMB CARLTON, PRESIDENT   WILLEVER, FIRST VICE-PRESIDENT

SIGNS
Full-Rate Cablegram
LCO   Deferred Cablegram
NLT   Night Letter
WLT   Week-End Letter

Received at 40 BROAD STREET, NEW YORK
      FCH PST369 CM 33 4

T–

            PARIS

NLT VIKPRESS HUEBSCH 18 EAST 48 TH ST

      NEW YORK

IN HOECHSTER NOT UND VERZWEIFLUNG BITTE WOMOEGICH UM GELD ODER

VORSCHUSS DRINGENDST IHR DANK-BARER JOSEPH ROTH UND DRAHTUNG OB MOEGLICH

            HOTEL FOYOT PARIS VI

THE QUICKEST, SUREST AND SAFEST WAY TO SEND MONEY IS BY TELEGRAPH OR CABLE

326   Joseph Roth an Ben Huebsch / Viking Press, New York. Telegramm vom 4. April 1933.

Der Kiepenheuer Verlag hatte bis 1933 viele Autoren unter Vertrag, die Gegner des Nationalsozialismus waren. Sie wurden nach der »Machtergreifung« geächtet und verfolgt: aus politischen, ideologischen und rassischen Gründen.

Die Manager des Verlages (sein Namensgeber ausgenommen) reagierten rasch und nützten die gebotenen Möglichkeiten, ncuc Verlage in Holland zu gründen: Fritz H. Landshoff baute 1933 innerhalb des Verlags Emanuel Querido eine deutschsprachige Abteilung auf (eine Hälfte des neuen Verlags gehörte der Uitgevers-Maatschappij Emanuel Queridos, die andere Landshoff). Sein wichtigster Mitarbeiter war Klaus Mann. Hermann Kesten und Walter Landauer riefen 1933 im Rahmen des Verlags Allert de Lange einen deutschsprachigen Exilverlag gleichen Namens ins Leben. In diesen beiden Unternehmen, die freundschaftlich miteinander konkurrierten, wurde bis 1940 der im Umfang größte und einflußreichste Teil der deutschsprachigen Literatur im Exil herausgebracht. Auch Roth publizierte die meisten seiner Werke in diesen Verlagen.

Um Roths Urheberrechte ins Ausland zu transferieren und nicht weiter Geld wie jenes von Huebsch nach Berlin überwiesene zu verlieren, gründeten Landauer und Landshoff in der Schweiz die Firma »Orcovente«. Roths Mißtrauen und seine Eigenwilligkeit machten es nicht leicht, ihm den Sinn des Unternehmens einsichtig und glaubwürdig zu machen. Roths taktisches Geschick ermöglichte, daß er bei beiden großen holländischen Exilverlagen Verträge erhielt, obwohl Querido anstrebte, Roths Urheberrechte exklusiv zu erhalten. Selbstverständlich sondierte Roth auch andere Erwerbsmöglichkeiten, darunter Verlage und Zeitschriftenprojekte in Österreich und in der Schweiz.

Einflußreiche Publikationsorgane für emigrierte Schriftsteller waren Zeitungen und Zeitschriften, so die anspruchsvolle »Sammlung« Klaus Manns im Querido Verlag, Amsterdam, oder »Maß und Wert«, Zürich; »Die neue Weltbühne«, Prag, Zürich, Paris; »Neue Deutsche Blätter«, Wien, Zürich, Paris, Amsterdam; »Das Wort«, Moskau; »Internationale Literatur / Deutsche Blätter«, Moskau.

Beiträge von Roth brachten die in Paris erscheinenden deutschsprachigen Blätter: »Das Neue Tage-Buch«, »Pariser Tageblatt« (später

unter dem Namen »Pariser Tageszeitung«), »Die Zukunft« und »Die Österreichische Post«.

Die Gründung eines Exilverlags verlief nicht problemlos: Weder war es leicht, ein Unternehmen in Deutschland aufzulösen und die Aktiva (Urheberrechte, Buchbestand, Administrations- und Herstellungsmittel) ins Ausland zu bringen – und das gegen den Willen von Aktionären oder Eigentümern oder der nationalsozialistischen, meist intellektuellenfeindlichen und antisemitischen Stellen der öffentlichen Verwaltung; noch war die Aussicht gut, einen deutschsprachigen Verlag mit Gewinn im Ausland zu betreiben – angesichts des kleineren Markts und der teuren Produktionskosten. Etliche wagten den Versuch trotzdem; einige hatten dabei zumindest so weit Erfolg, daß die Literatur verbreitet wurde und einige Autoren überleben konnten.

327 Leihbescheinigung für eine Schreibmaschine für Joseph Roth, 4. September 1935, der allerdings nicht selbst darauf schrieb.

Exilverlag Querido

Der holländische Verleger Emanuel Querido (1871–1943) war Jude, Sozialdemokrat und leidenschaftlicher Antifaschist. Daher nahm er das geschäftliche Risiko der Förderung so vieler Schriftsteller der deutschen Emigration in Kauf, obgleich der Erlös aus dem Buchverkauf nur zu oft die Herstellungskosten nicht hereinbrachte. Der Verlag wurde nach der Okkupation der Niederlande zerschlagen. Querido und seine Frau wurden verschleppt und im Vernichtungslager Sobibor ermordet.

Im deutschsprachigen Verlag Querido in Amsterdam veröffentlichten zwischen 1933 und 1940 u. a. Vicki Baum, Bernard von Brentano, Alfred Döblin, Lion Feuchtwanger, Leonhard Frank, Bruno Frank, Thomas Theodor Heine, Georg Kaiser, Hermann Kesten, Joseph Roth, Irmgard Keun, Emil Ludwig, Erika Mann, Carl Sternheim, Heinrich Mann, Klaus Mann, Ernst Weiß, Ludwig Marcuse, Ernst Toller, Robert Neumann, Erich Maria Remarque, Jakob Wassermann, Anna Seghers, Rudolf Olden, Alfred Wolfenstein, Arnold Zweig.

328   Emanuel Querido. Fotografie, 1936.

329   Klaus Mann und Fritz H. Landshoff im Grand Hotel, Zandvoort, Holland. Fotografie, 1933.

330–331   Zeitschrift »Die Sammlung«, Jg. 1, Heft Nr. 1/ September 1933, Umschlag und Prospekt, S. 2.

Die von Klaus Mann (1906–1949) in den Jahren 1933 bis 1935 im Verlag Querido herausgegebene Zeitschrift verstand sich als offensiv antifaschistische Literaturzeitschrift.
Eine Vielzahl politisch unterschiedlich orientierter emigrierter deutschsprachiger sowie mit ihnen sympathisierender französischer und englischer Autoren kam in ihr zu Wort, darunter Félix Bertaux, Bert Brecht, Max Brod, Ernst Bloch, Jean Cocteau, Alfred Döblin, Ilja Ehrenburg, André Gide, Oskar Maria Graf, Aldous Huxley, Alfred Kantorowicz, Alfred Kerr, Hermann Kesten, Golo Mann, Heinrich Mann, Walter Mehring und Ernst Toller.

DIE
SAMMLUNG

LITERARISCHE MONATSSCHRIFT
UNTER DEM PATRONAT VON ANDRÉ GIDE
ALDOUS HUXLEY · HEINRICH MANN
HERAUSGEGEBEN VON KLAUS MANN

1. JAHRGANG   1. HEFT   SEPTEMBER 1933

INHALT:

HEINRICH MANN Sittliche Erziehung durch deutsche Erhebung
JAKOB WASSERMANN Meine Landschaft, innere und äussere
ALFRED DÖBLIN Jüdische Massensiedlungen und Volksminoritäten
ALFRED KERR Der Zustand im deutschen Theater
JOSEPH ROTH Tarabas
HERMANN KESTEN Die Tote von Ostende
WOLFGANG HELLMERT Drei Gedichte
GLOSSEN

QUERIDO VERLAG · AMSTERDAM

DIE FOLGENDEN HEFTE ENTHALTEN U.A.
BEITRÄGE VON:

MAX BROD	EMIL LUDWIG
JEAN COCTEAU	HEINRICH MANN
ALFRED DÖBLIN	THOMAS MANN
ANTHONIE DONKER	ANDRÉ MAUROIS
A. DEN DOOLAARD	WALTER MEHRING
LION FEUCHTWANGER	H. L. MENCKEN
BRUNO FRANK	PETER MENDELSOHN
ORTEGA Y GASSET	ROBERT MUSIL
ANDRÉ GIDE	GUSTAV REGLER
JEAN GIRAUDOUX	ROMAIN ROLLAND
CLAIRE u. IVAN GOLL	JULES ROMAINS
WERNER HEGEMANN	JOSEPH ROTH
WOLFGANG HELLMERT	RENÉ SCHICKELE
WILHELM HERZOG	HERBERT SCHLÜTER
ARTUR HOLITSCHER	ANNEMARIE SCHWARZEN-
ÖDÖN HORVATH	BACH
ALDOUS HUXLEY	ANNA SEGHERS
HEINRICH EDUARD JACOB	ERNST TOLLER
EDMOND JALOUX	KARL TSCHUPPIK
ALFRED KERR	WILHELM UHDE
HERMANN KESTEN	JAKOB WASSERMANN
EGON ERWIN KISCH	ERNST WEISS
RUDOLF LEONHARD	FRANZ WEISKOPF
SINCLAIR LEWIS	ARNOLD ZWEIG
FERDINAND LION	STEFAN ZWEIG

Ausserdem Beiträge von jungen amerikanischen, deutschen, englischen, französischen, holländischen, italienischen, polnischen, schwedischen, spanischen und südamerikanischen Autoren

Alle redaktionellen Anfragen sind zu richten an
KLAUS MANN p.A. QUERIDO VERLAG
Keizersgracht 333 - AMSTERDAM - Telephon 45921

Die im ersten Heft der »Sammlung« angekündigte Mitarbeit von Autoren, die (noch) in Deutschland publizierten (wie Alfred Döblin, Thomas Mann, René Schickele, Stefan Zweig), wurde von den nationalsozialistischen Behörden benützt, auf diese Autoren und ihre Verleger Druck auszuüben; manche gaben Distanzierungserklärungen ab, was zu heftigen Kontroversen über die angemessene Haltung gegenüber in Deutschland verbliebenen Verlagen führte. Ein Dokument der mangelnden Einsicht Zweigs und der instinktsicheren Einschätzung der Lage durch Roth ist dessen Brief an Stefan Zweig vom 7. November 1933, der auf S. 203-205 abgedruckt ist.
Roths grundsätzliche Ablehnung jeder Kooperation mit deutschen Institutionen zeigt auch ein anderes verlegerisches Projekt: Im Sommer 1933 erwog Gottfried Bermann-Fischer, Junior-Leiter des renommierten Berliner S. Fischer Verlags und Schwiegersohn des Gründers, ein Abkommen mit Landshoff zu treffen, die Bücher der emigrierten Autoren bei Querido auch in seinem Verlag, d. h. in Deutschland, zu publizieren. Roth verweigerte die Erlaubnis. Er wußte, daß würdelose Verhandlungen und unannehmbare Konzessionen an die Nationalsozialisten die Folge sein würden, was seiner antifaschistischen Einstellung zutiefst widersprach.

Die erste Nummer der »Sammlung« enthält einen Vorabdruck des ersten Kapitels von Roths »Tarabas«. Die bevorstehende Buchveröffentlichung wird noch unter dem Titel »Der rote Bart« angekündigt. (Stefan Zweig soll, zum Mißfallen des Verlags, als Titel »Der Bart des Juden Manasse« empfohlen haben.)
Der Roman erschien von Januar bis März 1934 in Fortsetzungen im »Pariser Tageblatt«.

JOSEPH ROTH

TARABAS
EIN GAST AUF DIESER ERDE

ROMAN

1934

QUERIDO VERLAG AMSTERDAM

332   Joseph Roth. Fotografie, erste Hälfte der 1930er Jahre.

333   Joseph Roth: Tarabas. Roman, Amsterdam: Querido, 1934. Umschlag, gestaltet von Henri Friedlaender.

Im Zentrum der Fabel von Schuld und Sühne steht die während eines Pogroms begangene Untat eines Soldaten. Der Roman, der autobiographische Erzählungen eines Soldaten und Roths Kindheitserinnerungen verwertet, entstand unter den für Roth typischen Bedingungen von Zeitdruck und Geldmangel. Roth richtete an Querido immer weitere Verlangen nach detaillierten Abrechnungen und Geldforderungen. Landshoff ließ sich aber nicht unter Druck setzen, sondern reagierte mit gespielter Strenge: »*Was veranlaßte Sie eigentlich, nachdem Sie jahrelang über jeden Vertrag hinaus alles nur irgend auftreibbare Geld von uns erhalten haben, jetzt sich streng wie ein Unteroffizier zu benehmen, weshalb Sie übrigens keinen roten Heller mehr bekommen [...]*«

(Fritz Landshoff, Querido Verlag, an Joseph Roth, Brief vom 27. Juli 1934, Geschäft, S. 144 ff, Zitat S. 146)

334–335   Joseph Roth: Das falsche Gewicht. Die Geschichte eines Eichmeisters, Amsterdam: Querido, 1937. Umschlag (gestaltet von Henri Friedlaender) und vordere Werbeklappe; Titelseite mit der handschriftlichen Widmung: »*Dem verehrten und unverändert geliebten Stefan Zweig in wortloser Treue Joseph Roth*«.

Die Atmosphäre eines galizischen Städtchens ist in diesem Roman außerordentlich suggestiv verdichtet, weshalb er sehr gute Kritiken erhielt, besonders von den Schriftstellerkollegen. Einer der wenigen, die nicht so begeistert waren, war der Freund und Schriftsteller Józef Wittlin, der später präzisierte: »*Freilich, es hat großen poetischen Reiz, aber hat auch alle Schwächen seiner späteren alkoholgetrübten Produktion.*«

(In: Hermann Kesten [Hrsg.]: Deutsche Literatur im Exil, S. 196)

336   Joseph Roth. Der Leviathan. Amsterdam: Querido, 1940. Umschlag.

Der Verlag Querido besaß die Rechte an Roths Erzählung »Der Leviathan«, die zu Lebzeiten des Autors ab 1934 in verschiedenen Zeitschriften als Teil- oder Gesamtdruck erschien, 1937 auch schon fertig gesetzt war, als Buch aber erst nach 1945 mit dem Impressum 1940 ausgeliefert wurde.

JOSEPH ROTH
DAS FALSCHE
GEWICHT
DIE GESCHICHTE
EINES EICHMEISTERS
Broschiert: Gulden 2.50
In Leinen: Gulden 3.50

Diese bezaubernde Geschichte, reich an singulären Figuren und erfüllt von Liebe und der Sucht nach Liebe, handelt von der tiefen und verdammten Leidenschaft eines ewig Unbefriedigten. Der Untergang eines Gerechten, der Tod eines tiefen Herzens, die Frage nach dem Sinn des Lebens, sie werden in brennenden Farben und unvergeßlichen Bildern heraufbeschworen. Der Eichmeister Anselm Eibenschütz gab den fröhlichen Soldatenstand für seine Frau auf. Er gibt seine Frau, die ihn mit seinem Schreiber Nowak betrügt für eine Zigeunerin auf. Die Zigeunerin gibt ihn für einen Maronibrater auf. Die Frau und der „Säugling Nowak" sterben an der Cholera. Der Eichmeister, der unter den kleinen landläufigen Betrügern eines podolischen Grenzstädtchens die Gerechtigkeit repräsentiert, wird vom größten Halunken erschlagen. Aber zuvor nahm der Gerechte dem Schuft seine Geliebte und zerschlug sein Geschäft.

„Wer regiert eigentlich. die Welt?", so fragt einer der Menschen dieser großen und berauschenden Geschichte.

JOSEPH ROTH

DAS
FALSCHE GEWICHT

DIE GESCHICHTE EINES
EICHMEISTERS

Dem verehrten und unveränderlich geliebten Stefan Zweig in alter Treue Joseph Roth

1 9 3 7

QUERIDO VERLAG N.V. AMSTERDAM

Niederlande, Belgien

Roth hielt sich immer wieder in Amsterdam auf, um die Verhandlungen mit seinen Verlegern persönlich zu führen (Dezember 1933, Mai 1935, März bis Juli und September/November 1936 sowie September 1937), gelegentlich auch auf der Flucht vor drückenden Pariser Verhältnissen. Dabei wohnte er in dem kleinen, schmuddligen Hotel Eden und nach dessen Auflösung 1937 im City Hotel desselben Besitzers, Antonius Blansjaar, mit dem ihn eine gegenseitige Sympathie verband.

337 Amsterdam, Niederlande. Hotel Eden, Rückseite. Ansicht von der Ostseite des Damrak. Unbezeichnete Fotografie, 1930er Jahre.

338 Amsterdam. City Hotel. Rembrandtsplein 46. Fotografie: S. van Dijn, 1930er Jahre.

339 Amsterdam. Café Reynders, Leidseplein.
Fotografie, 1947.
Das von Künstlern häufig besuchte Lokal besaß die von
Roth geschätzte Atmosphäre.

340 Roth und Stefan Zweig in Ostende, Belgien. Fotografie, 1936.

Zweig war wohlhabend und mitfühlend genug, zahlreiche Emigranten in Notsituationen
zu unterstützen. Auch Roth half er mehrfach.
Zudem hoffte er, ihn vom Alkohol abbringen
zu können. Zweig hielt viel von Roths schrift-
stellerischem Feingefühl, ja, er akzeptierte sogar, daß dieser seine Texte kritisierte und Ver-
besserungsvorschläge machte. Er fand daher,
daß gemeinsam zu wohnen und zu arbeiten
für beide förderlich sein würde. Auch glaubte
Zweig, Roth trösten zu müssen, da die Verbindung Roths mit Andrea Manga Bell mittlerweile in die Brüche gegangen war. Zweig lud
Roth im Juli 1936 nach Ostende ein, wo die
gezeigte Fotografie entstand. Wie Roth an
Blanche Gidon schrieb, sorgte Zweig für ihn
und war *»rührend zu mir, wie ein Bruder«*.
(Briefe S. 486)

Exilverlag Allert de Lange

Mit dem Inhaber des Verlags, Gerard de Lange, verbanden Roth Gemeinsamkeiten der Haltung und der Lebensführung: de Lange war Offizier gewesen und sprach gern und gründlich dem Alkohol zu. Aufgrund der gegenseitigen Sympathie gewährte de Lange einige Male hohe Vorschüsse und Terminaufschub – eine Großzügigkeit, die Roth vorausgesehen hatte, so daß er das Angebot Emanuel Queridos, alle seine Werke zu verlegen, ablehnte. Doch de Lange starb schon 1935, von Roth als »Typus des chevaleresken Offiziers«, der »auch ein chevaleresker Verleger« gewesen sei, betrauert. Der neue Geschäftsführer van Alfen, von Roth »der Knoten« genannt, verhielt sich weit zugeknöpfter. Die geschäftlichen Kontakte im einzelnen fanden mit den für die deutsche Abteilung zuständigen Mitarbeitern Hermann Kesten und Walter Landauer statt, beide aus ihrer Zeit

beim Kiepenheuer Verlag bestens mit Roths Eigenheiten vertraut.

Das persönliche Freundschaftsverhältnis, in dem sich Roth mit Kesten und Landauer befand, hinderte ihn nicht daran, auch hier auf das entschiedenste um bestmögliche finanzielle Bedingungen zu verhandeln. Mißmutig meinte René Schickele dazu:

»Für uns Autoren von de Lange ist Roth der reine Staubsauger. [...] Was bleibt für uns?«

(René Schickele: Werke, Band 3, Köln: Kiepenheuer & Witsch, 1961, S. 1221)

Allerdings blieb Landauer oft hart und brachte in die Verhandlungen die Drohung ein, selbst bei Manuskriptvorlage eine Zeitlang keinen Vertrag mehr mit Roth zu machen.

Roth scheute nicht davor zurück, die beiden Verlage Querido und de Lange (und später auch den dritten Verlag, De Gemeenschap)

Ein wichtiges Mittel zur Werbung war das »Jahrbuch 1934/1935«, das Beispiele vieler Autoren des Verlags brachte. Roths Beitrag mit dem Titel »Die Stätte des Friedens« ist ein Abdruck aus dem Buch »Der Antichrist«, für dessen angeblich bereits vorliegende zweite Auflage auf der Rückseite geworben wird.

342   René Heidemann: Gerard de Lange. Zeichnung, 1935.

343   Walter Landauer. Fotografie, 1930er Jahre.
Leiter der deutschsprachigen Abteilung des Verlags Allert de Lange war Walter Landauer (1902–1945), früherer Mitarbeiter der Verlage Die Schmiede und Kiepenheuer.

gegeneinander auszuspielen, stieß aber dabei gelegentlich auf das Hindernis der Freundschaft zwischen seinen Verhandlungspartnern Kesten, Landauer und Landshoff.
So schrieb Roth am 13. Mai 1934 an Fritz Landshoff:
»[...] werde ich zerrieben von der Spannung, die zwischen Ihrer beider Freundschaft und Ihrer beider Geschäftskonkurrenz besteht. Ich weiß nicht mehr, vor wem von Ihnen beiden was Geschäftsgeheimnis bleiben soll, und ich überlasse es Ihnen, darüber zu entscheiden.«
(Geschäft, S. 111)

Zwischen 1933 und 1940 wurden im Verlag de Lange u. a. Werke folgender Autoren publiziert: Schalom Asch, Georg Bernhard, Franz Blei, Bert Brecht, Bernard von Brentano, Max Brod, Ferdinand Bruckner, Franz Theodor Csokor, Sigmund Freud, Georg Hermann, Ödön von Horváth, Henry William Katz, Gina Kaus, Hermann Kesten, Irmgard Keun, Egon Erwin Kisch, Annette Kolb, Siegfried Kracauer, Valeriu Marcu, Hans Natonek, Alfred Neumann, Theodor Plievier, Alfred Polgar, Joseph Roth, René Schickele, Adrienne Thomas, B. Traven, Karl Tschuppik, Veit Valentin, Józef Wittlin, Theodor Wolff, Stefan Zweig.

341   Jahrbuch 1934/1935, Amsterdam: Allert de Lange, 1934. Umschlag, Vorder- und Rückseite.

344 Hermann Kesten. Fotografie: Riwkin, Stockholm, 1934.

Hermann Kesten (1900–1996) war von 1934 bis 1940, als er vor den Nationalsozialisten flüchtete, Lektor des Verlags Allert de Lange in Amsterdam. In Amerika half er mit großem Engagement unter Hintanstellung der eigenen Arbeit im »Emergency Rescue Committee« vielen gefährdeten Schriftstellerkollegen, aus Europa zu entkommen.

Nach dem Krieg nach Europa zurückgekehrt, gab Kesten einige Sammlungen zum Thema Exil heraus sowie neben einer umfangreichen Briefauswahl auch die ersten beiden Werkausgaben Joseph Roths.

345–346 Joseph Roth: [Stationschef Fallmerayer]. Handschrift, S. 20 und S. 21. Geringfügig verkleinert abgebildet.

Diese Handschrift entspricht mit ihren Korrekturen dem Kapitel I bis XII der bekannten Textform. Das abschließende Kapitel XIII ist jedoch wesentlich sensationeller gestaltet als der nüchterne Satz, der schließlich an diese Stelle zu stehen kam.

Der Schluß der Erzählung lautete in dieser früheren Fassung:

»XIII.

In dieser Nacht packte er das Nötigste in einen Koffer. Um sechs Uhr morgens ging sein Zug nach Wien.

Er hinterließ einen Brief. Er bat die Herrin dieses Hauses um Entschuldigung, daß er ihr Geld verbraucht habe, um in einer Stunde zu verschwinden, in der er überflüssig und ein schreckliches Hindernis geworden wäre.

Er fuhr nach Wien. Er beschloß, einen Tag im Hotel Imperial zu bleiben, um sich, wie man zu sagen pflegt, ›zu sammeln‹, bevor er seinen Vetter Heinrich aufsuchen wollte.

Am Nachmittag kaufte er ein Abendblatt. Sein gleichgültiges Auge überflog die politischen Nachrichten. Unter dem sogenannten ›Vermischten‹ fand er folgende Nachricht:

›Die nach Monte Carlo seit einem Jahr aus Rußland geflüchtete Gräfin Anja Walewska hat in Monte Carlo Selbstmord begangen. Sie stürzte sich des Morgens, um die

20.

HOTEL RESTAURANT
FOYOT
PARIS

HOTEL... DANTON 57-37
RESTAUR¹. DANTON 57-39
R.C. SEINE 47.303
TÉLÉPHONE :

„Du hast ein Kind von mir!" – sagte Fallmerayer – „Eine unmögliche Situation."

„Du bleibst hier, bis er kommt! Ich kenne ihn! Er wird alles verstehen!" – antwortete die Frau.

„Sie sprachen seit dieser Stunde nicht mehr über den Grafen Walewski. Sie warteten.

„Sie warteten, bis eines Tages ein Depesche von ihm einlangte. Am Abend kam er. Sie sollten ihn beide von der Bahn abholen.

„Zwei Schaffner hoben ihn aus dem Waggon, und ein Gepäckträger brachte einen Rollstuhl herbei. Man setzte ihn in den Rollstuhl. Er hielt sein gelbes, knochiges, zerbrechliches Angesicht seiner Frau entgegen, sie beugte sich über ihn und küßte ihn. Mit langen, blaugefrorenen, aus ihren Händen verstorbenen, immer wieder umsonst, zwei braune Decken über seine Beine zu ziehen. Fallmerayer half ihm.

„Fallmerayer sah das Angesicht des Grafen, ein längliches, gelbes knöchernes Angesicht, mit scharfer Nase, voller Augen, gebogener Nase, schmalem Mund, darüber ein fraßförmiger schwarzer Schnurrbart. Man rollte ihn, wie einen der einen Gepäckstück, den Perron und der Frauen, entlang. Seine Frau ging hinter dem Wagen her, Fallmerayer voran.

„Man müßte ihn – Fallmerayer und den Chauffeur Vito hinfahren. Der Rollwagen wurde auf das Dach des Autos verladen.

„Man müßte ihn in die Villa hineintragen. Fallmerayer hielt den Kopf und die Schultern, der Diener die Füße.

„Ich bin hungrig" – sagte der Graf Walewski.

„Als man den Tisch richten, verwies es sich, daß Walewski nicht allein essen konnte. Seine Frau mußte ihn füttern.

„Und als er, nach einem grausam schwierigen Mahle, die Hände des Schlafes nahen, sagte der Graf: „Ich bin schläfrig. Legt mich ins Bett."

„Die Gräfin Walewska, der Diener und Fallmerayer trugen den Grafen in sein Zimmer, im ersten Stock, wo man ein Bett bereitet hatte.

„„Gute Nacht!" – sagte Fallmerayer. Er sah noch, wie eine Geliebte die Kissen zurechtlegte und sich an den Rand des Bettes setzte.

XIII.

„In dieser Nacht packte er das Nötigste in einen Koffer. Um sechs Uhr morgens ging sein Zug nach Wien.

„Er hinterließ einen Brief. Kaum bat die Frau in diesem Briefe um Entschuldigung, daß er ihr Haus mißbraucht habe, um in einer Stunde zu verschwinden; in der er überflüssig und ... geworden wäre.

„Er fuhr nach Wien. Er entschloß, einen Tag im Hotel Imperial zu bleiben, zu sich, wie man zu sagen pflegt, zu sammeln, bevor er seinen Vetter Heinrich aufsuchen wollte.

„Am Nachmittag kaufte er ein Abendblatt. Sein gleichgültiger Auge überflog die politischen Nachrichten. Unter den sogenannten „Vermischten" stand folgende Nachricht:

„In der Nähe von Monte Carlo soll ein sehr höflicher Graf Sergej Walewski sei in Monte Carlo verschwunden gegangen. Sie stürzte sich das Morgens, um die Zeit, in der der Expreßzug aus Marseille einlaufen sollte, sie die Diener und wieder von diesem überfahren. Eine falsche Kunde ...

Zeit, in der der Expreßzug aus Marseille eintreffen sollte, auf die Schienen und wurde von diesem überfahren. Eine halbe Stunde später fand man auf dem Geleise ihre zerfetzte Leiche.‹

›Zahlen‹ – sagte Fallmerayer ganz ruhig zum Kellner. ›Ich möchte die Rechnung‹. Er beglich sie, ließ ein Trinkgeld auf dem Teller, ging hinauf, in sein Zimmer, das im dritten Stock gelegen war. Er stürzte sich auf die Straße.
Mit Gehirnerschütterung und verletztem Rückgrat wurde er ins Wilhelminenspital eingeliefert.
Am Nachmittag, gegen vier Uhr, starb er, ›ohne das Bewußtsein erlangt zu haben‹ – wie es in den Zeitungen zu heißen pflegt.«

(Die ›Dietrich-Fassung‹ dieser Erzählung ist veröffentlicht in: Bülowbogen, S. 330 ff.)

Roth verwarf diesen Schluß und schrieb statt dessen:
»Hierauf reiste Fallmerayer ab; man hat nie mehr etwas von ihm gehört.«

Es erscheint typisch für Roths Arbeitsweise, den Text zu straffen statt auszubauen; die ursprüngliche längere Fassung hätte, obwohl die gesamte Handschrift intensiv redigiert ist, noch weiter sprachlich und der Logik halber überarbeitet werden müssen. Andererseits ist das kurze Kapitel XIII. ein dramaturgisch wirksamerer Schluß als der dramatische Doppelselbstmord, gespiegelt durch die Nüchternheit von Pressemitteilungen.

Roth schenkte das aus dem Jahr 1933 stammende Manuskript im August 1935 der Theateragentin Betty Stern. Diese gab es ein oder zwei Jahre später der Schauspielerin Marlene Dietrich – möglicherweise auf Ersuchen Roths, der die Dietrich bitten wollte, ihm einen Vertrag in Hollywood zu verschaffen. So unerwartet der Versuch Roths, der im »Antichrist« das moderne Medium Film verdammte, anmuten mag, so war doch auch für ihn die Filmmetropole ein anzustrebendes Emigrationsziel. Der Film stellte die einzige lukrative Einkommensquelle dar. Roths erhaltene Exposés, die er gemeinsam mit Leo Mittler verfaßte, sind zum Teil bunte Anhäufungen von historischen Habsburg-Reminiszenzen, teils aktuelle Darstellungen jüdischen Schicksals (auf der Flucht vor Verfolgung); knüpfen also mittelbar an seine Romanerfolge an.

347   Joseph Roth. Fotografie, um 1934.

348   Novellen deutscher Dichter der Gegenwart. Hrsg.: Hermann Kesten. Amsterdam: Allert de Lange, 1933. Titelseite.

Als erstes Werk des neuen Exilverlags Allert de Lange erschien 1933 die von Kesten herausgegebene Anthologie »Novellen deutscher Dichter der Gegenwart« (ursprünglich war der beziehungsreiche Titel »Der Scheiterhaufen« vorgesehen); Roth steuerte die Erzählung »Stationschef Fallmerayer« bei – das erste erzählende Werk, das er im Exil vollendet hatte.

NOVELLEN
DEUTSCHER DICHTER
DER GEGENWART

HERAUSGEGEBEN VON
HERMANN KESTEN

1933
VERLAG ALLERT DE LANGE
AMSTERDAM

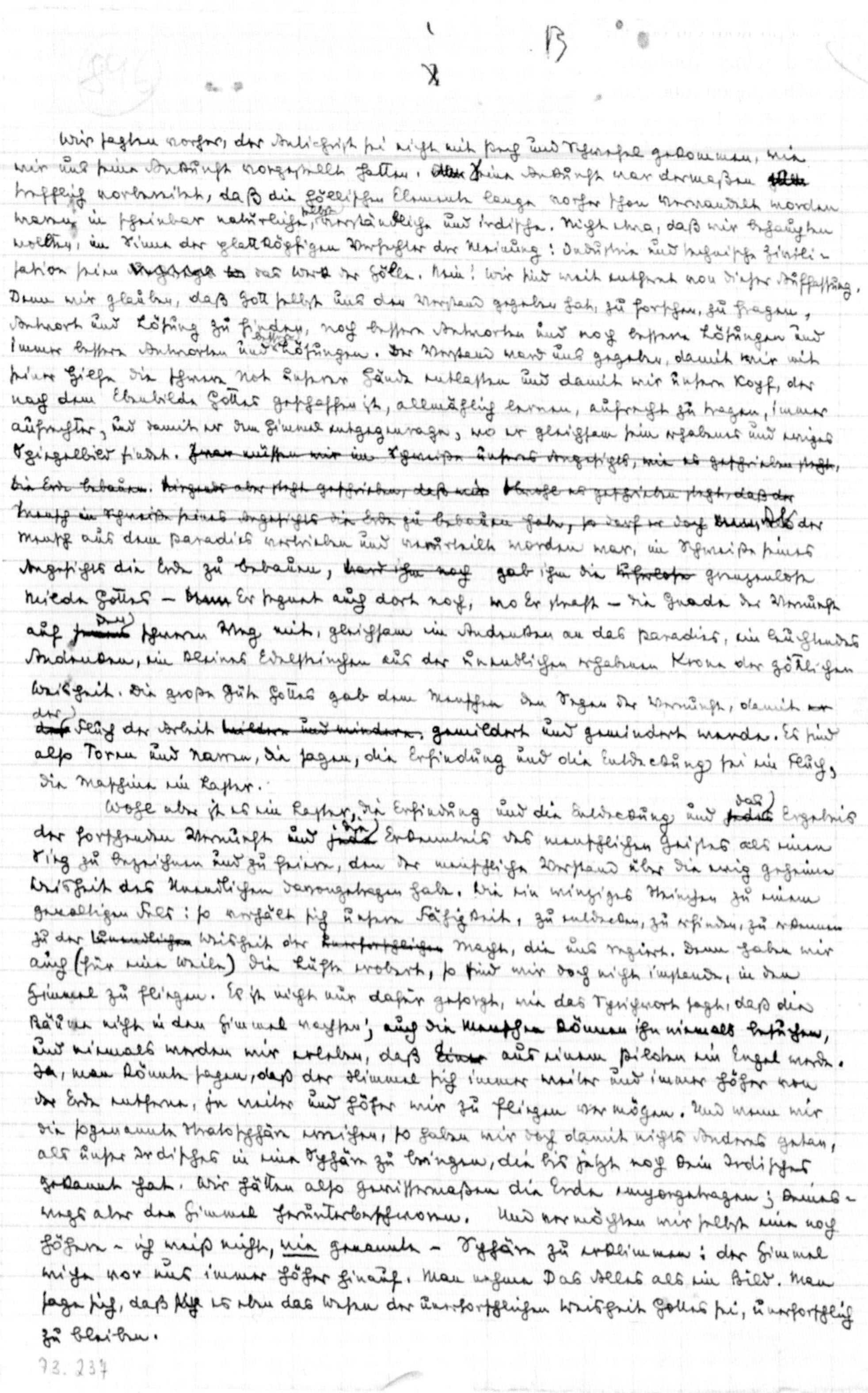

349 Joseph Roth: Der Antichrist. Handschrift. Blatt 6, Beginn des Kapitels »Eine Gewalt hat sich zwischen uns und die Gnade der Vernunft gestellt«. Text ohne das Motto von Max Picard. Originalformat.

Im Jahr 1934 erschien bei Allert de Lange »Der Antichrist«. Das Thema dieses Essays, Zivilisationskritik, war Joseph Roth ein besonderes Anliegen. Während seiner Vorstudien hatte Roth den Titel »Die Juden und ihre Antisemiten« vorgesehen. Das bezeugt die Angriffslust des Autors gegenüber seiner Meinung nach charakterlosen Juden (solchen zum Beispiel, die auch eine Kooperation mit den Nationalsozialisten nicht scheuten).

Vordergründig hatte Roth jedoch die Technik im Visier, in seiner Sicht das eigentliche Medium, mit Hilfe dessen der Mensch sich Eingriffe in den Lauf der Schöpfung anmaße. Und sei es mit den besten Absichten – denn gerade durch aufklärerische und zivilisatorische Aktivitäten verletze der Mensch die gottgewollte Ordnung. Die Konsequenzen, die den so ausgelösten Prozessen immanent seien, reichten bis in metaphysische Dimensionen.

Diese metaphysische Orientierung, der apokalyptische Ton widersprachen der aktuellen Tendenz, die auf die Bekämpfung des Faschismus mit rationalen und politischen Mitteln gerichtet war. Dadurch erklärt sich, daß dieser suggestive Text, der mit Szenen, Sprach-, Bild- und Bedeutungsassoziationen ähnlich wie Karl Kraus' »Die letzten Tage der Menschheit« ein halluzinatorisches Weltuntergangspanorama evoziert, den Freunden und Kritikern nicht nur unzeitgemäß, sondern qualitativ schlecht erschien.

Roth hingegen, den bei anderen seiner Werke oft Zweifel plagten, ob sie wohl gelungen seien, äußerte sich nach der Fertigstellung des Manuskripts von »Der Antichrist« positiv:

»Endlich, zum ersten Mal in meinem Leben, bin ich mit einem Buch zufrieden. [...] Ich bin ganz am Ende meiner Kraft, aber sehr glücklich.«

(Briefe, S. 320)

350   Joseph Roth: Der Antichrist, Amsterdam: Allert de Lange, 1934. Umschlag der broschierten Ausgabe.

351   Max Picard. Undatierte Fotografie aus dem Besitz von Joseph Roth.
Das 1930 veröffentlichte »Menschengesicht« des Schweizer Kulturkritikers Max Picard (1888–1965), den Roth schon von der »Frankfurter Zeitung« kannte, übte auf Roths »Antichrist« einen ähnlichen Einfluß aus wie Stefan Zweigs im Entstehen begriffener Roman »Triumph und Tragik des Erasmus von Rotterdam«.

DIE
HUNDERT
TAGE

Napoleon kehrt von Elba zurück. Roth
malt das Unglück des Kaisers in den
heroischen hundert Tagen des Unter-
ganges.
Unvergessliche tragische Szenen erschüt-
tern uns.
Das kleine korsische Mädchen Angelina,
Wäscherin am kaiserlichen Hofe, liebt
den grossen Kaiser mit der rührenden
Liebe eines schlichten Herzens.
Sie stirbt für ihn in der Stunde, da
sein Stern erlischt.
Roth hat grosses Weltgeschehen
und kleines Menschenschicksal klas-
sisch verbunden.
Eine Ballade von erschütternder
Grösse.

AdL

Die Genugtuung Roths über die Vollendung des »Antichrist« hielt nicht lange an; bald meinte er, auch dieses Buch, wie »Tarabas«, zu hastig geschrieben zu haben.

Zumindest in den Niederlanden war gerade »Der Antichrist«, nicht zuletzt wegen seines weltanschaulichen Ernstes, ein großer Verkaufserfolg: 6000 Stück wurden abgesetzt (üblicherweise galten 2500 verkaufte Exemplare bei Emigrantenproduktionen schon als gutes Ergebnis).

352   Joseph Roth: Die hundert Tage. Roman, Amsterdam: Allert de Lange, 1935. Buchumschlag, Entwurf von P. L. Urban.

Historische Romane waren nach dem gegenwartsbezogenen Trend der frühen zwanziger Jahre beliebt geworden. Die Tradition setzte sich im Exil ungebrochen fort und verstärkte sich durch die Hoffnung auf Publikums- und Verkaufserfolge. Der Roman »Die hundert Tage« behandelt frei das Thema der Herrschaft und des charakterlichen Abstiegs Napoleons zwischen seiner Rückkehr aus Elba und der Niederlage bei Waterloo.

353   Johan Winkler: Joseph Roth bezoekt Amsterdam. In: Het Volk, Avondblad, 8. Mai 1935, Ausschnitt. Mit handschriftlichen Zusätzen von Roth: »Herzlich Dein alter J R« »Het Volk / Winkler Hakelveld 15.«.

Das Interview erschien anläßlich der Veröffentlichung von »Die hundert Tage«. Es basiert auf einem Pressegespräch mit Roth, zu dem Walter Landauer niederländische Journalisten ins Hotel Eden eingeladen hatte. Roth betonte mehrfach, freiwillig aus Deutschland weggegangen zu sein, hob seine katholischen Sympathien hervor und räsonierte über die verhängnisvolle Dominanz der Technik.

AVONDBLAD — VIERDE BLAD

KUNST EN LETTEREN

Joseph Roth bezoekt Amsterdam

Een „emigrant uit solidariteit"

De uwen lijden, doch de katholieke priesters niet minder

In 't kleine, echt-Amsterdamse Eden-hotel zitten we tegenover Joseph Roth, den Oostenrijker, den schrijver van „Tarabas", van „Der Anti-Christ" en van „Die hundert Tage", dat tegen het eind van de zomer zal verschijnen. Dat bij Allert de Lange zal verschijnen. In Amsterdam, in Holland.

Want Joseph Roth behoort tot die Duits-schrijvende auteurs, wier werken niet meer in Duitsland het licht zien, doch in Zwitserland of Nederland.

— Waarom? vragen we — eigenlijk ten overvloede —, den man die tegenover ons zit.

Joseph Roth draait wat aan 't glas dat voor hem staat, kijkt dan over de tafeltjes wachtende, lezende, etende mensen heen naar 't uitzicht op het Damrak en zegt:

— Emigrant in de letterlijke zin van het woord ben ik niet. Ik ben immers Oostenrijker. En sinds 1922 woon ik al in Frankrijk. Maar wèl ben ik emigrant in de letterkundige zin van het woord. Mijn boeken worden niet meer in Duitsland uitgegeven. En zelfs al zou dat kunnen, dan zou ik het niet willen. Een letterkundig emigrant dus. Iemand, die vrijwillig is weggegaan. Iemand, die geen lust heeft om te schrijven voor uitgevers van een land, waar de vrijheid van den letterkundige tot het verleden behoort. Iemand, die s o l i d a i r is...

Er is, als bij elk vraaggesprek, aanvankelijk dat tastend verkennen tussen ondervrager en ondervraagde. Zit de ondervrager hier alleen maar plichtmatig? vraagt zich de ondervraagde allicht af.

— Wees gerust, zeggen we hardop, als raadden we Joseph Roth's gedachten. Wees gerust. We hebben niet voor we naar u toe gingen, even snel nagekeken wie u eigenlijk bent, wat u geschreven hebt. We kénden u, door uw werk reeds lang. „Die Flucht ohne Ende", „Zipper und sein Vater", uw journalistieke werk indertijd voor de Frankfurter Zeitung, later dat prachtige boek over 't oude Oostenrijk, „Radetzky-mars"...

Joseph Roth knikt. Geeft zich gewonnen. Glimlacht: „Sehr verbunden".

Zijn nieuwe boek

Dan: „Waarom ik in Holland ben? Bespreking met mijn uitgever. Over mijn nieuwe boek. „Die hundert Tage", de honderd dagen van Napoleon's leven, tussen de terugkeer van Elba en de nederlaag van Waterlo. Tja, ook ik heb dus een historische roman geschreven. Waarom ik me tot die stof aangetrokken gevoelde? Omdat ik er de ondergang van een groot mens in kan beschrijven. De tragiek van een dictator, die hoe groot ook — en Napoleon was tenminste een gróót dictator, t o c h te zijner tijd aan de wetten moet gehoorzamen, waaraan àlle mensen moeten gehoorzamen. De ondergang van een mens, die zich vermeet om God te willen zijn...

We vragen tastend:
— Een parallel dus met......
Joseph Roth weert af:
— Een parallel, goed, maar dan een parallel met àlle mensen die te groot willen zijn. Een parallel met de geschiedenis van thans? Das überlasse ich dem Leser......

Verleden jaar, tegenover een Frans journalist, heeft Joseph Roth, Jood van afkomst, zijn katholicisme beleden. Als ik monnik was, zou ik pas het volledige geluk kennen, heeft hij toen verklaard. Ik geloof, zeide hij, dat u mij nog eens in den monnikspij zult zien, zoals den Fransen schrijver Huysmans, dien ik bewonder.

Wij maken op die verklaringen van toen een toespeling. Roth bevestigt ze, herhaalt ze.

— Naar een klooster? Ja...... 't kan komen, 't kan ook niet komen. Ik zei u reeds, waarom ik Duitsland de rug toekeerde. Weet wel, niet alleen de uwen lijden daar, doch de katholieke priesters niet minder. Men hóórt daar niet zoveel van, omdat zij zwijgen. En ik zelf? Als ik van het klooster sprak, dan was 't ook daarom, omdat ik niets liever

JOSEPH ROTH.

mens heeft opgelegd. Niet eens bewust. Onbewust. Wat „viel schöner" is.

— En dan, formuleert Roth zijn gedachten, het Hollandse landschap. Het is alsof ook dáárop Rembrandt en Spinoza hun stempel gedrukt hebben. Stempel van edele maat. Wonderlijk hoe gij Hollanders maat weet te houden tussen cultuur en natuur. Uw cultuur doet de natuur geen geweld aan. Neem uw bloembollenvelden. Zij zijn gemáákt, ze zijn eigenlijk onnatuurlijk en toch zijn ze met de natuur vergroeid, doen haar geen geweld aan...

En dan neemt het gesprek die meer persoonlijke wending, waarbij des interviewers notitieboekje in de jaszak verdwijnt, het potlood opgeborgen wordt. Totdat we ons bezinnen op de krant die wacht.

— Ik hoop, Herr Roth, dat ons interview er iets toe zal bijdragen om uw lezerskring in Holland als 't kan nog te vergroten......

En Joseph Roth buigt charmant bij 't uitgeleide-doen:

— Zeer verplicht, sehr verbunden......

tot Ver / winaar tokelvelt 15.   J. W.

„De Eeuwige Droom"

Met „De Eeuwige Droom" (die nu in de Uitkijk loopt) heeft dr. Fanck waarschijnlijk zijn loop-

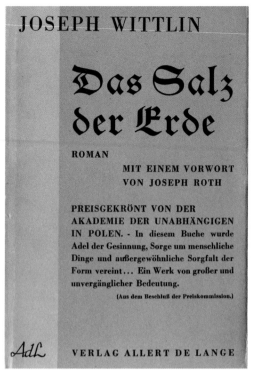

354 Joseph Roth: Beichte eines Mörders, erzählt in einer Nacht, Amsterdam: Allert de Lange, 1936. Umschlag der broschierten Ausgabe, Entwurf von Henri Friedlaender.

Pessimistisch im Grundton ist Roths zweiter im Exil entstandener Roman. Ein Mann meint, im Affekt zwei Menschen ermordet zu haben, seinen Halbbruder und seine Geliebte. Es stellt sich jedoch heraus: Die Attackierten sind nicht tot, der Mörder ist kein Mörder. Der als Agent tätige Held kommt aus allen Affären heil heraus. Das durchkreuzt ironisch die Moral der Geschichte.

355 Józef Wittlin: Das Salz der Erde. Amsterdam: de Lange, 1937. Übersetzung von Isidor Berman, Vorwort von Joseph Roth. Umschlag nach einem Entwurf von Henri Friedlaender.
Berman übersetzte auch vier Romane Roths ins Polnische.

356 Vertrag zwischen dem Verlag Allert de Lange und Joseph Roth über »Die Legende vom heiligen Trinker«, 27. April 1939.
Der Vertrag löst einen früheren über die Biographie Georges Clemenceaus ab; dieses Werk ist Fragment geblieben.

357 Joseph Roth: Die Legende vom heiligen Trinker, Amsterdam: Allert de Lange, 1939. Einband, Entwurf von Lajos von Horváth.

Die Fabel vom naiven Andreas, der in den Tag hinein lebt und trinkt, wurde alsbald mit Roths eigener Trunksucht assoziiert. Die Erzählung entstand Anfang 1939 und erschien postum im Herbst desselben Jahres. In einem etwas hintergründigen Märchenton gehalten, schließt sie mit dem Wunsch – auch er wurde auf das Schicksal des Autors bezogen:
»Gebe Gott uns allen, uns Trinkern, einen so leichten und schönen Tod.«

c. v. ALLERT DE LANGE

DEUTSCHE VERLAGSABTEILUNG

Fernsprecher 40292-41292
Postgiro No. 4110
Giro Amsterdam L 606
Bank-Konto: Amsterdamsche Bank
Damrak - Amsterdam

AMSTERDAM-C, den ....27. April........1939.

DAMRAK 62

Herrn Joseph **R**oth
18 Rue de Tournon
PARIS

Einschreiben

Sehr geehrter Herr Roth,

Wir bestätigen mit Ihnen folgendes Abkommen geschlossen zu haben:

Sie übertragen uns die deutschen Buchrechte Ihrer Erzählung
"Die Legende des heiligen Trinkers".
Sie erhalten eine Beteiligung von 10% vom gebundenen Ladenpreis
für die ersten 2.000 Exemplare, nach Verkauf von 2.000 Exemplaren
erhalten Sie 12½% vom gebundenen Ladenpreis.

A conto dieser Beteiligung ist ein Vorschuss von hfl. 225.-- gezahlt
worden (hfl. 150.-- als Anzahlung auf das Clemenceau-Buch, das wir
auf die Legende verrechnen dürfen, und weitere hfl. 75.--, die Ihnen
bei Unterschrift dieses Abkommens ausgezahlt werden.)

Wir verpflichten uns, mit Ihnen zweimal im Jahre abzurechnen und
zwar am 1.2. und am 1.8.
Gleichzeitig mit der Abrechnung erfolgen eventuelle Auszahlungen.

Sie übergeben uns gleichzeitig die Uebersetzungsrechte in fremde Sprachen
und die Weltfilmrechte. Von allen Eingängen aus etwaigen Abschlüssen
erhalten Sie 85% und wir 15%. Ihr Anteil wird Ihnen sofort nach
Eingang ausgezahlt.

Hingegen bleiben die Abdrucksrechte in allen Sprachen (Vorabdrucks-
und Nachdrucksrechte) sowohl in deutscher Sprache als auch in Ueber-
setzungen Ihnen reserviert.

Unser Abkommen vom 8. Februar 1939 über Clemenceau ist damit erloschen,
d.h. Sie verfügen über sämtliche Rechte, die wir an diesem Buch erworben
haben.

Wir bitten Sie, auf beiliegender Kopie Ihr Einverständnis zu
diesem Abkommen zu bestätigen.

Mit ergebener Hochachtung,
C.V.ALLERT DE LANGE

T 4-39-2000

DE GEMEENSCHAP

MAANDBLAD ONDER REDACTIE VAN: MR. LOUIS DE BOURBON, ANTOON COOLEN, ANTON VAN DUINKERKEN, JAN ENGELMAN, MARNIX GIJSEN, A. J. D. VAN OOSTEN EN JAN VERCAMMEN

JOSEPH ROTH

GLAUBEN UND FORTSCHRITT

Vortrag gehalten am 12.6.1936.

Meine Damen und Herren. Bevor ich das eigentliche Thema meines Vortrages berühre, muss ich Sie um Entschuldigung bitten für den allzu allgemeinen Titel, den ich auf die Ankündigungen und Einladungen habe schreiben lassen. Die Aufgabe, die ich mir heute gesetzt habe, ist eigentlich nicht die: über Glaube und Fortschritt zu sprechen. Wenn die sprachliche Formulierung mir nicht so kühn erschienen wäre, ich hätte Ihnen gerne den Vortrag unter dem Titel: „Der Aberglaube an den Fortschritt" angekündigt. Dieser Titel bezeichnet besser den Inhalt und den sogenannten „Tenor" dessen, was ich Ihnen sagen zu müssen glaube.

Es ist keineswegs leicht für einen Schriftsteller, dessen eigentliche Aufgabe es ist, von Angesicht seinen Lesern unbekannt zu bleiben, der sozusagen in einer physischen und physiognomischen Anonymität verharren sollte, der das rein Konkrete zu beobachten und zu gestalten hat, — es ist, sage ich, schwer für einen Schriftsteller, dessen natürlicher Ausdruck das in der Einsamkeit geschriebene Wort ist, zum gesprochenen zu greifen. Damit Solches zustande komme, muss das Unheil, das in der Welt grassiert, so gross sein, dass die Stummen zum Reden gezwungen werden. Bevor jene Schergen kommen, denen wir — allerdings, nach dem klassischen Muster, ebenfalls mit der Gewissheit, einen Selbstmord zu begehen, — das: noli tangere! entgegen zu rufen hätten, drängt es

593

Exilverlag De Gemeenschap

Roths letzte Romane, »Die Geschichte von der 1002. Nacht« und »Die Kapuzinergruft«, erschienen in diesem kleinen niederländischen Verlag. Roth hatte den Verlagsdirektor Cornelis Vos und den offensiv katholischen Journalisten und Schriftsteller Anton van Duinkerken (Pseudonym für Willem Asselbergs) anläßlich der Pressepräsentation der holländischen Ausgabe des »Antichrist« im Mai 1935 kennengelernt.

Duinkerken bezweifelte Roths Aussagen, er sei tief religiös, katholisch, weder ein jüdischer Emigrant noch seien seine Bücher in Deutschland verboten, zunächst nicht. Später soll er, ohne dem Schriftsteller deshalb seine Zuneigung zu entziehen, Roths Religiosität als die »eines gläubigen, aber kirchenscheuen Kutschers« bezeichnet haben. Roth seinerseits reagierte sehr positiv auf Duinkerkens militante Religiosität: Er übersetzte des Niederländers Gedicht »Jawohl, mein Herr, ich bin ein Katholik« und veröffentlichte es 1937 in der Wiener Zeitschrift »Der Christliche Ständestaat«.

358 Cornelis Johannes Vos in seinem Arbeitszimmer. Fotografie, vermutlich 1930er Jahre.
Vos (1891–1955) war Direktor und literarischer Leiter des Verlags De Gemeenschap. Der Sitz des Verlags war in Bilthoven, Niederlande.

359 Joseph Roth: Glauben und Fortschritt. In: De Gemeenschap, Bilthoven, Jg. 12 (1936), Nr. 12 vom Dezember 1936, S. 593.

Roth hielt diesen eng der Aussage des »Antichrist« verwandten Vortrag auf Einladung des Verlags Allert de Lange am 12. Juni 1936 in dessen Buchhandlung in Amsterdam. Die Zeitschrift »De Gemeenschap« (im gleichnamigen Verlag) übernahm später den Abdruck.

Roth hatte bereits im Oktober 1936 das Urheberrecht am Roman »Die Geschichte von der 1002. Nacht« samt allen Nebenrechten dem Verlag De Gemeenschap gegen Vorauszahlungen verkauft. Im Februar 1937 wurde der Vertrag zugunsten Roths verändert. Im Oktober 1937 hatte er die Honorare für diesen Roman bereits verbraucht, ja sogar einen Vorschuß für den nächsten Roman (»Die Kapuziner-

gruft«) bezogen, ohne das endgültige Manuskript der »Geschichte von der 1002. Nacht«
abgeliefert zu haben. (Roths schwache
Erklärungen lauteten: Sein Sekretär habe nur
eine »Rohfassung« abgeliefert; er müsse Än-
derungen aufgrund von Studien in der Österreichischen Nationalbibliothek machen und
Sachliches korrigieren.) Zwar wurde das Buch
Anfang 1937 gesetzt, mehrfach korrigiert und
schließlich gedruckt, aber dann auf Roths
eigenes Verlangen nicht ausgeliefert.

Von dieser ersten Druckfassung sind bisher
nur Korrekturfahnen [Abb. 362] und wenige
ausgedruckte Werbe-Exemplare bekannt geworden.

Roth setzte seinen Wunsch an den Verlag
durch, zuerst »Die Kapuzinergruft« zu veröffentlichen, die er unter dem Eindruck des
Einmarschs deutscher Truppen in Österreich
mit einem aktuellen Schluß versehen hatte.
Die »Geschichte von der 1002. Nacht« redi-
gierte er so stark, daß der Roman neu gesetzt
werden mußte. Diese zweite Fassung erschien erst nach Roths Tod, Ende 1939.

360 Joseph Roth mit Freunden und Bekannten in
einem Amsterdamer Café. Fotografie: Wiel van der
Randen, um 1936.
Die abgebildeten Personen sind, von links nach rechts:
Joseph Roth, Frans Hannema, Charles Nypels, Charles
Roelofsz, Joop Sjollema, Maurits Mok.
Einige Personen aus diesem Künstlerkreis waren
Mitarbeiter des Verlags und der Zeitschrift »De Gemeen-
schap«.

— 1 —

Erstes Kapitel.

Im Frühling des Jahres 18~~~~ begann der ~~~~
~~~~, ein ~~~~ Unbehagen zu fühlen, wie er es noch
niemals gekannt hatte. ~~~~ war er ~~~~
~~~~ von einem rüstigen Gleichmut erfüllt gewesen,
von einer sicheren Lebenskraft und von einem ~~~~
~~~~ leichtsinnigen Glauben an die ~~~~ Be-
ständigkeit ~~~~ seiner Macht. ~~~~
~~~~ Obwohl er sich ~~~~
~~~~ für einen bedeutenden Erben
seiner grossen Vorfahren hielt, dennoch ~~~~ geneigt,
jenen Ereignissen keine Bedeutung zuzumessen, die ihm
vielleicht Gelegenheit hätten geben können, seine Tugenden zu beweisen. Es war ihm, im Gegenteil, ~~~~ angenehm, die sogenannten historischen Gelegenheiten zu
~~~~
~~~~ Es fiel ihm leichter,
aus der rühmlichen Vergangenheit seiner Vorfahren
~~~~ eine kindliche Zuversicht zu beziehen, als seiner
~~~~ zu vertrauen, ~~~~ Er lieb-
te das Leben im allgemeinen; sein eigenes ~~~~
~~~~ im besonderen. Er hatte recht, alles in allem!
~~~~ es war ein angenehmes Leben. Es war das
Leben ~~~~ Schah = in = Schah.

Weshalb ~~~~ empfand er ~~~~ ein ~~~~
seltsames Unbehagen? Weshalb versetzte ihn ~~~~ dieser Frühling in eine solch unerklärliche Unruhe? —
Es war ein gewöhnlicher Frühling, wenn man ihn mit
den anderen, vorhergegangenen, verglich. Im Februar
~~~~ duftete der Flieder in ~~~~ An-
fang März begannen ~~~~ die Rosen zu duften. In
den Büschen des weiten ~~~~ Parks flöteten
die Nachtigallen, wie jedes Jahr. Das Heulen der her-
renlosen ~~~~ Hunde in den Vollmondnäch-

361   Joseph Roth: Die Geschichte von der 1002. Nacht.
Typoskript. S. 1. Verkleinert.

Dieses Typoskript mit handschriftlichen Korrekturen ist die frühere von zwei Nieder-
schriften zur ersten Druckfassung des Romans, in die Roth Informationen einarbeitete,
die ihm der Wiener Verleger Ernst Peter Tal
recherchiert hatte. Noch ist die Handlung im
Jahr 1844 angesiedelt; später wird sie in die
Regierungszeit Kaiser Franz Josephs gerückt.

362   Joseph Roth: Die Geschichte von der 1002. Nacht.
Roman, Bilthoven: De Gemeenschap, [1937]. Erste
Textseite der Korrekturfahnen der ersten, ausführlichen
Fassung.

Das Wien der Gründerzeit ist der Schauplatz
turbulenter Ereignisse um einen Besuch des
Schahs von Persien. Eine Intrige zur Erfüllung
der frivolen Wünsche des Potentaten stellt
alle Beteiligten zunächst zufrieden. Langfristig
gesehen offenbart sich jedoch sein Geschenk
an die Geliebte einer Nacht als eine
Unglücksgabe, die den in die »persische Geschichte« verstrickten Personen nach Wech-
selfällen des Glücks Kriminalität und Tod
bringt.

ERSTES KAPITEL.

Im Frühling des Jahres 18.. begann der Schah-in-
Schah, der heilige, erhabene und grosse Monarch, der
unumschränkte Herrscher und Kaiser aller Staaten
von Persien, ein Unbehagen zu fühlen, wie er es noch
niemals gekannt hatte.

Zeit seines Lebens war er von einem rüstigen Gleichmut erfüllt gewesen, von einer sicheren Lebenskraft
und von einem lichtsinnigen Glauben an die Bestän-
digkeit seiner Macht. Obwohl er sich für einen bedeutenden Erben seiner grossen Vorfahren hielt, war er
dennoch geneigt, jenen Ereignissen keine Bedeutung
zuzumessen, die ihm vielleicht Gelegenheit hätten
geben können, seine Tugenden zu beweisen. Es war
ihm, im Gegenteil, angenehm, die sogenannten historischen Gelegenheiten zu unterschätzen, damit er sie
versäume. Es fiel ihm leichter, aus der rühmlichen
Vergangenheit seiner Vorfahren eine kindliche Zuversicht zu beziehen, als seinem Stern zu vertrauen. Er
liebte das Leben im allgemeinen; sein eigenes im
besonderen. Er hatte recht, alles in allem: es war
nämlich ein angenehmes Leben. Es war das Leben
des grossen Schah-in-Schah.

Weshalb empfand er nun ein seltsames Unbehagen?
Weshalb versetzte ihn gerade dieser Frühling des
Jahres 18.. in eine solch unerklärliche Unruhe? —
Es war ein gewöhnlicher Frühling, wenn man ihn mit
den anderen, vorhergegangenen, verglich. Im Februar
duftete der Flieder in Teheran; Anfang März begannen
die Rosen von Schiras zu duften. In den Büschen des

3

363   Joseph Roth: Die Geschichte von der 1002. Nacht.
Roman, Bilthoven: De Gemeenschap, 1939. Einband
nach einem Entwurf von Charles Eyck.

Roth legte offenbar Wert auf einen nicht kit-
schigen, nur mit Schrift gestalteten, nicht illustrierten Schutzumschlag. Der Verlag schrieb
ihm dazu, wohl mit einem gewissen Bedauern:
»*Wir haben einen sehr guten, sehr seriösen,
zwar nicht konservativen aber doch intel-
ligenten Zeichner einen Umschlag zeichnen
lassen ohne Frauen, ohne Perlen, ohne Pfer-
den, ohne Shahs und Eunuchen, nur Buchstaben.*«

*(De Gemeenschap / C. Vos an Joseph Roth, Brief vom 12. März
1937; originale Schreibweise. In: De Gemeenschap, S. 72)*

364 Joseph Roth: Die Kapuzinergruft. Roman, Bilthoven: De Gemeenschap, 1938. Einband nach einem
Entwurf von Hotze Wilhelm Johan Tolsma.

Thematisch schließt dieser Roman an den
1932 erschienenen »Radetzkymarsch« an. Verfasser und Verleger hofften wohl, auch an
den Verkaufserfolg anzuschließen. Der nostal-
gische Aspekt wurde 1938 noch durch den
der Aktualität überlagert, hatte doch Österreich durch den soeben erfolgten Anschluß
an das Deutsche Reich als Staat zu existieren
aufgehört. Roth setzte sein Epos Altösterreichs
und der Familie Trotta, das er bis zum Krieg
1914/1918 erzählt hatte, nunmehr bis 1938
fort. Die Hauptfigur, Franz Ferdinand Trotta,
bestimmt von den Parametern der »alten
Welt«, steht der Nachkriegswelt hoffnungslos
fremd gegenüber. Er verkörpert die Un-
integrierbarkeit einfachen menschlichen Ver-
haltens angesichts der veränderten sozialen
und politischen Gegebenheiten.

Roths Arbeitsbedingungen brachten es immer
wieder mit sich, daß er Materialien und Texte,
die für ein bestimmtes Projekt gedacht waren,
aus Zeitmangel in andere Vorhaben einbauen
mußte. In »Die Kapuzinergruft« sind Textteile
eingeflossen, die Roth für ein Projekt mit den
Arbeitstiteln »Der Mann ohne Paß«, »Ein
Mensch sucht Österreich«, »Ein Mann sucht
sein Vaterland«, »Der Kelch des Lebens« vorbereitet hatte und über das er auch schon mit
De Gemeenschap verhandelt hatte.
Mit dem Argument, Landauer habe aus Gründen der Aktualität zugesagt, den Vertrieb
kostenlos zu übernehmen, bewog Roth den
Verlag, »Die Kapuzinergruft« der schon so
weit fortgeschrittenen Produktion der »Geschichte von der 1002. Nacht« vorzuziehen.
Diese Kaprizen Roths, eine doppelte Produktion ohne Einnahmen und seine hohen Vorschüsse brachten den kleinen Verlag De Gemeenschap an den Rand des Ruins. Die Korrespondenz, anfangs voll persönlicher Wärme, schlug in Mißstimmung um, wie sie z. B.
in Briefen des Verlags vom 13. Juni und vom
10. September 1938 (unterzeichnet bloß von
einer Schreibkraft) anklingt:
*»Dies ist das Xste Mal dass Sie Ihre Verspre-
chungen nicht halten.«*
*»Wir haben bis jetzt mit Ihnen fast ausschlies-
lich Schwierigkeiten gehabt.«*
(Originale Schreibweise. In: De Gemeenschap, S. 147 und 161)

Agentur Barthold Fles

365 Mies Blomsma: Joseph Roth. Zeichnung, 1938.
Signiert: »Mies Blomsma. Parijs Nov. '38«. Zuerst veröf-
fentlicht in: De Gemeenschap, Bilthoven, Jg. 15 (1939),
Nr. 6 vom Juni 1939, S. 303.

Barthold Fles (1902–1991), Literaturagent in
New York, betreute deutschsprachige Autoren
von Querido und de Lange.
Roth war für seine Verleger, aber auch für seine Agenten ein schwieriger Partner. Nachdem
er bisher mit allen Agenten unzufrieden gewesen war (Roth selbst verkaufte allerdings
Urheberrechte an seinen Werken wie Ab-
druck-, Übersetzungs- oder Filmrechte oft,
wie Stefan Zweig sagte, »nach sechs Seiten«),
fand er 1936 in Fles einen Vertreter für den
englischsprachigen Markt, dem er vertraute.
Nicht zuletzt wohl, weil Fles immer wieder
bereit war, Vorschußzahlungen für Optionen
zu leisten. Aber auch Fles mußte meist warten, bis er die zugesagten Texte auch wirklich
erhielt. Die Zusammenarbeit betraf vier Bücher, von denen sich jedoch nur eines plazie-
ren ließ (»Beichte eines Mörders« erschien
1938 in London, nicht aber in den USA).
Es ist fraglich, ob Fles dabei finanziell auf
seine Rechnung kam. In Briefen formulierte
er witzig wie:

*»Muß man dann immer postwendend Geld
senden, um überhaupt mit Ihnen verkehren
zu können?«*

*(Barthold Fles an Joseph Roth, Brief vom 30. Mai 1938. In:
Interbellum, S. 218)*

Roth war zu dieser Zeit zu keiner gelassenen
Reaktion fähig – teils trotzig, teils in Panik
schrieb er zurück:

366 Joseph Roth an Barthold Fles, Brief vom 8. Juni
1938. Handschrift. Der Text lautet:

*»18. Rue de Tournon
Paris VI.
8. Juni 1938*

Lieber Herr Fles,
in der Tat kann ich nicht schreiben, ohne Geld.
Ich habe kein Porto.
*   Alles Gute, Ihr*
*   Joseph Roth.*
*Ich habe keine Lust mehr. Verhelfen Sie mir sofort nach
Amerika! Statt mir sentimentale Briefe zu schreiben.«*

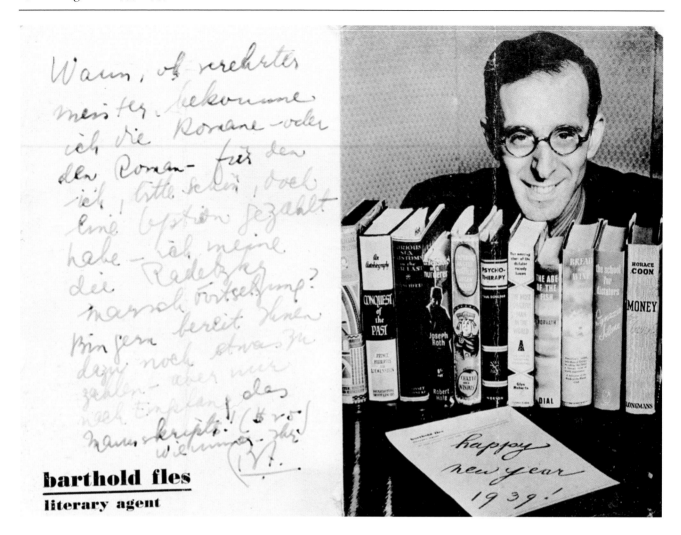

barthold fles
literary agent

Roths Wunsch, nach Amerika fahren zu können, wäre beinahe erfüllt worden: In einem
Brief vom 21. Januar 1939 lud ihn Dorothy
Thompson im Namen von »The P.E.N.-Club.
American Center« ein, am »World Congress of
Writers« im Rahmen der New Yorker Weltausstellung im Mai 1939 teilzunehmen. Roth sagte im Februar zu; er ermahnte Fles:
»[...] ich hoffe, daß Sie mich am Schiff erwarten werden. Trachten Sie schon heute, möglichst viel Reklame für meine Ankunft zu
machen.«

(Joseph Roth an Barthold Fles, Brief vom 8. Februar 1939. In:
Interbellum, S. 219)

Weshalb Roth schließlich nicht fuhr, ist nicht
eindeutig bestimmbar; fehlte ihm das nötige
Geld für die Überfahrt, oder war seine Krankheit zu weit fortgeschritten? Oder sah er
keinen Sinn darin, ein neues Leben in einer
fremden und dazu noch protestantischen
Umgebung anzufangen (wollte er doch nicht
einmal Stefan Zweigs Einladung nach London
folgen)? Sosehr Roth anderen Mut machte,
sein Glaube an die Zukunft, sich selbst betreffend, schwand zusehends.

367   Barthold Fles: Grußkarte mit Brief an Joseph Roth
zum Jahresbeginn 1939.
Der Text lautet:

»Wann, oh verehrter Meister, bekomme ich die Romane
oder den Roman – für den ich, bitte schön, doch eine
Option gezahlt habe – ich meine die Radetzky Marsch
Fortsetzung? Bin gern bereit Ihnen dazu noch etwas zu
zahlen – aber nur nach Empfang des Manuskripts!
($ 25).
   Wie immer – Ihr
   B. F.«

Reise nach Polen und Österreich

Um seiner finanziellen Misere beizukommen, unternahm Roth 1937 zwei Dinge, die er als erniedrigend und äußerst beschwerlich empfand: Er bat eine offizielle Hilfsorganisation, ihn selbst zu unterstützen, und er unternahm eine Lese- und Vortragstournee durch Polen und nach Wien.

Die monatlichen Zuwendungen (scholarship award), die Roth ab März 1938 von der American Guild for German Cultural Freedom erhielt, betrugen US $ 30; im Frühjahr 1939 bekam er außerdem monatliche Zuschüsse aus dem von Stefan Zweig gestifteten »Jeremias-Fonds«.
Viele Emigranten mußten angesichts der eingeschränkten Arbeitsmöglichkeiten die Hilfe von Vereinigungen in Anspruch nehmen, die Geld für ihre Unterstützung sammelten. Gleichzeitig halfen sie einander auch mit Gutachten und Empfehlungen.

368–369 Joseph Roth an die American Guild for German Cultural Freedom, Brief vom 31. Mai 1937, S. 1–2 (S. 2 als Ausschnitt). Verkleinert abgebildet.

In seiner Antwort auf den Fragebogen der Guild faßte Roth seine literarischen und politischen Aktivitäten zusammen. Bei Punkt I.e verschwieg Roth sein Judentum und daß seine Bücher im »Dritten Reich« von den ersten Beschlagnahmungen an verboten waren. Der Artikel »Ich verzichte« erschien im »Prager Mittag« vom 6. September 1933. Der in Punkt III.e genannte Plan einer Publikation im Bastei-Verlag, Wien, wurde nicht realisiert.

Die von Hubertus zu Löwenstein ins Leben gerufene Guild war eine der wichtigsten Hilfsorganisationen für Schriftsteller. Roth bezog nicht nur selbst Förderung von dort, er beriet die Guild auch und verhalf so zahlreichen meist weniger bekannten Autoren zu einem minimalen regelmäßigen Einkommen, das zumeist einige Monate lang gewährt wurde.

Joseph R o t h ,   Wien, 31.Mai 1937.
per Adr.Hedy Pompan, Wien,II.,
Obere Donaustr.67/15.

Titl.

        A m e r i c a n G u i l d
for german cultural freedom, (Deutsche Akademie zu New York.)

        89,Bedford Gardens,

        L o n d o n W.8.

                Ich erlaube mir hiemit Ihren mir zugekommenen
Fragebogen wie folgt zu beantworten :

I.   a) Joseph R o t h , per Adr.Hedy Pompan,Wien,II.Obere Donaustr.67

      b) 43 Jahre alt,

      c) verheiratet,

      d) =====

      e) Oesterreicher.
         Ist in Deutschland gedruckt worden, im Verlag Kiepenheuer,
         Berlin, erschienen und hat durch den Umsturz in Deutschland
         sämtliche Einnahmen verloren.
         Gehört zur deutschen Emigration auf Grund seiner Ueberzeugung
         als Katholik und österr. Legitimist.
         War nicht verbrannt und nicht verboten und hat selbst durch
         einen gegen Hitler gerichteten Artikel "Ich verzichte" sein
         Verbot in Deutschland durchgesetzt.

      f) eventuelle Aussichten auf Vorschüsse von holländischen Verleger:

II.   Vor dem deutschen Umsturz veröffentlicht :

      April, Blinder Spiegel, Hotel Savoy, Rebellion, Juden auf

      Wanderschaft, Flucht ohne Ende, Zipper und sein Vater, Rechts

      und Links, Hiob, Radetzkymarsch.

      Verleger : Die Schmiede, Kurt Wolff Verlag, München, Gustav
                 Kiepenheuer Verlag, Berlin,

      Nach dem deutschen Umsturz veröffentlicht bei :

      Querido- Verlag, Amsterdam : Tarabas, Volksausgabe von Hiob;
                                   Das falsche Gewicht.
      Allert de Lange Verlag, Amsterdam: Antichrist, Die 100 Tage.

      Beichte eines Mörders, Das ~~~~~~~~~~~~~~~~.

                      Blatt 2.

      Uebersetzungen: Viking Press, New York, Amerika,
                      Heinemann, London, England,
                      Mondadori, Milano, Italien,
                      Plon, Paris, Frankreich,
                      In andere Sprachen ohne bestimmte Verleger angeben

                      zu können.

III. Gegenwärtig mit neuem Roman beschäftigt.

      a) spielt im alten Oesterreich,
      b) etwa 300 Seiten,
      c) kann ich nicht beantworten,
      d) erklärter Gegner jeder Diktatur und Mitarbeiter anti- dik-
         tatorischer und anti- nazistischer Zeitungen.

      e) Verlag: Uitgeverij de Gemeenschap, Bilthoven, Holland,
                 Allert de Lange, Amsterdam, Querido, Amsterdam,
                 und eventuell der neu zu gründende Verlag "Die
                 Bastei" in Wien, Oesterreich.

                      Joseph R o t h .

370   Joseph Roth im Café Le Tournon, Paris.
Fotografie, 1938/1939.

371   Irmgard Keun. Fotografie, 1930er Jahre.

Irmgard Keun (1909–1982), eine erfolgreiche
junge Schriftstellerin, emigrierte 1935 aus
Deutschland. Sie lernte Roth im Sommer 1936
in Ostende kennen und lebte mit ihm von
1936 bis 1938 in Paris zusammen. Sie begleitete ihn auf seinen Reisen nach Polen, Österreich, Belgien und Holland.

Wegen der zu erwartenden Honorare ließ sich
Roth vom polnischen P.E.N.-Club zu einer
Vortragsreise einladen. Von Dezember 1936
bis Mitte März 1937 war er mit Irmgard Keun
u. a. in Warschau, Wilna, Lemberg. Wie oft
und wo überall er Vorträge hielt, ist noch
nicht vollständig bekannt. Roth gab auch hier
Interviews für Zeitungen, in denen er den Nationalsozialismus angriff und zugleich die
monarchistische Idee emphatisch lobte.
Auch diesmal traf Roth zahlreiche Verwandte
und Freunde in Polen, wollte aber seine
Geburtsstadt Brody nicht besuchen. Es ist bemerkenswert, daß sich Roth in den vertrauten
jüdischen Kreisen in Polen sofort wohler fühlte. Irmgard Keun berichtete, daß er dort mit
Appetit aß und weniger trank.

372   Aniela Pawlikowska: Helene Szajnocha-Schenk.
Öl auf Leinwand [?], um 1936.

Auch bei diesem Aufenthalt in Lemberg/
Lwów legte Roth Wert auf ein Zusammentref-
fen mit Paula Grübel, ebenso mit Frau Szajnocha-Schenk, die mit Irmgard Keun bekannt
zu machen ihm wichtig war.

373   Joseph Roth an Blanche Gidon, Ansichtskarte vom
28. Februar 1937. Bildseite.
Aufdruck auf der Bildseite: »Hotel Europejski
Warszawa«.

374   Vertrag zwischen Joseph Roth und dem Verlag
Hajnt über eine jiddische Übersetzung des Romans »Die
Geschichte von der 1002. Nacht«. Warschau, 10. März
1937.

Wichtiger als die Vorträge in Polen waren
Roth Verhandlungen wegen der Übersetzungen seiner Romane und Erzählungen. Obwohl er üblicherweise die Zweitrechte pau-
schal an Verlage oder Agenturen verkaufte,
hatte er sich für diese Reise die Vollmacht zu

Hotel Europejski   Warszawa

eigenen Verhandlungen ausbedungen. Roth schloß den hier gezeigten Vertrag über den Roman »Die Geschichte von der 1002. Nacht« ab. So erschien dieser Roman zuerst in einer polnischen Übersetzung und obendrein in der ersten, längeren Fassung (s. oben S. 247).

ד"ײ

WYDAWNICTWO

„HAJNT"

Założone w 1908 roku

DZIERŻAWCA:
SPÓŁDZIELNIA WYDAWNICZA

„ALT-NAJ"

(„ODNOWIENIE")
z odpowiedzialnością udziałami
WARSZAWA, CHŁODNA Nr. 8.

DZIENNIKI I CZASOPISMA:
„HAJNT", gazeta poranna
„HAJNTIGE NAJES", pismo popol.
„BADERECH", tyg. hebrajski
„HANDELS-WELT", tyg. handlowy
„OPINJA", tygodnik
„DOS IDISZE ŁAND" tygodnik

SKRZYNKA POCZTOWA Nr. 350.
KONTO CZEK. w P.K.O. Nr. 23.260.

TELEFONY:
Redakcji   634-21
                                230-86
„ (gab. redaktora) 223-86
Administracji   624-08
„ (gab. zarządu)   285-30

Adres dla depesz:
HAJNT WARSZAWA

Warschau, den 10.März 1937.

Herrn Joseph Roth

        dzt.Lwów. Hotel Europejski.

Sehr geehrter Herr Roth!

    Sie haben bei Ablieferung Ihres Manuskriptes zwecks Uebersetzung ins Jüdische von uns Zloty 400.-/Vierhundert/ zu erhalten und bei Drucklegung Ihres Werkes weitere Zloty 400.- /Vierhundert/.

    Mit voller Achtung

375   Wien 1. »Sirk-Ecke«, Hotel Bristol. Ecke Kärntner Straße / Kärntnerring. Fotografie, 1931.

Auf der Rückreise von Polen machten Roth und Irmgard Keun in Wien Station, wo sie im Hotel Bristol wohnten. Auch in Wien hielt Roth seinen Vortrag. Teile daraus druckte die Zeitschrift »Der Christliche Ständestaat« in der Ausgabe vom 28. März 1937 unter dem Titel »Der Aberglaube an den Fortschritt«.

Auch hier war ihm Bekannte zu treffen so wichtig, wie Artikel oder Werke bei Zeitungen und Verlagen unterzubringen. Roth hatte 1936 eine Agentur, die »Wiener Manuskriptvermittlung« von Ilse Scholley, beauftragt, eine Reihe seiner Artikel bei deutschsprachigen Zeitungen im Raum Österreich, in den Nachfolgestaaten der Monarchie, in der Schweiz und in Skandinavien zu vertreiben, ferner Buchrechte ins Ausland zu vergeben. Sie arbeitete für ihn auch nach der Besetzung Österreichs von Prag aus. Andererseits ließ er aber auch Texte durch Hertha Paulis »Österreichische Korrespondenz« anbieten.

Roth war sehr geschickt im Verkauf von Artikeln. Es gelang ihm, etliche mehrfach oder mit nur geringen Varianten bei verschiedenen Zeitungen und Zeitschriften unterzubringen. Entgegen seinen Klagen war die Zahl von Abdrucken seiner Artikel in Österreich nach 1934 nicht wesentlich zurückgegangen.

376   Joseph Roth: Alba, der Schnell-Läufer. In: Der Wiener Tag, 4. Oktober 1936, S. 19.

Roths Belegexemplar mit dem Stempel von Hertha Paulis Presseagentur »Österreichische Korrespondenz«. Der Erstdruck des Artikels in der »Frankfurter Zeitung« trug den Titel »Alba-Alba, der Schnell-Läufer«.

Die thematische Palette der Aufsätze, die Roth in den Nachfolgestaaten der Monarchie publizieren konnte, war so breit wie in den 1920er Jahren. Was er hingegen in den Zeitschriften der Emigration in Frankreich, der Schweiz und Holland unterbrachte, war weitgehend auf Politik, Erfahrungsberichte über das Exil, auf Rezensionen, Würdigungen von Autoren und Nachrufe beschränkt.

Oesterreichische ... Wien XVIII. Weimarerstr. 31
K ... H. PAULI Tel. R 51-7-71

Sonntag, 4. Oktober 1936 DER WIENER TAG 19

zehn Jahren Krieg und die Zelte gehören bereits zur Aussicht, ich kann mir die Gegend gar nicht mehr ohne Belagererzelte vorstellen ..."

Eine Nurse kommt und fragt: „Pardon Madame, haben Sie den allerkleinsten Astyanax nicht gesehen? Er liegt nicht in seinem Bettchen, ich kann ihn nicht finden ..." — „Das sind die Folgen!" schreit Kassandra. „Gewiß ist er über die Brüstung gestürzt! Immer habe ich das Zeichen des Unglücks auf der Stirn dieses Knaben gesehen ..., immer habe ich euch gesagt ..." Während sie spricht kommt ein ganz kleiner Knabe im Hämdchen herbeigelaufen. „Wo warst du denn?" fragt die Nurse. „Wir haben dich gesucht, du dummer Bub." — Astyanax sagt der Nurse etwas ins Ohr ... „So, ja, dann ist es in Ordnung, aber du mußt es nächstens vorher sagen ..."

Die Dame, die eine der neunundvierzig Stiefschwestern der Kassandra ist, und Mile heißt, schaut mit herzlos markiertem Takt in die Sterne. Kassandra sieht finster und unzufrieden aus ... Die Situation ist nicht angenehm, denkt der Herr, er will etwas Gutes tun, ablenken, vergessen machen, und sagt daher, um von etwas ganz Frischem zu sprechen: Findest du nicht Kassy, daß Helena schlecht aussieht?"

„Ja", sagt Kassandra, „sie wird dick. Erinnert ihr euch, schon als Paris sie herbrachte, sagte ich, sie sei schlechtrassig und würde schnell altern. Ich habe es ihr sofort angesehen, auch, daß sie dumm ist ..."

„Ja", lacht Mile, „sie ist furchtbar dumm. Irgendjemand machte sich einmal den Spaß ihr einzureden, der Krieg sei ihretwegen ausgebrochen — und sie glaubt es wirklich —, sie schickte sofort ihre Photos an alle ausländischen Zeitungen mit einem Dementi: sie wisse von nichts ... Und wie stolz sie dann war, als die ‚Skytische Illustrierte' ihr Bild auf der Titelseite brachte mit der Legende: Krieg wegen schönster Frau der Welt!"

„Du", sagt der Herr, der kein gebürtiger Trojaner ist, sondern nur durch die Verlobung zur Familie gehört, „warum ist eigentlich dieser Krieg ausgebrochen ...?"

Mile: „Das weiß heute niemand mehr, wahrscheinlich wußte es nie jemand ..."

Kassandra: „Ich wußte es, ich habe damals gleich gesagt ..."

Mile: Ich bitte dich Kassandra, du warst damals elf!" Kassandra macht ein abwesendes Gesicht und geht.

Der Herr: „Arme Kassy!"

„Du mußt es ihr sagen."

„Ich werde es ihr morgen sagen."

„Ganz gut, dann können wir nach einer schicklichen Wartezeit heiraten, es ist sehr langweilig sich verstecken zu müssen. Wie lang glaubst du sollen wir warten?"

Der Herr: „Ein Jahr, mindestens ein Jahr. Sie muß sich doch daran gewöhnen können. Sie ist so kindisch, sie hat mich gern."

Mile seufzt: Die Männer sind recht dumm ...

Es ist indessen fast hell geworden, die Kinder auf dem Dache wollen nicht mehr schlafen, der kleinste Astyanax kommt gelaufen und schreit: „Tante, Tante, was steht dort?"

Mile: „Dort steht gar nichts!"

„Aber ja, Tante — dort steht etwas Großes — dort beim Baum ..."

Mile: „Das war immer dort!"

Astyanax: „Aber nein, das ist neu, schau doch, das ist wie ein großer Hund!"

„Dort steht wirklich etwas!" sagt der Herr. „Ich werde den Feldstecher holen ...!" — Er schraubt und sagt: „Das ist ja ein Pferd!"

Mile: „Laß mich auch schaun. — Ich sehe gar nichts!"

Der Herr: „Du hältst ihn falsch!"

Mile: „Ja! — jetzt sehe ich — ein Pferd! Und wie hübsch gemacht — primitiv! Man muß es gleich holen lassen!"

Kassandra geht indessen in der Nähe herum, und der Herr ruft sie so freundlich wie man eben zu einer Frau ist, der man demnächst etwas recht Böses tun will. „Schau", sagt er „siehst du das Pferd? Ist es nicht hübsch? Findest du nicht auch, daß man es schnell hereinholen lassen soll, bevor das Volk es ruiniert?"

„Wir brauchen keine fremden Pferde!" sagt Kassandra. „Wie kommt es überhaupt dort hin? Der es dort hat steh'n lassen, wird es gewiß wieder abholen, es wird nur Komplikationen geben, wenn man es nimmt. Es ist besser, sich nicht darum zu kümmern. Und je länger ich es ansehe, desto häßlicher kommt es mir vor. Es schaut schrecklich aus. Es ist viel zu groß — es kann nur Verderben und Unglück bringen. Sicher wäre es das beste, es schnell zu vernichten ...!"

Mile: „Das sagst du aber, weiß Gott, nur aus Bosheit, weil du gehört hast, daß es mir so gefällt! Du weißt doch, wie lang ich mir schon etwas Dekoratives zum Aufstellen für den Garten wünsche. Das Pferd wäre so geeignet — es könnte in der Mitte bei den Lilien steh'n — da würde es ausseh'n wie von Maillol!"

Kassandra: „Maillol!? Du hast wohl nie etwas von Maillol geseh'n? Es würde ausseh'n wie ein Denkmal, es würde den Geschmack aller Vorübergehenden verderben, es würde ..."

Der Herr: „Ich bitte dich, ich bitte dich, sei still — das ist alles schon so dumm; verstehst du denn nicht, daß du dich blamierst mit deiner ewigen Unglücksprophezeierei ...!"

Kassandra sieht ihn an und wird ganz blaß. „Das hätte ich nie von dir gedacht!" sagt sie, setzt sich irgendwo in einen Winkel und weint. Der Herr merkt es nicht — oder will es nicht merken.

„Nun", sagt Mile, „ist sie nicht unmöglich?"

„Ja!" sagt der Herr und beschließt hart zu werden wie Don Juan. „Sie ist unmöglich!"

Mile: „Und das Pferd werden wir dann gleich holen lassen — es ist wirklich sehr schön! So wuchtig! Wir werden es im Garten aufstellen und Pfeifenstrauch um seine Füße pflanzen! In zwei Jahren wird es bis zu den Flanken geklettert sein und rosa Blüten tragen: in fünf Jahren können wir ein ganz rosa blühendes Pferd haben!"

Der Herr: „In fünf Jahren ..."

Mile: „Ja! — So lange braucht der Pfeifenstrauch bestimmt, bis er das Pferd ordentlich überwachsen hat — es ist doch furchtbar groß!"

Der Herr: „Es können Zwischenfälle eintreten ..."

Mile: „Pfeifenstrauch ist nicht heikel!"

Der Herr: „Aber wir sind heikel — vertragen manches nicht — irgend etwas kann passieren — immerhin haben wir Krieg — leben in einer Art Belagerungszustand — vieles kann sich ändern ...!"

Mile: „Du sprichst schon genau wie die Kassandra — du hast angezogen! Was sollte sich denn ändern? Wenn uns der Krieg bis heute nicht geschadet hat, wird er uns auch nicht mehr schaden — man gewöhnt sich. Alles wird immer so weiter geh'n — die Griechen haben ihr Lager und wir haben unsere Stadt. Wir sind gesund und jung und die Häuser sind gut gebaut. Sobald Kassandra dich vergessen hat werden wir beginnen uns einzurichten — und solide muß alles sein — für die Dauer. Wir wollen das originellste Haus in Troja haben, alles persönlich und außerdem ein Pferd im Garten. Es wird eine Erinnerung sein an diesen Morgen. Schau! Jetzt geht die Sonne auf — wie das Pferd leuchtet — wie Gold! Das muß ein gutes Zeichen sein!"

Der Herr: „Ich habe so viel von schlechten Zeichen sprechen gehört, daß es mich fast erschreckt, von guten Zeichen zu hören ..."

Mile: „Du mußt eben erst wieder lernen optimistisch zu sein — denke doch, mit diesem Morgen beginnt eine neue Zeit für dich und mich — kannst du nicht mehr an Glück glauben ...?"

Indessen ist die Stadt erwacht, Menschen geh'n durch die Straßen, und vor den Mauern arbeitet bereits eine Kolonne daran, das Pferd auf Rollen zu heben, um es in den Palast des Priamus zu fahren.

AUSTRO HEATING ... ALLES BRENNER
DER HOCHOFEN IM HEIM
AMERICAN-HEATING
WIEN IV, FRIEDRICHSTRASSE

HIRSCHKRON
I. TUCHLAUBEN Nr. 14
DER ARTIKEL DER WOCHE:
LEANDER DER MODERNE WOLLSTOFF S 9·80
130 cm BREIT

ALBA, der Schnell-Läufer

von JOSEPH ROTH

Jedes Jahr im Herbst kam in unsere kleine Stadt ein Fremder namens Alba-Alba. Große, rosarote, mit Blaustift beschriebene Plakate kündigten ihn an und sein ungewöhnliches Vorhaben: er wollte in zwei Stunden eines bestimmten Sonntagnachmittags nicht weniger als sechzehnmal um den Ringplatz unserer Stadt laufen, ohne Pause; für den Fall eines regnerischen Wetters sollte sein Lauf an einem der nächsten Sonntage stattfinden; und alle Welt wurde gebeten, Alba-Alba zuzusehen. Ich erinnere mich nicht, daß er jemals nötig gehabt hätte, seinen Lauf zu verschieben. Der Herbst hatte dazumal keine Launen. Seine Tage reihten sich aneinander, wie goldene, wehmütige, immer kleiner werdende Perlen. Es regnete, glaube ich, niemals. Der goldene Herbst ging eines Tages, wenn er genug hatte, ganz einfach unter im weichen Silber des ersten Schnees. Und der große Läufer namens Alba-Alba gehörte zu seinen frühen, wunderbaren Eigenschaften, wie der silbrige Nebel am Morgen und wie die schwarzen Scharen der Raben, die sich in den letzten Tagen des Oktober in den kahlgewordenen Kronen der Bäume krächzend niederließen.

So gingen wir denn eines Sonntagnachmittags um drei Uhr fort, um den großen Läufer Alba-Alba zu sehen. Wir säumten die Ränder unseres Ringplatzes. Und der Läufer erschien. Er trug ein blutrotes Badekostüm aus Samt und blutrote Sandalen aus weichem Leder an den Füßen. Um seine Hüften war ein breiter giftgrüner Gürtel geschlungen; und an dem Gürtel hingen goldene Schellen. Und wenn der Läufer Alba-Alba in der Mitte des Ringplatzes auftrat, noch auf beiden Füßen stehend, aber schon beide Füße gespreizt wie eine Art von Schwingen, auf denen man geht und die dennoch schweben, eine blutrote Sandale vor die andere gesetzt, als wäre das Stehen bereits ein Laufen: so klingelten leise die Schellen am Gürtel: wurden nicht bewegt und klingelten trotzdem; wie ungebuldige Pferde, die eine Peitsche spüren, obwohl sie noch nicht geknallt hat. Wir hatten den Läufer Alba-Alba bereits oftmals gesehen. Und dennoch waren wir, wie zum ersten Male, gebannt und sogar erschüttert. Dieser Mann wollte sechzehnmal um unseren Ringplatz laufen, ohne Pause. Er trug ein Badekostüm, ein blutrotes, und blutrote Sandalen. In der Rechten hielt er eine Peitsche. Wozu dieser Gegenstand? Hatte er die Absicht, sich selbst anzufeuern? Wollte er sich selbst jagen, war er sein eigenes Pferd? Bevor er noch zu laufen angefangen hatte, war er unserer Bewunderung schon sicher. Er hielt eine kurze Ansprache. Es wäre keineswegs leicht, zu laufen, meinte er; und er wäre der einzige Läufer der Welt, der auf der großen Ausstellung in Paris eine Prämie bekommen hätte. Er deutete dabei mit dem Peitschenstiel auf seine linke Brust, wo in der Tat die Prämie zu sehen war: ein runder goldener Dukaten an einer grünen Seidenschnur auf dem blutroten Trikot. Und ohne unsere Zustimmung abzuwarten, und wie um zu beweisen, daß dem Worte die Tat zu folgen habe, setzte er sich unmittelbar in Trab, die Peitsche in der Rechten schwingend, als hätte er Hindernisse aus dem Wege zu jagen. In wenigen Sekunden hatte er den Bord des Bürgersteiges erreicht. An seinem Gürtel die Schellen klingelten wie von zehn Schlitten. Dazwischen knallte immer wieder seine Peitsche. Es hatte den Anschein, als schlüge er sich selbst und als liefe er seinem eigenen Körper voraus. Von Zeit zu Zeit stieß er im Laufen ein breites, heiseres und befreiendes „Hoh!" aus. Es war wie das Wiehern eines Menschen, der sich zu seinem Pferd gemacht hat. Auch nickte er dabei mit dem Kopfe wie ein gezäumtes Roß, und es war, als würde er nicht nur sich selbst kutschieren, sondern auch sich selbst reiten. Zusehends verwandelte sich sein Trab in Galopp. Immer häufiger und immer heftiger knallte seine Peitsche. Immer schneller wurde sein Lauf, und immer kürzer wurden die Zeitabstände, in denen er auftauchte. Noch hatten wir, die wir an einem Fleck standen, das Echo seines Schellengeklingels, seines Peitschenknalles und seiner wilden Rufe im linken Ohr, und schon vernahmen wir mit dem rechten die Wiedergeburt all seiner Geräusche. Im nächsten Augenblick sauste er an uns vorüber, und wir glichen den erstarrten Ziffern einer Uhr, an denen ein wilder Zeiger, plötzlich aufrecht geworden und dem Gesetz der Stunden spottend, vorbeikreist. Und das unaufhörliche Klingeln der Schellen, noch entfernt und schon wieder nahe, schien den Umfang des Platzes zu verringern, den wir bisnun für einen recht großen gehalten hatten; und es war, als jagten einander die Räume und die Zeiten und die Jahreszeiten, und schon vernahmen wir in dem Geklingel der Läuferschellen jenes der winterlichen Schlitten, und, obwohl die Sonne noch ganz anständig wärmte, fühlten wir die kristallene Kühle des Schnees. Während Alba-Alba lief, wurde sein blutrotes Gewand immer röter, beinahe verwandelte es sich in ein schwarzes vor unseren Augen, und ehe noch die sechzehnte Runde vollendet war, schien es uns, als sei die zweihundertste vorüber. Immer dichter wurde das Geklingel. Schließlich hätte man meinen können, es regnete Schellen. Und da es spät im Jahre war und die Sonne also rasch dem Westen entgegenrollte, ward es, trotz der Geschwindigkeit, mit der Alba-Alba lief, den Zuschauern sichtbar, wie sein Schatten im Laufe der zwei Stunden wuchs und wuchs, und am Ende der vierzehnten Runde ungefähr bedeckte er im Vorüberhuschen die ganze Breite des Platzes, vom Bordrand des Bürgersteiges bis zur Mitte, wo die Markthallen begannen. Also merkten wir am Wachsen seines Schattens allein, wie lange Alba-Alba schon lief. Denn obwohl seine immer wieder auftauchende Erscheinung keine Abwechslung bedeutete, war es uns doch, als müßte sie schließlich eine Überraschung bringen, und die Spannung, mit der wir diese erwarteten, ließ uns vergessen, wie eintönig eigentlich die Zeit verrann.

Endlich blieb Alba-Alba stehen. Es war, als hätte er sich einen Ruck gegeben, wie andere etwa, wenn sie zu laufen anfangen wollen. Es war, als müßte er gegen etwas Hartes gestoßen sein, gegen eine unsichtbare Wand, und als nähme er alle Kraft im Rücken zusammen, um nicht lächerlich hinzufallen. Der Schweiß rann ihm vom Gesicht wie ein Regen. Seine breite Nase bebte, sein Mund war offen, man sah die Zunge und die Zähne und den Gaumen, und der Orden am grünen Bändchen, der Orden von der Pariser Weltausstellung, hob und senkte sich über der Brust sehr schnell und sehr heftig. Alle hielten den Atem an, wie wenn sie den Tod des Läufers erwarteten. Er aber breitete auf einmal die Arme aus, reckte den Kopf; hob sich auf die Zehenspitzen, erinnerte einen Augenblick an einen in der Luft Gekreuzigten, atmete tief und sank wieder auf die Sohlen, gleichzeitig die Arme fallen lassend. Die Sonne lag schon tief im Westen, hinter den spitzen Dächern der Markthalle. Über uns alle strich der Schauer des Abends. Da streckte Alba-Alba die rechte Hand aus, ohne ein Wort zu sagen. Es wurde dunkel. Hie und da brannte eine Laterne auf. Man hörte plötzlich Münzen klirren, und sonst war es still wie in der Kirche. Man hätte Orgelklang erwarten mögen. Der Läufer Alba-Alba im roten Gewand zog aus dem grünen Gürtel ein rotseidenes Tuch, legte die gesammelten Münzen hinein, hielt es an zwei Zipfeln hin und sammelte weiter. Jeder von den Zuschauern gab ihm etwas und entfernte sich sofort. Auf einmal war es leer, und der finstere Abend kam, und Alba-Alba war auch verschwunden. Alle Laternen brannten. Und der Marktplatz sah aus wie an allen anderen gewöhnlichen Abenden.

Der ersparte Liebesbriefsteller

Von Achille Campanile.

Mein Freund Ambrogio hatte eine besondere Vorliebe für das weibliche Geschlecht, aber eine ebenso große Abneigung gegen jede Art Korrespondenz, im besonderen aber gegen eine Liebeskorrespondenz. Die Frauen aber fordern bekanntlich, daß man ihnen seine Liebe schwarz auf weiß gebe — und so war mein guter Freund Ambrogio auf ein wunderbares Auskunftsmittel verfallen. Er nahm sich zwei Freundinnen statt einer, und das war nicht nur weit amüsanter, sondern hatte auch noch einen andern unschätzbaren Vorteil für Ambrogio. Er entschloß sich nämlich dazu, die beiden Frauen mit einander korrespondieren zu lassen. Wenn er nämlich zum Beispiel von seiner Freundin Nr. 1 einen Brief erhielt: „Geliebtes! Ich habe die ganze Nacht an Dich gedacht, und in die Sterne geblickt. Was macht Du? Denkst Du manchmal an mich? Liebst Du mich noch ein bißchen? Erzähle mir alles usw., usw.", so antwortete der gute Ambrogio nicht, sondern steckte den Brief in ein Kuvert und adressierte ihn an die Freundin Nr. 2. Am nächsten Morgen kam auch schon Marinas Antwort: „Geliebter Schatz! Ich habe Deinen gestrigen Brief erhalten. Wie glücklich macht es mich, daß Du die ganze Nacht die Sterne betrachtet und dabei an mich gedacht hast! Auch ich denke unausgesetzt an Dich! Du fragst mich über mich, über mein Leben? Du weißt ja, ich lebe nur für Dich! Mein erste Gedanke usw., usw. ..."

Diesen Brief steckte Ambrogio in ein neues Kuvert, und adressierte es an Margerita, welche natürlich überzeugt war, die Antwort des geliebten Freundes zu empfangen. Sie schrieb natürlich sofort wieder, und so hatte Ambrogio nichts anderes zu tun, als die Briefe zu kuvertieren, die die beiden Frauen miteinander wechselten. Es

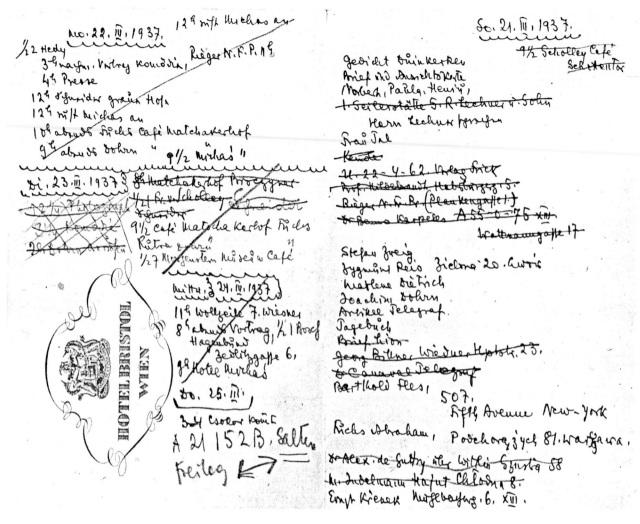

Nur wenige von Roths Notizzetteln sind erhalten. Einer aus Wien vom März 1937 zeigt seine vielseitigen Agenden.

377   Joseph Roth: Notizzettel zum 21. bis 25. März 1937 auf Briefpapier des Hotels Bristol, Wien. Geringfügig verkleinert abgebildet.
Der Text lautet in chronologischer Folge, rechte vor linker Seite:

»So[nntag]. 21. III. 1937.
9 ½ [Ilse] Scholley Café Schottentor
Gedicht Duinkerken
Brief und Ansichtskarte
Norbert, Paula, Heniu [Grübel]
I. Seilerstätte 5. R. Lechner u. Sohn
    Herrn Lechner sprechen
Frau [Lucy] Tal
[Josef] Kende
U.22-4-62 Verlag Frick
Prof. Hildebrandt Habsburgerg. 5
[Erwin] Rieger N[eue]. Fr[eie]. Pr[esse]. (Plankengasse 1.)
Dr Benno Karpeles A 55-0-75 XIII Wattmanngasse 17
Stefan Zweig
Zygmunt Reis. Zielona 20. Lwów
Marlene Dietrich
Joachim Dobrn
Artikel Telegraf
Tagebuch
Brief Lion
Georg Bittner Wiedner Hauptstr. 23.
Dr Canaval Telegraf

Barthold Fles, 507, Fifth Avenue New-York
Fuchs Abraham, Podchoraszych 81
Warszawa.
Dr. Alex. de Guttry über Wittlin Szustra 58
M. Judelmann Hajnt Chlodna 8.
Ernst Krenek Mühlbacherg. 6. XIII.
                    12h ruft Michas an
        Mo[ntag]. 22. III. 1937.
½ 2 Hedy [Pompan]
        [Erwin] Rieger N[eue]. F[reie]. P[resse]. 11h
3h nachm. Verlag Komödie,
4h Presse
12h Schneider graue Hose
12h ruft Michas an
10h abends Fuchs Café Mat[s]chakerhof
9h abends Dohrn   "   "
9 ½ Michas
Di. 23. III. 1937
        9h Mat[s]chakerhof [Eduard] Broczyner
12¼ Photograph   ½ 1 Fr. v. Scholley
                            Schneider
                        Schneider
3¼ Komödie   9½ Café Matscha-
2h Dohrn anrufen   kerhof Fuchs
                    Rutra Dohrn
            ½7 Morgenstern Museum Café
Mittw. 24. III. 1937.
11h Wollzeile 7. Wiesner
8h abends Vortrag, ½1 Bosch
        Hagenbund
                Zedlitzgasse 6
9h Hotel Michas
Do. 25. III.
3-4 Csokor kommt
A 21 1 52 B. Salten
Freitag«

[Unter- und Durchstreichungen blieben in der Transkription unberücksichtigt.]

Roth reservierte etliche Termine für Journalisten, Verleger, Vertriebsfirmen, Buchhändler,
mit denen er vermutlich Geschäftliches, Bücher und Artikel betreffend, besprach; für
Verwandte wie den Neffen Michas oder für
alte Freunde wie den Schulkollegen Broczyner; für einige Autoren; und für Personen der
politischen Szene (Dohrn, Wiesner, Hilde-
brand). Die Interessen, die Roth bei den politischen Gesprächen leiteten, lagen auf mehreren Ebenen: Einmal wollte er publizistischen
Einfluß ausüben; zum anderen konspirative
Aktivitäten zur Rettung Österreichs (vor dem
Nationalsozialismus) durch eine Stärkung der
monarchistischen Kräfte unterstützen.

378 Friedrich v. Wiesner spricht bei einer Kundgebung der Legitimisten in den Dachverbänden
»Eiserner Ring« sowie »Reichsbund der Österreicher« in
den Sophiensälen, Wien, am 11. Jänner 1938. Fotografie.
Wiesner (1871–1951) war Diplomat und nach 1918 ein-
flußreicher Leiter der Monarchisten in Österreich.

379   Joseph Roth. Fotografie, 1938.

380   Otto von Habsburg in Uniform. Fotografie, 1930er Jahre.

381   Joseph Roth: In der Kapuzinergruft. In: Wiener Sonn- und Montags-Zeitung, Wien, Nr. 21 vom 27. Mai 1935, S. 8.

Engagement für Habsburg – für Österreich

Roths Legitimismus muß aus zwei Blickwinkeln gesehen werden. Zunächst insgesamt als rückwärtsgewandte Idealisierung der österreichisch-ungarischen Monarchie, die Roth seit Ende der 1920er Jahre unter dem Eindruck der politischen Ereignisse in Österreich und Deutschland entwickelte. Dazu kam noch eine Mythisierung der Person Kaiser Franz Josephs I., die Roth schließlich auf Otto von Habsburg übertrug, den ältesten Sohn und somit »legitimen« Nachfolger des letzten Kaisers, Karl I. In ihm wollte Roth die Fortführung der alten, einem strengen Ehrenkodex verpflichteten Traditionen der Staats- und Umgangsformen sehen.

Konfrontiert mit der raschen Ausbreitung des Faschismus und dem Zerfall überkommener Strukturen suchte Roth Zuflucht in »verbrieften« Werten, aus über Jahrhunderte gewachsener Tradition, und sah im monarchischen Katholizismus der Habsburger eine mögliche Gegenposition. So ist Roths eigener »Katholizismus« nicht von Rom, sondern von der »Apostolischen Majestät des Kaisers« inspiriert. Sich selbst stilisierte Roth als chevaleresken, idealtypischen – daher katholischen – Untertanen. Seine eigene jüdische Herkunft und Erziehung, die seine intellektuelle Basis ausmachten und sein Denken bestimmten, stellte Roth allerdings kaum je in Abrede.

Den politischen Artikeln Roths, die gegen den Nationalsozialismus gerichtet waren, standen politisch gemeinte, tatsächlich aber vorwiegend kulturhistorische zur Seite. In ihnen versuchte Roth die Vergangenheit der Habsburger-Monarchie zu evozieren. Häufig ging er, was die Idealisierung der politischen und sozialen Verhältnisse bis 1918 betraf, zu weit in der Harmonisierung, etwa wenn er die Ungleichbehandlung der nicht deutschsprachigen Völker durch die zentrale Regierung leugnete. Prinzipiell wollte Roth zur Besinnung auf die ideellen Grundsätze anregen, die er in der alten Staatsform sah, verglichen mit dem europäischen Mächteverhältnis und der nationalsozialistischen Barbarei nach 1933. Wiederholt zog Roth Schriftsteller des 19. und 20. Jahrhunderts heran, um die »alte Welt« zu

Seite 8 Montag „Wiener Sonn- und Montags-Zeitung“ 27. Mai 1935 Nr. 21

Joseph Roth:

In der Kapuzinergruft

Joseph Roth, der berühmte Autor des österreichischen Romans „Radetzkymarsch“, hat sich, von Granada kommend, wo er ständig lebt, in Wien aufgehalten, um das Grab Kaiser Franz Josephs zu besuchen. Er hat den überwältigenden Eindruck vor dem Sarg Franz Josephs in folgenden unvergleichlichen Zeilen festgehalten:

Hier schläft mein alter Kaiser, Seine k. k. Apostolische Majestät, Franz Joseph der Erste. Er schläft in einem einfachen Sarg, der noch einfacher und schmaler und anspruchsloser ist als das Bett, in dem er Zeit seines Lebens im Schloß zu Schönbrunn zu schlafen gewohnt war, und die Majestät, die ihn Zeit seines Lebens umglänzt und die er dargestellt hatte, verbündet sich mit der Majestät des Todes, des Kaisers aller Kaiser. . . .

Als man ihn begrub, den Kaiser Franz Joseph, stand ich, einer der zahllosen Soldaten seiner Armee, ein namenloses Glied des Spaliers, das wir damals bildeten, knapp vor der Kapuzinergruft, um seinen hohen Leichnam zu begrüßen. Es war Herbst, ein dunkelgrauer Regen regnete auf unsere Felduniformen, auf die blanken bläulichen Läufe und auf die braunen polierten Schäfte unserer Gewehre, auf die Kappen und auf die Gesichter und auf die frischgewichsten Stiefel, auf die weinenden Frauen und Männer in Zivil hinter unsern Rücken und auf die umflorten Laternen. Es regnete sacht und eindringlich und unaufhörlich — — — und nie im Leben werde ich diesen Regen vergessen. Ich habe viele Arten von Regen gesehn, Regen im Krieg und Regen im Frieden, Regen vor dem Feind, Regen auf dem Vormarsch, Regen auf dem Rückzug; jener Regen aber vor der Kapuzinergruft, an dem Tage, an dem man den Kaiser begrub, scheint mir ein ganz besonderer Regen gewesen zu sein, gewissermaßen ein Regen, den der Himmel selbst aufbewahrt hatte, bis zu der Stunde, in der Franz Joseph der Erste begraben wurde. Es war, als würfe der Himmel Wasser auf ein Grab; wie Menschen, die einen Leichnam bestatten, Schollen auf Schollen auf den Toten zu werfen pflegen. Es war — so scheint es mir — ein ganz besonderer Regen. Nie mehr habe ich später seinesgleichen gesehen. Es regnete nicht vom Himmel her, es weinte von ihm hernieder. Und damals, an jenem Tage, empfand ich zum erstenmal (und zum einzigenmal) die Wahrheit der so oft und billig mißbrauchten Metapher: der Himmel weint. Mein Herz, gewißlich kleiner als der Himmel, weinte damals noch heftiger als er; und nicht einmal das k. u. k. Dienstreglement, das damals meine Empfindungen regelte, dämpfte und unterdrückte, konnte mich hindern, zu weinen.

Ich stand reglos, in der „Habt Acht“-Stellung. Aber mein Herz war schwer, und meine Augen, befehlsgemäß und soldatisch dem Kondukt zugewandt, füllten sich mit Thränen, so, daß ich zwar blickte, aber gar nichts sah. — Wem weinte ich damals nach? — Gewiß dem Kaiser Franz Joseph: Aber auch mir selbst, meiner eigenen Kindheit, meiner eigenen Jugend. Und, obwohl ich in jener Stunde wußte, daß ich bald, bald für den toten Kaiser und für seinen Nachfolger zu sterben befohlen und bestimmt war, und, obwohl ich damals noch so jung war, schien es mir, daß es beinahe unschicklich sei, später zu sterben als der Kaiser, dessen Glanz meine Jugend erleuchtet und dessen Leid meine Jugend verdüstert hatten. Damals fühlte ich, daß ich ein Oesterreicher bin: ein alter Oesterreicher. Alle Kaiser von Oesterreich waren meine Kaiser gewesen. Alle Kaiser von Oesterreich, die noch kommen könnten, werden meine Kaiser sein. Aber das Fürwort: „mein“, auf den Kaiser Franz Joseph angewandt, bekommt eine besondere Bedeutung: es wird, gewissermaßen, der adjektivischen Steigerung fähig, es wird „meiner“, als mein. Alle österreichischen Kaiser sind meine Kaiser. Aber Kaiser Franz Joseph I. ist mein besonderer Kaiser, der Kaiser meiner Kindheit und meiner Jugend. . . .

Deshalb pilgere ich, wenn ich das Glück habe, nach Oesterreich heimkehren zu können, in die Kapuzinergruft, meinen Kaiser zu begrüßen. Und, während der brave Führer mein Herz erfreut (indem er in altem kaiser- und königlichen Deutsch die Relativsätze mit einem „was“ einleitet, statt mit einem „der“ oder „die“), halte ich folgende stumme Ansprache an meinen alten Kaiser Franz Joseph:

„Lieber Kaiser! Ich habe Dir gedient, ich habe Dich begraben, ich habe einmal, vielleicht im Uebermut, versucht, Dich zu gestalten — — — und ich habe Dich überlebt. Im Tode noch aber bist du stärker als ich. Vergib mir meinen Uebermut! Alle österreichischen Kaiser liebe ich: jenen, der Dir gefolgt ist und alle, die Dir noch folgen werden. Aber Dich, mein Kaiser Franz Joseph, suche ich auf, weil Du meine Kindheit und meine Jugend bist. Ich grüße Dich, Kaiser meiner Kinderzeit! Ich habe Dich begraben: für mich bist Du niemals gestorben!

Dein Joseph Roth.“

Erfahrungen eines alten Klinikers

Von Hofrat Professor Dr. Carl v. Noorden

Wir entnehmen den hochinteressanten Ausführungen Professor Noordens in der „Wiener Medizinischen Wochenschrift“ nachstehende Einzelheiten:

Die kurzen Bemerkungen, die ich in Form bunt zusammengewürfelter Aphorismen in diesem Beitrage vorbringe, beziehen sich vorzugsweise auf Fragen, welche während meiner seinerzeitigen Tätigkeit am Allgemeinen Krankenhause (beginnend am 1. Oktober 1906) eine Rolle spielten, zum Teil aber auch auf Fragen, die erst während meiner zweiten Wiener Amtstätigkeit, seit 5½ Jahren, in den Vordergrund traten. Es ist eine kleine Auswahl.

1. Verängstigung

Wie oft werden Kranke durch unvorsichtige und unbestimmte ärztliche Aeußerungen verängstigt! Auch Kranke mit ganz unbedeutenden und unbedenklichen Störungen betrifft dies. Wochen, Monate und Jahre kann es belastend nachwirken. Der Arzt habe Angst vor der Angst des Patienten, die er, der Arzt selbst, erzeugte und dann nicht mehr bannen kann!

2. Alter der Psychotherapie

Richtige psychische Beurteilung und machtvolle psychische Heilkraft gab es urlange, bevor die neuzeitlichen Worte Psychoanalyse und Psychotherapie aus jedermanns Munde trieften.

3. Neuzeitliche Psychoanalyse und Psychotherapie

Ich halte es für sehr wahrscheinlich, daß die neuzeitlichen Formen der Psychoanalyse, gleichgültig, mit welchem Methodennamen sie bezeichnet sind, bereits nach wenigen Jahrzehnten als eine der ganz großen Narrheiten des an Narrheiten so reichen 20. Jahrhunderts beurteilt werden.

Gleiches gilt von der auf Psychoanalyse fußenden subhypnotischen Diagnostik und Therapie.

4. Nachgiebigkeit und Güte

Die besten therapeutischen Absichten und Pläne werden oft durch Nachgiebigkeit der Aerzte und Kompromisse entwertet. „Nachgiebigkeit“ der Aerzte wird von den Patienten oft als „Güte“ gewertet. Im ärztlichen Berufe sind die beiden Begriffe nicht zwangsläufig miteinander verknüpft. Auch strengste und unangenehmste Vorschriften können in „Güte“ erteilt werden. Nachgiebigkeit aus Güte, wenn sie zum Lockern notwendig erachteter Maßnahmen führt, ist immer ein Fehler. Wie oft habe ich bei Konsilien Aerzten, die zu nachgiebig waren und dadurch den Erfolg verpatzten, gesagt: „Landgraf werde hart“.

5. Als-Ob-Therapie

Schein-Verordnungen „ut aliquid fieri videatur“ sind überlebt. Oft züchten sie Hysterie (= „Flucht in die Krankheit“). Die „Als-Ob-Therapie“ ist nur erlaubt, so lange Zweifel bestehen, ob eine unheilbare Krankheit, zum Beispiel Magenkarzinom, vorliegt oder eine heilbare, zum Beispiel ein chronischer Magenkatarrh. Dann wird man so handeln müssen, als ob das letztere besteht. Bei Zweifel zwischen gut und böse gebührt dem Optimismus der Vortritt.

6. Irrtümer

Es gibt Aerzte, die wirklich glauben, sie hätten sich niemals diagnostisch und therapeutisch geirrt und sie hätten nie durch unzweckmäßige Ratschläge oder Versäumnisse einen Menschen geschädigt oder gar getötet.

7. Ueberschätzung der diagnostischen Lösung

Es gab und gibt zahlreiche, funktionelle und planmäßige Behandlung erfordernde Störungen, die ernste Beschwerden bringen (Herz, Magen, Darm u. a.), denen aber keine anatomisch oder histologisch faßbare Veränderung zugrunde liegt, und die man nicht mit klarverständlichen Namen aus dem systematischen Krankheitsregister bezeichnen kann; jetzt unter umweltbedingtem Einfluß starker seelischer Belastung häufiger als früher.

Wie man sie auch nennen will, man hüte sich vor den Worten „nervös“, neurasthenisch, hysterisch, psychogen usw. So richtig die Namen auch sein mögen, sie gelten vielen als Beleidigungen … viel häufiger schaffen sie langdauernde, unberechtigte und quälende Minderwertigkeitsgefühle.

Vor langen Jahren quälten mich die Töchter des an funktionellen Darmstörungen erkrankten Vaters, der schnellen Schrittes völliger Gesundheit sich näherte, um die „Diagnose“. Als ich sagte, es gäbe keinen diagnostischen Namen für das Leiden, bekam ich heftige Vorwürfe zu hören. Ich erwiderte: „Sie scheinen es vorzuziehen, daß der Vater mit Diagnose stirbt als ohne Diagnose gesundet. Ich garantiere Ihnen das Gesundwerden“. Natürlich neue Vorwürfe! Der Mann lebte noch 25 Jahre in voller Rüstigkeit.

8. Allgemeines über Diätetik

Die diätetische Kunst hat sich im Laufe der letzten vier Jahrzehnte zu einer Macht entwickelt, deren Tragweite leider nur einem kleinen Teil der Aerzte geläufig ist. Der erste planmäßige diätetische klinische Unterricht ward von mir in der Wiener 1. Med. Klinik erteilt. Dazu gehörte auch theoretischer und praktischer sehr gründlicher Unterricht über Kochkunst. Leider wurde dieses Vorbild nur hie und da nachgeahmt. Wenn planmäßiger Unterricht über alle wichtigen Ernährungsfragen bei Gesunden und Kranken, über Wesen, Wirkart, Machtfülle der diätetischen Verpflegung und der Kochkunst nebst praktischen Uebungen nicht zwangsläufige Teilstücke der Ausbildung von Studierenden, Aerzten, Krankenschwestern werden, wird die Volksgesundheit und werden Ansehen sowie therapeutische Leistungsfähigkeit der Aerzte bedroht.

Die diätetische Küche soll für den Kranken, nicht gegen den Krankheitsnamen die Speisen bereiten. Die Kostbüchlein für diese oder jene Krankheitsgruppe, so brauchbare Kochrezepte und mancherlei Ratschläge sie auch brachten, noch mehr die sogenannten Diätblocks haben häufiger wie eine Eselsbrücke als zu wahrer Aufklärung und Belehrung sich ausgewirkt.

Diätetische Kunst fordert ein großes Maß psychologischen Verstehens. Dies müssen Arzt und Diätassistentinnen stark berücksichtigen. Letztere als Verbindungsoffiziere zwischen Krankenabteilung und Küche müssen darauf nachdrücklich geschult werden.

Aerzte, die keine Feinschmecker sind und denen es ganz egal ist, was sie essen, können nie gute Diätetiker sein. Für den Arzt ist es wichtiger, über kritisch würdigenden Geschmackssinn zu verfügen, als ein guter Musiker zu sein.

Aerztekammer gegen Zahnarzt Dr. Epstein

Wie wir erfahren, hat die Wiener Aerztekammer gegen den bekannten Wiener Zahnarzt Dr. Heinrich Schirnding-Epstein das ehrenrätliche Verfahren eingeleitet. Die Person des Zahnarztes Dr. Schirnding-Epstein ist vor kurzem in einem Sensationsprozeß, in dessen Mittelpunkt der Obmann der gastgewerblichen Gehilfenkrankenkasse Martin Schäffler gestanden ist, wiederholt erwähnt worden.

In diesem Prozeß wurde behauptet, daß der Zahnarzt Dr. Epstein die beiden Angeklagten Martin Schäffler und Anton Schmidt wiederholt mit Geschenken bedacht habe. Die beiden wurden auch verurteilt, während Dr. Epstein bei dieser Schöffengerichtsverhandlung als Zeuge einvernommen wurde. Der Zahnarzt strengte gegen Martin Schäffler auch eine Ehrenbeleidigungsklage an, in der Schäffler zu einer Geldstrafe verurteilt wurde, allerdings wurde in der Begründung hervorgehoben, daß kein Beweisverfahren durchgeführt wurde und daß der Inhalt des Strafaktes aus dem Schöffengerichtsprozeß schwer belastende Momente gegen Dr. Schirnding-Epstein enthalte.

Diese Feststellungen des Gerichtes führten zu dem Ergebnis, daß Dr. Epstein aus der wirtschaftlichen Organisation der Aerzte austrat. Jetzt hat aber auch die Aerztekammer die Angelegenheit aufgegriffen und wird demnächst das Urteil über die Rolle Dr. Epsteins in der Affäre Schäffler fällen.

Dr. Heinrich Epstein wurde vor einigen Jahren von einem Grafen Schirnding adoptiert. Seither führt er den Doppelnamen Schirnding-Epstein.

beschreiben: Er zitierte Franz Grillparzer (1791–1872) oder etwa den Emigranten Emil Alphons Rheinhardt (1889–1945) als Zeugen einer »österreichischen Tradition«. Kaiser Franz Joseph I. stilisierte der Schriftsteller immer mehr zur symbolischen Herrschergestalt und dichtete sein früheres Verhältnis zu ihm, das eines gewöhnlichen Untertanen, zu einem ganz persönlichen, patriarchalischen um: »*Er war mein Kaiser.*«

(zitiert in: Benno Reifenberg: Lichte Schatten, Frankfurt/Main: Societäts Verlag, 1953, S. 213)

Blieb Roths Einfluß auf den Kronprätendenten und seine Politik gleich null (zudem betrank sich der Autor vor einem Treffen mit Habsburg, was keine gute Wirkung hinterließ), so engagierte er sich intensiv, als die Monarchisten eine eigene Zeitschrift herausgaben: »Die Österreichische Post« / »Courrier Autrichien« erschien ab Weihnachten 1938. Roth gab den Roman »Kapuzinergruft« zum Abdruck in Fortsetzungen und schrieb Texte für eine Kolumne mit dem Titel »Schwarzgelbes Tagebuch«. Er kannte die Geld- und Herausgeber von Wien; manche von ihnen, insbesondere Klaus Dohrn, versammelten sich häufig im Café Le Tournon, um miteinander und mit Roth zu räsonieren.

In seinen letzten Tagen gab es Streit mit den Monarchisten; Vorwand war der schnoddrige Stil in einem Artikel über Franz Werfel, den Roth der Redaktion zum Vorwurf machte. Was alles dahintersteckte, ist unklar – vielleicht auch das Honorar. Roth habe beabsichtigt, zu den linken »Nouvelles d'Autriche« zu wechseln, wurde von einigen Freunden berichtet.

Die Wirklichkeit ließ jedenfalls für Roths Idee eines habsburgischen Regenten keinen Raum. Nach der Unterredung zwischen Hitler und Schuschnigg in Berchtesgaden am 12. Februar 1938, bei der der österreichische Kanzler wichtige Konzessionen zugunsten der Nationalsozialisten in seinem Lande machte, und nach Hitlers Reichstagsrede vom 20. Februar sprach Schuschnigg am 24. Februar 1938 im Rundfunk: Er appellierte an den Patriotismus der Österreicher, nun ihr Vaterland in Vertrauen auf Gott zu »festigen und zu sichern«. Roth kommentierte die Rede des von ihm oft bespöttelten Kanzlers in der Zeitschrift »Der Christliche Ständestaat« lobend, verglich sie mit Ciceros Catilinarischen Reden.

Dennoch hielt Roth die Sache des Ständestaats für verloren: Er reiste am 24. Februar 1938 von Paris nach Wien, um im Namen der Legitimisten Schuschnigg zur Machtübergabe zu bewegen und damit die Rückkehr Otto von Habsburgs und die Einsetzung einer Regierung unter seiner Leitung zu erreichen. In seiner Mission gelangte Roth wohl nur bis zum Staatssekretär und Wiener Polizeipräsidenten Michael Skubl; dieser riet ihm nur, das Land schleunigst zu verlassen. Roth fuhr nach Paris zurück, drei Tage vor dem Einmarsch der deutschen Truppen am 12. März 1938.

382 Michael Skubl (1877–1964, Schriftsteller, 1933–1938 Polizeipräsident). Fotografie, 1933.

383 »Unter starkem Schutz«. Deutsche Besetzung Österreichs, 1938. Fotografie.

384 Das Neue Tage-Buch. Paris, Amsterdam, Jg. 6, Heft 13 vom 26. März 1938, Umschlag. Das Heft enthält Roths Essay »Brief an einen Statthalter«.

Nach dem »Anschluß« schrieb Roth seinen berühmten »Brief an einen Statthalter« und veröffentlichte ihn im »Neuen Tage-Buch« am 26. März 1938. Darin forderte er Schuschniggs Nachfolger, »Reichsstatthalter« Seyß-Inquart, auf, ihn aus dem Verband des Heeres zu streichen: Er sei nicht gewillt, die nunmehr behauptete Kontinuität von der k. u. k. Armee über Österreichs Bundesheer bis zur deutschen Wehrmacht und somit eine Gleichsetzung dieser »Vaterländer« zu akzeptieren.
Der Nationalsozialismus sei nun nicht mehr anders als durch einen Krieg zu besiegen.

Bei anderen Gelegenheiten stellte er den Untergang Österreichs als Katastrophe dar, die nur noch mit einer »Totenmesse« besiegelt werden könne.
Immerhin nahm Roth am 4. April 1938 an einer Sympathiekundgebung »Hommage à l'âme Autrichienne« teil, organisiert von der linken »Internationalen Schriftstellervereinigung zur Verteidigung der Kultur«, und diskutierte mit Louis Aragon. Dieser propagierte wie Heinrich Mann die Fortdauer, das Überdauern Österreichs in der Welt der Kultur.

385 Ce Soir, Paris, 6. April 1938, S. 1. Zeitungsausschnitt mit einer Fotografie von der Veranstaltung »Hommage à l'âme Autrichienne« am 4. April im Théâtre de la Renaissance.
Roth ist ganz links zu erkennen; Heinrich Mann spricht.

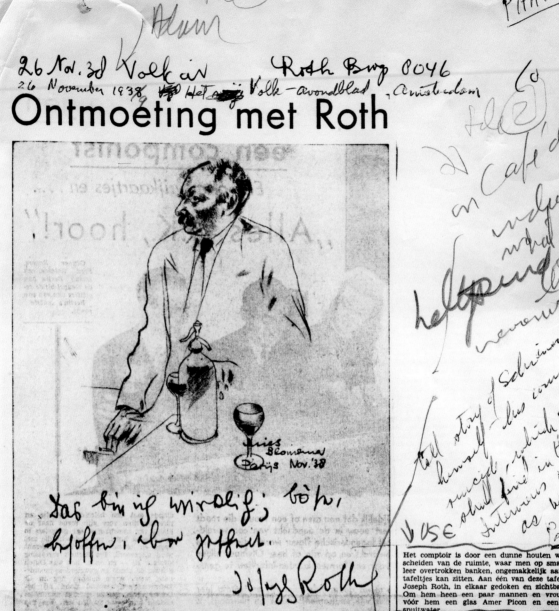

Ontmoeting met Roth

Waar het op aankomt...

„Dat de mensen te eten hebben"

De inlijving van Oostenrijk bij Hitler-Duitsland heeft ook Joseph Roth tot emigrant gemaakt. Toch heeft het noodlot van in den vreemde te moeten leven den bekenden romancier niet onverwacht getroffen: hij woonde reeds lang niet meer in Wenen. Nu eens was hij in Parijs — dan weer in Londen. Nu eens hoorde men, dat hij in Marseille en dan weer, dat hij in Brussel was. Af en toe kwam hij ook naar Amsterdam. Altijd was hij op reis, — want hij was altijd op de

patent aan Adolf Hitler terug. En daarmee nam zijn leven een keer.

Op zoek...

Wat ligt meer voor de hand dan Joseph Roth in Parijs in een café te zoeken, als men zijn adres niet weet? Maar in de Dôme vertelde men ons, dat „arrivés" als hij niet meer op Montparnasse komen. Waarschijnlijk zou hij wel in „Aux Deux Magots" op St. Germain des Prés zitten, waar ook de andere „oudere en beter gesitueerde heren", die hij de „grands maîtres contemporains" noemt en die daarom geen omgang meer met de bohème hebben, plegen te komen. Misschien ook zou hij twee huizen verder, in het Café de Flore, te vinden zijn, waar de Spanjaarden tegenwoordig hun apéritif drinken en waar ook José Bergamin gewoonlijk komt, als hij in Parijs is. „Monsieur Roth? Zeker kennen wij hem", zegt men ons daar, „maar wij hebben hem sinds maanden niet meer gezien". Waar hij woont? Dat weet men niet

's Avonds leest in een bijeenkomst van de Schutzverband deutscher Schriftsteller Walther Mehring uit eigen werk voor. Aan de bestuurstafel zitten Egon Erwin Kisch, eens de „razende reporter", en Rudolf Leonhard In de zaal verdringen zich een paar honderd mensen, die voor het begin en in de pauze op Duitsland schelden, — maar die heimwee krijgen bij het horen van de Duitse verzen. „Roth? Ja, hij is in Parijs, maar wij hebben hem sinds weken niet meer gezien!"

Nog eens lopen wij snel bij „Aux deux Magots

Het comptoir is door een dunne houten wand gescheiden van de ruimte, waar men op smalle, met leer overtrokken banken, ongemakkelijk aan kleine tafeltjes kan zitten. Aan één van deze tafeltjes zit Joseph Roth, in elkaar gedoken en zichtbaar ziek. Om hem heen een paar mannen en vrouwen en vóór hem een glas Amer Picon en een siphon spuitwater.

Als hij ons ziet, staat hij op, waarbij hij probeert zijn lichaam stram te houden. Hij stelt voor: „Herr Rittmeister zo-en-zo... Herr Doktor zo-en-zo... Herr Generalmusikdirektor zo-en-zo..." Het is een plechtige ceremonie met hakken, die tegen elkaar geslagen worden, buigingen en handkussen. En het is zo ontroerend Oostenrijks, dat men even het Parijse cafétje vergeet......

Als wij zitten, blijft het lang stil. Het is zo moeilijk in zulke situaties het eerste woord te vinden... Roth, die met het gezicht in de handen zit, verbreekt de stilte: „Als er straks opgebeld wordt, beste Rittmeister, wilt u dan zo goed zijn voor mij aan de telefoon te gaan... Ik kan vandaag niet. Ik ben ziek... en ik heb gasten."

Het eerste halve uur hebben wij werkelijk niet over literatuur gesproken, ofschoon Roth kort geleden twee nieuwe romans beëindigd heeft, die dezer dagen in Nederland zullen verschijnen.

Maar als ik hem tenslotte vraag, welke invloed de gebeurtenissen van de laatste maanden op zijn literair werk gehad hebben, komt er leven in het moede, zieke lichaam naast mij: „Wat gaat mij de literatuur aan?!", vraagt Joseph Roth. „Het enige, dat er op aan komt is, dat al die mensen te eten hebben...".

Zesduizend Oostenrijkse legitimisten, die zich in Parijs en omgeving bevinden, zoeken hulp bij het Comité, dat Roth voor zijn geestverwanten gesticht heeft en waarin ook de bekende jong-katholieke schrijver Maritain en de vroeger legatieraad van en toe kwam hij ook naar Amsterdam. Altijd was hij op reis, — want hij was altijd op de vlucht. Hij leed aan verveling......

„Kent u de ennui (verveling)?" vraagt Gustave Flaubert, die de des-illusionering van Madame Bovary zo meesterlijk beschreven heeft, in zijn „Correspondence". En hij gaat verder: „Niet de banale, die uit nietsdoen of ziekte ontstaat, maar de moderne, die de mensen in hun ingewanden aantast?"

Wie Joseph Roth kende, wist, dat ook hem de verveling opvrat. Hij was geen nietsdoener: elk jaar schreef hij één of twee romans, die in vele talen vertaald werden. Hij kreeg hoge honoraria, zodat hij een aangenaam leven had kunnen leiden, in plaats daarvan woonde hij in hotels en leefde hij in café's. Er wordt van hem verteld, dat hij eens in Ostende op een terras aan de boulevard zat met Lion Feuchtwanger en Arnold Zweig, die plotseling lust kregen te gaan zwemmen. Roth weigerde echter mee te gaan met de woorden: „Waarom zou ik in zee gaan — de vissen komen toch ook niet in het café?

Zijn manier van leven kostte veel geld, maar daar bekommerde hij zich weinig om. Wat de dag van morgen brengen zou, wist hij: niét dat, wat vroeger geweest was. Het verleden zou evenmin terugkomen als de vissen in het café...... Ook dát wist hij, — al wilde hij het niet weten: en om het te vergeten schiep hij zijn grote illusie......

In onze tijd verdwaald

Reeds lang was het zijn kleren aan te zien, dat zij veel gedragen waren, — maar hij droeg ze nog steeds als een officier in burger. Zó zag men hem onderweg van zijn hotel naar zijn café's: boven de ouderwetse laarsjes stonden de veel te nauwe broekspijpen — zijn jas hing als een cape om zijn smalle schouders en zijn gekruiste armen hielden hem bij elkaar voor het smalle lijf. Een beetje scheef stond het in verhouding haast groteske hoofd niet óp, maar tússen de schouders. En onder het lage voorhoofd, door dun haar omkranst, keken twee blauwe jongensogen boven gezwollen wangen uit. Zo slenterde hij door de straten en keek over de mensen heen en langs hen heen. Hij spéélde niet den Oostenrijksen officier van het oude keizerlijke en koninklijke régime —, hij wàs het, een in onze tijd verdwaalde.

Om deze, onze tijd, te vergeten nam hij geen particuliere uitnodigingen aan, meed hij particuliere milieu's, leefde hij in hotels en café's. Hij wist, dat hij de grote reis naar de dood ondernomen had en, wilde niet uit zijn grote illusie ontwaken, voor hij de dood bereikte. Daarom dronk hij. Men kan niet aan deze grote tragedie denken, zonder zich een anderen groten Duitsen dichter te herinneren, die een eeuw geleden onder de Metternichse reactie ook in een verkeerde tijd verdwaald was: ik bedoel Christian Dietrich Grabbe. Wat Heinrich Heine in zijn „Memoiren" over Grabbe schrijft, zou men ook van Joseph Roth kunnen zeggen: „Die is niet gestorven, omdat hij dronk, maar hij dronk, omdat hij sterven wilde: hij stierf aan zelfdronk".

Toen wij jaren geleden eens in een Amsterdams café bij elkaar zaten, zei Joseph Roth schertsend: „Ik ben preventief-emigrant!" Sinds jaren liet hij zijn pas buiten Oostenrijk verlengen. Nu krijgt hij geen nieuwe pas meer. Nu is hij emigrant. Na de inlijving van Oostenrijk stuurde hij zijn officiers-

Ja, hij is in Parijs, maar wij hebben hem sinds weken niet meer gezien!"

Nog eens lopen wij snel bij „Aux deux Magots" binnen. — misschien zit hij daar toch. Tevergeefs...... Nog even kijken in de „Flore"...... geen spoor van Joseph Roth. Maar wij willen hem vinden! Naar Montparnasse dus, misschien is daar iemand, die tenminste zijn adres weet...... Maar niemand weet zijn adres......

Wij geven de hoop op. Moe en teleurgesteld zitten wij enige tijd later op een terrasje aan de Boulevard des Italiens. En dan geschiedt het wonder: uit de mensenstroom, die zich in het middernachtelijk uur langs de boulevard beweegt, duikt een gestalte op. Houding en gang verraden de doelloosheid der vaderlandslozen, die door de straten en de vreemdelingenbureau's gejaagd worden en die slechts op het eerste gezicht herkenbaar zijn, voor wie ook eens zonder vaderland geweest is.

De man is een journalist, dien ik in geen tien jaren gezien heb. Ik nodig hem uit iets met ons te drinken en hij bestelt het goedkoopste, een zwarte koffie, „om niet uit mijn gewone doen te komen", zegt hij met een lachje, dat zijn lot doet. Kort geleden is hij uit Spanje teruggekomen, nu verkoopt hij — voorzover men het tenminste verkopen noemen kan — parfums Maar misschien — zijn ogen krijgen een hoopvolle glans — lukt het hem over vijf of tien maanden naar Mexico te komen Hij kent Roth. Hij vertelt ons, dat er redenen zijn, waarom men hem sinds maanden niet meer ziet: hij werkt namelijk voor de Oostenrijkse vluchtelingen. Bij het Comité van de Liga voor Mensenrechten zullen wij zeker zijn adres kunnen krijgen......

In de wachtkamers

Naast glans en licht is er in Parijs nog steeds veel ellende. Tegenwoordig echter is nergens zoveel nood en ellende bij elkaar als in de wachtkamers van de vluchtelingencomité's...... De volgende dag zitten wij er midden in. Men kan nauwelijks ademen...... Daar zitten zij, die over de aardbol gejaagd worden: oude en jonge mannen, vrouwen met kinderen, meisjes alleen en in gezelschap van mannen, met wie zij eens gehoopt hebben een gelukkig leven te zullen leiden. Alle gezichten zijn maskers van doffe wanhoop. In de hand houden zij versleten portefeuilles......

Wat daar in zit? Een pas, die afgelopen is of die gauw afgelopen zal zijn. Een identiteitskaart. Een brief van de vreemdelingenpolitie. Een verzoekschrift...... Zij hebben geen haast meer. Zij zijn blij dat zij een ogenblik rustig kunnen zitten, na het aflopen van al die bureau's.

De dame, die inlichtingen verstrekt — vroeger was zij secretaresse van den bekenden pacifist Hellmuth von Gerlach — herhaalt vrijwel steeds dezelfde woorden. want vrijwel iedereen komt met hetzelfde: wat moet ik doen om hier te kunnen blijven? — Wat moet ik doen om een ander land binnen te komen, nu ik hier niet blijven mag? — wat moet ik doen om werk of tenminste steun te krijgen?...... Eindelijk zijn wij aan de beurt. Wij krijgen Roth's adres. „Maar u moet hem eerst schrijven!"

Het antwoordt van Roth komt per pneumatique: hij verheugt zich op het bezoek, maar hij is ziek en kan zijn hotel niet verlaten.

Het is een klein hotel, vlak bij het Senaatsgebouw en de Jardin du Luxembourg. Eigenlijk is het een restaurant of liever gezegd een café, een Bistro, waarboven een paar kamers te huur zijn.

Parijs en omgeving bevinden, zoeken hulp bij het Comité, dat Roth voor zijn geestverwanten gesticht heeft en waarin ook de bekende jong-katholieke schrijver Maritain en de vroeger legatieraad van het Oostenrijkse gezantschap, dr. Fuchs, zitting genomen hebben.

„Dagelijks ben ik met zestien tot twintig mensen naar de politie gegaan", zegt Roth. „Ik heb haast geen tijd meer om iets te schrijven. Wekenlang ben ik nu van tien uur 's ochtends tot drie uur 's nachts op de been geweest. Maar nu kan ik niet meer, ik heb geen kracht meer... De nietpolitieke vluchtelingen zijn het ergst: de zwangere vrouwen en de kinderen... Ik zou eigenlijk verschrikkelijk graag weer eens met mijn schrijfpapier alleen zijn...".

Maar Joseph Roth kán niet met het papier alleen zijn. Mannen en vrouwen komen en gaan. Telkens rinkelt de telefoon en steeds worden dezelfde vragen gesteld als in de wachtkamer van de Liga voor Mensenrechten......

Hilfe für Flüchtlinge

Nach der Besetzung Österreichs und der Tschechoslowakei (die sudetendeutschen Gebiete im September 1938, das restliche tschechische Gebiet im März 1939) durch das »Dritte Reich« strömte eine weitere Flüchtlingswelle nach Frankreich. Die »alteingesessenen« Emigranten versuchten zu helfen: mit Rat bei den Formalitäten, die den Aufenthalt der Emigranten in Frankreich sichern sollten, durch Bittgesuche und Geldsammlungen.

Auch Roth setzte sich trotz seines zunehmend schlechten gesundheitlichen Zustands intensiv für Flüchtlinge ein. Er hatte eine relativ gesicherte Aufenthaltserlaubnis und nützte, brieflich und in direktem Gespräch, seine Kontakte zu Personen des öffentlichen Lebens in Frankreich.

386–387 G[erth] S[chreiner]: Ontmoeting met Roth. In: Het Volk, Amsterdam, Abendausgabe vom 26. November 1938, S. 11. Zeitungsausschnitt mit Notizen von David Bronsen. Abbildung in 2 Teilen.

Als der aus Deutschland geflüchtete, in den Niederlanden arbeitende Journalist Schreiner Roth in Paris besuchte, fand er keinen fleißigen Schriftsteller, sondern, wie er berichtete,

COMITÉ CENTRAL D'ASSISTANCE
AUX ÉMIGRANTS JUIFS

Affilié à l'Association pour l'Emigration
H I C E M

Adresse télégraphique: COMASMIGRA
Téléphone: DIDEROT 17-30 M/S/5861

PARIS (12ᵉ), LE 28 Février 1939
5, RUE DE LA DURANCE

Re: Léopold COLDNER, Nitra.
Jessenského ul.8.
Slovensko C.S.R.

Monsieur
    Joseph ROTH
    18, rue de Tournon
    PARIS 6ᵉ

Monsieur,

En réponse à votre lettre concernant le susnommé, nous avons l'honneur de vous faire savoir que
nous avons transmis celle-ci pour décision à la Direction
de la HICEM.

Nous venons de recevoir la réponse suivante:

"Nous avons bien reçu votre lettre du 3.ct.
concernant le susnommé et sa femme. Malheureu-
sement nous devons vous dire que nous n'avons
pu prendre, jusqu'à ce jour, une décision fa-
vorable pour ce couple, étant donné qu'actuel-
lement les possibilités d'émigration sont
extrêmement réduites et que nous ne voyons
aucune solution pour le couple COLDNER.

Veuillez agréer, Monsieur, avec nos regrets,
nos salutations distinguées.

Le Directeur :

einen intensiv mit der Hilfe für Emigranten Beschäftigten: damit sie Aufenthaltserlaubnis und Erwerbsmöglichkeiten erhielten, damit sie getröstet wurden. Besonders berühren seine kurzen Erzählungen von den würdelosen Kämpfen um Ausweispapiere auf den französischen Ämtern. Von seinen Erfahrungen dabei berichtete Roth z. B. im Aufsatz »Die Kinder der Verbannten«, der in der Pariser Exilzeitschrift »Die Zukunft« am 12. Oktober 1938 erschien. (Werke 3, 821 ff).
Die Grafikerin Mies Blomsma begleitete ihren Mann Gerth Schreiner und porträtierte Roth (siehe auch S. 249).

388   Comité Central d'Assistance aux Émigrants Juifs / HICEM an Joseph Roth, Brief vom 28. Februar 1939.
Dem Ansuchen Roths für ein Ehepaar aus dem slowakischen Nitra um Hilfe bei der Auswanderung wurde nicht stattgegeben mit dem Hinweis auf die geringen Möglichkeiten zur Unterbringung von Emigranten in Gastländern.

Abschiede

»Ich werde ja doch daran krepieren, an diesem Gemansch von Hirn, Hand, Bettel, Vorschuß, gewissenloses Garantieren für Wechsel, die mein Kopf nicht sicher einlösen kann – – und alles vergebens, ohne Leser, ohne den Glauben, der von außen kommt, Echo auf den innern. Ich spüre, wie ich mich immer wieder gewaltsam, moralisch und physisch regenerieren muß, zwei Monate ist Gesundheit da, dann wüstestes Befinden, Angst und Irrsinn, Beklemmung, Herzweh, Finsternis. Zwei, drei wichtige Katastrophen, innere, der Tod eines Nahen, und man ist erledigt.«

(Joseph Roth an Stefan Zweig, Brief vom 18. August 1937. Briefe, S. 506)

Walter Rode, Jakob Wassermann, Werner Hegemann, Stefan Großmann, Magnus Hirschfeld, Hellmut von Gerlach, Hermann Wendel, Karl Tschuppik, Ödön von Horváth, Ernst Toller waren Freunde, deren vielleicht vorzeitiger Tod im Exil Roth erschütterte.

389   Karl Tschuppik. Fotografie, um 1933.

390   Ödön von Horváth. Fotografie, 1938.

Nicht nur von Menschen galt es Abschied zu nehmen, auch von der vertrauten Umgebung: Roths Hotel verschwand ebenfalls. Im November 1937 wurde es wegen Baufälligkeit abgerissen. Der letzte Gast, der darin wohnte,

soll Roth gewesen sein. Fürs erste übersiedelte er danach in das nahe Hôtel Paris-Dinard. Roth schrieb dazu in einem autobiographischen Feuilleton:

»Gegenüber dem Bistro, in dem ich den ganzen Tag sitze, wird jetzt ein altes Haus abgerissen, ein Hotel, in dem ich sechzehn Jahre gewohnt habe – die Zeit meiner Reisen ausgenommen. Vorgestern abend stand noch eine Mauer da, die rückwärtige, und erwartete ihre letzte Nacht. Die drei anderen Mauern lagen schon, in Schutt verwandelt, auf dem halb umzäunten Platz. [...]
An der einzigen Wand erkannte ich noch die Tapete meines Zimmers, eine himmelblaue, zart goldgeäderte. Gestern schon zog man ein Gerüst, auf dem zwei Arbeiter standen, vor der Wand hoch. Mit Pickeln und Steinhammern schlug man auf die Tapete ein, auf meine Wand; und dann, da sie schon betäubt und brüchig war, banden die Männer Stricke um die Mauer – die Mauer am Schafott. Das Gerüst ging mit den Arbeitern nieder. An beiden Rändern der Mauer hingen die Strickenden herunter. Jeder der beiden Männer zog an je einem Strickende. Und mit Gepolter stürzte die Mauer ein. Eine weiße dichte Wolke aus Kalk und Mörtel verhüllte das Ganze. Aus ihr traten jetzt weiß bestaubt, gewaltigen Müllern ähnlich, die Steine mahlen, die zwei Männer. Sie kamen mir geradewegs entgegen, wie jeden Tag, ein paarmal am Tage. Sie kennen mich, seitdem ich hier sitze.

Nº 4235

HÔTEL PARIS-DINARD

29, Rue Cassette, 29

PARIS 6ᵉ

▼

RESTAURANT - ASCENSEUR - DERNIER CONFORT

Tél. : LITTRÉ 63-86
» 63-87

Adresse Télégraphique :
PARIDNAR-PARIS

Le Pouliquen, Pre

R. C. Seine 255.047

Appartement Nº 2 M. *Roth*

Prière d'annoncer les départs au Bureau avant midi et de laisser la chambre libre à 14 heures. — ACCOUNTS SHOULD BE SETTLED WEEKLY — Les notes doivent être réglées chaque semaine

MOIS Nov. 193..	15 Fr. c.	16 Fr. c.	17 Fr. c.	18 Fr. c.	19 Fr. c.	20 Fr. c.	21 Fr. c.	DÉBOURS
Report...		54	103	163	226	321	375	1
Timbre...								
Appartement...	30	30	30	30	30	30	30	tkg 2.
Arrangement...								ccs 3.
Petit Déjeuner...					12			tel 4.
Confiture...								tel 6.
Œufs, Jambon...								tk recomm. 27 45
Thé, Café au lait, lait...	8	2.	6	8	21	24	39	tel 1
Chocolat...	4							tind 2 75
Déjeuner Restaurant...					8		6	tekd 20 25
» Appartement...								tel 4
Dîner Restaurant...								chie 8.
» Appartement...								tel 4
Bains...				9	12		5	tind 3 50
Vins...					6			
Bières...								86 95
Liqueurs...	12	12 5	24	19	6		9 50	
Eaux minérales...								
Blanchissage...								
Teinturerie...								
Téléphone...								
Suppléments...								
Note d'Hôtel...	54	103	163	226	321	375	464 50	
Service 15 %...							69 70	
Débours (Voir détail)...							86 95	
TOTAL...							621 15	
Reçu...								

Der jüngere deutete mit dem Daumen über die Schulter rückwärts und sagte: ›Jetzt ist sie weg, Ihre Tapete!‹ Ich lud beide ein, mit mir zu trinken, als hätten sie mir eine Wand aufgebaut. Wir scherzten über die Tapete, die Mauern, meine teuren Jahre. [...]
Jetzt sitze ich gegenüber dem leeren Platz und höre die Stunden rinnen. Man verliert eine Heimat nach der anderen, sage ich mir. Hier sitze ich am Wanderstab. Die Füße sind wund, das Herz ist müde, die Augen sind trocken. Das Elend hockt sich neben mich, wird immer sanfter und größer, der Schmerz bleibt stehen, wird gewaltig und gütig, der Schrecken schmettert heran und kann nicht mehr schrecken. Und dies ist eben das Trostlose.«

(Joseph Roth: »Rast angesichts der Zerstörung« [Auszüge]. In: Werke, Band 3, S. 813 und 814)

391 Paris. Hôtel Paris-Dinard. Rechnung für Joseph Roth über die Tage vom 15. bis 21. November 1937.
Hier wohnte Roth kurzfristig, weil nicht gleich nach dem Abriß des Foyot ein Zimmer gegenüber im Hôtel de la Poste frei war.

Paris, Café Le Tournon

Keineswegs späte Seßhaftigkeit, sondern Hinfälligkeit kennzeichnen die letzten Monate von Roths Leben, der, vierundvierzigjährig, seine Briefe seit Jahren kokett-schicksalsergeben mit »armer alter Jud« unterschrieb. Er residierte im Café des Hotels; hier besuchten ihn regelmäßig Freunde und Bekannte.

»Er hat sich immer einsam gefühlt und war der geselligste Mensch. In den meisten großen Städten Europas war sein Kaffeehaustisch eine Tafelrunde und ein Stammtisch. Seine Freunde in aller Herren Länder waren Legion, Freunde von jeder Sorte, Poeten und Journalisten, Verleger und reiche Leute, Schmarotzer und Stammgäste, katholische Priester und Kommunisten, Herzoginnen und Schauspielerinnen, Hilfesuchende und Leser, Narren und Unglückliche.
Eine ganze Gesellschaft saß an seinem Tisch, und Roth studierte und unterhielt sie, trinkend und plaudernd und rauchend, noch in den müßigsten Stunden beschwingt, ein ausgezeichneter Erzähler, geistreich und nobel, ein flinker Beobachter, scharfäugig, hellhörig, immer der Mittelpunkt, anziehend und anzüglich, und in guten und lange auch in schlechten Zeiten die Tafelrunde bewirtend. [...]
Solchen Kaffeehausfreunden und auch Intimeren erzählte Roth gerne und amüsant aus seinem Leben, Dichtung und Wahrheit. So machte er aus seinem Leben eine hundertfache Legende und, spottend der Polizeispleenpedanterie und Menschenzählungsgrundlagen und amtlichen Fragebogen, mischte er seine Fabeln, so willkürlich und vergnügt, daß jeder seiner Freunde andere Details und Anekdoten aus Roths Leben zu berichten weiß.«

(Hermann Kesten: »Der Mensch Joseph Roth«. In: Hermann Linden [Hrsg.]: Joseph Roth, S. 16–17)

392 Paris VI. 18, Rue de Tournon. Das ehemalige Hôtel de la Poste mit dem Café Tournon. Fotografie: Brita Eckert, 1978.

Ab April 1938, nach der Wien-Reise, wohnte Roth wieder in der Rue de Tournon, und zwar im Hôtel de la Poste, gegenüber dem früheren Foyot. Dessen Café Le Tournon hatte er schon länger als Arbeitsplatz und Treffpunkt benützt.

393   Joseph Roth mit Joachim Dohrn (am linken Bildrand), der Wirtin Germaine Alazard und dem Besucher Herrn Zilz im Café Le Tournon, Paris. Fotografie, 1938.

394   Bil Spira und Helli Ultmann [später verh. Andis], die Freundin des Schriftstellers Jura Soyfer. Ausschnitt aus einer Fotografie, Paris 1938.

Der Zeichner und Karikaturist Bil Spira mit dem Decknamen Willy Freier floh 1938 aus Wien nach Paris. Er saß viele Tage im Café Le Tournon und portraitierte Roth und seine Gäste, u. a. Egon Erwin Kisch, Robert Kohl, Emil Ludwig, Walter Mehring, Soma Morgenstern, Hans Natonek, Hermann Rauschning, Friedrich Torberg, Franz Werfel, Léon Werth, Roths Freundin Andrea Manga Bell und die Wirtin Germaine Alazard.
1940 war Spira Helfer bei Varian Frys Flüchtlingsaktion in Marseille; er überlebte die Inhaftierung in mehreren deutschen Konzentrationslagern.

395   Bil Spira (Willy Freier): Joseph Roth. Grafik, bezeichnet: »Joseph Roth wie er leibt und trinkt«; signiert
»bil 39«.

396   Bil Spira (Willy Freier): Joseph Roth. Grafik,
bezeichnet von Spira: »Roth mit Freund Klaus D[ohrn]«,
signiert »bil 39«.
Klaus Dohrn war Redakteur der Wiener Zeitschrift »Der
christliche Ständestaat« und der »Österreichischen Post«
in Paris.

397   Joseph Bornstein (1899–1952; Pseudonym: Erich
Andermann), Journalist, Schriftsteller. Fotografie, Ende
der 1920er Jahre.

Bornstein war Redakteur des »Tage-Buch« in
Berlin und, ab 1933 in der Emigration, u. a.
des »Neuen Tage-Buch« in Paris, in dem Roth
eine große Zahl seiner Artikel zwischen 1933
und 1939 veröffentlichte. Bornstein zählt mit
Hedi Davis, Paula Grübel, Friderike Zweig
und Blanche Gidon zu jenen Personen, die

Roths Manuskripte und Briefe nach seinem
Tod sammelten, aufbewahrten und so vor der
Vernichtung retteten. Sein Nachlaß mit Roth-
Briefen und ein Großteil der Materialien, die
die Frauen retteten, liegen heute im Leo
Baeck Institute in New York.

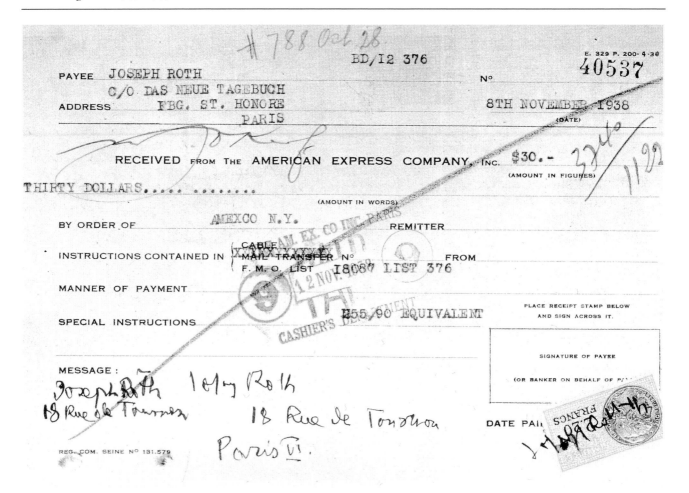

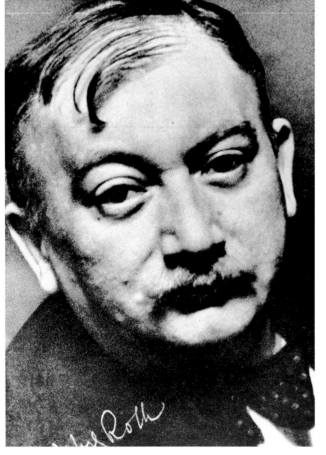

398 Empfangsschein für die Überweisung einer Stipendium-Rate der American Guild for German Cultural Freedom, Paris, 12. November 1938.

Die Überweisung ging an die Adresse »Neues Tage-Buch«, da Hedy Pompans Wiener Adresse, mit der Roths Antrag 1937 an die Guild bezeichnet war, nicht mehr aktuell war (sie konnte nach England flüchten) und die Absender die neue Pariser Hoteladresse Roths nach dem Abbruch des Foyot noch nicht kannten.

399   Joseph Roth. Fotografie, um 1938.

Die enge, freundschaftliche Beziehung Roths zu Friderike Zweig, Stefans erster Frau, setzte sich in Paris fort. Frau Zweig half Roth u. a., indem sie für ihn verschiedene Erledigungen – etwa anläßlich von Zahlungen der »Guild« – übernahm.
Im Frühjahr 1939 las Roth vor einer Gesellschaft in Friderike Zweigs Wohnung aus der noch unveröffentlichten »Legende vom heiligen Trinker«.

400   Friderike Zweig. Fotografie, 1940er Jahre.

401   Joseph Gottfarstein. Fotografie, 1940er Jahre.

Der jiddische Journalist und Talmudist war
Roth besonders vertraut. Roth hatte ihm –
was damals sehr selten geschah – nach dem
ersten Gespräch das »Du« angeboten, wohl in
der Erkenntnis einer geistigen Verwandtschaft:
Dem ehrlichen, weisen, offenen – und eben
selbst aus dem Ostjudentum stammenden –
Gottfarstein brauchte er weder mit gespieltem
Katholizismus noch mit scheinbarer Distanz
zum Judentum zu kommen. Die beiden verband vor dem gemeinsamen Hintergrund eine
von Roths Drang zum Gespräch und Gott-
farsteins Tiefe bestimmte Intensität des Ge-
dankenaustauschs. Sie sahen einander seit
1934 meist nächtens; oft ließ Roth den Freund
holen, so dringend war ihm das Reden, das
gegen Traurigkeit und Angst wirkte – die
Grundstimmungen des Exils.

402 Soma Morgenstern. Fotografie: Trude Fleisch-
mann, 1940er Jahre.

Morgenstern, Wiener Feuilletonkorrespondent
der »Frankfurter Zeitung«, ging 1938 ins Exil.
In Paris wohnte auch er im Hôtel de la Poste
und war Roth – den er schon lange aus Wien
kannte – Gesprächspartner und diskrete Hilfe,
als Roths Gesundheit immer mehr schwand.
In seinen Romanen schildert Morgenstern das
Schicksal der Juden in Osteuropa, in seinen
Erinnerungen berichtet er viel über Roth.

Tod

403 Joseph Roth. Fotografie, zweite Hälfte 1930er Jahre.

»Joseph Roth sagte mir, nicht einmal – in Wien, in Frankfurt, in Berlin, in Paris – überall, wo er in einem öffentlichen Lokal rastlos trank und rastlos schrieb: ›Ohne Alkohol wäre ich wahrscheinlich noch gerade ein guter Journalist geworden. Alle guten Einfälle kommen mir beim Trinken. Wenn du willst, zeig ich dir in meinen Romanen jede gute Stelle, die ich einem guten Calvados zu verdanken habe.‹ Ich zog es vor, ihm die Stellen zu zeigen – und es waren nicht die besten, und ich sagte es ihm. Es waren einige Stellen in dem Buch ›Das falsche Gewicht‹, das ich aus seinem Hotelzimmer herunterholte. ›Woran erkennst du das?‹ wollte er wissen. Es waren meistens sadistische Einfälle. Das gab er zu, sagte aber zornig: ›Das gefällt dir nicht aus didaktischen Gründen. Du willst mich kurieren. Ich soll ein Abstinenzler werden wie du. Ein Tugendbold wie du und Hitler!‹ Niemand wußte besser als er, daß ich weit davon entfernt war, ein Abstinenzler zu sein und, wenn es darauf ankam, ein bei weitem größeres Quantum, namentlich von Cognac, vertragen konnte. Er hat schon immer wenig vertragen. Und je älter er wurde, desto weniger vertrug er. Freilich hatte er nicht oft den nüchternen Hochmut, sich des Trinkens zu rühmen. Im Gegenteil! Wenn er recht im Schwung war und eine Wut auf mich hatte, konnte er es zuwege bringen, in Anwesenheit eines nicht gerade ausgewählten Freundeskreises, mit einem zornigen Finger gegen mich gekrümmt, zu klagen: ›Er, nur er ist schuld daran, daß man mich für einen Säufer hält! Er‹ – und, das hemmungslose Gelächter der Runde triumphal zur Kenntnis nehmend, mit dem erquickenden Charme, der ihn Gott und den Menschen lieb machte, schloß er mit besoffener Logik: ›Er wird der Strafe nicht entgehn! Noch ein paar Wochen an meiner Seite, und Soma wird ein so großer Säufer sein – wie ich.‹‹«
(Soma Morgenstern: Joseph Roth im Gespräch. In: Tradition, S.45)

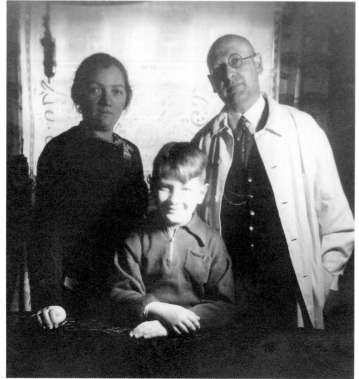

404 Eduard Broczyner, seine erste Frau und beider Sohn. Fotografie, um 1935.

405   Paris XV. Rue de Sèvres. Hôpital Necker.
Fotografie, um 1890.

Broczyner und Roth kannten einander schon vom Gymnasium in Brody. Immer wieder beriet der Arzt den Freund. Als Broczyner nach Frankreich emigrierte (er durfte sich nicht mehr ständig in Paris aufhalten, sondern mußte in der Provinz wohnen, konnte also nicht ständig nah sein), versuchte er den gesundheitlichen Zustand Roths zu verbessern. Er verordnete ihm eine geregelte Form der Einnahme von Alkohol nach dem Grundsatz, daß man einem so schweren Trinker keinesfalls den Alkohol abrupt entziehen dürfe. Roth erholte sich rasch, solange er den Anweisungen Broczyners folgte; doch wurde er nach etwa zwei Wochen wieder zum Saufen verleitet, was die Wirkung der Kur zunichte machte. Broczyner versuchte auch im Spital seine Diagnosen und die daraus folgende Behandlung vorzubringen, da man Roth dort seiner Meinung nach falsch (wo überhaupt) behandelte; man gab ihm keinen Alkohol; doch konnte sich Broczyner nicht durchsetzen.

Roths Gesundheit hatte sich seit Herbst 1938 zunehmend verschlechtert; der ungehemmte Konsum von Alkohol, ohne den er nicht schreiben konnte, und die Lasten des Lebens und der Politik schwächten ihn. Am Vormittag des 23. Mai brach er im Café Tournon zusammen und wurde in das Hôpital Necker gebracht, wo er – nach vier Tagen ohne adäquate medizinische Betreuung – am 27. Mai 1939 starb.

Das Begräbnis fand am 30. Mai 1939 auf dem Cimetière Thiais statt. Eine große Zahl von Trauernden war anwesend – höchst unterschiedlich in ihrer Auffassung, wie die Trauerfeierlichkeit zu begehen sei, alle jedoch in echter Trauer. Nicht zuletzt waren die jüdischen Anwesenden schockiert, daß ein katholischer Geistlicher die Einsegnung des von ihnen nach wie vor als Juden angesehenen Roth vornahm.

Stefan Fingal
»Legende vom Heiligen Trinker«

»Am 27. Mai waren es zehn Jahre, daß wir Joseph Roth verloren. Die letzten Worte, die er zu mir sprach, waren: ›Hüte Dich vor diesen Leuten, es sind böse Menschen‹. Dann, mit der Anstrengung eines Verzweifelten, der ahnte, daß er niemals wieder das Licht des Lebens sehen würde, empfing er einen nach dem anderen dieser bösen Menschen, flehte sie an, etwas für ihn zu tun, ihn von diesem schrecklichen Hospital fortzunehmen. Es wäre ein Leichtes gewesen, aber sie taten es nicht. Man hatte ihn aufgegeben. Er war unbequem geworden, es hatte sich herumgesprochen, daß er an hoher Stelle in Ungnade gefallen war. Die hohe Stelle war auch bei ihm in Ungnade gefallen. Joseph Roth stand vor einer Umkehr. So verreckte der Dichter, von dem Stefan Zweig in seinem Nachruf wenige Wochen später in London sagte: ›Wenn überhaupt etwas von unserer Literatur übrig bleibt, so ist es der ‚Hiob‘ von Joseph Roth …‹

[…]

Ich kann nicht sagen, ob Joseph Roth hätte gerettet werden können. Aber ich weiß, daß eine feine Dame, als er ins Hospital Necker eingeliefert wurde, angab, Joseph Roth habe einen Herzanfall erlitten. Warum sagte das die feine Dame? Weil es ihr peinlich war, zu sagen, daß es sich um einen Fall von Delirium tremens handelte. Sonst hätte man ihn in eine Trinkerheilstätte gebracht. Im Hospital gab es nicht einmal Kissen mit Rücklehne. Man ließ ihn liegen, und als er fort wollte, band man ihn fest. Joseph Roth, mit Riemen festgeschnallt in einem Armenleute-Hospital! Eine leichte, mehr zufällige Erkältung ging in eine Bronchitis über, die Bronchitis in eine Lungenentzündung.

[…]

Als wir ihn auf dem Friedhof von Thiais begruben, da kamen so viele seiner Freunde, und sie kamen aus allen Lagern, Kommunisten und Monarchisten, daß man beschloß, keine Reden zu halten. Man wollte die Einigkeit in der Pariser Emigration, die nur in Joseph Roths Person verkörpert war, nicht stören, wenigstens nicht am offenen Grabe. Als ein Monokelgespenst einen Kranz mit schwarz-gelber Schleife ins Grab gleiten ließ und dazu einige Worte mehr hauchte als flüsterte, ant-

wortete Egon Erwin Kisch wütend, indem er, schon wesentlich lauter, den roten Nelkenstrauß dem Kämpfer gegen den Faschismus Joseph Roth ins Grab nachschleuderte.

Sie haben einen Juden mit Litaneien und Kreuz begraben. Joseph Roth war nie getauft. Wir, seine engeren Freunde, wußten es. In den letzten Jahren neigte er zum Mystizismus, besuchte mit Katholiken Kirchen, aber wenn die Messe der österreichischen Kolonie in der Kapelle der Rue Latour-Maubourg gelesen wurde, stahl er sich heimlich fort, zum nächsten Bistro, wo er trank. Joseph Roth hat seinen aristokratischen Freunden und deren schlecht getauftem Anhang oft erzählt, er sei Christ. Der Beweis, daß er es nicht war, ist sehr leicht erbracht, Joseph Roth befand sich zeitlebens in Verlegenheit wegen seiner Papiere. Ein Original-Taufschein hätte für ihn gar oft manches schwierige Problem gelöst. Er besaß ihn nicht.

Allein, verzeihe mir, wer kann, in dem zwiefachen Sakrileg der Beerdigung eines Juden durch katholische Priester lag etwas ungemein Sinnvolles, fast möchte ich sagen Versöhnliches. Es war, als würde damit der Zwiespalt in seinem Wesen ausgelöscht. Wenige Tage vor seinem Tode hatte er mir den Bürstenabzug der ›Legende vom Heiligen Trinker‹ gegeben. Ich hatte nicht die Zeit gefunden, diese so ungemein tiefe und von einer solch schweren Todessüße erfüllte Erzählung zu lesen. Als ich es später tat, wußte ich, es war nichts Böses geschehen. Dieser Priester des Bacchus war in der tiefsten Zelle seines Wesens wieder Heide geworden. Nur wenigen sagte er es.

[…]

Der traurige Held der Trinkerlegende sinkt tot zu Füßen der heiligen Therese hin, und das Buch schließt mit den Worten: ›Gebe Gott uns allen Trinkern einen so leichten Tod.‹

Es war ihm nicht beschieden. Er starb an einem Wendepunkt seines Daseins, im Begriff, zur Ideenwelt seiner Jugend zurückzukehren. Es war zu spät. Ein mit Lederriemen ans Sterbebett gefesselter Prometheus, so hauchte er seine Feuerseele aus.«

(Stefan Fingal: Legende vom Heiligen Trinker. Gedenkblatt zum 10. Todestag von Joseph Roth. In: Aufbau, 24. Juni 1949, S. 9)

406　Joseph Roth in Ostende. Fotografie, 1936.

Dank

Folgende Archive und Sammlungen haben Bildvorlagen für die genannten Abbildungen zur Verfügung gestellt, als Originaldokument oder als Reproduktion. Ihnen und ihren MitarbeiterInnen danken die Autoren und der Verlag herzlich:

Amsterdam:
  Ronald Bos:
  41, 126
  Stadsarchief Amsterdam:
  337, 338, 339
Berlin:
  Bildarchiv Preußischer Kulturbesitz:
  102, 109, 116, 121, 122, 292
  Deutsche Kinemathek: 117
  Deutsche Kinemathek, Sammlung Casparius: 118
  Deutsche Kinemathek, Marlene Dietrich Collection: 345, 346
  Freie Universität Berlin, Institut für Geschichte der Medizin/ Dokumentation: 162
  Märkisches Museum:
  184
  Ullstein Bilderdienst:
  110, 119, 120, 125, 127, 128, 129, 130, 131, 132, 192, 222, 224, 225, 242, 244, 248, 249, 298, 307, 314, 397
Charkiv:
  Staatliche Wissenschaftliche Korolenko-Bibliothek:
  177
Den Haag:
  Nederlands Letterkundig Museum en Documentatiecentrum:
  358, 365
Frankfurt/Main:
  Deutsche Nationalbibliothek, Deutsches Exilarchiv 1933–1945:
  323, 342, 366, 368, 369, 395, 396, 398
  Brita Eckert: 392
  Institut für Stadtgeschichte: 186, 189
  Stadt- und Universitätsbibliothek: 178, 251, 334
Fredonia, N. Y.:
  State University College at Fredonia, Reed Library:
  254, 286, 287
Klagenfurt:
  Anton Peternel:
  179, 333
Köln:
  Verlag Kiepenheuer & Witsch:
  4, 29, 92, 97, 107, 241, 263, 254, 265, 267
Lausanne:
  Victor Fingal:
  163
Leipzig:
  Deutsche Nationalbibliothek:
  114, 115, 279

Linz:
  Senta Lughofer:
  370, 393
London:
  The Wiener Library:
  233
Mainz-Laubenheim:
  Martina Keun-Geburtig:
  371
Marbach/Neckar:
  Deutsches Literaturarchiv:
  108, 111, 112, 113, 167, 173, 180, 181, 188, 190, 191, 195, 264, 268, 269, 272, 274, 275, 283, 301, 312, 349, 357
München:
  Monacensia - Stadtbibliothek, Handschriftensammlung:
  266, 308, 329
New York:
  Peter Jones, The Josef Breitenbach Trust, New York
  294
  Leo Baeck Institute, Joseph Roth Collection, Joseph Roth/Bornstein Collection:
  22, 26, 40, 42, 43, 44, 54, 59, 60, 61, 69, 72, 82, 85, 94, 123, 124, 134, 136, 138, 142, 143, 145, 147, 148, 149, 150, 151, 152, 153, 154, 155, 156, 157, 158, 159, 160, 161, 166, 168, 182, 183, 185, 194, 197, 198, 199, 200, 201, 202, 203, 204, 208, 209, 210, 212, 213, 217, 218, 219, 220, 221, 223, 238, 239, 240, 245, 246, 262, 280, 281, 282, 285, 291, 316, 325, 327, 332, 343, 351, 353, 356, 360, 367, 373, 374, 376, 377, 388, 391
  YIVO Institute for Jewish Research:
  6, 47, 232, 236
Paris:
  http://www.terresdecrivains.com/
  205
  Bibliothèque Historique de la Ville de Paris:
  196, 305
  Bibliothèque Nationale de France:
  385
Roger-Viollet – Documentation photographique:
  207, 211, 230, 237, 247, 250, 255, 257, 306, 313, 315, 320, 322, 405
Rapperswil:
  Hotel Schwanen
  310
Salzburg:
  Salzburger Literaturarchiv:
  253
Strasbourg:
  Samuel Gottfarstein
  401

Tucson, Arizona:
  Josef Breitenbach Archive, Center For Creative Photography, University of Arizona, Tucson
  294
Warschau:
  National Digital Library CBN Polona
  34
Washington, D. C.:
  Library of Congress, Manuscript Division, Ben Huebsch Collection:
  311, 326, 340
Wesseling-Berzdorf:
  Clemens Schülgens:
  45
Wien:
  Album Verlag:
  105
  Margareta Broczyner:
  404
  Dokumentationsarchiv des österreichischen Widerstandes:
  299, 403
  Dokumentationsstelle für neuere österreichische Literatur:
  25, 27, 28, 31, 33, 36, 50, 58, 100, 101, 103, 133, 135, 141, 146, 164, 165, 174, 175, 166, 193, 206, 227, 231, 234, 235, 252, 256, 258, 259, 260, 261, 270, 271, 273, 288, 289, 303, 304, 309, 317, 318, 319, 321, 324, 328, 330, 331, 335, 336, 341, 344, 347, 348, 350, 352, 354, 355, 359, 361, 362, 363, 372, 379, 383, 384, 386, 387, 389, 390, 399, 400, 402
  Pierre Genée:
  140
  Dietmar Grieser:
  144
  Imagno / Franz Hubmann:
  290
  Israelitische Kultusgemeinde, Matrikelamt:
  139
  Heinz Lunzer, Victoria Lunzer-Talos:
  24, 30, 37, 38, 176, 276, 277, 278, 364
  Österreichische Nationalbibliothek, Bildarchiv:
  1, 3, 10, 11, 12, 13, 16, 17, 18, 19, 23, 32, 48, 51, 52, 48, 54, 55, 56, 62, 63, 64, 65, 66, 67, 68, 71, 73, 74, 77, 77, 78, 79, 80, 81, 83, 84, 93, 104, 106, 137, 214, 215, 216, 226, 229, 302, 375, 378, 380, 382
  Österreichische Nationalbibliothek, Druckschriftensammlung:
  39, 88, 89, 90, 91, 92, 98, 99, 169, 170, 171, 172, 243, 295, 296, 297, 300, 381

Österreichisches Staatsarchiv/
Kriegsarchiv:
2, 5, 7, 8, 9, 14, 15, 20, 21, 35, 46,
49, 70, 75, 86, 87, 228
Universitätsbibliothek:
95, 96
Universitätsarchiv Wien:
57
Wienbibliothek, Tagblatt-Archiv:
293
Theodor Kramer-Gesellschaft:
394
Zürich:
Williams Verlag AG:
406

Es konnten trotz intensiver Nachforschungen nicht für alle Bildvorlagen die
Rechteinhaber ermittelt werden; wir bitten diese, sich gegebenenfalls mit dem
Verlag Kiepenheuer & Witsch in Verbindung zu setzen.

Herzlichen Dank sagen wir folgenden
Personen und Institutionen, die uns bei
der Vorbereitung dieses Buchs geholfen
haben:

Angelika Ander, Wien
Antiquariat Georg Fritsch, Wien
Antiquariat Walter Wögenstein, Wien
Austrian Cultural Forum, New York
Trude und Leo Bartel †, Princeton, N. J.
Nitsan Bazelet, Tel Aviv
Knut Beck, Frankfurt/Main
Inge Belke, Marbach/Neckar
Michael Bienert, Berlin
Theo Bijvoet, Den Haag
Ronald Bos, Amsterdam
Rosalind Bronsen, Burlington, MA
Ulrich von Bülow, Marbach/Neckar
Erwin Butschan, Hachenburg
Bohdan M. Cajkovs'kyj, L'viv
Larissa Cybenko, L'viv
Sonja Dobbins, London
Alisa Douer, Wien
Brita Eckert, Frankfurt/Main
Wolf-Erich Eckstein, Wien
John Ellison, Fredonia, N. Y.
Victor Fingal, Lausanne
Klaus v. Fleischbein-Brinkschulte, Berlin
Barthold Fles †, Laren
Hermann Frodl, Wien
Eckart Früh, Wien
Dietmar Grieser, Wien
Fred Grubel †, New York, N. Y.
Heinz Gruber, Wien
Fritz Hackert, Tübingen
Marie Luise Hahn-Passera,
    Frankfurt/Main
Mechthild Hahner, Frankfurt/Main
Hermann Haarmann, Berlin
Wendy Henry, New York
Carolin Hilker Siebenhaar, Berlin
Erich Hillbrand, Wien
Helga Hummerich, Frankfurt/Main
Elke Ingram, Wien
Forum Culturel Autrichien, Paris
Bärbel Jach, Berlin
Robert Jacobs, New York, N. Y.
Georg Jankovic, Wien
Alice von Kahler †, Princeton, N. J.
Konstantin Kaiser, Wien
Otto Kellner, Wien
Robert Kittler, Wien
Elisabeth Klamper, Wien
Heike Klapdor-Kops, Berlin
Sergei Kravtsov, Jerusalem
Bruno Kunz, Wien
Eleonore Lappin, Wien

Barbara Lee-Störck, Wien
Manfred Leithe-Jasper, Wien
Irene Lenk, Wien
Gérard Leyris, Orsay
Roland Links, Berlin
Christian Lunzer, Wien
Rebecca Lunzer, Wien
Renate Matthaei, Köln
Helmut Maurer, Wien
Frank Mecklenburg, New York, N. Y.
Dana Melnik, Brody
Jochen Meyer, Marbach/Neckar
Simone Millard-Spira, Maisons-Lafitte
Fruma Mohrer, New York, N. Y.
Dan Morgenstern, New York, N. Y.
Herbert Mühlbauer †, Wien
Wolfgang Neugebauer, Wien
Katharina Ochse, Berlin
Ingrid Oentrich, Wien
Konrad Peter, Wien
Anton Peternel, Klagenfurt
Claudia Promnitz, Berlin
Brigitte Rapp, Wien
Andrea Tüke Rebuffé †, Paris
Jan G. Reifenberg, Brüssel
Klemens Renoldner, Wien/Salzburg
Madeleine Rietra, Amsterdam
Peter Roehsler, Wien
Ernst Rutkowski, Wien
Franciska Safran, Fredonia, N. Y.
Jean-Christophe Sarrot, Paris
Otto Schindler, Wien
Frank Schmitter, München
Ernst Schönwiese †, Wien
Egon Schwarz, St. Louis, MO
Klaus Siebenhaar, Berlin
Rainer-Joachim Siegel, Leipzig
Otto Sokol, Wien
Diane R. Spielmann, New York, N. Y.
Bernhard Stillfried, Wien
Andrea Sulzgruber, Wien
Halina Svarnyk, L'viv
Alexander Talos, Wien
Milan Toman †, Frankfurt/Main
Elisabeth Tworek, München
Gabriele Weber, München
H. Weiss, Wien
Jarmila Weißenböck †, Wien
B. Wirth, Frankfurt/Main
Hans Peter Zimmer, Wien

Literaturhinweise

Schriften:

Joseph Roth: Werke. [Band 1–3:] Das journalistische Werk. Hrsg.: Klaus Westermann. Köln: Kiepenheuer & Witsch, 1989–1991;
[Band 4–6:] Romane und Erzählungen. Hrsg.: Fritz Hackert. Köln: Kiepenheuer & Witsch, 1989–1991.
Diese Bände werden mit »Werke«, Bandzahl und Seitenzahl zitiert.

Die Ausgabe wird ergänzt durch:

Joseph Roth: »Unter dem Bülowbogen«. Prosa zur Zeit. Hrsg.: Rainer-Joachim Siegel. Köln: Kiepenheuer & Witsch, 1994.
zitiert: »Bülowbogen«

Briefe:

Joseph Roth: Briefe 1911–1939. Hrsg.: Hermann Kesten. Köln, Berlin: Kiepenheuer & Witsch, 1970.
zitiert: »Briefe«

Aber das Leben marschiert weiter und nimmt uns mit. Der Briefwechsel zwischen Joseph Roth und dem Verlag De Gemeenschap. 1936–1939. Hrsg.: Theo Bijvoet, Madeleine Rietra. Köln: Kiepenheuer & Witsch, 1991.
zitiert: »De Gemeenschap«

Madeleine Rietra: Muss man dann immer postwendend Geld senden, um überhaupt mit Ihnen verkehren zu können? Joseph Roth und Barthold Fles in Briefen. In: Interbellum und Exil. Hrsg.: Sjaak Onderdelinden. Amsterdam: Rodopi, 1991.
zitiert: »Interbellum«

»Geschäft ist Geschäft. Seien Sie mir privat nicht böse. Ich brauche Geld«. Der Briefwechsel zwischen Joseph Roth und den Exilverlagen Allert de Lange und Querido. 1933–1939. Hrsg.: Madeleine Rietra, Rainer-Joachim Siegel. Köln, Kiepenheuer & Witsch 1995.
zitiert: »Geschäft«

Bibliografie:

Rainer-Joachim Siegel: Joseph-Roth-Bibliographie. Morsum/Sylt: Cicero Presse Timm Zenner, 1994.

Biographische Darstellungen:

David Bronsen: Joseph Roth. Eine Biographie. Köln: Kiepenheuer & Witsch, 1974
zitiert: »Bronsen«

Brita Eckert, Werner Berthold: Joseph Roth. 1894-1939. Eine Ausstellung der Deutschen Bibliothek Frankfurt am Main. Frankfurt/M.: Buchhändler-Vereinigung, 1979.

Heinz Lunzer, Victoria Lunzer-Talos: Joseph Roth. 1894-1939. Ein Katalog der Dokumentationsstelle für neuere österreichische Literatur zur Ausstellung des Jüdischen Museums der Stadt Wien, Oktober 1994 bis Februar 1995. Wien: Dokumentationsstelle für neuere österreichische Literatur, 1994.

Heinz Lunzer, Victoria Lunzer-Talos: Joseph Roth im Exil in Paris 1933 bis 1939. Wien: Dokumentationsstelle für neuere österreichische Literatur 2008.
zitiert: »Exil«

Wilhelm von Sternburg: Joseph Roth. Eine Biographie. Köln: Kiepenheuer & Witsch, 2009.

Joseph Roth und die Tradition. Aufsatz- und Materialiensammlung. Hrsg., Einl.: David Bronsen. Darmstadt: Agora 1975, darin insbesondere:
Fritz Hackerts: Joseph Roths Nachlaß im Leo-Baeck-Institut in New York, S. 374–399, ebenso wie Hackert essentielle Angaben zu den einzelnen erzählenden Texten in Werk, Band 4–6.

Wo möglich wurden zitierte Texte mit den Originaldokumenten verglichen und diesen entsprechend wiedergegeben; verschiedene Hervorhebungen (ein- oder mehrfache Unterstreichungen) wurden vereinheitlicht.

Register

Ein zerrissenes und leidenschaftliches Leben brillant erzählt: die große Joseph-Roth-Biographie!

Welch ein Leben: Vom jüdischen Außenseiter aus Ostgalizien zum Wiener Studenten und Weltkriegssoldaten, vom Starjournalisten der Weimarer Republik und Reisereporter zum österreichischen Literaten, der mit dem Roman »Radetzkymarsch« Weltruhm erlangt und als verlorener Trinker im Pariser Exil stirbt.

Diese große Roth-Biographie ist eine faktenreiche und fesselnd erzählte Lebensbeschreibung und zugleich ein tiefenscharfes Zeitbild. Ein Buch, das Lust macht, wieder Joseph Roth zu lesen – und zwar alles von Roth!

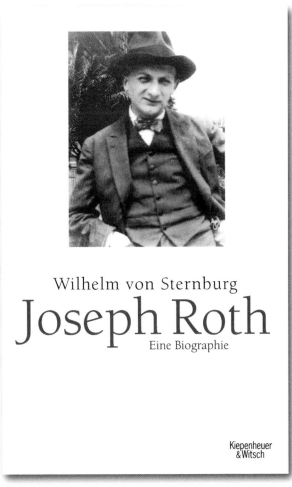

Wilhelm von Sternburg. Joseph Roth. Eine Biographie. Gebunden

www.kiwi-verlag.de

Sonderausgaben Joseph Roth
bei Kiepenheuer & Witsch

»Roth ist ein Einzelfall … Es gibt kaum einen Schriftsteller, welcher dieses beobachtende Denken hat – diese einzigartige Balance zwischen Sinnlichkeit und Reflexion; niedergelegt in Sätzen, die zugleich exakt abbilden, hintergründig erkennen und Melodien zaubern – die zugleich vernunfthell sind und geheimnisvoll.« *Ludwig Marcuse*

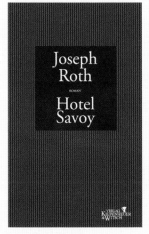

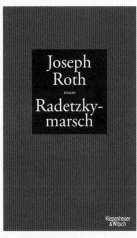

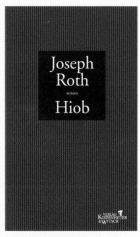

Joseph Roth. Hotel Savoy. Roman
Sonderausgabe. Gebunden

Joseph Roth. Die Kapuzinergruft
Roman. Sonderausgabe. Gebunden

Joseph Roth. Radetzkymarsch. Roman
Sonderausgabe. Gebunden

Joseph Roth. Hiob. Roman
Sonderausgabe. Gebunden

Joseph Roth. Die Erzählungen. Sonderausgabe
Gebunden

www.kiwi-verlag.de

»Joseph Roth – einer der besten deutschen Erzähler. Andere hatten im Leben größeren Ruhm. Sein Ruhm wird länger dauern.« *Hermann Kesten*

Die Werkausgabe in sechs Bänden umfasst sowohl das journalistische als auch das erzählerische Werk des großen Romanciers. Ein umfangreicher Anhang macht diese Gesamtausgabe zu einem unentbehrlichen Standardwerk für jeden Roth-Liebhaber.

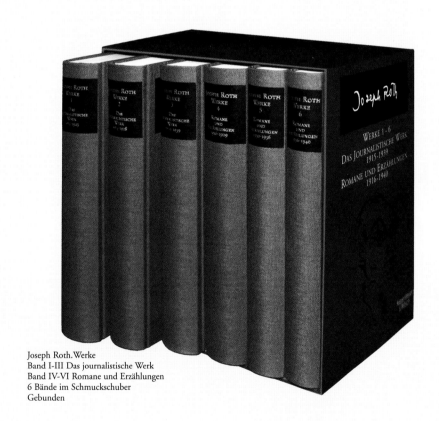

Joseph Roth. Werke
Band I-III Das journalistische Werk
Band IV-VI Romane und Erzählungen
6 Bände im Schmuckschuber
Gebunden

Kiepenheuer & Witsch

www.kiwi-verlag.de